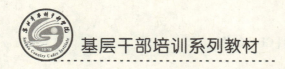

基层干部培训系列教材

全面建成小康社会的苏州实践与探索

主　编　张　伟
副主编　汤艳红　金伟栋

苏州大学出版社
Soochow University Press

图书在版编目(CIP)数据

全面建成小康社会的苏州实践与探索/张伟主编
.—苏州:苏州大学出版社,2017.1(2017.9重印)
基层干部培训系列教材
ISBN 978-7-5672-1964-9

Ⅰ.①全… Ⅱ.①张… Ⅲ.①小康建设—研究—苏州—干部培训—教材 Ⅳ.①F127.533

中国版本图书馆 CIP 数据核字(2016)第 306639 号

全面建成小康社会的苏州实践与探索
张 伟 主编
责任编辑 史创新

苏 州 大 学 出 版 社 出 版 发 行
(地址:苏州市十梓街1号 邮编:215006)
苏州工业园区美柯乐制版印务有限责任公司印装
(地址:苏州工业园区娄葑镇东兴路7-1号 邮编:215021)

开本 700×1000 1/16 印张 25 字数 462 千
2017 年 1 月第 1 版 2017 年 9 月第 2 次印刷
ISBN 978-7-5672-1964-9 定价:58.00 元

苏州大学版图书若有印装错误,本社负责调换
苏州大学出版社营销部 电话:0512-65225020
苏州大学出版社网址 http://www.sudapress.com

基层干部培训系列教材
编写委员会

主　任　张　伟
副主任　费春元　汤艳红
委　员　金伟栋　蔡俊伦　叶　剑　何　兵
本书编写人员　（按姓氏笔画排序）
　　　　　　　　朱明轩　李　华　杨　勤　吴　丹
　　　　　　　　肖　尧　肖　静　何蓓蓓　宋　艳
　　　　　　　　陈　述　周　萍　孟凡辉　徐汝华

序

　　小康社会是实现中华民族伟大复兴中国梦的重要阶段。"小康社会"是邓小平同志在党的十一届三中全会以后,放眼世界现代化发展大势,立足现实国情提出的中国现代化发展目标的新定位。1979年12月6日,邓小平在会见来访的日本首相大平正芳时第一次用"小康"来表述"中国式现代化"。而后,邓小平同志在党的十二大提出了到20世纪末"翻两番"的"小康"目标。1983年春节前夕,邓小平同志到苏州视察并对苏州留下了十分深刻的印象。回到北京后,邓小平同志详细列举苏州农村的新面貌、新气象:"第一,人民的吃穿用问题解决了,基本生活有了保障;第二,住房问题解决了,人均达到20平方米;第三,就业问题解决了,城镇基本上没有待业劳动者了;第四,人不再外流了,农村的人总想往大城市跑的情况已经改变;第五,中小学教育普及了,教育、文化、体育和其他公共福利事业有能力自己安排了;第六,人们的精神面貌变化了,犯罪行为大大减少。"可以看出,在邓小平同志的视野中,小康社会涵盖了人民生活、经济发展、政治发展、文化发展、社会发展诸方面的内容,不单是一个经济指标,而是一个综合概念。至此,小康社会理论基本形成。

　　在邓小平小康社会思想指引下,30多年来,苏州作为小康建设的"试验田",积极探索小康社会建设,实现了"农转工,乡镇工业崛起推进工业化;内转外,'三外'齐上推进国际化;量转质,绘就全面小康现实模样"三大跨越。进入新的发展阶段,苏州在党中央和省委的坚强领导下,全面落实党的十八大和十八届三中、四中、五中全会精神,深入贯彻习近平总书记系列重要讲话特别是视察江苏重要讲话精神,围绕"强富美高"的总要求总定位,自觉践行新发展理念,全面建成小康社会取得了丰硕成果:创新发展迈出了新步伐，供给侧结构性改革有序开展，城乡一体、新型城镇化展现新面貌，生态建设、环境保护取得新成果，文明创建、文化建设引领新风尚，民生改善、社会和谐呈现新气象，民主政治、法治建设实现新发展，党要管党、从严治党得到新加强。为了系统地总结和提炼苏州全面建成小康社会的实践成果和经验，苏州农村干部学院组织教研人员从理论和实践的结合上、从教学和科研的融通中编撰了《全面建成小康社会的苏州实践与探索》一书，这无论是对于推动全面建成小康社会理论和实践的研究，还是提升各类干部培训的成效，都是积极有益的探索。

"小康梦"是"中国梦"的有机组成部分，是实现"中国梦"的必经阶段。在新的发展起点上，苏州市第十二次党代会吹响了"为高水平全面建成小康社会而不懈奋斗"的号角。高水平全面建成小康社会，就是要建成一个贯彻新发展理念、走在"强富美高"前列、惠及全市广大人民群众、具有苏州特点、代表苏州质量的小康社会。这就要求我们在全面建成小康社会的决胜阶段，必须自觉践行创新、协调、绿色、开放、共享新发展理念，推动形成一个体现质量效益显著提升、创新动力更加强劲、居民收入持续增长、公共服务更加均衡，生态环保不断强化、人居环境更加优化，社会治理深入推进、道德风尚更加良好的高水平小康社会样本。让我们在中共苏州市委的正确领导下，团结一致、奋勇争先，高水平全面建成小康社会，争当建设"强富美高"新江苏的先行军、排头兵，为谱写好伟大中国梦的苏州篇章做出新的更大贡献！

孙艺兵
2016年10月

目 录

绪论　小康社会理论与苏州实践 ·· 1

第一篇　经济发展篇
——全面建成小康社会的物质基础

第一章　开启苏州小康社会建设的"苏南模式" ····························· 14
　　概述 ·· 14
　　案例一　盛泽镇："中国第一镇"领跑乡镇企业发展 ························ 21
　　案例二　梦兰村：村企共建幸福家园 ··· 26
　　案例三　"好孩子"：校办企业打造独特的全球化之路 ···················· 29

第二章　苏州开发区建设与产业集聚 ··· 33
　　概述 ·· 33
　　案例一　昆山经济技术开发区："自费式开发" ································ 40
　　案例二　苏州高新技术产业开发区：创新型崛起 ···························· 46
　　案例三　张家港保税区：跨越式发展 ··· 52

第三章　苏州经济的转型升级与自主创新 ····································· 58
　　概述 ·· 58
　　案例一　苏州太湖国家旅游度假区：用生态和文化旅游引领产业转型升级
　　　　　　··· 65
　　案例二　苏州独墅湖科教创新区：以科教助推发展 ························ 69
　　案例三　容·创意产业园：以产业转型升级打造发展新维度 ·········· 73

第二篇　社会治理篇
——全面建成小康社会的民生保障

第四章　"政社互动"提升社会治理能力 ······································· 78
　　概述 ·· 78

案例一　城厢镇：创新实践的"政社互动"治理模式 ………… 85
　　案例二　沧浪街道：社区治理的现代化模式 ………………… 89
　　案例三　馨泰社区：强化源头治理的"三社联动"模式 ……… 93

第五章　"三大工作法"推动基层党建工作创新 ………………… 97
　　概述 …………………………………………………………… 97
　　案例一　蒋巷村："乡情工作法" …………………………… 107
　　案例二　枫泾社区："仁爱工作法" ………………………… 111
　　案例三　昆山市沪士电子："融和工作法" ………………… 117

第六章　基层民主建设提高群众自治水平 …………………… 123
　　概述 ………………………………………………………… 123
　　案例一　苏州工业园区：方洲民众联络所搭建群众幸福桥 … 132
　　案例二　太仓："勤廉指数"推进基层党风廉政建设 ……… 137
　　案例三　湖桥村：村民自治章程推动基层民主法治建设 … 142

第三篇　文化传承篇
——全面建成小康社会的精神力量

第七章　以"三大法宝"为核心的苏州精神 …………………… 150
　　概述 ………………………………………………………… 150
　　案例一　"昆山之路"：率先科学和谐发展 ………………… 156
　　案例二　"张家港精神"：敢闯敢试勇争第一 ……………… 161
　　案例三　"园区经验"：借鉴创新圆融共赢 ………………… 167

第八章　市民素质提升与文明城市建设 ……………………… 172
　　概述 ………………………………………………………… 172
　　案例一　张家港：文明城市建设促进和谐发展 …………… 179
　　案例二　相城区：相城风气弘扬社会主义核心价值观 …… 183
　　案例三　二郎巷社区：社区文明建设创造幸福社区 ……… 187

第九章　传统文化保护与文化产业现代化 …………………… 190
　　概述 ………………………………………………………… 190
　　案例一　中国昆曲："五位一体"助传承 …………………… 197
　　案例二　苏州园林：良性循环建屏障 ……………………… 202
　　案例三　古城保护：凝聚合力显"苏韵" …………………… 207

第四篇 城乡统筹篇
——全面建成小康社会的苏南道路

第十章 公共资源配置均衡化打造城乡发展新格局 ······ 212
    概述 ······ 212
    案例一 苏州工业园区:城乡教育同质的样板区 ······ 216
    案例二 太仓:大病补充医疗保险制度 ······ 221
    案例三 张家港:城乡社保并轨 ······ 225

第十一章 "三大合作"增强农村发展活力 ······ 229
    概述 ······ 229
    案例一 上林村:土地股份合作社奠定乡村发展的基础 ······ 233
    案例二 香溪社区:社区股份合作打开村民增收新通道 ······ 237
    案例三 古尚锦:专业合作社延伸产业发展链条 ······ 241

第十二章 "四化同步"促进现代农业发展 ······ 245
    概述 ······ 245
    案例一 基础农业:"四个百万亩"规划与建设 ······ 251
    案例二 太仓市现代农业园区:休闲农业走出发展新路径 ······ 257
    案例三 "田娘模式":现代农业创新经营模式 ······ 263

第五篇 生态建设篇
——全面建成小康社会"中国梦"的苏州篇章

第十三章 "生态补偿"的立法探索 ······ 270
    概述 ······ 270
    案例一 金庭镇:水源地生态补偿 ······ 277
    案例二 陆舍村:水稻田生态补偿 ······ 282
    案例三 杨湾村:湿地补偿 ······ 286

第十四章 美丽镇村建设打造宜居家园 ······ 293
    概述 ······ 293
    案例一 永联村:美丽乡村建设的新样本 ······ 298
    案例二 树山村:生态旅游发展的新乡村 ······ 303
    案例三 旺山村:苏州最美丽山村的新典型 ······ 308

第十五章　循环经济发展助力生态经济和谐共融 ……………………… 312
　　概述 ……………………………………………………………………… 312
　　案例一　东林村合作农场：深入挖掘循环农业潜力 ………………… 317
　　案例二　张家港国家再制造产业示范基地：打造新型循环工业 …… 321
　　案例三　吴中静脉产业园：推动静脉产业发展 ……………………… 325

第六篇　依法治市篇
——全面建成小康社会的创新路径

第十六章　地方立法助推科学发展 ……………………………………… 332
　　概述 ……………………………………………………………………… 332
　　案例一　《苏州市排水管理条例》：抓源头提升水质量 …………… 338
　　案例二　《苏州市生态补偿条例》：生态补偿助力生态文明建设 … 344
　　案例三　《苏州市古村落保护条例》：非物质文化遗产构筑美丽苏州
　　　　　　 …………………………………………………………………… 348

第十七章　平安苏州建设夯实小康社会的基石 ………………………… 352
　　概述 ……………………………………………………………………… 352
　　案例一　公安系统："创意警务"打造平安社会 …………………… 358
　　案例二　元和街道：社区网格化管理实现群众服务零距离 ………… 362
　　案例三　沧浪街道："好管家"全方位铸就社区安全网 …………… 366

第十八章　基层法治型党组织建设领航法治苏州 ……………………… 370
　　概述 ……………………………………………………………………… 370
　　案例一　常熟：机制建设助推基层法治型党组织建设 ……………… 375
　　案例二　胜浦街道："五型"党组织建设夯实基层党建基础 ……… 379
　　案例三　新东社区：基层法治型党组织建设引领社区治理 ………… 383

后　记 ……………………………………………………………………… 387

绪 论　　小康社会理论与苏州实践

建设小康社会,是邓小平在我国改革开放初期提出的宏大战略构想,也是邓小平理论体系的重要组成部分。1979年12月,邓小平在会见日本首相大平正芳时,首次提出了"小康"概念,20世纪80年代,逐步形成了小康社会建设"三步走"的发展战略。在改革开放的实践进程中,小康社会思想为动员全国亿万人民以经济建设为中心建设社会主义强国,发挥了极为重要的作用。

苏州是邓小平完善、丰富小康社会思想及验证小康社会目标的地方。1983年初春,在党的十二大确立"翻两番"战略目标不久,邓小平到苏州视察。苏州之行给他留下了十分深刻的印象,使他对实现"翻两番"的小康目标充满了信心,对进一步完善小康社会思想产生了重要影响。30多年来,苏州作为小康社会建设的"试验田",在邓小平小康社会思想的指引下,坚持抢抓机遇,努力开拓创新,不断提升小康社会建设水平,为谱写好"中国梦"的苏州篇章打下了良好的基础。

第一节　全面建成小康社会的宏伟目标与基本内涵

全面建成小康社会,是党的十八大确立的重大历史任务,并成为中国特色社会主义的道路自信、理论自信、制度自信的鲜明标志。这是在系统总结建党90多年、执政60多年、改革开放30多年实践经验的基础上,我们党做出的战略选择和庄严承诺。

一、从小康社会到全面建成小康社会

小康社会是实现中华民族伟大复兴中国梦的重要阶段。自邓小平提出"三步走"战略,十六大确立全面建设小康社会目标,十七大丰富全面建设小康社会目标内涵,到十八大提出全面建成小康社会新要求,历史的进程决定了目标的定位。

邓小平提出"三步走战略"。1979年12月,邓小平指出:我们要实现的四个现代化,是中国式的概念,我们的四个现代化的概念,是"小康之家"。为规划中国现代化发展蓝图,邓小平设想了现代化的"三步走"战略:第一步,从1981

年到1990年,国民生产总值翻一番,实现温饱;第二步,从1991年到20世纪末,国民生产总值再翻一番,达到小康;第三步,到21世纪中叶,再翻两番,达到中等发达国家水平。2000年我们初步实现了"三步走战略"的第一步、第二步目标,人民的生活总体上达到小康水平,但却是低水平、不全面和不平衡的小康。所谓低水平,就是虽然我国经济总量已达到一定规模,但人均水平还比较低。所谓不全面,就是总体小康基本处于生存性消费的满足上,而发展性消费还没有得到有效满足,社会保障还不健全,环境质量还有待提高。所谓不平衡,即地区之间、城乡之间以及产业之间的发展水平存在明显差距。

江泽民提出"新三步走战略"。面对新的历史条件和新的历史机遇,党的十五大对第三步战略目标做出更具体的战略规划。江泽民提出21世纪的目标是:第一个十年实现国民生产总值比2000年翻一番,使人民的小康生活更加宽裕,形成比较完善的社会主义市场经济体制;再经过十年的努力,到建党100年时,国民经济更加发展,各项制度更加完善;到21世纪中叶建国100年时,基本实现现代化,建成富强民主文明的社会主义国家。按照这个战略部署,我们从20世纪末进入小康社会后,将分2010年、2020年、2050年三个阶段,逐步达到现代化的目标。

确定全面建设小康社会的宏伟目标。按照"新三步走战略"的目标,党的十六大明确提出本世纪头20年,我们将集中力量,全面建设惠及十几亿人口的更高水平、更全面、发展比较均衡的小康社会。这个"全面"二字,涵盖了经济、政治、文化和社会等全面发展的目标。在十六大、十七大确立的"全面建设"小康社会目标的基础上,党的十八大报告中,胡锦涛同志根据我国经济社会发展实际,提出了到2020年"全面建成"小康社会的宏伟目标。这一递进式的目标,在我国现代化的历史进程中,具有了里程碑意义。

党的十八大以来,习近平总书记准确把握当代中国实际,围绕"全面建成小康社会"提出了一系列新思想、新论断、新要求,科学回答了全面建成小康社会面临的诸多重大问题。习近平总书记一再强调,"最艰巨最繁重的任务在农村,特别是在贫困地区","小康不小康,关键看老乡","一个民族都不能少","不能丢了农村这一头","决不能让一个苏区老区掉队"……这一系列论断,充分体现了把13亿多人全部带入全面小康的坚定决心。

二、全面小康社会的基本特征

全面小康社会作为一种社会形态,具有一般社会所具有的本质属性,但又体现出一种时代性和独特性,极具与历史上其他社会形态不同的鲜明特征。

从纵向看,全面小康社会是最接近现代化的社会形态。十一届三中全会后,邓小平认真总结历史经验教训,科学分析了我国基本国情,提出像我们这样经济文化落后的国家进入社会主义社会必然要经历一个初级阶段,这个初级阶段至少要经历100年左右的时间。中国社会主义初级阶段的长期性决定了我国实现社会主义现代化是一个长期的、历史的、渐进的发展过程,而小康社会是一个初级发展阶段。全面建成小康社会则是较高标准的小康,它将使人民生活更加殷实、富足。

从横向看,全面小康社会是比肩中等收入国家乃至中等发达国家的社会形态。把我国小康社会人均GDP、城镇化率、基本社会保险覆盖率、居民人均可支配收入、恩格尔系数、人均住房使用面积、文化产业增加值占GDP比重、单位GDP能耗、环境质量指数等各方面的目标值放在国际上比较,全面建成的小康社会只是目前世界上中等收入国家的平均水平。

从内部看,全面小康社会是协调均衡发展的社会形态。全面、协调、可持续发展,是科学发展观的基本要求,也是全面小康的基本特征。党的十八大确立的全面小康,是一个全方位的小康,强调在人与自然的关系、人与人的关系不断优化的前提下,实现经济效益、社会效益、生态效益有机统一,从而使社会整体得到可持续发展;除了注重物质生活的提高外,还追求人们的精神文化生活、民主权利以及生活环境等方面的改善;同时,全面小康还是一个发展相对平衡的小康,中西部地区、农村地区的发展将进一步加快,区域、城乡差距进一步缩小,协调均衡发展是全面小康社会的客观规律和基本特征。

从深层看,全面小康社会是改革开放进一步深入推进的社会形态。十八大指出:改革开放是坚持和发展中国特色社会主义的必由之路,我国30多年来的快速发展,是改革开放推动的;未来的科学发展,也必须继续深入推进改革开放。全面建成小康社会,更需不失时机地深化改革,破除阻碍科学发展的思想观念和体制机制弊端,构建系统完备、科学规范、运行有效的制度体系,这也昭示了改革开放的深入推进,是全面小康的基本特征之一。

从本质看,全面小康社会是以人为本的社会形态。科学发展观的核心是以人为本,从小康社会概念的提出到十八大报告的新要求,始终贯穿了以人为本这根主线。小康的最终目的是"社会进步、人民幸福",小康社会的具体标准,最终要用老百姓对自己的生活是否满意予以反证。显然,"以人为本"是全面小康的最根本特征。

三、全面建成小康社会的丰富内涵

全面建成小康社会,核心就在"全面",我们追求的是多领域协同发展、不分地域、不让一个人掉队、不断发展的全面小康。

从内容上看,全面建成小康社会是经济、政治、文化、社会、生态文明建设五位一体的全面小康,是不可分割的整体。经济建设方面的要求是经济持续健康发展,包括转变经济发展方式取得重大进展,工业化基本实现,信息化水平大幅度提升,城镇化质量明显提高,农业现代化和社会主义新农村建设成效显著,区域协调发展机制基本形成等。政治建设方面的要求是人民民主不断扩大,包括民主制度更加完善,民主形式更加丰富,依法治国方略全面落实,法治政府基本建成,司法公信力不断提高等。文化建设方面的要求是文化软实力显著增强,包括社会主义核心价值体系深入人心,公民文明素质和社会文明程度明显提高,文化产业成为国民经济支柱产业,文化产业走出去迈出更大步伐等。社会建设方面的要求是人民生活水平全面提高,包括基本公共服务均等化、教育现代化基本实现,就业更加充分,收入分配差距缩小,扶贫对象大幅减少。生态文明建设方面的要求是资源节约型、环境友好型社会建设取得重大进展,包括主体功能区布局基本形成,资源循环利用体系初步建立,单位国内生产总值能耗和主要污染物排放总量显著减少等。

从区域来看,到2020年全面建成小康社会意味着全国各个地区都要迈入小康社会,而不是一部分地区进入小康社会,其他地区还处在贫困状态。但这并不等于说所有地区在同一天迈入小康社会。全面建成小康社会最艰巨最繁重的任务在农村,特别是在贫困地区,而发达地区则要向更高水平的小康迈进。也不意味着所有小康社会的指标同一天达到,有的指标可能提前实现,有的可能需要一些时日才能实现。尽管有先有后,有快有慢,但是,在整个社会经济持续健康发展的情况下,通过产业接替、结构转型升级,区域间的发展差距会越来越小,所有地区按时全面建成小康社会的目标可以实现。

从发展的角度看,小康社会是从温饱向富裕过渡的阶段,其标准是动态的而不是静态的,是不断发展的而不是固定不变的,但也不是无限提高的。随着生产力的发展和社会的不断进步,小康社会的标准也在不断调整。1979年邓小平同志提出中国建设小康社会的目标,即到20世纪末要达到第三世界中比较富裕一点的国家的水平,比如国民生产总值人均1000美元,也还得付出很大努力。这是从当时中国的发展水平出发的,但随着时间的推移和实践的发展,中国特色社会主义的总体布局由经济、政治、文化三位一体到经济、政治、文化、社会四位一体,再到党的十八大提出经济、政治、文化、社会、生态文明五位一体的全面建成小康社会的战略目标,不仅覆盖的领域在扩大,每一领域的标准也在不断提高。值得指出的是,全面建成小康社会只是我国经济社会发展的一个阶段性目标,而不是终极目标。在这一目标实现之后,我国将继续实现下一个奋斗目标,即到新中国成立100年时建成富强、民主、文明、和谐的社会主义现代化国家。

第二节 苏州小康社会建设的探索历程和巨大成就

邓小平小康社会的伟大构想在苏州的实践,深刻地体现为苏州人民抓住三次重大机遇,历经三个发展阶段,实现了从贫困到温饱、从温饱到总体小康、从总体小康到全面建成小康社会的历史性跨越,探索了一条富有区域特色的小康社会建设之路,在全国版图上率先展示了一幅小康社会的靓丽画卷。

一、苏州全面建成小康社会的目标

苏州全面建成小康社会的根本问题和工作重点,一是"全面性",二是"完成性"。全面性,决定着小康社会是否覆盖全苏州,是否涵盖各群体,是否解决好各种关系尤其是人与物的关系;完成性,意味着小康社会的指标是否完成,是否达到要求。全面建成小康社会,是苏州落实小康社会战略的最后一步,能否完成,关系着下一步苏州现代化建设能否顺利开启。

党的十八大指出,建设中国特色社会主义,总布局是经济建设、政治建设、文化建设、社会建设、生态文明建设五位一体。苏州全面建成的小康社会,是经济、政治、文化、社会和生态文明全面协调发展的小康社会,推动"五位一体"总布局是苏州全面建成小康社会的总体目标和必然选择。

根据江苏省2013年修订发布的《江苏全面建成小康社会指标体系》,苏州全面建成小康社会的量化目标共包括30项53个指标,其中:经济发展10项,主要包括人均地区生产总值、服务业增加值占GDP比重、城镇化率、信息化发展水平、现代农业发展水平、研发经费支出占GDP比重等;人民生活5项,主要包括居民收入水平、居民住房水平、居民健康水平、公共交通服务水平、现代教育发展水平;社会发展7项,主要包括人力资源水平、基本社会保障、基尼系数、和谐社区建设水平、文化产业增加值占GDP比重、人均拥有公共文化体育设施面积、居民文明素质水平;民主法治3项,主要包括党风廉政建设满意度、法治建设满意度、公众安全感;生态环境5项,主要包括单位GDP能耗、单位GDP二氧化碳排放强度、主要污染物排放强度、环境质量、绿化水平。同时,另设一项评判指标,即人民群众对全面小康社会建设成果的满意度,作为综合评判的必达指标。

这一指标体系紧扣全面建成小康社会"五位一体"的发展布局,更加突出民生指标和生态环境指标,兼顾了平均数和大多数,体现了科学发展、以人为本和转型升级、注重质量的要求,体现了对民生幸福的高度重视,"让老百姓过上好日子是我们一切工作的出发点和落脚点"成为苏州全面建成小康社会的自觉追求。

二、苏州建设小康社会的探索历程

回顾苏州全面小康社会建设的历程,从上世纪 80 年代乡镇工业崛起的"苏南模式",到上世纪 90 年代发展战略适时转移的"三外"齐上,再到新世纪科学发展、和谐发展、率先发展实现全面小康,进而迈向基本实现现代化,这一进程大体可以划分为三个阶段。

1. 农转工:乡镇工业崛起推进工业化

现代化的主要内容之一是工业化。上世纪 80 年代,苏州紧紧抓住农村改革的历史机遇,打破单一计划经济的坚冰,冲破二元经济结构的壁垒,大力发展乡镇工业,被邓小平誉为"异军突起"的乡镇工业在苏州经济社会发展中创造了骄人的成绩。1984 年,苏州乡镇工业总产值在全市工业总产值中的份额达到"三分天下有其一";1988 年,乡镇工业总产值在全市工业总产值中占据"半壁江山"。苏州农民从谷场走向市场,实现了"农转工"的历史性跨越,走出了一条农村工业化和城镇化的新路,成为"苏南模式"的主要范例,也为以后苏州成为国际制造业基地打下了坚实的基础。而邓小平苏州之行时提出的"有没有可能在本世纪末实现'翻两番'"的目标,不仅是"提前 5 年实现",而且提前了整整 12 年,于 1988 年就实现了"翻两番"的战略目标。到 1990 年,全市乡镇工业产值已占到全市工业总产值的 60%,据国家统计局公布,该年苏州进入全国 25 个国民生产总值超百亿元城市行列,位列第 7 位,并进入全国 36 个人均国内生产总值超 800 美元(折合人民币超 3000 元)的城市之列,整体达到小康水平。

2. 内转外:"三外"齐上推进国际化

经济国际化程度是衡量一个地方现代化水平的重要标志。上世纪 90 年代,苏州紧紧抓住国家实施沿海开放战略、改革开放重心从珠三角转向长三角、跨国公司在全球低成本扩张、全球制造业加快梯度转移的绝佳机遇,凭借紧邻上海这一得天独厚的区位优势,依托乡镇工业崛起形成的巨大加工生产能力、已有的市场流通网络和良好的人力资源基础,外贸、外资、外经齐上,合作、合资、独资并举,各级各类开发区并进,大力发展外向型经济。2000 年全市实际到账外资 29 亿美元,比 1990 年增长 41 倍;实现进出口总额突破 200 亿美元,比 1990 年增长 106 倍。

3. 量转质:量质并举绘就全面小康的现实模样

经济发展质量是经济发展能否持续的终极仲裁人。进入新世纪以来,尤其是 2002 年党的十六大以来,苏州紧紧抓住中央提出全面建成小康社会、贯彻落实科学发展观等战略性决策的机遇,创新经济发展方式,走科学发展之路;创新社会发展方式,走和谐发展之路;创新区域发展方式,走率先发展之路,在全省乃至全国率先开拓全面小康之路,经济社会发展量质并举,并于 2005 年年底率先完成省定全面小康的指标任务,从而实现了从总体小康到全面建成小康社会的历史性跨越。当下,苏州正针对小康社会建设这一动态过程中仍可继续提升的空间,扎实做好补缺补短的工作,进一步巩固成果、提升水平,不失时机地向基本现代化迈进,着力谱写中国梦的苏州篇章。

三、苏州全面建成小康社会的成就

改革开放以来,苏州取得了令人瞩目的辉煌成就。实践证明,小康社会的建设过程不仅是解放和发展生产力的过程,是提高人民生活质量和水平的过程,也是大力发展先进文化的过程。

1. 综合实力显著提升,产业层次明显提高

苏州地区生产总值从 1978 年的不足 32 亿元,到 2015 年达到 14500 亿元。全市财政收入从 1978 年的不足 9 亿元,到 2015 年达到 1560 亿元。全社会固定资产投资从 1978 年的超过 2 亿元,到 2015 年达到 6124 亿元。2015 年,在全国 20 个重点城市中,苏州规模以上工业总产值居第 2 位,出口总额居第 3 位,进出口总额居第 4 位,实际利用外资居第 5 位,公共预算财政收入居第 6 位,地区生产总值居第 7 位。1978 年苏州三次产业比例为 28.1∶55.7∶16.2,呈"二、一、三"排列;到 1987 年发生了历史性变化,服务业占比超过第一产业,三次产业比例调整为 19∶60.7∶20.3,呈"二、三、一"排列;到 2015 年三次产业比例为 1.6∶48.9∶49.5。第一产业中以优质粮油、高效园艺、特色水产和生态林业等四大主导产业为代表的高效农业、绿色农业和现代农业格局初步形成。制造业的优势主导产业基本确立,形成了以电子信息产业、冶金工业、电气机械、化学工业、纺织服装、生物医药为支柱产业的现代工业体系。在服务业领域,通信业、房地产业、金融保险业、信息咨询业、商务服务业、会展业、计算机软件开发业等新兴服务业快速成长,传统服务行业也由于销售模式、技术手段、经营理念的创新增添了发展活力和后劲。

2. 开放型经济优势凸显,消费市场繁荣兴旺

苏州自上世纪 80 年代后期获得外贸自营权以来,全市进出口总额从 1990 年的不足 2 亿美元,到 2015 年实现进出口总额 3053 亿美元。出口商品由原来的以丝绸纺织和农副产品为主,转变为以机电产品为主。服务贸易加快发展,服务贸易进出口总额 158.86 亿美元,苏州被列为国家跨境贸易电子商务服务试点。从 1984 年兴办第一家外资企业到 2015 年新引进和形成具有地区总部特征或共享功能的外资机构(企业)40 家,累计超过 200 家,147 家世界 500 强企业在苏州有投资项目(企业)。2015 年苏州全年实际利用外资 70.2 亿美元,其中服务业实际使用外资 36.7 亿美元,占实际使用外资的 38.1%;战略性新兴产业和高技术项目实际使用外资33.8亿美元,占实际使用外资的48.2%,利用外资转型优化特征明显。"走出去"空间不断拓展,2015年新批境外投资项目中方协议投资额16亿美元,境外投资遍布80多个国家和地区,投资项目871个,涉及资源开发、加工贸易、服务业、高科技、营销网络、新能源等多个领域。开发区功能不断完善,全市拥有国家级开发区13家、省级开发区4家。2015年开发区实际利用外资63.56亿美元,实现进出口总额2732.15亿美元,公共财政预算收入922.88亿元,占全市的比重分别为78.3%、87.8%和63.9%。各级各类开发区已成为苏州对外开放的窗口、利用外资的主要载体、结构调整和产业升级的基地。商贸经营模式不断创新,新型业态大量涌现,连锁经营、超级市场、专业市场、专卖店、直销店乃至电子商务、网络购物、物流配送等新型商贸业态快速发展,形成了区域性商贸中心、特色商贸街区和社区商贸网点多层次、广覆盖的梯级商贸服务网络体系,城乡消费市场日益繁荣兴旺,市场消费稳步增长。2015年实现社会消费品零售总额4424亿元,比1978年增长313倍。

3. 非公经济快速发展,经济组织结构优化

改革开放初期,苏州的所有制结构以国有、集体经济为主,1978年在全市工业总产值中,全民工业占53.7%,集体工业占46.3%。90年代中期,随着经济体制改革的不断深入,股份制改造步伐加快,特别是随着企业产权制度改革和外向型经济的发展,私营企业高速增长,三资企业增势强劲,企业经济类型呈多元化发展。2015年全市规模以上工业总产值中,国有工业产值占0.34%,外商及港澳台资工业产值占64%,民营工业产值占34.6%,彻底改变了公有制一统天下的局面,形成了公有制实现形式多样化、多种经济成分共同发展的格局。期间,全市以产业集群发展为依托,大力培育规模优势,组织结构不断优化。通过兼并联合、改组改造、合资嫁接、上市融资等,把优势企业做大做强,中小企业做专做精,不断发展规模经济,企业生产组织化程度不断提高,规模化、集约化、集团化发展趋势明显。2015年电子、钢铁、电气、化工、纺织、通用设备制造六大支柱行业实现产值20358亿元,占全市工业总产值的比重达56%。全市百强工业企业完成产值12335亿元,占全市工业总产值的比重达34%。规模以上工业企业实现利税2026亿元,规模以上工业经济效益综合指数达218%。

4. 各项改革持续深化,城乡一体共同发展

改革开放以来,苏州按照稳步推进、重点突破、整体配套的方针,不断推进农村改革和深化企业产权制度、流通体制、外贸体制、财政税收体制、投融资体制、国有(集体)资产经营管理体制、政府管理体制、城市管理体制等一系列改革,实现了由高度集中的计划经济向社会主义市场经济的转变,初步建立了适应社会主义市场经济和生产力发展的新体制。全市形成了由综合市场、专业市场、消费品市场、生产资料市场组成的覆盖面广、辐射力强、分工明确、功能完善的商品交易市场体系。房地产市场、劳动力和人才市场、资本市场、产权交易市场、技术市场等要素市场从无到有,相继建立,生产、流通、交换、分配基本实现市场化,市场调节对资源有效配置的基础性作用越来越大。在市场化改革逐步推进的过程中,政府工作的重心由计划经济体制下的计划、指挥、调配、审批向市场经济体制下的调控、监督、服务、引导的职能转变,由主导型政府向服务型政府转变。从2001年启动行政审批制度改革以来,到2015年,总计减少审批事项1200余项,各部门保留的行政许可事项90%以上进驻市行政服务中心,提高了审批效率和服务水平。改革过程中,苏州坚持把城乡一体化改革发展作为深入贯彻落实科学发展观的重大举措,作为推进经济社会转型升级的综合性抓手,审时度势,科学谋划,系统安排,加快推进城乡发展规划、资源要素配置、产业布局、基础设施、公共服务、劳动就业和社会治理一体化,积极探索破除城乡二元结构的现实路径,全面形成了城乡一体推进机制,着力构建了城乡一体政策制度框架,基本建立了城乡一体规划、富民强村、现代农业发展、生态环境建设、公共服务均等化等五个方面的长效机制。城乡一体化改革发展,有力促进了农业的转型升级和农村经济的快速发展,有力促进了农民共享改革发展成果,为加快转型、转变方式注入了强大动力,为扩大内需、推动发展做出了积极贡献,为改善民生、促进和谐提供了重要支撑。目前,全市90%的工业企业进入工业园,88%的承包耕地实现规模经营,48%的农户迁入集中居住点。全市农村集体总资产突破1610亿元,村均集体经济收入776万元,222个村集体收入超千万元。农民人均纯收入连续11年实现两位数增长,2015年达25700元,位居全国20个主要城市首位,城乡居民收入比1.9:1,为全国最小地区之一。城乡一体化发展已成为苏州亮丽的名片、最大的品牌。2014年4月,国家发改委已正式批复将苏州列为"国家发展改革委员会城乡发展一体化综合改革试点",苏州城乡发展一体化试点晋升至国家层面。

5. 基础建设成就巨大,生态环境不断改善

1978年末,苏州公路总里程仅为1128公里,到2015年,全市公路总里程超过13155公里,公路密度达到155公里/百平方公里,其中高速公路550公里,全市所有乡镇15分钟左右都能上高速公路,以苏州市区为中心,覆盖全市城乡的系统化、网络化、现代化的道路框架基本形成。到2015年年末,苏州航道总里程达2760公里,长江港口码头泊位276个,苏州港货物吞吐量达4.54亿吨。具有2500多年历史的苏州古城按照"重点保护、合理保留、普遍改善、局部改造"的方针,相继启动了大规模的城市旧街坊改造、古城区历史街区保护和环古城风貌保护工程等,在保护小桥流水、河街并行的原有格局基础上,大大改善了古城面貌。城市轨道交通建成运营,城市交通秩序得到改善,城市公共设施水平显著提升。同时,苏州更加注重保护生态环境。2015年,苏州集中式饮用水水源地水质达标率保持100%,古城区河道"自流活水"工程投入运行。建立环境空气质量监测与信息发布系统,实施大气污染防治工程110项。治理噪声污染,声环境功能区噪声达标率保持100%。加大节能减排力度,单位地区生产总值能源消耗和主要污染物排放继续下降。优质水稻、特色水产、高效园艺、生态林地"四个百万亩"全部落地上图。划定生态红线区域,完善生态补偿政策,全市陆地森林覆盖率达到28.67%。苏州建成国家生态城市群,并被确定为国家水生态文明试点市。

6. 社会事业全面进步,民生质量日益提高

教育事业蓬勃发展。改革开放30多年来,苏州坚持把教育放在优先发展的战略地位,不断加大对教育的投入,基础教育、高等教育、成人教育和职业教育跃上了新台阶。2015年年末,苏州拥有各级各类学校641所,在校学生102.72万人。在苏普通高等院校21所,普通高等学校在校学生20.19万人,高等教育毛入学率65.65%。义务教育阶段学生入学率100%,苏州成为全国首个义务教育发展基本均衡市。科技创新成果斐然。全市以实施科教兴市战略为重点,以建设国际新兴科技城市和创新型城市为主线,大力推进高新技术产业化和传统产业高新化。2015年,苏州研究与试验发展经费支出占地区生产总值的比重达到2.6%,大中型内资工业企业研发机构基本实现全覆盖。城乡医疗卫生网络逐步健全,卫生监督和疾病预防控制体系不断完善。2015年,全市有各类卫生机构3007个,床位5.17万张,人均预期寿命超过81岁。文化事业繁荣兴旺。改革开放30多年来,贴近生活、弘扬主旋律、富有地方特色的文艺创作精品层出不穷。《一二三,起步走》、青春版《牡丹亭》等一大批优秀作品和剧目获得国家级奖项。公共文化服务体系建设和文化设施建设取得重大进展,文化传承得到保护和弘扬。拙政园、留园、网师园、环秀山庄等9个古典园林及4条运河古道和7个点段被列入世界文化遗产,昆曲被联合国教科文组织列入"人类口述和非物质遗产代表作"。自2012年开始,苏州在全市推广"政社互动"的社会治理新模式,治理主体从政府包揽向政府主导、社会共同治理转变,使政府调控与社会协调互联,政府行政与社会自治互补。目前,政府主导和社会共治结合的社会治理新模式已在苏州全市推开。城乡居民收入快速增加。市区居民人均可支配收入由1981年的455元增加到2015年的50400元;全市农民人均纯收入由1978年的226元增加到2015年的25700元。城乡最低生活保障、养老保险、医疗保险全面并轨,2015年苏州城镇登记失业率控制在2.12%,"零就业"和"零转移"贫困家庭保持动态清零;城镇职工社会保险覆盖率、城乡居民养老保险和医疗保险覆盖率均保持在99%以上,城乡老年居民社会化管理服务率超过60%,城乡居民最低生活保障指导标准提高至630元;建立起实行商业保险运作的社会医疗救助制度,并覆盖到城乡各类参保人员。

第三节　苏州小康社会建设的基本特点和有益启示

一、苏州小康社会建设的特点

改革开放以来,苏州创造了发展奇迹,今天的苏州,古韵与今风共存,传统与现代兼具,人文与科技融合,东方与西方对接,活力与魅力同辉,形成了鲜明特色。

1. 经济社会协调发展

苏州始终坚持物质文明和精神文明两手抓,注重经济和社会协调发展,把发展社会事业和发展经济放在了同等重要的位置。在经济发展取得巨大成就的同时,社会事业进步明显,城市精神得到弘扬,民主法治切实加强,社会文明程度持续提升。

2. 城乡统筹共同繁荣

苏州始终坚持统筹城乡经济社会发展,以工促农、以城带乡、城乡联动,全面推进城乡协调发展。积极推动城乡一体化综合配套改革,促进城乡公共服务均等化。调整优化市域空间格局,构建现代化市域城镇框架体系。所辖县级市全部进入全国综合实力百强县(市)前十名。

3. 富民强市并重双赢

苏州在经济持快速发展、城市综合实力大幅提升的同时,始终把富民作为发展的根本目的和持续动力,"输血"和"造血"双管齐下,大力实施以就业利民、创业富民、保障安民、政策惠民、帮扶济民为内容的富民工程,不断提升居民群众的幸福感和获得感。

二、苏州小康社会建设的启示

回顾苏州的小康实践,可以得出以下启示:

1. 必须坚持把富民作为第一导向

小康社会建设不是党委、政府的自娱自乐,关键在于通过党委、政府的努力,让人民群众得到实惠。因此,苏州在实践中既加强小康指标体系的设计、考核、引导,更注重人民群众对小康的感受度和认可度,这样的小康才能经受得起实践和历史的检验。

2. 必须坚持从实际出发探索小康路子

小康社会建设是一项前无古人的伟大事业,邓小平在苏州丰富、提升了小康社会思想,这是苏州的光荣,也是苏州必须率先探索的使命与责任。苏州干部群众坚持解放思想、实事求是,把大胆探索的勇气与科学求实的精神统一起来,努力探索创新,为全国的小康社会建设提供了鲜活的样本。

3. 必须坚持与时俱进丰富小康社会内涵

小康社会建设是长期的历史过程,不是一成不变的概念,苏州在实践中不断根据宏观要求的变化,与时俱进丰富小康社会、小康目标的内涵,使苏州的小康社会建设更符合中央精神,更切合客观实际,更贴近人民群众的需求。这样的小康社会建设才更具有凝聚力,才能团结带领广大人民群众共同投身小康实践。

4. 必须坚持实践的连续性与开创性有机统一

任何事业都是一任接一任的"接力赛",在这一进程中,苏州始终咬住小康目标不动摇,坚持"一张蓝图绘到底"不折腾,以经济建设为中心、全面协调推进小康社会建设这一主线不偏离,团结拼搏、争创一流的精神不懈怠,唯有如此,全面建成小康社会的事业才能取得成功。

三、苏州全面建成小康社会的未来方向

在新的形势下,以习近平为核心的党中央提出了实现中华民族伟大复兴中国梦的战略目标,并从主动应对全球形势深刻变化、统筹国内国际两个大局的战略高度,提出建设"丝绸之路经济带"和"21世纪海上丝绸之路"的战略构想,进一步拓展了实现"中国梦"的发展空间,给处于"一带一路"重要节点的苏州带来了重大发展机遇。

"小康梦"是"中国梦"的有机组成部分,是实现"中国梦"的重要基础和必经阶段。改革开放30多年的发展使苏州实现了"富起来"的"小康梦",在新的起点上,苏州将加快实现从"富起来"向"强起来"的跨越,努力争取走在实现"中国梦"伟大历史征程的前列。

习近平总书记曾深刻指出,全面建成小康社会要靠实干,基本实现现代化要靠实干,实现中华民族伟大复兴要靠实干。2012年7月,习近平同志在苏州参加第二届中非民间论坛期间,要求苏州"勇立潮头,当好排头兵,谱写新的创业史,为中国特色社会主义道路创造新经验"。2014年12月,习近平总书记在视察江苏时,提出了建设"经济强、百姓富、环境美、社会文明程度高的新江苏"的新要求。苏州将牢牢把握机遇,加快转型升级、再造经济发展新优势,深化改革开放、加快构筑体制机制新优势,推进城乡一体、全面形成城乡协调发展新优势,创新社会治理、探索形成社会共治新优势,强化生态文明、积极打造绿色发展新优势,为全国的小康社会建设探索新路子、积累新经验。

第一篇　　经济发展篇

——全面建成小康社会的物质基础

第一章　开启苏州小康社会建设的"苏南模式"

概　述

30多年来,我国最鲜明的特征是改革开放,最显著的成果是快速发展。这种现象在苏南地区表现得最为典型。苏南地区从上世纪80年代起在率先推进农村工业化、城镇化和市场化方面创造了闻名于世的"苏南模式"。经过30多年的发展,苏南地区人均生产总值水平、富裕水平、开放型经济水平、城乡一体化水平领先全国,收入差距低于全国。"苏南模式"的演进及其成就是发展中国特色社会主义的成功实践。

提出和总结"苏南模式"这一概念的不是苏南的农民和干部,而是著名的社会学家和经济学家费孝通。"苏南模式"指的是苏南地区农村在一定的历史条件下具有特色的经济发展过程,或者叫经济发展路子。

一、背景

20世纪80年代前、中期,中国农村改革风起云涌,中央的几个"一号文件"极大地推动了农村生产力的发展。家庭联产承包责任制极大地促进了农业生产的发展,解放出大批的劳动力涌向多种经营,有的甚至涌向原本属于城市领域的工业和服务业。人们纷纷寻求富余劳动力的新出路、发展经济的新路子、增加收入的新途径。同时,中央推出的分权化改革与地方财政包干制的实施,激发了各级地方政府兴办工商业,以满足解决就业、增加财政收入的强烈欲望。在这种背景下,苏南人抓住这个机遇,在各级政府的奋力推动下,乡镇企业得以蓬勃发展,农民的务工工资占到当时农民全部收入的50%以上,多种经营的产品比较效益较好,农民的收入逐年翻番,农村一片共同致富的好形势。这也是苏南农村的"第一次异军突起"。

苏南农村的"第二次异军突起",是从上世纪80年代中后期开始的,苏南先后抓住1985年被国务院列为沿海经济开放区、1988年国家制定沿海经济发展战略、1990年国家决定开发开放浦东等三次机遇,积极发展外向型经济。尤其是苏州市,率先确立外向型经济是导向型经济,是提高经济素质的必由之路的新观念,在全市掀起发展外向型经济的高潮。苏州通过招商引资发展外向型经济有效而迅速地推动了苏州农村乃至市区经济实现量的扩大和质的提高,城乡人民的收入也跃上了新的台阶。2003年这一模式达到巅峰,苏锡常地区所有的县(市)都进入全国百强县,苏州的昆山连续两年荣登全国百强县之首。

苏南农村的"第三次异军突起",是民营经济的蓬勃兴起。从上世纪90年代初开始,随着市场化改革的深入,苏南地区开始推进乡镇企业的制度创新,集体产权特别是政府产权成为改革的目标。与乡镇政府产权的主动退出和集体经济的改制相伴,民营经济得到了迅猛的发展。乡镇企业有相当一部分完全改制为私人企业,还有不少改制为股份制和股份合作制等混合所有制企业,其中占主导的是转为公司制的企业。苏南乡镇企业通过与外商合资,与其他法人企业组建企业集团、建立股份制公司、上市等途径明晰产权。在外资企业多而强的苏州,民营企业的发展不但没有受到挤压,反而在外资产业链的扩展、企业间的合作中扩大了发展空间,并学到先进的管理经验和企业家精神。

三次异军突起,改变了"苏南模式"的所有制内涵:由集体经济为主的结构,变为外资、民资和股份制企业竞相发展、充满活力的结构。这里仍然具有"苏南模式"特征的是,占主导的是混合所有制企业。这种企业结构成为苏南市场经济和开放型经济的微观基础。与其他模式比较,苏南的企业规模及产业技术水平总体上高于其他地区。

二、"苏南模式"发展的特定条件

1. 地理位置优越

苏南地区位于太湖之滨、长江三角洲中部"金三角"地带,交通发达,运输便捷。京沪铁路横穿其中,312国道等公路四通八达,长江、运河系统提供了舟楫之力,临近的虹桥机场和上海港口连接海内外。上世纪八九十年代开始的张家港、常熟港、太仓港(后组建为苏州港)的港口建设和沪宁、苏沪、沿江、苏嘉杭、绕城等高速公路的修建,更为苏州的经济发展插上了腾飞的翅膀。这些优越的条件,为以发展现代工业为主要内容的"苏南模式"的形成和发展,提供了一流的物流优势和由此引来的资金流、人才流等不可多得的优越条件。

2. 有大中城市尤其是上海的辐射优势

苏南地区有工商业相对发达的苏州、无锡、常州等城市,以及一批经济发展较快的县(市),更邻近我国最大的工业、水运和金融中心上海市。通过紧密相连的交通运输,从早期的下放工人、退休老师傅(包括技术人员)以及"星期天工程师",到中期的横向经济联合,后期的产学联、产研联等更高层次的合作,苏南地区得到上海从技术扩散到技术合作,从设备转移到技术改造,从人才的暗中聘用到公开合作以至交流,从资金借贷到合资、投资等几乎全方位的辐射。与上海毗邻的苏州市农村,更是得到上海市更多的辐射。如今已在国内同行业中赫赫有名的许多企业,当年几乎都有上海的帮助与合作。

3. 商品经济发展历史悠久

苏南历来是我国人文荟萃之地和经济富庶地区,我国最早的资本主义生产和经营方式在这里萌芽、发展,商品经济在苏南地区有着较悠久的历史,商品经济的意识得到较早的普及。清末和民国初始,我国的现代工商业也在苏南以及上海率先诞生和发展。与此同时,人们的文化教育也从私塾向洋学堂转变,较早地接受了现代科学技术和商务教育,培养了一大批经营管理和技术人才,有效地推动了苏南地区现代工商业的发展。苏南地区的这种历史传统和商品经济意识,是产生"异军突起"的乡镇工业以及较早采取"市场取向"的一个重要因素。

4. 富余劳动力较多

苏南地区人多地少,造成大量劳力的隐性失业。国家从上世纪50年代中期以后,一方面推行城乡隔离的工业化政策,一方面在农村推行以粮为纲的政策,使得苏南农村大量的剩余劳力既不能向城市转移,又不能开辟发展多种经营的新途径,严重影响了农民的收入,因而有着强烈的寻求劳力的新出路和经济发展的新途径的愿望。因此,苏南地区从上世纪60年代的人民公社时期就开始创办社队工业;70年代后期宏观控制的松动,以及80年代前期"双轨制"的推行,使得苏南地区蕴藏着的巨大经济潜能得以释放,以市场取向为主的乡镇工业遍地开花。

三、主要做法

1. 以乡镇政府为主的组织资源方式

苏州的乡镇工业发展以集体经济为主,主要是因为其发展的初始资本来自于农村集体的农业积累。据历史资料记载,当时苏州农村生产队一级的集体积累就高达20多亿元,而能够动用和支配这笔资金的只有基层政权组织。此外,农村区域内的土地、劳力等要素,在当时的情形下也只有基层政权组织能够低成本地进行调度和配置。乡镇政府作为主要的组织,能够有力地保障乡镇工业在一个较短的时间内顺利完成原始积累并形成大的发展态势。

2. 以创新改革为指引的持续发展

在最初期,"苏南模式"的发展突破了当时的城乡两元结构。在中国农村创办现代工商业,是贯彻中央"以经济建设为重点"的战略转移的创新。当"短缺经济"渐渐消失时,农村改革向城市拓展,面对日趋激烈的市场竞争形式,苏南乡镇工业一方面加大技术改革,一方面以创办中外合资企业开始,发展外向型经济,显现了内外并举的局面,使苏州乡镇企业出现第二次"异军突起"。苏州更是一马当先,自建开发区,改善投资环境,有效地从国外引进资金、技术、项目和人才,苏州本地的乡镇企业直接地从中接受辐射,不断壮大,使苏州经济率先融入国际化。在党的十四大以后,随着社会主义市场经济观念、理论的不断完善,"以集体经济为主"的乡镇企业的政企不分、产权不明晰的弊端日趋显露,影响了乡镇经济的健康发展。苏南农村学习先行地区的经验,探求自身的改革路径,进行了乡镇企业以及集体、国营企业的全面转制。同时,采取强有力的措施大力发展民营经济,并在转制时允许保留永联村、梦兰村等一批村级集体经济。在转制后,引导和鼓励有条件的企业向现代企业制度转型,成为规范化的股份制企业,促进企业持续地做大做强。

3. 以市场取向为主的经济运行机制

"苏南模式"诞生伊始,当政策和体制不允许其进入"计划"的行列,而被迫无奈地"以市场取向为主",向市场寻觅原材料等生产要素,以及推销产成品,从而使苏南人"因祸得福"而较早地进入市场经济的大门,率先获得物质和观念转变的双丰收。苏州正是因为这个原因,坚定地走市场经济之路,从上世纪90年代始,逐渐做出科学合理地优化资源配置,瞄准国内、国际两个市场,努力提高企业自身竞争能力,大力发展外向型经济与民营经济,抓好城乡统筹协调发展等一系列有效提升苏州经济社会发展水平的举措。

4. 以地方政府为主导的管理方式

在"苏南模式"的发展过程中,地方政府发挥了重要的作用,主要体现在区域经济发展过程中对于发展共同体主题的追求和引导上。政府在引导乡镇企业稳定农业、致富农民和繁荣农村等方面发挥了重要的引导作用。乡镇企业发展初期,是由农村基层政府直接组织指挥的,其背后的坚强后盾是县和地区(市)的领导,利用政府的动员力量,或者由政府出面向银行贷款。"第二次异军突起"仍是各级政府组织指挥的结果。在具体工作中,他们对上力争到外贸切块自营,并积极自费创办吸引外资的经济技术开发区这一招商引资的重要平台,同时积极改善投资环境。特别是在苏州,由政府推动设立了苏州新加坡工业园,并建立了以多个国家级开发区为龙头的各类开发区,各类开发区成为全面对外开放和引进外资的载体,苏南迅速成为我国外商投资企业和台资企业最为密集的区域。"第三次异军突起"中,政府和企业一起实行转制改革,自身退出了企业,同时又积极引导企业提高经营水平,实行科学发展,以及向股份制和现代企业制度转型,迅速而有效地推进了本地各类企业的发展,并总结推广了农村"三大合作组织"等典型,实行积极的财政转移支付,在农村初步建立了农民增收的长效机制,并使公平的阳光照到农村,较好地维护了农民的合法、合理权益,并使之享受到改革开放的成果。

四、经验与启示

1. 因地制宜地贯彻落实中央的方针与政策

在改革开放的过程中,苏南的领导干部比较自觉地运用朴素的辩证唯物主义观点,透过现象看本质。当苏南农民自发地兴办乡村工业、搞农副产品的时候,苏南的领导干部从朴素的感情出发,认为这是有利于农民"过上好日子"的事,便亲自上阵,以集体经济的名义,为乡村工业取得一席之地。当乡镇企业遭遇发展瓶颈的时候,他们认定这是生产关系不适应生产力的发展造成的,因为当时中央明确指示:全党的工作重心是发展经济;发展是硬道理。于是,苏州的领导干部从苏州乡镇企业产权不明晰、政企不分的实际出发,进行经济体制的改革,并探索以开发区为重点的发展外向型经济探索,进行农村"三大合作组织"的改革实践。在"摸着石头过河"的改革开放的每个阶段,他们掌握了透过现象看本质、一切从实际出发等辩证唯物主义观点,当好了"先头部队",做出一系列的率先之举。

2. 树立抢抓机遇、善抓机遇的精神,不断开拓创新,与时俱进

在苏南地区发展过程中,充分体现了苏南人善抓机遇、抢抓机遇的精神,抢到了先机,收到了事半功倍的效果。比如,抢先发展乡村工业和多种经营,就抢到了"短板经济"的先机;抢先发展外向型经济,就抢到了中央一系列优惠政策的先机;中央提出建设社会主义新农村的伟大战略以后,苏州立刻探索农村"三大合作组织"工作,推进城乡统筹、和谐社会建设做到了与时俱进。抓机遇的同时要转变观念,解放思想。只有人民的思想观念跟上了发展形势的需要,才能抓住扑面而来的机遇。苏州在这方面表现得积极、大胆、主动,总能先人一步,抓住发展的机遇。比如,他们率先转变了"以粮为纲"和"计划经济"的观念,解放了思想,从而开创了大办乡镇工业与多种经营的先河。

3. 大胆起用能人,促进大批"千里马式"领跑队伍涌现

创造性地开展工作,抢抓机遇都得由"人"去做。这个"人",就是广大的农村干部,就是大批优秀的企业家。这些改革开放的领跑队伍,都是在第一线的干部、企业家队伍中培养的。这就需要领导大胆地发现人才,起用能人,为他们创造宽松自如、优胜劣汰、稳定健康的成长环境。在实践中,把能否自觉而创造性地理解执行"苏南模式"作为考核的一个重要内容。市为县做出榜样,县为乡镇做出榜样,涌现出了大量人才,如张家港市委书记秦振华式的基层领导干部、

沙钢集团董事长沈文荣式的企业家队伍、相城区渭塘镇渭西村党委书记邹宝如式的一身兼两任的"千里马"。正是这些"千里马"队伍，引领苏州经济社会不断发展。

4. 坚持以人为本，关注民生，促进城乡统筹发展

人民是创造历史的主力军，各级干部是人民的"公仆"。这是一切工作的出发点和落脚点。"共同富裕"这一"苏南模式"的重要内涵也是源出于此。"苏南模式"之所以充满活力，也是源出于此。当形势发生变化，经济发展起伏而影响农民"共同富裕"之际，苏州坚持以人为本，关注农民就业、创业，建立农民收入增长的长效机制，建立完善的农村社会保障体系等，促进农民走共同富裕之路，缩小城乡差别，推进城市化进程，从而使城乡统筹发展得到有效的推动。

五、遇到的困难与未来展望

"苏南模式"作为全国改革发展的一个样板，以"海绵式吸纳"不同产业创造了经济发展的奇迹，让苏南率先进入到工业化后期，但同时也付出了资源、环境的巨大代价，当经济数据无力掩盖苏南发展模式之弊时，传统的苏南发展模式的竞争力逐渐丧失，环境污染严重、外资依赖明显、制造业所占比重较高等问题也逐步暴露出来，苏南经济的发展迫切需要转型升级。进入新世纪以后，苏南地区进入全面建设小康社会阶段，摆脱了单单突出发展经济这一个方面的模式，强调全面发展，在社会保险、卫生、服务、生态各方面都得到了比较快的发展，"苏南模式"正向着"新苏南模式"演进。

1. 生产模式从投资拉动型向创新驱动型转变

"苏南模式"在最早期的发展过程中，主要靠资源、能源的投入拉动经济发展，主要依靠"输血"换取高增长，带来了环境污染、资源过度消耗等问题。今后应向创新驱动转变，加快对传统产业转型升级、新兴产业提速发展，围绕新一代信息技术、医疗器械、新能源以及地理信息等战略性新兴产业，壮大产业集权，打造工业经济升级版，从"世界工厂"向"世界办公室"转变。

2. 创业主体从农民企业家向科技型、复合型创业者转变

人在经济发展中作为企业经营者、企业主、企业的管理者居于经济发展的第一线，至关重要。当时苏南的乡镇企业，创办人都是实实在在的农民，是从自己的田头上走出来的企业家，但是后来随着经营规模的扩大，外向型经济的发展，企业要走向世界，这些农民企业家就不能适应了，就需要创新，必须向科技型、复合型创业者跃迁。未来，将既有现代思想又有科技素质的企业家培养成为经济发展的中坚力量，可能是未来中国经济发展的关键所在，也是一个地区发展的关键所在。

3. 所有制结构从集体所有制向混合经济制度转变

"苏南模式"原来的所有制形式是乡村集体经济,20世纪90年代后期,在全国性的大型企业改革中,97%的集体经济民营化,民营化以后再吸收外资,吸收各种其他的资金,就成了多元的股份制、合作制的企业。今后发展的主体仍是这种股份制、合作制企业。

4. 产业格局从以工业为主向三次产业协调发展转变

原来的"苏南模式"发展中,先是从农业到工业,工业发展起来后,对农业进行反哺,助推农业发展。在国际化的浪潮之下,必经大力发展服务业,推进一、二、三次产业融合发展。

5. 社会结构向社会、经济、生态全面发展迈进

"苏南模式"早期以经济发展为主要目标,今后社会发展的主要方向是全面建成小康社会,城乡一体化,现代化带动城镇化,以经济国际化促进城镇化,以工业化优化城镇化,这是"新苏南模式"的创新实践,也是未来发展的方向。

案例一 盛泽镇:"中国第一镇"领跑乡镇企业发展

一、背景

盛泽镇位于江苏省的最南端,地处长江三角洲和太湖地区的中心地带,南接浙江杭州、嘉兴,东临上海,西濒太湖。盛泽镇总面积150平方公里,其中城区建成面积45.98平方公里,规划工业产业区60平方公里,下辖8个社区、35个行政村,全镇户籍人口13.3万,外来人口超过30万,是吴江区经济社会发展"四大片区"之一,被誉为"中国第一镇"。苏嘉杭高速公路、227省道贯穿其中,交通十分便捷,地理位置优越。盛泽是一个有悠久历史的丝绸纺织重镇,早在明清时期就以发达的丝绸织造和繁荣的丝绸贸易而闻名遐迩,与苏州、杭州、湖州并称为中国的四大绸都,繁荣的纺织业创造了锦绣的绸缎,也为这座城市增添了炫目的光彩。

盛泽镇自明代嘉靖年间便成为"以机为田、以梭为耒"的专业市镇。该镇在明代就有丝绸交易市场的先祖——庄面,带动了千家万户以丝绸为业,号称"日出万绸,衣被天下"。新中国成立初期,倍受日寇和内战摧残的丝绸业在一片萧条中艰难起步,镇区的大小私营丝织厂和零星机户通过几度的联合和改造,到20世纪60年代中期形成了以新生、新华、新联、新民四个厂为骨干的丝织业格局;在农村,1958年成立了在少量的手工机户基础上发展起来的盛泽公社丝织厂。六七十年代乡镇企业异军突起,并形成了中国鹰翔集团、江苏艺龙集团等一批全国知名的企业,镇、村办丝织厂遍布全镇。到90年代中、后期,个体私营企业大量诞生,又为丝绸业的进一步发展增添了强大的后劲。2000年年末全镇丝绸业共有大小工厂600余家,拥有2万台丝织机,织物生产能力达12亿米,是新中国成立初期的近500倍。

纺织产业作为盛泽镇的传统产业、优势产业,近年来取得了迅速的发展。目前,全镇拥有各类企业2500多家,13万多台无梭织机,年产各类纺织品100亿米,具有325万吨纺丝能力,30亿米印染后整理产能。拥有新民科技、东方市场2家上市公司,拥有恒力、盛虹、鹰翔等国内知名大型纺织企业集团,拥有"盛虹""福华织造""德尔""桑罗""恒远"5只中国驰名商标,"盛泽织造"和"绸都染整"2只集体商标为江苏省著名商标。位于盛泽镇区的中国东方丝绸市场创建于1986年,经过30多年的发展,目前市场区域面积达到4平方公里,来自全国各地的 6500 余家丝绸商行云集场内,经营 10 多个大类、数千个品种的纺织品。2014 年市场交易额继续实现超千亿元。"中国·盛泽丝绸化纤指数"被誉为行业的晴雨表,《中国纺织化纤面料编码(部分)》正式成为国家标准。盛泽纺织业已初步形成一条从缫丝、化纤纺丝、织造、印染、织物深加工到服装制成品的产业链,以及集研发、生产、市场、物流、服务为一体的配套体系。盛泽镇先后被国家科委评为"国家级丝绸星火密集区",被农业部命名为"全国乡镇企业示范区",被中国纺织工业协会命名为"中国丝绸名镇""中国纺织名镇",成功获批江苏吴江高新技术产业园区(筹)。目前盛泽已成为我国丝绸纺织的主要生产基地、出口基地和产品集散地,并向建设国内最大、世界著名的丝绸纺织生产基地迈进。

在快速发展纺织工业的同时,盛泽镇坚持全面协调可持续的发展方向,注重提升综合效益,注重化解瓶颈制约,注重体现以人为本,高质量高效率地抓好城市化建设、新农村建设以及社会各项事业,朝着建设"幸福绸都"的目标而不懈努力。

2014 年以来,在严峻的国内外宏观经济环境中,盛泽镇顶住了外部冲击和负面影响考验,经济发展保持平稳态势并继续走在区域前列——实现地区生产总值 340.89 亿元,约占吴江全区 22%;公共财政预算收入 24.5 亿元,约占全区 18%;全社会固定资产投资完成 128 亿元,约占全区的 17%;东方丝绸市场交易额连续两年超千亿元。

二、主要做法

1. 建立专业市场,助推丝绸贸易发展

20 世纪 80 年代,盛泽镇的产品销售,依靠的是企业各自为战,数量庞大的营销队伍走南闯北,推销的结果往往不尽如人意,特别是产品对市场反应的滞后,对生产和销售产生了一定的限制。到了 20 世纪 80 年代中期,一些当地人开始在盛泽街巷开设门市买卖布匹,有的甚至在马路两边搭建简易台板,居然也吸引了一部分购买者。受到这一"地摊市场"的启发,当时的地方政府敏感地感觉到市场的独特作用,于是开始酝酿、筹建大型的丝绸交易市场——东方丝绸市场。1986 年 10 月 11 日,中国东方丝绸市场在盛泽正式开张。经过 30 年的经营,中国东方丝绸市场已经发展成 4 平方公里的巨型市场,来自全国 20 多个省(市、自治区)以及日本、韩国等国家和地区的 5000 多家公司和经营商户进驻场内,经营包括纺织原料、真丝绸、化纤织物、装饰部等十余个大类、数千个品种的商品,产品销往 100 多个国家和地区。中国东方丝绸市场先后获得"国家级面料出口基地""国家外贸转型升级专业示范市场"等荣誉称号,连续 8 年被评为"全国十大面料及纺织品市场第一名"。2015年上半年,中国东方丝绸市场交易额达449亿元,同比增长3.5%。

2. 群策群力,推动丝绸企业发展

商会是盛泽包容并蓄的重要体现。作为发达的丝绸制造业和繁华的丝绸纺织品贸易中心,盛泽旧时便是四海商贾云集之地,清代以后,盛泽出现了金陵会馆、济东会馆等八大会馆,民国时又出现了丝业、绸业、领业三大公所,为推动当时的丝绸纺织业发展起到了积极作用。如今,盛泽纺织产业高度集聚,更吸引了全国客商前来投资兴业,活跃于盛泽的闽南商会、温州商会、广东商会、纺机商会、印染协会等18个商会,不仅成为政府与企业的桥梁和纽带,也为会员之间的互动、交流、学习搭建了良好的平台。

3. 注重自主创新能力,激发企业活力

企业为适应生产发展和市场需求,必然以开拓新技术、新产品、新市场为经济目的,进行科技创新活动。盛泽要建设世界级的纺织产业基地,关键也在于提高自主创新能力,而不是一味追求量的扩张。从最早80年代开始的"化纤革命",到如今的各种新产品的开发,科技研发一直是支撑盛泽镇纺织业发展的不竭之源。如恒力集团在德国、日本设立研发中心,不断开展科研与技术创新,其自主研发的竹碳丝价格每吨达到6.8万元,同样的原料产生的效益是原来的4倍多。企业是科技自主创新的主体,而作为政府,通过出台《关于鼓励企业提升整体竞争力的实施意见》、成立博士后工作站等,对企业在科技创新、人才引进、创建品牌等方面给予引导、支持。这些自主创新行为和创新要素大大提升了企业的技术创新能力和市场竞争力,也赋予了纺织产业新的生命力,推动盛泽纺织业持续、健康、快速发展。

4. 加强品牌建设,提升国际竞争力

当今世界,经济全球化趋势深入发展,世界经济一体化不断加强,任何国家与地区都不可能脱离这一趋势而偏安一隅。盛泽纺织业要参与国际竞争,就要主动承接国际产业转移,了解国际市场游戏规则,加强标准体系建设和品牌建设。我国首个丝绸化纤指数——中国·盛泽丝绸化纤指数已在盛泽新鲜出炉,并由国家商务部正式发布,它的编制、发布不仅体现在对行业、企业产生的引导作用上,对区域经济的推动、市场品牌的提升都将产生巨大的影响,也将有利于增强我国丝绸化纤行业在国际纺织品贸易中的话语权。中国东方丝绸市场参与编制了化纤织物编码标准,并相继成为"中国流行面料系统工程流行趋势发布基地"和国家劳动和社会保障部"纺织面料设计师职业资格(吴江)培训中心","盛泽织造""绸都染整"两个集体商标已经成为具有重大影响力的商标。

三、经验与启示

1. 产业的集聚与发展是集体智慧的结晶

盛泽镇丝绸业的迅速发展,凝聚了几代人毕生的心血。这里面有殚精竭虑、苦心经营的企业家,有潜心研究、屡克技术难关的科技人员,有不辞辛劳、日夜奔波在机台旁的普通工人。盛泽镇辉煌的产业发展是集体智慧的结晶,也是盛泽人民不断与时俱进、开拓创新的结果,体现出盛泽镇人民抢抓机遇、一往无前的精神。如丝绸大市场的建立,不仅为本地纺织企业拓宽了销售渠道,也使从业者从分散转向集中,便于管理和扩大影响,该市场现在已经发展成为国内规模最大的纺织品集散中心之一。盛泽镇的纺织企业也曾掀起四次"产业革命",一次次蜕变,不断为盛泽创造出经济奇迹。

2. 不断促进产业的转型升级

盛泽镇通过承办全球纺织服装供应链大会、国际面料设计大赛、生态环保面料设计大赛、江苏(盛泽)纺织品博览会等一系列活动,推动企业转型发展,产品提档升级,增强行业影响力。盛泽镇的企业还加快"走出去"的步伐,依托自身先进的设备和完整的产业链优势,将纺织品从低附加值、以量取胜向注重研发、注重生产工艺等高附加值转变,不断开发生态、环保、时尚的新品,提升产品的核心竞争力。

3. 注重科技平台的搭建

盛泽纺织企业之所以始终走在行业前列,其中一条重要的经验就是注重科技平台的建设。盛泽被评为"国家火炬新兴纺织纤维及面料特色产业基地",目前拥有国家级中小企业科技创新服务平台4个,科创园(创意园)建设进一步完善。新增2家国家级博士后科研工作站,累计9家,占吴江区博士后工作站总量的1/3。目前盛泽已成为我国丝绸纺织的主要生产基地、出口基地和产品集散地,并正向着建设国内最大、世界著名的丝绸纺织生产基地之路迈进。

4. 加强与国际市场的对接力度

目前,盛泽镇的纺织服装企业,拥有进出口权的有800~900家,在宏观经济低迷、行业产能过剩的情况下,盛泽镇纺织业"内外兼修",主动出击,加强对国际市场的开发。盛泽镇组织企业参加中国国际纺博会、深圳国际纺博会和法国、俄罗斯、美国等国的大型展会,市场商户与欧美买家、海派和国内品牌商对接,拓宽销售渠道,并建设网上销售平台,培育国际电子商务模式。在企业未取得进出口权或无法自行操作的情况下,通过外贸服务平台办理委托进出口业务事宜,规避贸易资金风险。同时,加快盛泽东方纺织城建设,打造全新的"专业市场+展会活动+互联网"三位一体的运营模式,实现线上线下交易一体化,加快盛泽面料国际化的进程。

【思考题】

1. 盛泽镇作为"苏南模式"的典型代表,其发展有何特点?
2. 在今天倡导以生态文明为主题的发展理念下,你认为盛泽镇的发展将会面临什么样的困境?如何去突破?

案例二　梦兰村：村企共建幸福家园

一、背景

梦兰村原名老浜村,坐落于古城常熟东南郊白茆塘畔,村域面积1.2平方公里,现有常住人口963人。在上世纪70、80年代,老浜村是常熟最贫困的村庄之一,十年九荒,又是血吸虫病重灾区。由于田多劳动力少,村民主要靠种粮食维持生计。怀揣"一定要让村民过上像城里人一样的生活"的坚定信念,1972年,村党支部决定,由钱月宝带头办起村里第一家绣花厂,她和8个姐妹靠着8根绣花针走上了艰苦的创业路,凭着苦干实干,企业逐步壮大。多年来,梦兰村始终坚持以经济建设为中心,以梦兰集团这一"总部经济"为根基,目前已形成家用纺织品、龙新电子信息、环保科技、跨境油品、金融服务等多元产业,吸引了梦兰村90%以上的劳动力就业。梦兰村也一跃成为风景如画的小康村,先后获得首批"中国十佳小康村""江苏省社会主义新农村建设示范村""江苏省生态示范村"等荣誉称号。近些年,梦兰村的村级可支配财力已经超过3000万元,人均村级财力近4万元,村民年人均纯收入超3万元。

二、主要做法

1. 发展工业经济,壮大村级发展财力

梦兰村曾经是一个地势低洼、血吸虫病流行的贫困村。1972年,20多岁的钱月宝与村里的姐妹们从几根绣花针起家,创办绣花加工点,以后又看准市场,从单一的外贸加工转向自产自销,"梦兰"这个充满诗意的商标就此诞生了。梦兰把坚持质量第一、构建诚信体系融入企业现代管理之中,梦兰床上用品以在全国家纺行业创出第一个中国驰名商标、第一个中国文化品牌、第一批中国名牌产品而名扬天下,又相继被评为国家免检产品、国家商务部重点培育和发展的出口名牌,荣登中国最具影响力品牌、中国最具价值品牌家纺行业榜首,品牌价值达到72.88亿元。进入新世纪,梦兰紧紧抓住增强企业自主创新能力、增强企业核心竞争力这条主线,在一手推进主体产业品牌提升的同时,一手推进品牌经营的延伸,以与中科院联合组建国内IT领域唯一的龙芯产业化基地为里程碑,开始了从传统产业向高科技产业的跨越。依靠创新引领、品牌带动,梦兰走出了一条"纺织梦兰"与"科技梦兰"比翼双飞的新发展之路。

2. 加大民生保障力度,发展致富百姓

除了衣食住行等日常生活方面的补贴保障外,2011年12月,梦兰村召开了社区股份经济合作社第二届社员代表大会,对股权量化标准进行了完善,使股权分红有了更明确的保障,同时还以每亩8000元的标准对村民的自留地实施一次性补偿,共计支出84.6万元。新章程取消了按自留地量化的股权,统一按人口量化的股权进行分红。2012年每股分红1920元,比前年翻了一番。三年来,全村共计发放股金分红335万元,比前三年(240万元)增长了40%。村民100%参加了农村养老保险和农村新型合作医疗保险,同时享受村养老金制度。从1984年开始,村里对老年人的福利待遇制度化、规范化;300多名在家安度晚年的老年人,享受养老、医疗保险和村养老金制度双重待遇,逐年增加养老金;60岁以上的老人可享受"惠民爱心工程"老年群体专用保险;形成了春节、元旦、端午、中秋、重阳等传统节日慰问老人的制度,设立专项资金每年向老党员、老干部增发补贴。为倡导、传承和弘扬敬老、爱老的良好风尚,村里还为80岁以上老人安装"爱心铃",对90~95周岁以及95周岁以上老人的子女每年奖励5000元和10000元"敬老孝星奖",设立"爱心超市",向贫困家庭发放"爱心购物卡"免费领取物品,梦兰妇女健身队和青年志愿者自发组织慰问敬老院孤寡老人,组建敬老爱老志愿小组服务村里的高龄老人、残疾人和单身困难户。

3. 加快环境建设,打造和谐社区

近几年来,梦兰村投入近亿元资金加快村和厂区的环境建设,从起步就坚持高起点规划、高标准建设,工业区、居住区、文化活动区布局合理、功能清晰,农民居住区面积达5万多平方米的220套新居已经交付使用。全村80%以上的农户都搬进了新居,每户住宅的投资达30多万元,其中70%由村里负担,每户农户承担6万至10万元。文化活动区由综合大楼、活动中心、休闲广场三部分组成,社区卫生服务站、健康活动中心、超市、托儿所、健身房、网球场、图书阅览室、农民公园等设施一应俱全,绿化面积达9万平方米。全村凸显出传统民居与花园别墅交相辉映、水乡特色和时代气息融为一体的新农村形象,安全卫生长效管理机制也日益健全。村民们已经走出传统村落,融入现代文明。

4. 狠抓精神文明,培育新型农民

依托村级经济的不断壮大,梦兰村持续在新村建设、生态环境、社会保障等方面投入巨资,提升村级基础设施和公共服务保障水平。先后完成道路、驳岸、绿化、水电、安防等基础设施建设;建成1000平方米的村民健康活动中心,全天向村民免费开放,村民可享受到小病不出村、借书上网全免费、养生保健有去处等多种便利;建成行政服务中心、超市、托儿所、村史馆;在常熟率先建成高清互动数字电视村、电脑村、网络村,并开发出第一个具有自主知识产权的网上村委

会和农村"三资"管理平台,让村民实时了解村情动态、查询个人信息、监管村务工程、参与民主管理。

梦兰村结合推进依法治村进程,积极完善民主选举、民主决策、民主管理、民主监督和村务公开等村民自治制度。村里逐年增加对精神文明建设的投入,依托梦兰活动中心这个载体,把广大村民吸引到村民文明学校定期举办的各类科技、道德、法律讲座中来,吸引到健身、评弹、阅览等健康的文化生活中来。梦兰村在全市率先建成党报村,连续多年向每户村民赠送《苏州日报》《常熟日报》《婚姻与家庭》等报章杂志,奉送增长知识、提高素质的精神食粮。通过组织开展争创尊老孝星、贤内助和好家长活动,创建文明村、文明户的活动更加贴近生活、贴近实际,家庭这个社会的细胞在文明新风的吹拂下,成长得更加健康。

三、成效与启示

1. 村集体的发展得益于村里强大的乡镇企业

1997年,梦兰集团启动改制,保留了村集体的股份。梦兰村的集体股份在梦兰集团占15%,这给村集体的发展注入了强大的活力。梦兰村还率先在全市组建股份经济合作社,让村民变成股民,每股分红2250元,成为村民收入的重要渠道。强大的产业支撑是农村经济快速发展的可靠保障,也是实现社会主义新农村建设的重要支撑。

2. 村企共建得益于政府的高度重视

一个企业的强大离不开政府的重视和支持,政府在农村建设工作中起到重要的作用。常熟市的领导部门对梦兰村的村企共建工作非常重视,落实对企业的优惠政策,并积极响应国家政策,不断鼓励企业技术创新;同时还提出了一些有效的企业帮村的实际措施。

3. 村企发展的目标是村民增收致富

梦兰党委与村委会始终坚持把经济发展成果落脚在老百姓的增收致富、提高幸福指数上。从1984年开始,钱月宝书记不断把对老年人的福利待遇制度化、规范化,并与20多家困难户长期结对,定期走访低保户、困难户,经常开展各种敬老爱老活动,营造出浓厚的敬老爱老氛围。国家领导人在视察梦兰村后,称赞"这里的环境充满了灵气、生机和活力,是工业反哺农业的成功典范"。

【思考题】

1. 梦兰村是如何从一个贫穷落后村发展成为富裕村的?
2. 你对村企共建有什么好的建议?

案例三 "好孩子"：校办企业打造独特的全球化之路

一、背景

1972年，昆山市陆家中学创建的校办五金厂，由于连年亏损，损失达100多万元。1989年，副校长宋郑还接办了这家亏损企业，"被迫下海"。他中断靠拉私人关系为上海某工厂加工五金件的业务，从画报上看到国外的童车，萌发出开发童车的想法。1990年，经过前期的研发，生产出了第一辆童车，这一产品在当时的中国还是空白。他的新产品替代了传统的摇篮，受到市场的欢迎，顺应了当时的外贸大潮，"好孩子"依靠替外国品牌代工制作童车并贴牌销售，不仅救了校办工厂一命，而且在国际市场上逐渐风生水起，成为全球最大的童车生产商。但是，过于单一的产品类别和主要收入来源于国际市场的营收结构，也给"好孩子"的发展带来了巨大的潜在风险。于是，"好孩子"先后从三个层面开始了自己在产业链上的战略转型，全力构筑全新的商业模式。经过20多年的不断创新和发展，"好孩子"目前已经成为中国最大的从事儿童用品研发、制造和销售的企业集团。美国咨询机构评价"好孩子"是一个充满活力和生命力的潜在竞争者。据国家轻工总会最新统计，好孩子童车的市场占有率达到了70%以上，并连续5年获同类产品全国销量第一和质量检测第一，获全国童车行业唯一的国家优质产品奖，连续两次被评为江苏省名牌产品，"好孩子"商标被评为江苏省著名商标。

二、主要做法

1. 以创新设计塑造产品品牌

"好孩子"的根本在于创新设计。通过创新，淘汰老产品，推出新产品，使得"好孩子"始终充满活力，惹人喜爱。"好孩子"把创新作为发掘产品内在价值的首要因素，以研发创新形成产品新价值，并以新价值形成品牌的属性和卖点。因此，"好孩子"的品牌定位是：做世界上没有的产品。遵循着这一定位，"好孩子"品牌将推陈出新确立为自己在市场竞争中的长处所在。在事业发展之初，好孩子公司开拓性地发明了一款集推、摇、走、坐、躺于一体的多功能婴儿车，并申请了国家专利，从而打开了市场。为了成功进入美国市场，"好孩子"组织研发力量设计了一款名为"爸爸摇妈妈摇"的婴儿秋千车，该车根据父母臂力不同的特点,独创性地开发了平行和弧形两种摇摆方式,在美国获得5项设计专利和外观专利,仅用3年时间就占领了美国34%的童车市场份额,成为美国婴儿车市场的销量状元。从1989年"好孩子"品牌的中国第一款摇篮型童车开始,"好孩子"走出了一条自主研发的道路。20多年来,累计拥有5461项专利,一辆普通的婴儿车至少有五六项专利技术。企业每年开发的新品近500款,平均每半天推出一个新设计,被业内誉为"创新机器"。以技术为支撑,"好孩子"从1993年开始,采取以高速度持续地开发新产品、淘汰老产品的技术策略,使"好孩子"步入一个高速增长期,1995年年底,"好孩子"已确立了中国市场技术与销售第一的稳固地位。中国第一辆摇篮型婴儿车、世界第一辆秋千式婴儿车、全球座位最高的婴儿车、全球第一辆双向伞把婴儿车、世界上第一辆电动婴儿车、全世界最轻的双向婴儿车……这些"第一"和"之最",形成了他人难以超越的核心竞争力。

2. 以独特的研发体系满足市场需求

"好孩子"将研发的触角直接延伸到消费终端,发现消费者潜在的价值要求,并以系统化的研发组织,实现"产品创意→模具开发→最终产品"的一条龙体系。目前,"好孩子"在全球拥有江苏昆山、美国波士顿、荷兰阿姆斯特丹、日本东京4个研发中心,有300多名研发人员。每一个研发中心都聘请当地行业里最好的设计师,但领头者一定是市场专家,目的就在于要研究和把握好消费者的需求。这样做出来的产品不但品质和性能一流,而且符合当地消费者的胃口,如同精确制导导弹,目标准确,威力强大。比如欧洲的消费者重视产品的档次和艺术性,"好孩子"针对欧洲市场的产品就设计得精致而有品位,价格高达800欧元。

3. 以合作共赢创建品牌平台

"好孩子"进入美国市场之初,由于缺乏主流渠道的支持,销售未打开局面,很难建立起品牌的知名度。在寻求突破的过程中,"好孩子"敏锐地看到了机会:美国本土的COSCO公司,因产品竞争力下降,准备退出童车市场,而它的优势正是拥有丰富的渠道资源。"好孩子"抓住这一契机,联系COSCO总裁,发挥"好孩子"品牌善于创新的长处,以产品的新颖独特征服了他。但COSCO公司只愿让"好孩子"为自己贴牌生产。在双方的谈判中,好孩子集团提出联合品牌的办法,成功解决了双方的分歧。于是,COSCO加上"好孩子"的自有品牌GEOBY的双品牌"COSCO – GEOBY"进入了主流美国零售市场,3年后达到销量第一。随后,"好孩子"又与沃尔玛、玩具反斗城等海外零售商大品牌结成了牢固的产业价值链。

4. 以国内与国际齐头并进开拓市场

20世纪90年代初,"好孩子"的主要市场在国内,当时只有"Goodbaby"这一个品牌;90年代中后期,北美市场成为"好孩子"的新大陆,做什么样的产品主要由当地的销售商提供信息;90年代末至21世纪初,"好孩子"的市场扩大到欧洲、日本等地区,消费者的需求层次进一步走高,"好孩子"也与时俱进,转变为以具体的目标市场要求为指南,有针对性地开发产品,为目标人群提供最优的产品。在对欧美市场中,"好孩子"更多地借助国外大品牌的影响力和销售渠道。至今,"好孩子"已携手20多个世界一线品牌,如Nike、Maxi-Cosi等世界知名母婴品牌。1999年,"好孩子"创立了"小小恐龙"(2006年改为"小龙哈比Happy Dino"),开始了集团的多品牌战略。随着市场需求的不断变化,"好孩子"又陆续创立了"Goodbaby EU""Globe Clairs"等品牌,全面覆盖高、中、低各消费层次。

5. 由传统制造商向零售商转型产品营销方式

打造"制造+零售"这一新商业模式。自2006年7月"好孩子"首家儿童用品专卖店开业以来,"好孩子"就在婴童用品制造商的身份之外,赋予自己一站式婴童用品零售商的全新角色,并形成了四种形式的零售模式。一是品牌店,包括好孩子店和Mothercare店,在全国共有60余家连锁店。其中好孩子直营店,主要销售好孩子集团的自有品牌,定位中档市场。而Mothercare店则是2007年7月好孩子集团与英国Mothercare成立合资公司,在中国开设的一站式母婴用品连锁店。二是以"妈妈好孩子"为主的平台店,主要开展的是专业化的产品组合,提供一站式的服务。"妈妈好孩子"定位于准妈妈和0~6岁的婴童用品大卖场,瞄准高端市场,除了"好孩子"自有品牌产品外,还销售好孩子集团代理或经销的NIKE Kids、Tommee Tippee、Cakewalk、PARROT等世界知名儿童品牌的各式母婴用品。三是"好孩子"在各大商场的传统专柜渠道。四是网店模式。为了配合多渠道销售,尤其是目前线上线下的销售,"好孩子"在设计上进行区别,让各种销售渠道相融共生。

三、经验与启示

1. 在细分市场上成为强者

企业应将研发创造作为品牌核心点和首要维度,不断增强创新能力,获取开拓市场的利器。"好孩子"能居于全球童车市场领先地位,根本原因就在于坚持推陈出新,每天都在寻找和创造产品新的价值点。"积跬步以致千里,汇小流以成江河",把自己的长处做到极致,"好孩子"品牌与竞争品牌就有了明显的区隔,其表现就是由创新带来的产品新颖、安全、方便、耐用,被消费者高度认同。

由此,"好孩子"漂亮地完成了品牌对消费者的承诺,在消费者心中占据了独特的位置。

2. 注重培养生产商品牌与零售商品牌的合作

生产商品牌以自己的核心竞争力为基础,实现对产业链上合作者的价值承诺,谋求共赢。"好孩子"充分发挥研发和生产上的优势,保证下游合作伙伴的利益,赢得了大牌零售商对好孩子品牌的信赖,形成产业链条里"一个好汉三个帮,一个篱笆三个桩"的稳定结构。这样,"好孩子"集产业链上所有合作者的利益为一个整体,以合力与同行对手展开竞争,自然容易形成优势。品牌创新的维度与共同合作的维度相辅相成,相得益彰。

3. 注重塑造企业立体化的品牌

品牌高度要求企业把握行业发展趋势,走在市场前沿,面向未来,不断进取。好孩子品牌通过研究和实践行业里的高新标准,持续进行专利开发和保护,树立起业内先锋的高大形象。其回报则是权威的肯定和品牌的光明前途。"好孩子"获得首个中国最佳创新企业奖,波士顿咨询公司近来发布的一份报告则将"好孩子"列为未来10年全球最值得关注的企业之一。

【思考题】

1. 好孩子集团主要的发展模式有哪些?
2. 你认为在好孩子集团的发展过程中,应该如何运用世界的资源做世界市场?

第二章　苏州开发区建设与产业集聚

概　述

一、背景

苏州开发区建设起步于20世纪80年代中期,全面崛起于90年代初,90年代中后期迈入迅速发展轨道。如今开发区已是苏州经济社会发展的重要载体与引擎,作为苏州发展经验典型代表的"三大法宝"均源自于开发区建设。"昆山之路"是昆山经济技术开发区自费创办开发区的创新实践,张家港保税区的建设则集中体现了"团结拼搏、负重奋进、自加压力、敢于争先"的张家港精神,"园区经验"的精华是苏州工业园区开发建设实践和新加坡的治理理念完美结合的典范。

苏州的开发区建设虽比国内首批沿海开放城市开发区晚了近十年时间,但却以超常的发展速度,取得了令人惊叹的业绩。经过30余年的建设与发展,苏州开发区建设成就斐然,其发展规模和发展水平已经位于全省乃至全国开发区的前列。2015年,随着常熟高新技术产业开发区升格为国家级经济技术开发区,苏州市已拥有国家级开发区14家,全年实际使用外资70.2亿美元,其中服务业实际使用外资26.7亿美元,占实际使用外资的38.1%;战略性新兴产业和高技术项目实际使用外资33.8亿美元,占实际使用外资的48.2%;新引进和培育各类具有地区总部特征或共享功能的外资企业35家,累计超过200家,世界500强企业在苏州投资企业的有400多家。

二、主要做法

经过多年的探索与发展,苏州的开发区从无到有,如今形成了经济技术开发区、高新技术开发区、综合保税区和出口加工区功能配套体系,在产业布局上形成以开发区为重要载体的沿江、沿湖、沿沪宁线高新技术产业集聚带,已成为苏州经济社会发展的最靓丽名片,开发区经济更是成为苏州经济社会发展的重要支撑和增长极。其主要做法和发展经验如下：

1. 解放思想大胆创新，积极探索发展之路

解放思想，大胆创新，是苏州市开发区建设最重要的理念和行动指南。苏州的历届市委、市政府始终以解放思想为先导，根据不同发展阶段、不同任务要求，不断大胆创新。将苏州开放型经济发展推向前进。在实践中推行一系列做法，如：勇于承担风险，率先实行外贸切块承包；完善体系，把外资工作机构建到乡镇，下放权限；为基层施展才能"松绑"；简化程序，实施"一站式"服务；等等。这些做法处处体现着解放思想、大胆创新的建设理念。

2. 因地制宜错位发展，产业集聚优势互补

苏州市委、市政府在开发区的开发与建设上，注重因地制宜，充分考虑到各地的自然资源要素秉赋，积极引导各开发区依托自身特点和已有产业，进行功能分区和错位发展，实现功能各具特色，优势互补，共同发展。由政府规划的产业分工布局为五大地带：沿沪宁发展轴的苏州工业园、苏州高新区、昆山经济技术开发区、浒墅关经济开发区，重点发展电子信息、生物制药、新材料、精密机械、汽车零部件、环保、现代物流等产业，规划建设中央商务区，构建现代服务业基地；沿苏嘉杭发展轴的常熟东南经济开发区、相城经济开发区、吴江经济开发区，重点发展电子信息、生物制药、汽车零部件、机械制造、高档轻纺等产业；沿江发展轴的张家港保税区、张家港经济开发区、常熟经济开发区、太仓港经济开发区，重点发展钢铁、化工、电力、造纸和装备制造等产业；沿沪浙现代加工产业带的太仓港经济开发区、昆山高新技术产业园区、吴江汾湖经济开发区，全面应对上海，重点发展通信设备制造、电子信息、纺织业；沿湖休闲度假旅游带的太湖国家旅游度假区，围绕生态休闲旅游和现代农业开发，保护挖掘吴文化，充分体现江南水乡和生态特色。各开发区明确各自发展定位，确定各自优先发展产业，推进各开发区资源要素整合，最大限度地发挥优势。

3. 功能创新展现优势，发展层次逐步提升

功能创新是苏州开发区快速发展之基，凭着这种敢为天下先的创新精神，苏州创造了全国唯一的内河保税区——张家港保税区，第一个出口加工区——昆山出口加工区，第一个保税物流中心——苏州工业园区保税物流中心，第一批出口加工区叠加保税物流功能试点区——昆山出口加工区，第一个综合保税区——苏州工业园区综合保税区。目前苏州已拥有国内所有类型的海关特殊监管区域，为苏州开发区功能拓展和创新起到了积极的推动作用。

开发区特殊功能区具有在保税、通关、物流、商品展示等方面的优势，这是提升地区开放型经济发展水平极为有利的基础条件。目前，苏州5个出口加工区已全部实行封关运作，并且从2009年开始都有保税物流叠加功能。张家港保税物流港区综合了保税区和出口加工区两者功能,既享受保税区的优惠政策,在进出口税收方面又比照执行出口加工区的相关政策。开发区的功能升级使之发展的层次提升、竞争优势增强。

4. 载体创新力度加大,发展支撑日益显现

苏州坚持把开发区作为区域创新发展的示范区,以创业、创新、创优为引导,加快创新载体建设。全市17家开发区不仅是苏州经济发展的重要支撑,更是实现创新发展的主要载体。通过强化自主创新为主的载体功能深度开发与放大,重点加强开发区自主科技开发创新能力和加快创新载体建设,以创业、创新、创优为主导,更紧密地将引进与消化吸收再创新相结合,依托开发区现有基础和优势产业,建设好一批重大科技基础设施,增设研发中心、设计中心、创业中心、孵化中心等各类科技创新载体,使之成为苏州经济发展的重要引擎。

5. 创新引领科学引导,发展水平持续提高

多年来,苏州坚持以创新引领经济社会发展,通过建设创新创业创优环境优良的新城市,集聚了一批具有世界眼光、现代理念,掌握现代科技知识的新人才,进一步发展具有国际先进水平的高技术含量的新产业,努力实现经济运行质量和产业结构层次同步提升、经济综合实力和城市竞争能力同步壮大。苏州工业园区国际科技园和中新科技城、苏州高新区科技城和创业园、昆山花桥国际商务城和软件园、常熟大学科技园和科技城、太仓LOFT创意产业园和国际服务外包园、吴中科技园和太湖科创产业园等各类创新载体相继建成或正在抓紧建设中。

三、成效

经过30余年的建设与发展,苏州的开发区建设取得了令人瞩目的发展成就,主要表现在以下几个方面:

1. 各项发展指标靠前,对区域经济的贡献度日益提高

开发区贸易占苏州市一般贸易的比例超过30%,服务业注册外资占比超过50%。创新发展势头良好,累计引进和培育外资独立研发企业120多家、外资地区总部形态企业200多家,省级以上开发区累计拥有国家"千人计划"、省"双创计划"、"姑苏人才"共1300人左右。载体建设取得新突破,全市国家级开发区、海关特殊监管区数量和发展水平居全省甚至全国前列,苏州工业园区、昆山深化两岸产业合作试验区成为苏州深化改革开放的重要平台。综合贡献稳中有升,外资企业贡献了全市40%以上的地区生产总值、48%的规模以上工业总产值,提供就业岗位300多万个,涉外税收占到全口径税收收入的60%以上。

2. 吸引外资成绩显著,有效带动全市主导产业发展

2014年,在苏州市注册登记(包括在苏州工业园区、张家港保税区和在江苏省工商局注册登记)的外商投资企业共计1260户;投资总额97.14亿美元,注册资本49.87亿美元,其中外方认缴44.34亿美元。新增外商投资企业数量和投资总额居江苏省第一,新增注册资本总额江苏省排名第二。2014年,苏州实际使用外资81.2亿美元。其中,服务业实际使用外资30.5亿美元,占实际使用外资的37.6%;战略性新兴产业和高技术项目实际使用外资38.2亿美元,占实际使用外资的47%。新引进和培育各类具有地区总部特征或共享功能的外资企业40家,累计超过200家。147家世界500强企业在苏州有投资项目(企业)。苏州开发区近年来吸引外资项目成就显著。2015年1~8月份,苏州全市开放型经济累计引进外资项目556个,注册外资522898万美元,实际使用外资465722万美元,其中工业园区累计完成项目187个,注册外资183095万美元,实际利用130339万美元。高新区累计引进项目42个,注册外资69543万美元,实际利用外资44633万美元。

3. 科学规划建设,开发区布局逐步趋于优化合理

在区域布局上,形成了国家级、省级开发区与乡镇经济小区互相呼应、群体联动的新格局。在苏州,每一个经济技术开发区的周围,都有一群乡镇经济小区为后继力量。例如,在苏州高新技术产业开发区四周,环绕着浒墅关、吴中、吴江等一批上水平、上规模的国家级、省级开发区。在张家港经济开发区,则以张扬路为纽带,连接5个城郊办事处和4个城区街道。这种布局使各开发区之间形成了"众星拱月"或"葡萄串"状的群体网状型结构,有效地推进了各级开发区整体水平的提高。

4. 精神成果丰硕,形成苏州发展的"三大法宝"

一是"团结拼搏、负重奋进、自加压力、敢于争先"的"张家港精神"。20世纪70年代,张家港市的干部群众打破传统农业经济的束缚,以集体经济为主体;大办乡镇企业,弘扬了"踏遍千山万水,吃尽千辛万苦,说尽千言万语,排除千难万险"的"四千四万"精神,实现了张家港发展的第一次跨越。当前,张家港经济高速增长,城镇化水平迅速提高,各项社会事业兴旺发达,呈现出一派繁荣安定的景象。

二是"艰苦创业、勇于创新、争先创优"的"昆山之路"。20世纪80年代,昆山人自费开办经济技术开发区,通过招商引资发展开放型经济,带动了全市经济社会的协调发展,使昆山成为外商投资的高密度和高回报地区。现在该市以全国0.1‰的土地,聚集了全国1.5%的外资和约1/9的台资;以全国0.5‰的人口,创造了全国2.4%的进出口总额。"昆山之路"引领着昆山人乃至苏州人

不断奋进,形成了"百姓创家业,能人创企业,干部创事业"的生动局面。

三是"借鉴创新、圆融共赢"的"园区经验"。苏州工业园区充分发挥中新合作优势,借鉴吸收有益的先进经验,在提升规模层次中促进企业集聚,在引进先进技术中鼓励技术创新,在创新运营理念中塑造城市精品。自成立以来,苏州工业园区主要经济指标年均增幅30%左右,累计上交各类税收超千亿元,综合发展指数在国家级开发区名列前茅,并被评为跨国公司眼中综合吸引力最强的中国开发区之一。

四、存在的问题

苏州开发区的发展与建设取得了巨大的成就,但仍然存在一些值得关注的问题。

1. 产业发展不均衡

苏州市的开发区工业经济特别是制造业占有绝对优势,以外资投入为主,以工业项目为主,以两头在外的生产加工型企业为主,不少开发区存在工业结构雷同的问题。而现代服务业和新兴服务发展不充分,与工业企业相配套的生产性服务业发展缓慢。涉及总部经济、服务外包、工业设计、创意等高端领域的投资虽有起步,但实现的经济产出规模较小。

2. 自主创新能力弱

开发区外资企业有相当比例处于产业链的末端。外贸出口大多为发达国家贴牌的加工贸易,缺乏自主知识产权的核心技术和知名品牌。这种产业特点使开发区内的投资项目在整个产业链中充当着次要角色,内含价值较低,产品的增值部分大部分不体现在开发区内。重引进轻消化吸收、创新成果少、技术本土化率低等已经成为制约开发区发展的主要屏障。

3. 土地要素成瓶颈

从总体上看,苏州开发区的发展速度和规模、基础设施、引资数量和水平等,都呈现出比较良好的状态。但是规模型扩张的发展方式是以较优惠的条件和较低廉的投资成本为前提的,是以各项经济资源的持续投入支撑开发建设的扩大和深入,尤其对土地、基础设施等资源依赖极大,而当前苏州开发区以扩张面积为主的发展模式已难以为继。

4. 金融危机影响大

金融危机给外贸、外资工作都带来了不小冲击,产能较大规模向外转移集中显现,其中既有苏州主动转出去的,也有不少是被动转移。随着人口红利的缩减,人力资源等成本上升集中显现,相比于中西部地区、东南亚国家和地区,苏州市的制造业成本优势正在逐步丧失,占据制造业大部分比重的开发区首当其冲。

五、展望

开发区是苏州经济发展的强大引擎、对外开放的重要载体和体制机制创新的先行区,是深入实施经济国际化战略的主阵地,在经济社会发展全局中具有重要地位。苏州市委、市政府深入贯彻落实《国务院办公厅关于促进国家级经济技术开发区转型升级创新发展的若干意见》《江苏省政府关于加快全省经济技术开发区转型升级创新发展的若干意见》等文件精神,深化改革、扩大开放,促进转型升级、创新发展,全面提升开发区建设的发展质量和水平。

1. 继续推进产业结构的优化升级

在产业结构上,必须由低端、粗放向高端、集约、低碳转型。这就要求,大力推进产业升级,建设先进制造业基地,全力发展高端高新技术产业群,促进新兴产业发展;尤其是推动制造业和服务业并进,优先发展生产性服务业,同时提升发展消费性服务业和创新发展公共服务业。积极推动优质资源向优势产业集聚,从资源低效开发向集约高效利用转变,提高集约化水平。项目开发更多地引进具有科技含量高、附加值大、资源消耗低、环境污染少、吸纳就业多的以低能耗、低污染、低排放为基础的低碳产业,如太阳能光伏、外包服务等,以推进园区循环化提升。以加强特色产业园区、创新型园区、生态园区建设为抓手,培育壮大新兴产业,做大做强现代服务业,改造提升传统支柱产业,不断优化开发区产业结构,提高产业层次,引领全市产业结构转型升级。

2. 加快推动开发区形态功能拓展

苏州开发区在推进发展模式、产业转型的同时,还应着力实现载体功能上由经济型开发区向建区化新城区转型。一是顺应城市化进程加快趋势,从形态开发转向功能深度开发,进一步完善新城区各项公共配套功能,增强开发区社区功能;二是将开发区建设发展与城市化、城乡一体化相统筹协调,和谐发展。有条件的开发区,应转向有竞争力的科技新城和商务新城,科学布局功能设施,凸显特色产业经济主体,注重城市公共设施、环保基础设施和健康的居住环境建设,使开发区成为现代化新城区和城乡一体化建设的主载体。

3. 不断创新开发区投融资体制

继续鼓励政策性银行和开发性金融机构对符合条件的开发区基础设施项目、公用事业项目及产业转型升级发展给予信贷支持。允许符合条件的开发区开发、运营企业依照国家有关规定申请上市和发行中期票据、短期融资券等债券产品募集资金。支持有条件的开发区发展技术市场,健全技术转移机制,改善中小企业融资条件,完善风险投资机制,促进科技成果资本化、产业化。支持开发区同投资机构、保险公司、担保机构和商业银行合作,探索建立投保贷序时融资安排模式。建立规范合理的开发区债务管理及风险预警机制,坚持量力而行,严格控制开发区负债规模。积极探索建立市场化、社会化投融资体制,进一步优化投资审批流程,充分调动社会资本的投资积极性,鼓励有条件的开发区探索同社会资本共办"区中园"。

4. 构建接轨国际的服务性体制

开发区作为改革和开放的先行军和示范区,有必要、有责任充分借鉴国际上如美国硅谷、日本筑波、德法高新科技园的成功经验,进一步完善与国际接轨的经济运行机制和精简统一高效的服务体系,创新管理体制,优化发展环境。坚持亲商、安商、富商的理念,根据开发区产业转型升级的需要,不断丰富服务内涵,提高服务水平,为企业提供全方位、全天候、便捷高效的优质服务,始终保持开发区在营造高水准、符合国际惯例、适应高水平外资项目发展投资环境方面的领先优势。进一步厘清政府与市场的边界,通过全面深化改革、推进依法治市来充分发挥市场在资源配置中的决定性作用,努力增创体制机制新优势。大力推进开放型经济体制改革,加快打造更多集聚发展服务平台,建立健全政策支撑体系,促进电子商务、服务外包、服务贸易等产业加快发展,强化高端人才队伍的建设和保障。

案例一 昆山经济技术开发区:"自费式开发"

一、背景

昆山经济技术开发区是国务院批准的沿海经济技术开发区之一,创建于1985年。开发区规划面积为28平方公里,东距上海50公里,西离苏州37公里,交通运输十分便捷,地理位置优越。昆山经济技术开发区建设发展日新月异,1985年启动开发面积6.18平方公里,1991年扩展至20平方公里,1996年又扩展至28平方公里,目前正向39平方公里拓展。项目开发也从创建初期以中小型劳动密集型企业为主逐步转向以大中型高新技术企业为主。昆山经济技术开发区执行国批沿海经济技术开发区的政策,享有优惠待遇。区内建立了项目引进、项目建设、企业投产后的三大服务体系,手续简便,办事高效。海关、商检、专业银行、贸易大厦、俱乐部、星级宾馆等配套机构和服务设施齐全,为中外投资者提供方便。昆山经济技术开发区以国家产业政策为导向,以兴办中外合资、合作经营和外商独资企业为主,大力发展高新技术产业,形成精密机械、电子资讯、高档轻纺、精细化工、食品加工五大支柱产业。

昆山经济技术开发区经过30多年来的探索实践,迎接了一个又一个的挑战,跨过了一个又一个的坎坷,攻克了一个又一个的难关,取得了令人瞩目的辉煌成就。在全国目前215家国家级经济技术开发区综合实力评估中,昆山经济技术开发区连续20多年保持第4位,仅次于天津开发区、广州开发区和苏州工业园区。在过去的30余年间,开发区担当了全市"两个率先"的重任,谱写了一曲又一曲的新乐章。今天,昆山已成为全国18个改革开放典型地区之一,综合实力连续9年在全国县级市中名列榜首。

二、主要做法

昆山经济技术开发区作为苏州市第一个创办的国家级经济开发区,其发展经验及做法如下:

1. 不断创新产业载体,永葆开发区活力

从一个自费创建的工业小区发展成国家级经济技术开发区,开发区经历了四个阶段。每一个阶段,开发区都在根据产业特点和需求不断创新产业载体,使得开发区不断发展和壮大。

第一阶段,20世纪80年代初期,昆山在县城东面3.75平方公里的区域内,自费开发建设了一个工业新区。当时很多城市的开发区都远离城市,昆山的工业新区靠近县城,可以便利地借助老城的配套设施。当时内地一些"三线"军工企业实行军转民生产,昆山引入这些"三线"企业,同时积极承接了上海老城区转移出来的工业企业,奠定了昆山最初的工业基础,培育了昆山最早的技术工人和企业管理者。

第二阶段,20世纪90年代初,借助上海浦东开放开发的东风,昆山开始大规模地招商引资,外来资金开始成为昆山经济增长的主要动力。随着沪士、仁宝、南亚以及富士康等电子零部件龙头企业的引进,一大批中小配套企业落户昆山,一个较为完备的计算机零部件供应体系形成。

第三阶段,昆山根据全球产业发展的情况,找准了电子信息产业。为了实现大进大出,快进快出,1997年年底,昆山向国务院申请创办出口加工区,成为全国第一个封关运作的出口加工区,引进仁宝、纬创、神达等6家笔记本电脑代工企业,带来了昆山开发区电子信息产业的大发展。

第四阶段,以龙腾光电的成功运营和光电产业园的规划建设为起点,昆山开发区进入了转型发展阶段。

2. 不断创新招商举措,培育产业集群

实行价值链招商,通过产业集群推动产业结构升级和提升区域竞争力。昆山经验表明,建立产业集群和提升竞争力是利用对外开放推动产业升级的重要途径。培育产业集群首先需要根据昆山当地的产业发展环境和产业基础做好当地的产业发展规划,然后围绕确立的主导产业招商引资,做大主导产业的规模,在主导产业量扩张的同时,实行价值链招商。一方面,跟踪已经进入的外资企业的上下游企业,吸引它们跟随投资;另一方面,研究本地区主导产业的价值链情况,有针对性地引进本地缺失的生产环节,不断完善本地区的产业配套环境。

3. 不断创新引智机制,提供智力支撑

培养与引进人才是开发区经济持续发展的智力支撑。昆山原是一个农业县,搞工业开发、外向型经济既缺信息、项目、资金,更缺人才和技术。因此,昆山开发区自创立之日起,就十分注重人才的培养引进。开始时,采取"三顾茅庐"登门求贤、聘请"星期天工程师"、项目与人才配套引进,以及鼓励本地干部职工边干边学等办法,缓解工业项目落地时人才紧缺的燃眉之急。之后,通过人才市场和留学人员创业园等载体广揽各路人才,并采取自己培训与选送到国内外科研院所学习培训相结合的方法,着重培养勤思考、善谋划的智囊型人才,懂科学、敢作为的领军型人才,观大局、精谋算的经营型人才,善操作、能吃苦的

技能型人才。

4. 不断加速要素集聚，夯实发展基础

依托现有的主导产业，向产业链的上下游发展，针对产业链上的缺项去引进项目。龙腾光电的成功运营和光电产业园的规划建设，标志着昆山开发区主导产业核心项目取得重大突破。龙腾光电开始满负荷运作，月投入玻璃基板11万片，年产笔记本面板超过1200万片，成为全球排名第十的液晶面板生产企业，吸引了一大批上下游项目入驻。从确认笔记本订单开始，到备料、生产、通关、空运上飞机，这一过程可以控制在29小时内。以昆山为圆心，50公里区域内集中了全球50%以上的笔记本电脑生产，昆山的产业集聚作用开始体现。2013年，开发区引进先进制造业企业192家，累计集聚制造企业1837家，对区内财政收入贡献达70%以上。其中，牧田电动工具、利乐包装、南亚电子材料、捷安特自行车、统一食品、恩斯克轴承、建大橡胶、艾利(中国)公司、正新轮胎和三一重机等企业已成长为开发区利税总额的十大企业集团。由此可见，办好上规模、具有竞争力的先进制造业，是开发区工业利税的"摇钱树"，是顶天立地的"黄金支柱"。这个成功经验值得借鉴发扬。

5. 不断进行改革创新，把握发展关键

昆山在发展经济的实践中，敢于打破常规，突破条条框框，能快则快，能超则超，能突破就突破，敢为天下先。从兴办出口加工区到实行网上报关，从"招商引资""招商选资"到提升自主创新能力，从取消农民动迁宅基地置换到集约用地、集中开发，从创办农村富民合作组织到建立城乡社会保障体系并轨，许多举措都是昆山的原创，也是全国的首创。全国第一个自费创办经济技术开发区、全国第一个封关运作出口加工区、江苏省第一家中外合资企业、江苏省第一家外商独资企业、江苏省第一例有偿出让土地等诸多"第一"均出自昆山。昆山的创新已不限于某一方面，而是涉及观念、政策、体制、科技等全方位的创新，其中每一种创新都蕴涵着昆山人的勇气和胆识。正是凭着这种"敢于争第一、勇于创唯一"的开拓精神，他们不断冲破不合时宜的思想、观念和体制的束缚，始终走在发展的前列。

三、成效

昆山从自费创办"工业新区"起步，如今已经发展成为中国改革开放的窗口和典型地区之一，综合实力在商务部的国家级开发区评比中连续多年位列前四，以昆山1/9的土地面积，贡献了昆山全市50%的财政收入、60%的工业产值和70%以上的进出口总额，出口创汇占全国的2%左右，各方面成就显著。

1. 投资环境日趋成熟

建区30多年来,先后投入大量资金,用于交通、电讯、供水、能源、环保等基础设施建设,基本达到"七通一平"要求。区内主次干道线120多公里,均为4~6车道黑色路面,与沪宁高速公路、312国道、虹桥机场、浦东国际机场、沪宁铁路线相连接,水陆空交通十分便捷。还创办了国际学校,新建了外资医院,引进了外资银行,开通了陆路口岸通关点,通过了ISO 9001质量管理体系和ISO 14000环境管理体系认证,2006年创建ISO 14001国家示范区通过国家环保总局验收合格。这些,构筑了开发区良好的投资环境。

2. 招商转型成效显著

昆山经济技术开发区招商工作经历了从无到有、由有到大、由大到高、由高到强四个阶段。2015年全区新增到账外资5.7亿美元,占昆山市实际利用外资11亿美元的一半以上。面对经济下行压力,土地、环境等资源要素制约的局面,开发区在2015年积极转变招商引资理念和方式,重点引进占用资源要素少、科技含量高、环境污染低、经济效益好等优势突出的欧美企业,打造欧美企业产业园。在推动龙头型、旗舰型项目落户的同时,对已落户的欧美优质企业进行摸排,力争将其散落在全国其他地方的事业部整合到开发区之中来。据统计,全市超1000家欧美企业中,约有300家落户开发区。

3. 经济实力快速发展

昆山经济技术开发区成立以来,在经济总量、进出口总额、工业产值、财政收入、招商引资等重要指标上均有不俗表现,在国家商务部发布的国家级经济技术开发区综合发展水平评价情况中,综合评价总指数排名连续十余年保持全国前4强,已成为昆山对外开放的窗口、科技创新的高地、产业转型升级的领头雁,经济总量占到全市的大半壁江山。以2013年为例,开发区地区生产总值1496.2亿元,占全市51.2%;工业总产值5312亿元,占全市59.8%;全口径财政收入202.4亿元,占全市30%;实际利用外资7.22亿美元,占全市40.1%;进出口总额696.1亿美元,占全市78.2%,其中出口437.26亿美元,占全市79.97%,成为昆山市经济增长引擎中最重要的一极。

4. 载体建设优势凸显

昆山出口加工区于2000年4月27日经国务院批准建立,同年9月6日通过八部委联合验收,10月8日率先封关运作,成为中华人民共和国历史上的第一个出口加工区。2006年12月,昆山出口加工区经国务院批准,成为全国首批拓展保税物流等功能试点单位。至2015年年末,昆山经济技术开发区拥有综合保税区、光电产业园、企业科技园、留学生创业园、东部新城区、中央商贸区、中华商务区七大功能区,成为开发区经济社会发展的重要载体。其中光电产业园现在是国家级光电产业示范基地,它规划形成 TFT-LCD 完整产业链,实现 150 亿美元的项目总投资,年产品销售超过 3000 亿元人民币。随着国内最大液晶面板厂昆山龙腾光电有限公司的不断发展,以及龙飞光电 7.5 代线、康佳电视、太极太阳能源、韩国琉明光电等龙头型项目的开工建设,与之相配套的厚声光电、奈普光电、国力真空电子等上下游企业也纷纷进驻园区。

四、经验与启示

"昆山之路"由横向联合起家,外向型经济当家,民营经济发家,经过 30 多年的发展,规模不断延伸拓展,内涵越来越丰富。昆山经济技术开发区的成功,得益于昆山人民解放思想、勇于创新的思维,实现了开发模式、引资模式、带动模式和服务模式的创新。

一是创新开发区开发模式。"富规划,穷开发"是工业新区初创时的核心价值观。所谓"富规划",就是着眼长远,面向现代化,规划起点要高、标准要严、设计要新、功能要全、配套要齐;所谓"穷开发",就是眼睛向下、穷办苦干、勤俭节约、艰苦创业,不讲排场,不摆阔气,少花钱、多办事,此外开发区还采取"依托老城,开发新区""先引内,后引外""滚动发展,逐步延伸"等一系列措施,在国内开了先河。在最初的一系列创业开发政策获得成功并得到国家承认之后,开发区没有满足于自己的成就,而是不懈探索开发区新的开发模式和新的增长点。

二是创新开发区引资模式。开发区根据形势发展适时调整招商模式。没有国家的正式授权,自费创办开发区面临的最大困难是没有特殊的优惠政策,缺乏国家专项启动资金,而昆山本地的财政留成额又少。开发区扫除思想障碍,以项目开发作为招商引资的出发点和落脚点,花大力气,千方百计引进国内联营或民营独资项目,外国大集团、大企业投资的项目,以及港澳台的各类项目。1998 年金融危机之后,开发区经过调查研究,抓住台湾产业转移、国际产业资本加速流动的机遇,主动出击,主攻台资,招商引资不降反升,保持了良好的发展态势。

三是创新政府的管理模式。体制问题是困扰开发区建设的重要问题之一,昆山市政府自身的管理创新是开发区成功的又一重要因素。市政府把优化投资环境、搞好一流服务视为开发区的"立身之本""强区之道",坚持以小政府、大服务为宗旨,削减政府审批事项,制定《昆山市行政审批制度改革的若干规定》,不断提出服务水平的新理念,推出优化服务质量的新举措,使制度环境不断得到优化和改善;同时,开发区深化服务理念,提升机关作风效能,通过建立科学合理的考核体系和干部评价机制,推动服务理念更新、服务举措创新、服务品牌提升,努力把"昆山服务"打造成为昆山的核心竞争力,为昆山开放型经济转型升级提供新的制度优势。

【思考题】

    1. 昆山经济技术开发区作为全国招商引资的典范,其经验与做法给我们带来哪些启示?

    2. 昆山经济技术开发区取得成功的经验有很多,结合当地开发区建设实际情况,你认为最具有针对性的是什么?为什么?

案例二 苏州高新技术产业开发区：创新型崛起

一、背景

苏州高新区于1992年11月被国务院批准为国家高新技术产业开发区，是第一批国家级高新技术产业开发区之一。20余年来，苏州高新区先后走过"快速发展，奠定基础"和"扩面发展，再次创业"两个发展阶段，累积了雄厚的经济、科技和人才基础，逐渐发展成一个成熟的产业开发区。2015年度地区GDP突破千亿元，增长8.8%；公共财政预算收入110亿元，增长9.8%，规模以上工业总产值2660亿元，进出口总额378亿美元，引进注册资本超1000万美元的项目有26个；全部合同利用外资10.8亿美元，到账外资7.49亿美元；服务业、新兴产业实际利用外资占比分别达到50%、40%。苏州高新区总面积258平方公里，人口73.31万，其中户籍人口35.85万，目前已形成以IT制造业和精密机械制造业为主导的支柱产业群，同时重点打造以医疗器械产业、新能源产业和服务外包业等新兴产业为主导的新产业集群。目前拥有苏州浒墅关经济技术开发区、高新区综合保税区、苏州科技城、国家环保高新技术产业园、苏州西部生态城等发展载体。其中国家级苏州浒墅关经济技术开发区建成了浒通片中心商贸城、报关报检中心、创业大厦、大新科技园、阳山科技园等经济发展载体，形成了精密机械、新型建材、电子资讯、精细化工、物流仓储等五大支柱产业，世界知名企业苏尔寿、克诺尔、阿克苏、川崎精密等纷纷进驻。苏州高新区综合保税区叠加了保税区、保税物流园区、出口加工区相关的税收和外汇管理政策，在区域功能上兼具保税物流、保税加工和口岸通关功能。苏州科技城位于高新区西部，区内建有中国十大最佳服务外包园区——苏高新软件园、医疗器械产业园、江苏省第一个专业园——微系统园、江苏省第一个IT实训基地、江苏省第一家以服务外包为培养方向的高博软件技术学院和软件大厦等各类创新载体。

二、主要做法

1. 积极转型升级，发挥三产集聚效应

苏州高新区以现代服务经济集群为转型升级的重要载体，根据自身产业基础和优势，提出了打造狮山商务商贸集聚区、金融保险服务集聚区、知识产权服务集聚区、西部生态休闲旅游度假集聚区、文化创意产业服务集聚区、现代物流及国际贸易服务集聚区、人力资源服务集聚区七大集聚区的战略目标。

一是发展现代知识性服务经济。依托知识产权,依托信息、大数据的溢出效应,苏州高新区加速发展现代知识型服务经济。掌握这些专利信息,相当于建立了一个"专利大数据",可以为地方政府、企业、行业协会等提供专业服务。目前,这个中心周围已集聚起专利中介等服务企业40多家,2016年上半年实现营收4000多万元。

二是建立人力资源服务集聚区。人力资源园区不仅为当地发展吸纳各种人才,而且自身也在服务发展中成为现代服务产业。目前,这个产业园区已集聚了近170家人力资源服务机构,形成了包括招聘、人力资源外包、测评、人力资源信息软件等在内的综合产业链,吸引从业人员1200多人。

三是创建文化产业服务集聚区。苏州高新区充分挖掘镇湖刺绣、东渚工艺等传统文化要素,发挥中国传媒大学苏州研究院的优势,大力引进创意设计、动漫、3D影视、网络游戏业、电子商务等产业项目,打造文化创意产业园。通过建成一批高品质旅游景点,推进一批观光农业项目,为生态休闲旅游产业发展提供新的增长点。

2. 实施创新驱动,提升自主创新能力

一是加快创新要素集聚。苏州高新区以重点项目驱动创新,以亮点工程催生创新。先后建立和引进中科院苏州医工所、浙江大学苏州工研院、中国传媒大学苏州研究院、中国移动研发中心、中科院苏州地理科学与技术研究院等70余家科研院所和研发机构,拥有市级以上各类研发机构571家,大中型企业研发机构建有率达97%。国知局专利审查协作江苏中心一期正式启用、二期主体封顶,全国首家知识产权服务业集聚区开园,首批50家企业入驻。医疗器械科技产业园成为国家级科技企业孵化器,中科院苏州医工所项目获批"国家重大仪器专项",浙江大学苏州工业技术研究院晋级国家技术转移示范机构,产业化公司达43家。创新载体日益丰富,相继建成苏州科技城、苏州创业园、江苏省新药创制中心等一大批科技创新载体,全区拥有省级以上科技企业孵化器11家,其中国家级5家。

二是营造创新发展环境。苏州高新区把发挥人的创造力作为推动科技创新的核心,依托中国苏州人力资源服务产业园等人才服务平台和"苏州国际精英创业周""苏州技能英才周"等招才引智活动,加大人才培养和引进力度,重点引进高层次人才和高水平创新创业团队,培训提升高技能人才。全区累计集聚各级领军人才400多人次,其中国家"千人计划"33人,省"双创"人才47人,省创新团队7家。持续加大科技投入,全区财政科技支出占地方财政支出的比重连续多年超过10%,2013年达11%。科技金融进一步融合发展,全国股转系统路演分中心投入使用,全国首支"科技型"中小企业集合票据成功发行,集聚各类投融资机构 120 多家,管理资本总规模近 110 亿元。

3. 推动转型升级,提高发展质量效益

准确把握新的科技和产业革命趋势,牢牢把握转变经济发展方式这条主线,以提高经济增长质量和效益为中心,在保持经济持续平稳增长的同时,加快转变经济发展方式,大力推进产业优化升级,努力实现更有质量、更有效益、更可持续的发展,不断增强产业乃至整个经济的发展竞争力。

一是推动新兴产业跨越发展。围绕新一代电子信息、医疗器械、新能源、轨道交通四大战略性新兴产业,聚焦技术前沿、产业高端和未来发展,加大技术研发力度,实现关键工艺技术、高端产品研发重大突破,促进产业从低端向高端延伸,形成完整的产业链,使战略性新兴产业成为区域发展的主体支撑。当前,苏州高新区新一代电子信息迈上千亿级台阶,医疗器械产业企业数和年产值增长均超过 30%,新能源实现恢复性发展,协鑫光伏产稳销旺,阿特斯在海外建厂,光伏产业抵御风险能力不断增强;轨道交通产业链加速形成,现代有轨电车 1 号线"全国第一"示范效应凸显。

二是推动主导产业转型发展。积极运用高新技术和先进适用技术改造、提升主导产业,鼓励装备制造企业向价值链两端延伸,促进生产型企业向"生产+服务型"企业转变。苏州电加工机床研究所获批工信部"高档数控机床与基础制造装备"重大专项,获批中央财政经费 1160 万元。

三是推动三资企业集聚发展。强化招商选资,以优质项目的引进做强实体经济。累计引进外商投资企业 2200 多家,其中全球 500 强企业 33 家,销售超亿元的欧美企业 51 家,纳税最大的企业克诺尔 2013 年产值达 56 亿元,全部税收贡献 6.55 亿元;日资企业超过 500 家,成为长三角地区有重要影响的"日资高地"。

4. 推动结构调整,打造生态发展品牌

深化改革是适应新常态、实现新发展的动力源泉。作为改革开放的先行区,苏州高新区通过调整产业结构来解放和发展科技生产力。产业结构的生态型转变,需要从区域现有经济基础出发,结合要素资源条件,遵循经济发展规律,主动把握发展趋势,发挥政府的主导作用进行科学的规划与调整。近年来,高新区突出抓好科学调整和配置"三大产业"的空间布局,压缩并提升工业用地空间,合理配置服务业和公共用地,积极维护和扩大都市农业与生态保护用地,为区域经济的生态型转变创造有利空间。大力推进高新技术产业和高端加工制造产业的规模化水平,全面推进现代服务业,挖掘提升工艺文化等传统产业,积极开发特色旅游业,促进产业结构的内涵提高。高新区的循环经济发展具有特色,富有成效。作为国家第一批循环经济试点区,高新区高起点、高标准制定循环经济规划,强化政策推动,引导企业参与,把"工业链"发展为"生态链"。

5. 完善体制创新,破除发展机制障碍

苏州高新区学习借鉴中国(上海)自由贸易区的经验,着力破除制约创新驱动的体制机制障碍,进一步释放经济发展活力。围绕新一代信息技术、医疗器械、新能源、轨道交通四大产业集群,着力抓好新兴产业领域项目建设、产业链完善和龙头企业培育工作,推行产业链招商、专业招商、特色招商,促进产业加快集聚。力争2016年新兴产业产值占规模以上工业产值的比重达55%。加快七大服务业集聚区建设,抓好科技城、综保区、创业园三个电子商务集聚核心区建设,推动新产业、新业态、新模式茁壮成长。实施节能减排低碳发展行动方案,加快实施节能减排各项重点工程、开发园区生态化改造,大力发展循环经济,加快淘汰落后产能。

三、成效

苏州高新区于1992年被批准为国家高新技术产业开发区,经过24年的发展,苏州高新区走出了一条以提高经济运行质量和效益为中心的内涵式发展之路,成为苏州市经济发展的有力引擎、自主创新的先进典范。

1. 综合实力跨越腾飞,科学发展成效显著

"十二五"期间,高新区综合实力大幅度提升,累计完成地区生产总值4440亿元,年均增长10.1%。2015年,地区生产总值首次突破1000亿元,达1026亿元,人均地区生产总值超过2.5万美元,公共财政预算收入110亿元,工业总产值2960亿元,经济规模总量再上新台阶,已形成以IT制造业和精密机械制造业为主导的支柱产业群,同时重点打造以医疗器械产业、新能源产业和服务外包业等新兴产业为主导的新产业集群。目前,苏州高新区以占苏州市2.5%的土地、4%的人口创造了10%左右的经济总量,综合发展指数迈进国家级高新区第一方阵序列。

2. 创新能力全面提升,科教协同展现合力

苏州高新区大力实施创新驱动战略和人才引领战略,加快建设国家创新型科技园区,使之成为苏州科技创新的主阵地。相继建立了苏州科技城、苏州创业园、苏州留学人员产业园、江苏省新药创制中心、苏高新软件园、国家环保产业园等一批高水准科技孵化和产业化基地,全区有省级以上科技企业孵化器12家,其中国家级5家。成为江苏省首批、苏州首个"苗圃—孵化器—加速器"科技创业孵化链条试点单位。2012年,中科院苏州医工所通过国家验收,被正式纳入中科院序列;国家专利审查协作江苏中心全年审结发明专利量达8.6万件,占全国总量的20%;全国首家知识产权服务业集聚发展试验区投入使用;中国移动研发中心、中科院地理信息产业基地等项目推进顺利;浙江大学苏州工业技术研究院成为国家技术转移示范机构,中国POWER技术产业生态联盟成立,医疗器械检验所苏州分所启动建设,省平板显示器检测设备计量中心运行。

目前,苏州高新区累计集聚各级领军人才490余人次,国家"千人计划"34人,省双创人才47人,省创新团队7家。以人力资源服务产业园为核心区的"中国(苏州)人力资源服务产业园"获国家批准,全国首家人力资源服务产品交易市场设立。苏州高新区创新投入力度加大,全社会研发投入占地区生产总值的比重预计达3.5%,大中型企业研发机构建有率达95.3%,发明专利申请占专利申请总量比重达52%。

3. 先行先试积极探索,体制机制不断创新

苏州高新区围绕简政放权和提高治理能力,深化管理机制改革,优化完善"区镇合一"管理机制,统一推进规划建设、产业布局、资源整合、编制管理和行政服务,强化片区功能,促进联动发展。坚持精简高效和服务型政府的管理理念,建立新型管理体制和运行机制。区级领导分工交叉任职,工作人员实行聘用制,建立了比开发区更规范的工作程序,形成了比行政区更具效率的运作机制。深化行政审批制度改革,制定政府权力清单和行政审批事项清单,把该接的接好,该放的放活,该管的管住,该服务的服务到位,努力营造法治化、国际化的市场环境。

4. 产业集聚效应显现,载体建设日趋完善

苏州高新区坚持引进优质龙头型企业与培育本区域高成长型企业并重,陆续引进了包括沛特尼在内的众多知名服务外包企业,如新致软件、清华易程、立思辰科技等企业,高新区服务外包产业集聚效益显现。

高新区培育了以华硕科技、富士通为代表的信息技术研发外包,欧索软件、仕德伟网络为代表的软件信息技术外包,大田物流、康诚仓储为代表的企业供应链服务外包,汉辰多媒体、金游数码为代表的游戏多媒体服务外包。其中华硕科技作为从事信息技术研发服务外包的代表企业,离岸接包执行额位列苏州第一。苏州科技城外,高新区还拥有苏州创业园、保税物流中心、环保产业园、人才广场以及博济产业园等产业载体,随着载体功能的不断完善,服务外包企业也日益做大做强。目前,区内苏州创业园二期、苏州高新软件园二期共计23万平方米全面投入使用;5.5万平方米的综合性人力资源服务平台高新区人才广场正式启用;保税物流中心在高新区综合保税区获批的契机下,区域内企业供应链管理服务业务发展迅猛。

四、经验与启示

经过20余年的创新发展,苏州高新区的发展模式与成就给我们带来诸多

启示,主要有以下几个方面:

1. 注重持续生态发展道路

用生态环境营造发展优势,让绿水青山带来金山银山,是新常态下走可持续发展道路的必然选择。苏州高新区山水资源丰富,生态环境优美,历史文化遗存众多。为此,高新区充分发挥了真山真水的生态优势,大力发展文化创意、健康养生、现代休闲等产业,把高新区建设成经济发达与生态宜居协调融合、都市风貌与田园风光相映生辉、人与自然和谐共生的美好家园。

2. 注重引进高新技术产业

大力发展新兴高科技产业,是高新区产业发展的一大亮色。高新区深刻意识到,以往发展加工组装型产业的模式处于价值链低端,其带来的资源环境挑战也日益严峻。要争当苏州市转型升级的排头兵,就必须立足自我,放眼世界,主动超前地谋划和发展高科技产业与战略性新兴产业。多年来,高新区以苏州科技城为主引擎和主战场,主攻现代新兴产业、总部经济和研发经济,尤其在新能源新装备、高铁技术应用、软件与服务外包、生物医药与医疗器械等领域,加速形成从研发到生产、销售、服务完整的特色产业链条,形成先发优势。通过科技招商、产业链招商,加强企业、科研院所和政府之间的有机互动,形成被国外称为"三螺旋"的发展模式。

3. 注重选择合适开发模式

苏州高新区结合自身条件和企业需求选择开发模式。其发展的重要经验是,在国际制造业向我国转移的背景下,在开发初期缺乏资金投入和开发经验的条件下,分若干阶段逐步规划和开发,重点满足企业尤其是跨国公司建立生产基地的需求,积累资源和能力进入开发的良性循环,推动开发区经济快速发展,同时逐步提高高新区的开发标准,使高新区逐步走向知识型、生态型、适宜居住型城市。苏州高新区的另一条重要经验是重视基础设施建设和环境治理。把基础设施和环境作为吸引企业入园的重要因素,让环境和基础设施先行。

【思考题】

1. 苏州高新技术产业开发区发展的特色之一就是注重生态保护,"真山真水新苏州"的发展品牌已深入人心,这种做法为新常态下的开发区建设提供了哪些借鉴意义?

2. 产业集聚在推动开发区建设中的作用突出,苏州高新技术产业开发区在招商引资和产业结构调整方面有哪些亮点?

案例三　张家港保税区：跨越式发展

一、背景

保税区,被誉为中国"特区中的特区",20世纪80年代开始设立,是我国改革开放继续深化的产物。保税区是在沿海经济特区设立的更为开放的特殊经济区域,目的是使其成为发展外向型经济的重要窗口,成为外向型经济新的生长点,以此带动整个区域的发展。

20世纪90年代初期,中共中央、国务院做出"以上海浦东开放为龙头,进一步开发长江沿岸城市"的决策。面对这一历史机遇,张家港做出了"加速同上海浦东开发接轨,设立保税区,实施以港兴市"的战略决策,并于1991年7月向苏州市、江苏省人民政府正式申请在张家港设立保税区。1992年5月,时任国务院总理的李鹏视察张家港市,来长江边为张家港保税区选址,并亲笔题写区名,同年10月获国务院正式批准设立,规划面积4.1平方公里,是全国首家内河港型保税区,唯一的区港合一的保税区。经过多年的开发建设,张家港保税区已形成了由保税区管委会统一开发、建设和管理的保税区、保税物流园、扬子江化工园和扬子江高新技术产业园组成的一区多园的发展格局,主要有物流、化工、机电、粮油和纺织五大支柱产业。2008年11月,张家港保税区经国务院批准,升格转型为保税港区,区内化工、粮油、机电、纺织四大特色产业齐头并进,成为长江三角洲经济圈各类优质资源的聚合地,是我国目前政策最优、功能最齐全的特殊经济区域之一。近年来,张家港保税区实施以港兴市、区港合一,以区促市、区兴市旺。从工业化起步,到临港产业板块的形成,再到配套新城的建设,张家港保税区探索的是自由贸易口岸与现代口岸新城的完美结合,走出了一条"保税区有开发区资源配套,开发区有保税区政策支撑"的创新之路。

二、主要做法

经过20余年的发展,保税区的管辖范围从1992年的4.1平方公里拓展到目前的大金港区140余平方公里,初步形成了由保税港区、扬子江化工园、环保新材料产业园、资源再生示范园、重型装备产业园、滨江新城等组成的多元化载体发展格局,园区内规模企业发展壮大,优势产业集聚,并带动了经济的繁荣和人民生活水平的提高,原来偏僻的江边小镇已经变成产业兴旺、城市繁荣、人民幸福的滨江新城。张家港保税区今天的成就是一步一个脚印走出来的。

1. 筹措资金建设基础设施

要建区,必须有完善配套的基础设施,张家港保税区所在地原是农村,基础设施建设相对比较滞后,刚撤县建市的张家港经济起步晚、底子薄,对于建区需要大量资金的基础设施建设资金极度匮乏。当时的张家港财政收入只有2.5亿元,而当时仅仅张杨公路建设的资金就达到3.27亿元,多渠道筹措建设资金成为最为迫切的任务。首先是争取商业银行的支持,保税区开发总公司作为政府融资平台,通过商业建设筹措建设资金。其次是鼓励内外资本投资基础设施建设,如码头、水电等基础设施建设。最后是利用资本市场。张家港作为县级市,和其他大城市、特区相比,融资较为困难,张家港保税区实业公司借壳上市,筹集资金净额1.5亿元,用于码头建设,初步解决基础设施建设的资金难题。

2. 抢抓机遇拓展保税区功能

2001年,中国加入世界贸易组织,关税大幅度下降,保税区原有的政策优势逐步弱化,同时保税区区港分离,手续复杂,不能适应现代制造业和物流业的需求。为此,保税区利用其相对完善的基础设施、相对优化的投资环境,抢抓机遇,迈进功能拓展和快速发展的新阶段。

一是引进关键外商投资。陶氏、杜邦、雪佛龙、道康宁等世界化工巨头入驻保税区配套工业园——扬子江化学工业园,通过产业链招商,化工产业集聚,化工产业成为保税区经济增长的强大引擎。

二是建立配套工业园区。随着内外资企业投资规模的增加,最初的4.1平方公里的规划面积已容纳不下大型项目,而且保税区与码头相隔离会增加企业的物流成本。在此情况下,保税区审时度势,在沿江化工产业的基础上,报批建设保税区的配套园区——江苏扬子江国际化学工业园,化工产业集聚的规模与辐射优势初步显现。

三是创建保税物流园区。随着工业的迅猛发展,专业分工的逐步深入,保税区建立了"区港合一""区港联动"的物流园,突破原来保税区的功能限制,既发展了现代物流业,又与附近化工园相配套,适应现代制造业专业化分工的需要。

3. 因时制宜调整招商策略

30余年来,保税区管委会根据自身的产业发展状况和国内外宏观环境的变化,适时调整招商策略,历经招商引资、选商选资、招商引智三个阶段。

一是招商引资。保税区成立伊始,由于工业基础薄弱,引进的主要是依靠廉价的生产要素、自然资源和简单的产业集聚驱动的产业。在保税区成立的前6年中,累计批准进区企业118家,其中三资企业360家,投资总额17.5亿美元,合同外资 11.3 亿美元。

二是选商选资。2000 年以后,中国融入世界经济的步伐加快,巨大的市场潜力、良好的投资环境,使得国际资本看好长三角地区,张家港的招商引资迎来历史性的机遇。在此期间,张家港保税区从招商引资转为选商选资,注重招大、选优、引强,重点引进世界 500 强企业、国内 100 强企业和国字号大企业大集团,培育高新技术产业,优先发展产业链长、关联度高、驱动力强的项目。

三是招商引智。美国次贷危机、欧洲债务危机、阿拉伯国家政治动荡,导致全球经济增长乏力,国际市场低迷。在此背景下,张家港保税区迈向从投资驱动到创新驱动、积极开展新兴产业招商、构建新的产业集群的新时代。先后出台高层次人才引进的优惠政策和措施,制定战略性产业的发展计划,引进领军团队和领军人才,发展信息、能源、医药等新兴产业。

4. 区镇合一提高管理实效

保税区或开发区在一定程度上是一个地理孤岛、经济孤岛、功能孤岛和政策孤岛,张家港保税区位于金港镇内,但一直以来,两者独立行政,保税区管委会是江苏省人民政府的派出机构,而金港镇是张家港市下辖的一个行政镇,保税区经过多年的发展,经济规模庞大,而金港镇经济规模比较小,但所有区域比较大。2008 年,为充分发挥区镇各自优势,加快资源整合,保税区和金港镇实现区镇合一。自此,保税区空间范围拓展了,职能由原来的招商引资扩展到城市建设和社会建设等多个方面,在更大范围内优化了资源要素配置,优势互补,促进了保税区发展。

5. 经济新常态下转型升级

在经济新常态下,张家港保税区牢牢抓住改革和创新两大关键举措,着眼更高定位,加速推进政策功能和区镇形态转型。

一是强化政策功能推动。加快突破汽车平行进口、长江航运交易中心、跨境电子商务、金融领域开放等政策功能;加快拓展期货保税交割、供应链金融等商务应用,借力电商推进线上线下融合发展;深入研究、借鉴上海自贸区的创新经验,争创长江经济带转型升级示范区。

二是突出科技创新驱动。充分发挥千人计划研究院、中科院大化所等载体的作用,全年新增创新创业载体 3 万平方米。新申报"千人计划"人才 1 名,新引进"千人计划"专家产业化项目 7 个,新获评市级以上人才(团队)24 名,努力争创国家高新技术创业服务中心。

三是推进产城融合联动。加快构筑城市副中心形态功能,大力加强城市管理与城市经营,持续加大生态修复与环境保护力度,努力构建宜居宜业的生态新城。

三、成效

张家港保税区自1992年建区以来,经过20余年的建设发展,如今已是张家港经济社会发展建设的龙头,在综合实力、转型升级、政治体制、社会发展和生态文明建设方面都取得了令人瞩目的成就,更形成了"团结拼搏、负重奋进、自加压力、敢于争先"的张家港精神。这一精神是张家港保税区继续发展的精神动力,创造了一个又一个辉煌,是苏州市县域经济发展的"三大法宝"之一。

1. 综合实力显著增强,龙头带动作用实现提升

2015年上半年,在各项绩效指标考核中,保税区34项绩效指标中总量排名全市前三的达到28项,公共财政预算收入完成19.62亿元,同比增长8.3%,入库税收完成40.04亿元,增长17.5%。群众关心的一批民生实事加快落实,协调发展的良好态势不断巩固。如今,保税区综合实力在全国同类园区中位列前茅,曾被评为2010年度"中国最具投资潜力经济园区"第四名,张家港"第一区域经济体"地位继续强化,以区带动全市经济发展的龙头作用进一步显现。

2. 发展方式加快转变,功能升级迈向新高

坚持可持续发展理念,不遗余力推进循环经济建设、产业转型升级和创新能力提升,以发展方式的转变来实现区镇的科学跨越。以完善化工园9条产业链为抓手,积极构建了从企业、园区到产业三个层面的循环经济体系,先行建立了全国唯一的国家进口废汽车压件集中拆解利用试点园区。大力发展新材料、新装备、新能源产业,新兴产业产值已占到年度工业总产值的40%,新兴产业投入已占到工业投入的95%,获批国家锂电产业基地和省级锂电科技产业园,规划建设了总面积14万平方米的集研发、中试、小规模试产等功能于一体的新兴产业育成中心;区镇省级高新技术企业数量达到47家,建有院士工作站8家、博士后工作站4家、研究生工作站17家、省级工程技术中心10家;自主申报"千人计划"人才实现零的突破,引进"千人计划"人才5名,累计获评省"双创"人才9名、"姑苏人才"9名;获批国家863计划项目3个,获评全市唯一的"省创新团队"和"省重大科技成果转化项目"。

3. 区港体制继续优化,城乡统筹更加和谐

张家港保税区突出规划调整,资源利用进一步整合。按照"六个统一"的原则,重点在机构调整、职能并入、人员组合、财税管理等方面加快对接到位,顺利实行区镇合一,为进一步做强临江经济板块、加快建设城市副中心、实现资源共享、提高行政效能提供了有力的体制机制保障。围绕滨江新城、保税港区、环保新材料产业园区、扬子江化工园区、段山装备工业园区、香山双山风景区"一城五区"建设,重新调整编制规划,加快拆迁力度和配套建设,累计完成基础设施投入65亿元,区域形象持续优化,城乡统筹呈现新面貌,城乡现代化水平进一步提升。

4. 循环经济凸显优势,生态环境获得新改善

张家港保税区坚持"科学发展、安全第一、环境优先、生态开发",实行绿色招商,重点引进低能耗、高产出项目,强化企业清洁生产和能源审计,推动园区产业体系低碳化发展,在现有产业结构与园区产业定位的基础上,从分析产品生产工艺链入手,按照循环经济的理念,实行"补链引资",已经形成了以东海粮油为代表的粮油企业内部循环体系,以道康宁一体化基地为代表的化工企业内部循环体系,以双狮精细化工、道康宁、梅塞尔等公司为核心的区域循环体系,在区域层面上形成了水循环、热力循环、工业气体配套、管廊配套等生态工业网络,实现"资源利用最大化、废物排放最小化、过程控制最优化",经济、社会与环境效应十分明显,2010年正式通过"国家生态工业示范园区"的考核验收。

5. 内外资本融合发展,企业规模效应凸显

保税区既注重引进国外优势资本,也注重培育壮大本土经济,促进了世界500强企业、行业龙头企业、央企、大型国企与优秀民企的协调发展。区镇累计注册外资(含港澳台投资)超60亿美元,美国陶氏、杜邦、雪佛龙菲利普斯、日本丰田、住友、旭化成,德国梅塞尔、瓦克,英国英力士,法国路易达孚,荷兰孚宝,中国台湾统一等30家世界500强企业和一批跨国公司入区投资,道康宁销售总部、佐敦研发中心等一批外资区域性总部成功落户。累计注册外地资本146.44亿元,吸引了中粮集团、中外运、中集、江海粮油、康得新、世纪康鑫、北大荒等先后落户。同时,培育了保税科技、华昌化工、东华能源、长江润发、张化机等5家本土上市公司,以及欣欣化纤、攀华集团、圣汇气体、中集圣达因、浩波科技、国泰华荣、华盛化学、天宇羊毛等一批国内行业领军企业。

四、经验与启示

张家港保税区利用海关保税的独特条件,借鉴国外实行自由贸易区促进本国经济发展的经验,尽量利用国外资金和技术,发展外向型经济,促进中国市场与国际市场的接轨。建区以来,张家港保税区本着"立足区内、辐射区外、服务全国、走向世界"的宗旨,围绕特色拓展功能,依托优势做强产业,开发建设不断跃上新台阶,其发展历程给我们带来诸多启示。

1. 坚持科学决策,规划先行

张家港保税区始终以放眼全球的开放思维、先人一步的超前思路,把发展规划的科学编制和严格实施放在突出地位,以高起点的规划引领高水平的开发。规划是蓝图,决定着未来的发展方向,保税区按照规划的方向一定要超前、规划的定位一定要准确、规划的布局一定要合理的思路进行开发建设,在这样的理念引导下制定概念规划、总体性规划、控制性详细规划,构建了严密完善的规划体系,为投资者创造了可预见、低风险的投资环境。

2. 坚持市场主导,政府推动

市场主导,政府推动,政府搭台,企业唱戏。张家港市政府致力于按照市场发展的趋势、地区发展的比较优势进行园区的基础设施建设,先后建立了保税区、物流园区和配套工业园扬子江化工园,并进行招商工作,积极为企业提供良好的服务,解决企业遇到的行政方面的问题。同时管委会不参股竞争性企业,不干预企业的日常经营,积极发挥市场的作用,政府依法办事、依法行政,服务规范化、程序化,不追求行政效率,遵循公开、公平、公正的原则。

3. 要善抓机遇,量力而行

张家港保税区的成功经验从一个侧面反映了善抓机遇的重要性。张家港市委、市政府前瞻性地做出了沿江开发、以港兴市的战略决策,这一决策契合了中国改革开放的政策,抓住了机会,取得了很大成效。同时,苏南地区市场经济发育比较早,乡镇企业在发展过程中,虽然地方政府也直接经营企业,但均是按照市场规则发展起来的,在市场中优胜劣汰,地方政府基本上不干预市场。因此,在当前经济新常态下,既要把握好当前难得的发展机遇,同时要守纪律、懂规矩,这样才能保持良好的发展。

【思考题】

1. 张家港保税区的建立与发展是其自身克服困难、利用优势的结果,它的发展给我们带来的最大启示是什么?

2. 张家港保税区是"张家港精神"在实践中的真实体现,浅谈一下精神的力量在开发区建设中的作用。

第三章　苏州经济的转型升级与自主创新

概　述

一、背景

改革开放以来,中国从计划经济迈向了市场经济。从计划经济体制向市场经济体制转型的过程大体可分为四个阶段,即经济的自由化、市场化、民营化和国际化。当前中国经济正飞速地迈向国际化。目前全国许多地区提出了经济转型的构想,并且许多地区还制定了经济转型规划,开展经济转型的工作。

苏州抓住了每一次发展契机,从发展乡镇企业到大量引入外资发展外向型经济,从工业反哺农业到城乡一体统筹协调发展,苏州经济发展保持着持续的活力,不断涌现新的发展动力,成为改革开放的探索者、实践者和排头兵。

"十二五"时期,苏州地区总产值达到1045万亿元,年均增长9.5%,一般公共财政收入预计达1560.8亿元,年均增长11.6%。现代服务业不断发展壮大,服务业增加值占地区生产总值比重提高7.9个百分点,"三二一"产业发展格局已经形成。规模以上工业总产值在2013年跨上3万亿元台阶。战略性新兴产业快速发展,产值占规模以上工业产值比重提高近20个百分点。区域创新能力不断提升,苏南国家自主创新示范核心区建设大力推进,全社会研究与开发经费支出占地区生产总值比重提高0.36个百分点。"四个百万亩"全部实现落地上图,农业现代化综合指数连续五年位居全省首位。

二、苏州的经济转型做法

1. 发展乡镇企业,打造"苏南模式"

党的十一届三中全会拉开了中国改革的大幕,苏州实行"包干到户"的家庭联产承包责任制后,有效刺激了农村经营方式的转变,解放了农村劳动力,乡镇工业异军突起,苏州人从田地走进工厂,由农民变成工人,苏州经济迈上了工业化、城镇化之路,成为"苏南模式"的典范。改革成就了苏州经济的发展,苏州经济的高速发展充分体现了改革对生产力的解放、经济发展的巨大作用。

2. 坚持对外开放,铺就"苏州之路"

20世纪90年代初,面对国家将改革重点从农村向城市推进、加大对外开放的历史时机,苏州依托紧邻上海的区位优势,紧紧抓住浦东开发的机遇,调整发展战略,依托上海,接轨浦东,迎接辐射,大力招商引资,抢占发展先机。特别是1992年邓小平"南方谈话"发表之后,苏州外向型经济更是蓬勃发展,外资的涌入为苏州经济的持续发展提供了强大的发展动力。

苏州的改革发展之路,从起步时就是一条创新之路、开放之路。有人评价苏州发展奇迹的时候,认为关键就是抓住了几次难得的发展机遇。1992年的春天,全国都在学习邓小平"南方谈话"的时候,敏锐的苏州人早已开始行动,用项目、用发展的平台具体落实谈话精神,做出了同步启动15个省级开发区的战略决策。

昆山的发展是苏州发展的一个缩影。30多年前,昆山还是苏州下辖的一个默默无闻的农业县,如今却一跃成为"全国百强县(市)之首",成为中国改革开放的成功样本。1984年,国务院批准沿海建立10多个开发区,昆山这个农业县自然搭不上车。深感"担子很重"的昆山决策层,做出了一个超越常规的决策:靠自己的力量兴建工业开发区。就这样,在昆山城东一块3.75平方公里的农田上,昆山硬是搞出了一个工业小区。这里也成了昆山发展的强大龙头。其后,昆山历经"农转工、内转外、散转聚、低转高"四个阶段,综合实力位居全国百强县之首,成为江苏全面建成小康社会的样板区和先行区,这一切都离不开昆山开发区的龙头带动。每年,这里创造的GDP、财政收入、外贸进出口数量,都占昆山经济总量的六成以上。

苏州工业园区的发展,也是对外开放与改革创新相结合的产物,以两个国家的政治智慧,走出了一条独特的、奇迹般的中外合作发展之路。苏州工业园区是中国和新加坡两国政府的合作项目,开创了中外经济技术互利合作的新形式。开发建设以来,苏州工业园区GDP比开发之初增长了100多倍,地方财政总收入增长了700多倍,近年来平均每天到账外资超500万美元,每天设立科技企业两家,常住人口人均GDP达3.5万美元,单位土地GDP产出达0.86亿美元/平方公里,基本达到或接近香港城市水平。

坚定不移推行对外开放,以开放促转型,以开放促创新,以开放促科学发展,正是苏州面对历史机遇做出的正确选择。所有这些成果,都得益于改革开放,得益于苏州开放带动和开放提升战略的成功实施,外向型经济发展之路是一条具有时代特征、中国特色、苏州特点的成功之路。

3. 坚定转型升级,破解发展难题

自2004年以来,苏州一直是中国制造业中心之一。然而,当苏州经济站上"中国制造"的高平台之后,看全球经济的潮起潮落,苏州人却越来越感觉到,"世界工厂"已无法承载苏州经济实现更高层次跨越的梦想。

开放型经济让苏州取得辉煌成就的同时,也带来了新的难题。2008年发生的国际金融危机使全球经济格局发生剧变,由于经济外向度较高,苏州受冲击较大,而欧债危机更让外需进一步萎缩。同时,随着国内劳动力、能源、原材料成本的提高,也使原来出口加工的模式难以为继。苏州经济到了一个全新的发展阶段,当苏州这个全球资本汇集之地积累起相当的产业规模和经济实力后,苏州模式的转型和调整势在必行。

面对国际环境的变化、国内消费升级的新要求和新形势,苏州根据本地经济发展的阶段性特点,积极适应新常态,加快转变经济发展方式,以深化改革释放发展红利,以优化结构推动经济增长,以统筹协调实现持续发展、拓展经济发展空间。

一是加快产业结构调整优化。一方面加快构建金融物流、研发设计、商贸商务、文化旅游等现代服务业的体制机制;另一方面着力推动现代生产性服务业的发展与制造业有机融合,形成制造业和服务业两轮驱动、互为促进、共同提高的新局面。2014年,苏州市第三产业占比48.4%,较2010年提高了6.8个百分点。

二是推进自主创新,增强竞争优势。苏州深化知识产权管理体制改革,以掌握核心技术、发展自主知识产权为目标,着力建设以企业为主体、市场为导向、产学研紧密结合的区域科技创新体系。

三是区域统筹发展。2010年,苏州被列为城乡一体化发展综合配套改革试点,为苏州统筹协调发展注入了新动力:城乡一体统筹规划——提升资源配置效率;农户向社区集中——提升居住环境和生活质量;承包耕地向规模经营集中——提升农业生产效率;企业向园区集中——提升产业集群能级。2014年,苏州农村工业企业进入工业园区的集中度和农业规模化经营比重已达90%左右,农民集中居住率超50%,城乡一体快速推进,经济带动效应初显。

4. 健全体制机制,建设苏南国家自主创新示范核心区

2014年10月,国务院正式批复,同意"苏南国家自主创新示范区"成立。2015年年初,苏州市召开建设苏南国家自主创新示范区推进会,在苏南五市中率先出台《关于全力打造苏南国家自主创新示范区核心区的意见》,意见提出,深入实施创新驱动发展战略,加快推动全市发展方式转变和经济转型升级,把苏州市打造成为苏南国家自主创新示范区的核心区。意见共25条,从目标定

位、框架布局、实现路径、推进动力、保障措施等五个维度,勾勒了打造苏南国家自主创新示范区核心区的美好蓝图。苏州市又先后制定了《创新驱动发展考核评价办法》《实施创客天堂行动发展众创空间的若干政策意见》等配套改革文件,将原有市级科技计划体系调整为企业技术创新、产业技术创新、服务体系建设、科技人才、科技金融等五大专项,进一步加大财政补助力度。完善了科技信贷省市县三级联动机制,实现大市范围全覆盖,资金规模超过7亿元。启动开展了创业天使计划,与清华大学签署校地创新行动计划合作协议,国家级和省级新型孵化机构达到22家,居全省首位。

四、苏州推动经济转型的成效

"十二五"期间,苏州将"创新引领"和"开放提升"作为苏州"十二五"发展的核心战略,加快推动经济转型升级步伐,取得初步成效。

一是先进制造业得到全面提升。苏州市推动信息化和工业化"两化"融合,大力发展智能制造,支柱产业提档升级步伐加快。工业经济由传统产业主导向新兴产业和高端产业主导转变。2015年,全市实现制造业新兴产业产值1.28万亿元,占规模以上工业总产值的48.7%,高新技术产业产值突破1.4万亿元,占规模以上工业产值的45.9%。纳米技术及材料应用、生物医药及医疗器械、机器人及精密装备、新能源汽车和动力电池、轨道交通职能装备等高端新兴产业保持较快增长,新型产业对规模以上工业利税增长的贡献率超过70%。

二是现代服务业迅猛发展。服务业量质齐升,增长迅速,占地区生产总值的比重达到49.5%,形成"三二一"发展格局,服务业对经济增长贡献率达60%,高于第二产业20个百分点左右。服务业内部结构逐步优化,生产性服务业向专业化和价值链高端延伸,生活性服务业向品质化、便利化发展,先进制造业与现代服务业加速融合。

国家现代服务业综合试点工作积极推进,总部经济和新兴业态快速发展。新增各类金融机构111家,金融总资产达到3.4万亿元,增长13.3%。完成社会消费品零售总额4062亿元,增长12%;电子商务交易额超过5000亿元,增长40%。实现旅游总收入1675亿元,增长10%;姑苏区被命名为首个国家古城旅游示范区,苏州高新区镇湖国家级生态旅游示范区创建工作通过验收。文化产业主营业务收入达到3565亿元,增长15%;中国工艺文化城入选国家特色文化产业重点项目。

三是科技综合实力不断增强。苏州全市持续增加研发投入,全社会研究与试验发展经费支出占地区生产总值的比重达到2.7%。苏州拥有国家高新技术企业2950家,占苏州规模以上企业比重28.3%,实现产值13711亿元,占规模以上工业总产值比重44.8%。新加坡-中国(苏州)创新中心落户苏州工业园区,中国POWER技术产业生态联盟在苏州高新区成立。苏州自主创新广场获批国家技术转移苏南中心,苏州高新区成为全国科技创新服务体系建设试点单位。苏州市还不断促进科技与金融深度融合,扩大科技信贷风险补偿资金扶持范围。

四是打造成为苏南国家自主创新示范区核心区的工作初见成效。全市深入推进苏南国家自主创新示范区核心区建设,以提升企业自主创新能力、社会创新成果转化能力、创新要素协同能力为目标,强化科技资源整合集聚和开放共享。科技创新逐步成为经济增长的核心推动力。全市科技进步贡献率61.5%,发明专利申请占比由"十一五"末的16.8%提高至42%。企业创新主体地位凸显,规模以上工业企业研发投入占全社会研发投入的89%,有效发明专利拥有量中90%来自于企业,规模以上工业企业中建有独立研发机构的企业占38%,其中中大型企业建有研发机构的占85%。创新创业人才加速集聚。2015年年末,全市人才总量227万人,其中高层次人才17.8万人。国家"千人计划"人才累计187人,其中创业人才107人,创业人才数量列全国大中城市首位。

五、当前经济面临的问题与新常态下转换经济发展动力的思考

1. 当前经济面临的问题

未来一个时期,我国经济潜在增长率将成趋势性下降,进入经济新常态,面临复杂的宏观经济形势、产业结构急需转型和原有经济增长动力弱化等多重压力。苏州的经济发展在这样一个大趋势、大背景之下,经济增速面临着较大的下行压力。

一是高增长一去难返。苏州的GDP增速明显下行,虽然目前仍高于全国,但是近四年苏州外贸增速已大幅度落后于全国水平。

二是转型升级任重道远。第二产业占GDP比重高,服务业占比远低于上海、深圳等一线城市。

三是传统优势趋于弱化。土地资源制约突出,新增建设用地缺口大;劳动力成本攀升快,成本优势基本丧失;临近上海,现代服务业发展受到的制约比较大。

四是国内国际竞争加剧。受到世界经济复苏缓慢、新型经济体对国际资本引力上升、国内中西部地区产业竞争的影响,苏州开放性经济发展的稳定性和可持续性面临挑战。

2. 新常态下转换经济发展动力的思考

面对新常态,转换发展动力和经济转型升级势在必行,要按照"转方式、调结构"的总要求,以提高质量和效益为中心,以创新为主引擎,积极推动增长动力从要素拉动为主向创新驱动为主、经济结构由制造业为主向服务业为主、工业经济由传统产业主导向新兴产业主导的"三个转变",通过深化改革、创新发展、优化结构等来适应新常态,引领新常态,实现苏州经济增长的动力转换。

一是深化改革,激发经济活力。改革是苏州经济快速发展的强大动力,步入经济发展新常态,改革仍是今后发展的持续动力。苏州需要通过进一步深化改革,加快完善各方面的体制机制,更好地发挥市场在资源配置中的决定性作用和政府的引导作用,进一步激发发展活力,培育竞争新优势。深化政务服务改革,进一步简政放权,转变政府职能,依法加强监管,提高政府效能,营造良好的发展环境。深化行政体制改革,按照"小政府,大服务"的理念,科学设置政府机构,进一步理顺和界定部门职能,打造公平、透明、规范、高效的行政体制和机制,激发市场活力和社会创造力。深化产权制度改革,稳步快速推进产权制度改革,依法保护各种所有制经济权益,构建良好的市场交易环境,充分发挥市场配置资源的决定性作用。

二是创新发展,转换发展动力。苏州必须转变依靠土地、人力、资金等投入获得发展的发展方式,让创新成为引领发展的第一动力。大力推动大众创业、万众创新,激发创新创业活力,加快发展新技术、新业态、新产业,开拓发展新领域、新空间,用创新驱动实现发展动力转换。首先要增强自主创新能力。政府要发挥引导推动作用,增加政府科技投入,加大知识产权保护力度,建立以企业为主体、市场为导向、产学研紧密结合的区域技术创新体系。其次要提升制造业竞争力。加快推动传统制造业向"工业4.0"转型升级,提高产品技术、工艺装备、环保能效等水平,大力发展新能源、新材料、生物医药、智能电网和物联网、高端制造装备等战略性新兴产业,提升苏州制造业的整体竞争力。最后要构建创新创业人才高地,进一步完善多元化培养、人才引进和人才服务体系,创新人才使用激励机制,构筑创新创业人才高地,为苏州增强创新优势提供智力支持。

三是优化结构,增加发展潜力。改革开放以来,产业机构调整对苏州经济增长的贡献很大,未来要继续调整、优化产业结构,在加快工业化和信息化融合发展、推动制造业提档升级、加快发展现代高效优质绿色农业的同时,大力发展新产业、新业态,加快发展现代服务业,构建优质高效的现代产业体系,为苏州经济增添发展潜力和后劲。一要做大生产性服务业,推动生产性服务业向专业化和价值链高端延伸,推动制造业由生产型向生产服务型转变,完善产业链,提升价值链。二要做优金融商贸会展业。苏州要主动承接上海国际金融中心的溢出效应,错位发展,避免挤出效应,加快推进区域金融中心建设,构建商贸会展体系,打造科学合理的购物环境,做优城市软环境。三要做强文化旅游产业。苏州要充分利用深厚的历史文化和丰富的旅游资源优势,推进文化、旅游融合发展,着力将文化和旅游资源优势转化为产业优势,增强城市吸引力。

四是协调共享,增强发展合力。过去苏州市域各板块协同发展对全市整体实力的提升发挥了巨大作用,今后苏州要依托市域协同发展的良好基础,进一步提升城乡一体化协调水平,着力推进市域一体化集群发展,增加城市集群优势和综合竞争能力。首先提升城乡一体化发展水平。苏州要推动城乡经济、社会、文化、生态一体化发展,引导产业优势城乡融合互补,促进生产要素城乡自由流动,加快形成以工促农、以城带乡、工农互惠、城乡一体的新兴工农、城乡关系,进一步提升城乡一体化协调发展水平,使城乡一体协调发展成为苏州的最大特色、最大优势、最大品牌。其次推进市域一体化集群发展。要做好顶层设计,打破市域内行政区划界限,科学制定总体发展规划,合理安排产业布局,统一规划基础设施,明确区分功能定位,引导各板块空间和产业有机对接,错位融合,优化生产力布局、要素配置和功能整合,加快形成市域城市集群一体化协调发展格局,放大市域城市集群乘数效应,促进全市经济稳步向前。

案例一　苏州太湖国家旅游度假区：用生态和文化旅游引领产业转型升级

一、背景

太湖以三万六千顷之浩渺，七十二峰之灵秀而著称。苏州市吴中区独拥其五分之三，是太湖最美的地方，有最旖旎的太湖岸线、最秀丽的山水名胜和最古朴的自然村落。为更好地保护好、治理好、发展好太湖，1992年10月，苏州太湖国家旅游度假区（以下简称度假区）应运而生，成为国务院首批批准建立的12个国家级旅游度假区之一。度假区最初规划面积为11.2平方公里。2002年，度假区扩容，所辖范围扩大至金庭镇、光福镇，辖区面积达160平方公里。到今天，度假区已囊括了环太湖5A景区250平方公里的面积。度假区区位条件优越，自然山水优美，人文景观丰富，文化底蕴深厚，是苏州环太湖旅游产业发展的重要载体。

度假区坚持"在开发中保护，在保护中开发"的发展理念，以规划引领发展，初步形成了度假区中心区，金庭、光福"一体两翼"发展格局，依托得天独厚的山水自然资源和深厚的历史文化底蕴，大力推进经济社会转型发展，加快旅游功能性项目和基础设施的开发建设。2012年以后，度假区开启了"二次创业"新征程，打造"苏州太湖新时代，东方度假新天堂"。

最近五年来，度假区紧紧围绕把握新常态，突出"优化发展规划、深挖发展潜力、扩大品牌影响、推动绿色发展、提升幸福指数、加强党的建设"六大重点工作，进一步紧扣中心，服务大局，务实奋进，按照"创新强区、功能优区、生态立区、富民安区"的具体部署要求，全力推动文化创意、休闲度假、会议会展、体育健身、乡村旅游五大产业，经济社会发展呈现良好态势。

二、做法与成效

1. 确立科学合理的发展理念，引领区域发展

度假区根据全国特别是长三角旅游经济发展趋势，结合自身的资源特点，确立了"保护为主，统一规划，合理利用，适度开发"的指导思想，坚持以规划为龙头，集中力量，高起点、高标准搞好中心区域总体规划的编修工作，全力构建了以中心区为核心、金庭和光福为两翼的"一体两翼"的发展格局。中心区突出区域性旅游度假集散中心的主体地位，着力打造"国内一流休闲度假产业集聚区";光福片区突出综合开发功能,集中发展高新技术产业和现代服务业;金庭片区突出"农业、生态、旅游"主题,大力发展佛教文化、生态休闲、新型农业,着力打造"国内内湖第一生态岛"。

2. 培育发展特色主导产业,带动区域发展

作为苏州唯一的国家级旅游度假区,度假区始终把旅游服务业作为主导产业加以培育,加快旅游功能性项目的引进和建设。如全国首个国际性文化交流平台——太湖文化论坛永久落户度假区,这是参照达沃斯论坛模式创建的高规格的关于中国文化发展的国家级论坛。建成以来成功承办了"城市更新与文化传承"的上海世博会苏州主题论坛,接待了2015年11月的第四次中国-中东欧国家领导人会晤等。另有高尔夫球场、马斯特堡帆船俱乐部、蒯祥墓园、太湖新天地、牛仔乡村俱乐部、宝岛花园酒店及游客资讯中心等相继建成,初步形成了以太湖山水、古吴文化、桥岛风光、美食度假为特色,能满足各层次游客需求的国家级度假、休闲、观光中心。

3. 打造产业集聚的创新载体,支撑区域发展

度假区主动顺应新一轮竞争,注重集中布局、集聚要素、全面启动太湖科技产业园、中央商贸区和金三角地区等重要载体建设。在光福片区规划了8平方公里的太湖科技产业园,重点发展企业科研中心、动漫创意、软件开发、生物医药、环境保护和精密机械等高科技、高效益、低能耗产业。中央商贸区走中高档商贸发展路线,吸引和集聚了一批度假酒店、商务办公、金融服务、餐饮娱乐等功能配套项目。金三角地区优化旅游六要素的功能布局,大力推出大型娱乐中心、温泉洗浴、游艇码头等一批夜间游玩、水上观光项目,全力打造国内著名、国际知名的旅游集散功能区和服务长三角地区的旅游度假目的地。

4. 塑造一流的旅游品牌,加快区域发展

度假区在转型发展中,积极整合各方资源,努力丰富旅游内涵。渔阳山风景区、舟山核雕城、太湖高尔夫俱乐部等25个具有浓郁地方特色的旅游项目成功开发,丰富了旅游业态;突出"水文化"主题的旅游观光巴士、帆船、帆板、游艇、游船及登山等23个旅游新品,有效聚集了人气。每年一届的太湖梅花节、宠物节、开捕节、枇杷节、杨梅节、桂花节等系列节庆活动,成为太湖的品牌节庆。世界滑轮锦标赛、环太湖国际公路车赛、环太湖国际竞走等具有影响力的高层次赛事的承办,成功吸引了世界和全国的目光。国家5A级景区的创建,将度假区旅游业从数量增长型向质量效益型转变,成为太湖发展史上的一座里程碑。

5. 建设天人合一的生态环境,保障区域发展

生态是太湖的最大优势,是度假区未来发展的核心竞争力所在。度假区把保护和建设好生态作为重大历史责任摆上了突出位置,始终秉承"保护是最具远见的开发,开发是最富成效的保护"的理念,加快经济发展方式转变,全面实施了太湖生态湿地修复工程,投资 2 亿元,完成 6 公里长的太湖生态景观带建设,成为全省太湖生态治理的示范点。投入 500 万元,整治废弃宕口 2800 亩,实施环太湖生态林建设 6000 亩。投入 3.72 亿元,完成供水、污水处理提标改造工程。全面整治太湖围网养殖,共拆除围网 7800 亩。目前,"绿色太湖"品牌已在长三角地区乃至全国叫响,成功走出一条发展经济、保护生态、改善民生的可持续发展之路,实现了生态有效保护与经济发展的双赢。

三、经验与启示

1. 依托太湖旅游品牌,促进经济转型

度假区以"显山、近水"为目标,在保护的前提下有条件地利用山体资源,适度开发滨水空间,合理利用度假区现状丰富的古村落资源,优先保障旅游度假功能布局,严格控制旅游度假设施的规模、形态,突出资源利用的公共性和开放性。挖掘文化内涵,塑造文化旅游品牌。利用文化资源开展传统手工业游、节庆游、民俗游,将文化保护与传承、文化产业发展与旅游业发展有机结合,塑造吴文化与山水文化相结合的文化旅游品牌。

2. 开发多元产品,拓展度假功能

度假区打造环太湖地区首选的旅游度假目的地,吸引更多的游客和市民前来体验慢生活,享受慢生活。合理利用太湖水域、内部水面,因地制宜开发水上运动项目和娱乐项目;利用滨湖空间、岛屿、采矿破坏地块的修复,开发大型主题旅游项目和特色度假酒店集群,注重丰富夜间娱乐活动,拓展度假功能,适应以慢生活为导向的社会发展的新趋势。

最近,以湿地体验、湖滨观光、娱乐休闲和文化感悟为主的生态休闲公园"太湖新天地"开放投用,为游客呼吸太湖、聆听太湖、享受太湖,增添了一处绝佳场所。公园内有原木水上餐厅、游船项目、亲湖木栈道等。人们在紧张的工作之后到太湖新天地遥赏潋波湖色,与大自然美景相融合,恢复体力,放松心情。

3. 融入生活美学元素,提升乡村旅游层次

制定有利于农家乐发展的政策并规范管理,吸引多元人群和资金进入农家乐行业,引导农家乐提高设施配套水平,注入文化元素,突出苏州水乡特色,营造休闲氛围,给游客提供多元化的旅游产品,提升度假区乡村旅游层次。利用特色农产品的美誉,保持特色餐饮传统技艺和食材品质,引入农林地景,丰富乡村旅游内容,吸引游客。

4. 引入特色主题,促进服务业协同发展

以太湖山水生态环境为资源依托,顺应社会发展需求,引入养生、运动、学习等主题。运用吴文化的传统养生理念,结合茶、禅、道等养生之道,建设传统文化养生会馆,促进康体疗养、教育培训、会议展览等服务业与旅游度假产业的协同发展。深入开发游艇、高尔夫、自行车越野等多种运动项目,设置户外休闲运动场地,配套体育培训中心、康体保健中心、酒吧、咖啡厅、主题餐厅、体育用品商店,将度假区建设为太湖休闲运动新地标。

【思考题】

1. 如何理解度假区坚持"在开发中保护,在保护中开发"的发展理念?
2. 论述如何在生态保护地区根据地域特色和文化特色发展旅游相关产业。

案例二 苏州独墅湖科教创新区：以科教助推发展

一、背景

苏州独墅湖科教创新区是苏州工业园区转型发展的核心项目，致力于构建高水平的产学研合作体系，重点发展纳米技术、生物医药、融合通信、软件及动漫游戏产业。在这里，园区创造了全国首个专业化国家大学科技园、全国首个纳米技术产业化标准化示范区、国家"千人计划"人才集聚度全国领先、全国唯一一所拥有国内学位授予权的中外合作大学、全国首个中外合作办学研究院等一批"第一性""唯一性"荣誉，有力地推动了苏州工业园区从"世界制造"向"全球智造"转型。

近年来，苏州独墅湖科教创新区抓住苏南国家自主创新示范区建设这一机遇，创新人才加速集聚。累计有26所高等院校和职业院校入驻（其中中外合作办学项目10个），成为全国唯一的国家高等教育国际化示范区。2015年新增国家"千人计划"21人，总数达118人，累计137人入选"江苏省高层次创新创业人才"，209人入选"姑苏创新创业领军人才"，继续保持省市第一。大专以上人才占就业人口比重达40%，总量保持全国开发区首位。

目前，苏州独墅湖科教创新区已初步建成集教育科研、新兴产业、生活配套为一体的现代化新城区，探索出了一条以高端人才为引领、以合作办学为特色、以协同创新为方向的发展新路，成为高新产业聚集、高等教育发达、人才优势突出、环境功能和创新体系一流的科教协同创新示范区。

二、做法与成效

1. 创新载体引进人才，让独墅湖科教创新区成为英才荟萃的人才高地

独墅湖科教创新区从建区伊始就致力于培养和引进各类优秀人才，为区域转型发展注入不竭的源泉活力。2002年开始，相继引进了中国科学技术大学、西安交通大学、南京大学、东南大学、中国人民大学、武汉大学、香港大学等高校。2006年5月，西交利物浦大学成为全国首个经教育部批准的中外合作大学。接着又引进了新加坡国立大学、美国戴顿大学、美国华盛顿大学在苏设立研究院，并且在引进世界一流名校方面取得突破，成功引进了世界排名第二的美国加州伯克利大学，与中科大联合成立纳米学院，共同培养高层次纳米技术人才。苏州大学与加拿大滑铁卢大学合作共建的纳米科学技术学院也落户科教创新区。科教创新区按照"政府搭台、高校办学、服务产业、面向市场"的发展思路,累计建成各类科研教学载体339万平方米,形成了一片"没有围墙的大学"。在办学模式上,科教创新区确立"以研究生培养为主、以紧缺专业为主、以公办民助为主、以中外合作办学为主"的定位,师生总规模约7.7万人。

　　集聚优秀人才是科教创新区迈向成功的活力之源。科教创新区以大型科研院所、大型人才工程、大型产业项目等为依托集聚人才。中国科学院苏州纳米技术与纳米仿生研究所,引进了230多名博士及高层次科研人才;"金鸡湖双百人才工程"让科教创新区聚集了院士15名,"千人计划"37名,国家"杰出青年""长江学者"、中科院"百人计划"71名,海外归国创新创业人才1400名左右;华为等科技龙头项目以及留学生创业企业,总数达1600多家,为人才成长拓宽发展空间,增强了创新对优秀人才的吸引力。

　　如今,独墅湖科教创新区集聚了23所高等院校,1个国家级研究所,170个研发机构和平台,4个国家级孵化器,38个院士工作站、博士后科研工作和流动站,铸造了一座英才汇聚的科教新城,这些人才为园区产业的转型升级提供了强有力的智力支撑。

2. 建设创新活跃的产业新城,让独墅湖科教创新区成为创新引领的先锋

　　高端人才的集聚,带来的是区域创新能力的跃升,带来的是日益彰显的对产业发展的创新引领和驱动作用。作为转型升级的主战场,独墅湖科教创新区近年来重点发展了纳米技术、生物医药、融合通信、软件及动漫游戏等产业集群,尤其是以纳米技术为引领的战略性新兴产业初步崛起,并显示了蓬勃的活力和强大的后劲。2006年,科教创新区筹建中科院苏州纳米所和建设生物纳米园;2007年,成为"国家纳米技术国际创新园";2009年,科教创新区把纳米作为五大新兴产业之一定位;2010年,科教创新区看到了发展纳米技术产业的前瞻性和战略性,明确提出把纳米技术产业作为科教创新区一号产业,整体布局纳米技术产业发展;2011年,科教创新区出台国内第一个纳米技术产业专项政策,在国内第一个把纳米产业作为引领区域转型升级的新兴产业。如今,作为科教创新区发展新兴产业领头羊的纳米技术产业已经在国内形成了先发优势,在纳米领域初步形成了纳米光电子、纳米生物医药、纳米材料等产业雏形,成为全国第三个国家级创新园和国内最大的纳米技术研发与产业化基地。

　　在融合通信产业领域,独墅湖科教创新区集聚了相关企业231家,大多拥有领先的自主知识产权和核心技术,具有高成长性,其中产值超1000万元的成长性研发生产型企业达50家。在软件及动漫游戏产业方面,科教创新区建成国际科技园、创意产业园等创新载体155万平方米,集聚软件、集成电路设计、动漫游戏企业 449 家,研发人员 2 万名,先后被批准成为国家火炬计划软件产业基地和国家动漫产业基地。

3. 建立产学研协同发展新机制,创新要素互动驱动产业转型升级

独墅湖科教创新区创新要素互动的主要做法有三:一是开放管理。对高校的实验室、工程研究中心等公共服务平台,按开放时间给予一定的资金补贴,提高区域创新资源的利用率,实现高校与企业的资源共享。二是服务集成。独墅湖科教创新区成立中小企业服务中心,为科技型小微企业提供人才招聘、项目申报、创投资金引入、企业家培养、情报信息、知识产权等方面的一条龙服务。三是社会化互动。独墅湖科教创新区组建了很多论坛、联谊会、留学生俱乐部,形成互动交流机制,让企业家不再是"单打独斗"。

科教创新是一项庞大的系统工程,涉及政、产、学、研、资、介各个环节。十多年来,独墅湖科教创新区不断强化协同创新理念,注重创新链的有机整合与高效运转。科教创新区目前已有 30 多个实验室和公共服务平台对外开放,产业资本和科技创新形成了有效对接。世界名校区、大学科技产业园、苏州纳米城、纳米孵化基地等专业人才培养平台和产业化平台,进一步强化了产学研各要素之间的联动与深度融合。

人才合作机制是政府、企业、高校三方互动的有效机制,独墅湖科教创新区成立了理事会、校际合作委员会,有选择地引进知名高校,有针对性地设置学科专业,有目标地推进人才培养。科教创新区成立了人才服务联盟,累计吸引会员 400 多家,为企业发展提供个性化服务与人才保障,并且采取校企联合共建实验室、组织创新企业与进区高校科研成果对接等方式,加快科研成果的推广应用与产业化步伐。

东南大学苏州研究院与近 50 家地方企业开展产学研合作,西安交通大学技术入股 21 家企业,中国科技大学苏州研究院硒与人体健康重点实验室和硒谷科技合作共建研发中心,有效促进了创新要素的互动,形成了产学研一体化的创新支撑体系。

独墅湖科教创新区设立了中小企业服务中心,为中小型企业搭建起投融资服务平台、综合政策服务平台、知识产权交易平台、中介服务平台、产学研信息互动平台,引导和鼓励区内高校的科技成果与产业应用对接并就地转化。

独墅湖科教创新区还积极引进会计师事务所、律师事务所等科技服务中介机构,设立会计服务外包基地,成立中小企业担保公司,全方位解决中小企业在融资、人才、市场、技术、上市辅导等方面的服务需求。

三、经验与启示

1. 强化组织领导是独墅湖科教创新区又快又好发展的有力保证

2008年10月,苏州独墅湖科教创新区工委、管委会成立,承担科教创新区内各项综合管理与协调服务工作,初步建立了统筹高教资源、创新创业资源的管理体制。2009年9月,由科教创新区工委管委会主要领导、各高校各单位主要负责人共同组成的独墅湖科教创新区理事会成立,理事会定期召开会议,协调解决科技创新区发展中遇到的重大事项,进一步加大资源共享、功能整合、产学研互动力度。

2. 强化产学研合作是独墅湖科教创新区又快又好发展的最佳方式

科教创新区自开发建设以来,通过政府引导和亲商服务,大力推动官产学研资介良性互动,依托入驻的各类院校、科研院所、科技载体等,初步形成了"高校+孵化器+技术平台+产业基地"的产业孵化体系以及校地、校企、院地、院企多方合作机制,产学研一体化建设取得显著成效,区域创新创业氛围日益浓厚。

3. 强化亲商服务是独墅湖科教创新区又快又好发展的有效手段

独墅湖科教创新区针对高科技人才创新创业急需的投融资服务,充分发挥苏州创投集团龙头作用,管理募集风险资金规模上百亿元,积极搭建科技金融服务平台,建立了覆盖种子期、成长期、扩张期、成熟期的科技企业创新创业各个阶段、各个环节的投融资服务体系,积极扶持科技人才创业,聚焦重点新兴产业,帮助种子期和初创期企业快速成长。同时,为进一步强化对科技型企业的亲商服务,积极引进各类科技服务中介机构,科教创新区中小企业服务中心于2009年正式在区运作,一站式解决中小企业在融资、人才、市场、技术、上市辅导等方面的服务需求。

【思考题】

1. 政府部门是如何推动独墅湖科教创新区的发展的?
2. 论述独墅湖科教创新区是如何引领工业园区的产业转型升级的。

案例三　容·创意产业园：以产业转型升级打造发展新维度

一、背景

城市总是经常不断地进行着改造和更新，经历着"新陈代谢"的过程。20世纪50年代以来，西方国家常用"城市更新"来特指城市的转型发展。更新的方法，除了对设施过于简陋地区进行"推倒重来"的改建以外，还注意对有历史价值及反映地方风土人情的旧建筑物和地区进行维修保护，在保存房屋原有外貌的条件下，改建内部，装备现代化的设施。此外，还对一些废弃的仓库、货栈、办公楼等进行翻建，改造成为居民生活服务的商业、游乐等设施，并起到美化市容的作用。

苏州市为了提升老城区发展能级，促进老城区可持续发展，整体保护苏州古城，打响文化旅游名城品牌，在中央和省的关心与支持下，市委、市政府做出了设立苏州国家文化名城保护区和"三区合并"的重大决策，原平江、沧浪、金阊区合并成立姑苏区，掀开了"三区融合、二次创业、一体发展、转型跨越"的历史新篇章。姑苏区明确发展的指导思想是：牢牢把握转变经济发展方式主线，紧紧围绕"历史文化保护示范区、高端服务经济集聚区、文旅融合发展创新区、和谐社会建设样板区"的总定位，着力打造文化高地、旅游高地、科教高地、商贸商务高地。

容·创意产业园就是在这种城市发展背景下一个很普通的转型案例，它的创立具有老城区改造和产业转型升级的典型性。容·创意产业园成立于2009年，坐落于姑苏区平江街道白塔东路26号，位于平江路和拙政园、狮子林等古典园林周边，占地面积11000平方米，总建筑面积13964平方米。该地原为苏州电力电容器有限公司生产用房，因响应市政府"退二进三"的决策，生产车间迁出古城区，原生产用房加以改造，建设成为容·创意产业园，由苏州电力电容器有限公司直接管理，聘请苏州国富物业管理有限公司负责物业管理。园区共有16栋房屋，车位数60个，宣传舞台1处，是以旅游、文化创意和休闲产业为主导的综合性文化产业创意园。2011年8月，创意区被市政府授予首批市文化产业示范基地称号，成为全区率先拿到省级文化产业示范基地称号申报"准入证"的创意产业园区。

二、主要做法

1. 以创意和文化作为创意产业园的核心要素，形成创意园的主题特色

魔方咖啡是创意园内最具特色的商业体之一。2009年9月9日，魔方咖啡找到了容·创意产业园内的一间仓库，决定把这间仓库打造成苏州最有创意的咖啡馆。他们用全部的创造力和想象力去改造这间350平方米大、8.5米高的房子，让它承载创业者们年轻时代的奋斗与梦想，并给它起了一个名字：魔方(MOFUN)。厂房的屋顶年久失修，为了防水和美观，他们决定内外一起改造，以实现苏州最有创意咖啡馆的梦想。他们用杉木条装饰内顶，地面也从原来的坑坑洼洼带变成了现在的平整光滑，这是一个浩大而昂贵的工程。同时，他们和著名音响品牌LAX签约，打造魔方的音响工程。魔方终于在3个多月的打造中逐渐成形。魔方咖啡的殷总告诉我们："看着当初一个一个大胆的想法逐一实现，那种喜悦真的很难形容。很多人问我，魔方到底是什么，其实魔方就是一个空间，你想它是什么就是什么。在LOFT风格的框架下，随处可见的创意就是LOFT的精髓，我们一定会做到这点！"魔方咖啡每天都有不同的主题演出活动，至今举办了世界最顶尖的爵士小提琴演奏家之一——Christian Howes Quartet中国巡演、Taylor Ho Bynum爵士四重奏中国巡演苏州站、The Phoenix Prestige爱尔兰3人组中国巡演、美国钢琴家Dustin O'Hallovan中国巡演等多次国内及国际音乐会的演出。咖啡馆内经常座无虚席，真正成了苏州最具特色及创意的咖啡馆。

风聆酒吧是容·创意产业园的另一个亮点。在梧桐掩映下的老苏州白塔东路26号，原苏州电力电容器厂老厂房内，一所旧上海风格的音乐酒吧绚丽登场。这里亦曾是李晨、董璇电影版《奋斗》拍摄地，酒吧营业面积1200多平方米，是苏州唯一一所纯音乐演艺静吧。现代顶级炫目的LED影音系统与复古的老上海装修风格有效融合。酒吧内有一流的驻场乐队，以演绎70、80年代怀旧经典乐曲为主，融入现代时尚元素。

近几年里，创意园成为多部电影、电视剧的拍摄场地，也进一步提高了创意园的知名度和影响力。现在平均每个月都会有一到两部电影或电视剧来创意园取景。

创意园内还有一家叫TP视觉的摄影工作室，是目前中国十大摄影工作室之一。它原是老厂区的一个会议室。在这个建筑物的最上方有个阁楼，是员工的休息区，员工可以在上面喝咖啡、喝下午茶，调节身心。

这里的任何一家店，都不简单的是一家店，其商业模式或者盈利模式和其他地方有所区别，创意的含义就在其中。创意园通过文化创意把资源变成资本,结合当地的发展来培育有市场前景的商业模式。

2. 创意产业招商注重商业形态,坚持引进一些能更好地融入旅游示范区的服务性行业

容·创意产业园的招商,注重文化创意、研发设计、文旅融合,引进了一批特色文化产品、文化企业,推动创意园的文化产业向特色化发展,特别是向旅游特色化方向发展。

园内诸多入驻商户,如乐活精品酒店、爱玛斯主题西餐厅、苏州中旅国际旅行社等单位也正在不断地与苏州的旅游业相融合。魔方咖啡、风聆酒吧是容·创意产业园内的典型代表。它们以独有的创意、完善的设施、优质的服务赢得了苏州及外地旅游者的一致好评,也为旅游者提供了一个休闲娱乐的好地方。容·创意产业园因此被评为苏州城市旅游融合发展示范区示范单位。

创意园充分利用处于旅游景点的区位优势,招商注重引进相关服务业企业,做好旅游服务配套工作,并深入挖掘创意园内可供使用的旅游资源,形成旅游业与文化创意相结合的旅游新形式,以吸引更多的旅游者到创意园来。

2015年9月份,创意园参与到苏州市城市旅游融合发展示范区创建工作中,以《城市旅游融合发展示范区技术规范(试行本)》为基础,围绕姑苏区旅游业发展目标,将创意园发展成具有特色的旅游示范单位,实现旅游与创意的融合,不断增强文化内涵,不断完善旅游要素,形成文化和旅游发展相得益彰、和谐共赢,经济效益和社会效益并举的良好局面。

三、成效与启示

从苏州电力电容器有限公司到容·创意产业园,是产业转型升级在古城区改造中的一个缩影,体现的是产业转型升级的重点。其成功转型的启示可以归纳为"三个两":产业转型升级的两个维度,"退二进三"的两个方式,创意产业园开发的两个特色。

1. 注重产业转型升级的两个维度

转型升级不仅是一个新的开发区的转型升级,还包括一个老城区的转型升级。如果把老城区推倒重来,这不符合苏州市古城保护的原则,也不符合城市发展的要求。所有的新建城市都千篇一律,所有的城市几百年的文化积淀化为一片平地,再也找不到这个城市和其他城市的差异,变得毫无文化特色,这是违背现代城市发展理念的。尤其是现在很多人去了德国,去了法国,更加意识到不同城市地域特色和文化特色的重要性。

2. 把握"退二进三"的两个方式

当电力电容器有限公司搬出去"退二进三"时,废旧的老厂房就面临着如何改造和转型的问题,有两个方案:第一个方案是把这一地方统统改造成居民区,如造别墅,造公寓楼;第二个方案,就是把厂区原址作为历史构成的一部分,尽可能在保留原貌的基础上做一些商业性开发,提升其价值。后来该厂选择了第二个方案,把文化创意产业的思维注入原来的废旧厂房中,让它焕发出第二次生命。

3. 强化创意产业园开发的两个特色

一要保留历史文化,二要保持创新理念。进入容·创意产业园,首先映入眼帘的是一个"容"字。"容"包含两层含义,原苏州电力电容器厂已经搬到了现在的苏州工业园区,并且已经发展成为一家上市公司,通过科技的创新,完成了在第二产业领域里的突破。在原厂房这里发展第三产业,产业形态更高级,更代表苏州在产业转型升级方面的战略制高点,所以"容"的第一层含义是指苏州电气电容器有限公司的"容"。第二层含义是指创意园有容乃大,各种创意、各种思维在这里开花结果。创意园内现有入驻单位64户,所涉及的行业众多,以文化创意、旅游休闲配套产业为主,主要有创意策划、广告设计、婚纱摄影、婚庆礼仪类企业,有休闲酒吧、主题西餐厅、咖啡厅、精品酒店、中餐厅,还有模特、街舞、少儿绘画培训等单位。2014年,创意园收入总额为1.3亿元,年利润总额约为1700万元,创意园内现有从业人员546人。

【思考题】

1. 结合当地情况,论述如何做好老城区地块的转型与开发。
2. 论述如何在老城区转型升级的同时保持地域特色和文化特色。

第二篇　　社会治理篇

—— 全面建成小康社会的民生保障

第四章 "政社互动"提升社会治理能力

概 述

社会管理本质上是政府依法对社会事务、社会组织和社会生活的规范、管理和服务，这离不开社会管理体制机制创新。苏州曾经以典型的"苏南模式"引领全国城乡一体化、经济国际化的潮流，并正以"三区三城"的建设目标进一步引领经济建设和社会建设的统筹协调发展。近年来，苏州市各级政府及其部门在依法行政、建设法治政府的指引下，把中央精神、省委要求与苏州实际紧密结合，率先创新社会建设和社会管理体制机制，探索并创造了以"政社互动"为核心的社会管理新模式，形成政府行政管理与社会多元主体协同配合、有效衔接、良性互动的社会管理新格局。

"政社互动"是指各级政府及其部门与基层群众自治组织、社会组织这两类社会管理主体之间，通过"衔接互动"理顺社会管理职能，调整社会管理结构，改进社会管理方式，从而更加有效地建立利益协调机制、诉求表达机制、矛盾调处机制、权益保障机制。

一、背景

纵观我国社会管理体制变迁的历史画卷，任何一幕都是特定历史环境的真实写照。新中国成立初期，百废待兴，全能型政府无疑在新中国的复苏中起到了举足轻重的作用，却造成了社会关系的失衡。到了上世纪50年代，为了健全城市居民管理与基层政权建设，街道办事处挂牌成立，并组建了以动员群众、协助政府展开工作、维护基层社会稳定为主要职责的居民委员会，但就整体而言，最初的"街—居"体制还是以行政管理体制为主，与基层群众自治相去甚远。改革开放后，为了能够适应社会主义市场经济体制的发展，"单位办社会"的时代一步步退出历史舞台，而"政社分离"的呼声却一浪高过一浪。在中国的社会转型中，社会逐步从政治领域中分离，对应于这一趋势，基层治理的"政社分离"势在必行。"政社分离"的改革还要追溯到上世纪80年代，由于乡政府的成立，使得当时生产大队"政治经济一体化"的管理体制成为泡影。从理论上说,"政社分离"这一举措能够将基层社会的能动性与政府对基层社会的管理有机地结合起来。但由于社会管理改革过程中的路径依赖,又使得政府陷入了进退维谷的尴尬境地。所谓政社分离,就是通过政府职能转移,把政府行政职能与社会的自我管理职能分开,使得社会能够自我组织、自我规范并不断产生社会运作的活力。

政社分离的关键之一是基层行政中的政社分离。基层政权是我国政治制度的特色之一,它一方面作为我国行政体系的最末梢,将行政权力落实到社会层面;另一方面它又直接面对社会需求,负责民意的反馈。改革就要从基层做起,加强城乡社区建设尤为重要,必须把社会基本单位的社区建设作为承上启下的平台,一方面承接政府的社会管理,另一方面联系群众的日常生活,促进基层社会的安定和谐,并真正落实群众的各项基本利益。在城乡社区建设中,如何科学有效地处理好基层政府与城乡社区两者间的相互关系,实现彼此的有效衔接和良性互动,是一个亟待探讨解决的问题。自 2008 上半年开始,太仓市根据自身情况,积极展开了"政府行政管理与基层群众自治互动衔接机制"课题的研究和探索实践,这一研究和探索在全国引起了积极的社会反响。中国社科院政治制度研究室副主任史卫民教授在太仓调研后认为,太仓"政社互动"课题研究及创新实践,是继我国行政审批制度之后的行政改革"第二次革命"。"政社互动"是"政府行政管理与基层群众自治有效衔接和良性互动的机制"的简称。其中,"政"主要指代"基层政府",而"社"主要指代"城乡社区"。太仓的做法有望成为今后基层政府治理发展的方向。太仓"政社互动"作为县域法治建设的生动实践,为政府创新社会管理提供了探索蓝本。当前"政社互动"在苏州大市范围内全面推进,期望通过提炼和总结太仓市的成功经验,为其他经济发展水平类似的地区提供可供参考学习的模板。

二、主要做法

1. 大胆创新基层民主管理,建立政府与基层群众自治组织有效衔接机制

2009 年,太仓市出台《关于建立政府行政管理与基层群众自治互动衔接机制的意见》,在全市率先开展"转变政府职能,提升自治能力,促进法治建设,创新社会管理"活动。城厢、双凤两个试点镇在梳理、限定基层自治组织和政府管理法定事项的基础上,通过集中签订委托协议书,建立政府与基层自治组织的互动合作关系。试点镇政府还积极运用行政指导、资助奖励、创建基层服务平台等创新机制,引导、推动群众自治组织发挥自治功能,协助政府加强基层社区的管理和服务。改革试点取得明显示范效应,被理论界称为继行政审批制度改革后的行政改革"第二次革命"。

2. 尊重市场经济的规律,探索政企合作,推进政府与行业协会(商会)的协同治理

一是政府引入市场机制,探索政府与企业的通力合作。2010年,苏州工业园区在全省率先探索"碳排放交易"试点,政府通过与企业签订减排协议,建立自愿减排与交易相结合的减排机制,改变了传统控制节能减排主要靠单一行政手段的弊端,既给企业减排提供了激励机制,又实现了政府环境保护的社会管理职能。二是释放社会活力,推进政府与行业协会(商会)的协同治理新模式。沧浪区大力扶持行业协会、商会等社会组织来协助政府进行社会管理和公共服务,探索政府购买服务的政社合作模式。该区将户外广告、养老服务、市容环卫整治等政府公共管理事项,通过公开招标、项目发包、项目申请、委托管理等方式,由政府购买服务,建立了以项目为导向的契约化管理模式。苏州市吴中工商局整合社会资源,借助行业平台,通过行业协会服务所有从业单位的"行业指导"模式,提升行业组织的自我管理水平及行政机关的服务水平。目前,该局已分别对吴中区洞庭山碧螺春茶业协会和度假区塑料粒子加工行业成功实施了"洞庭山"碧螺春地理标志证明商标保护和消除出租厂房无证照隐蔽经营等方面的指导,取得了良好的经济效益和社会效果。

3. 突破社会治理难点,政府与社会团体、社区组织在社会服务、社区治理、社会救助等领域共建共治

一是行政机关与社会团体共同推进社会治理。2008年以来,苏州市公安局通过借助社会团体"苏州市自强服务总社"与社区戒毒人员签订《社区戒毒协议书》,社团成员对服务对象进行不定期的走访、谈话、心理辅导,并受公安局委托,定期对吸毒人员进行尿样检测。同时,对于生活、工作等方面有困难的服务对象,给予申请家庭补助,提供就业培训、就业就学等方面的帮助;对于违反协议的服务对象,及时给予书面告诫并报告公安机关予以强制隔离戒毒。该项创新之举实施以来效果显著,逐渐形成了"以社区为基础、家庭为依托,政府组织领导,禁毒部门监管,相关部门指导,禁毒社工提供服务,社会力量共同参与"的禁毒工作新格局,使很多吸毒人员实现康复,获得新生。二是发挥社区组织在基层管理中的优势。工业园区湖西社区作为该区最早开发的区域,辖区内有35个小区,入住居民达62000余人,其中60%以上的是新苏州人,常驻境外人士7500余名。如何让不同宗教信仰、不同生活习惯、不同文化背景的居民和睦相处,创建和谐家园,是湖西社区管理的重点和难点。2009年,湖西社工委在学习借鉴新加坡经验的基础上,启动了以"志愿、奉献"为核心的"触爱行动"。他们将活动的开展与解决社区成员实际问题相结合,调动社区居民、辖区单位、共建单位、非政府组织等参加社区建设的积极性和创造性,共同营造"包容、参与、互助、共享"的社区氛围;同时,还通过为社区居委会委派民情联系人的方式,全面及时了解、掌握各社区的情况,为构建和谐社区创造条件。

4. 发挥媒体"无冕之王"的守望功能,政府与媒体互助合作、协同配合

现代社会管理过程中,作为"无冕之王"的媒体,在保障公众知情权、维护政府形象及调节政府的公共关系等方面扮演着越来越重要的角色。政府需要发挥媒体的舆论监督作用,媒体也有责任配合政府对违法行为进行社会监管。太仓市环保局发挥媒体在提升社会环保意识和加强环境监管方面的作用,取得了有益经验。该局通过媒体大力宣传环保知识,增强群众的环保意识,形成全市上下重视环保的社会氛围。与此同时,借助媒体的社会监督功能,为环保部门监管提供线索,特别是通过媒体对企业污染环境情况进行全社会通报,取得社会对环境污染治理的广泛支持,增强了企业自律意识,有效提升了全市环境保护的水平。

5. 释放社会个体的能动性、创造性,推动公众有序参与政府社会管理

一是巧借"外脑"支持,借助专家学者为政府社会管理献智献策。苏州市各级政府及其部门相继建立了重大行政决策专家咨询论证制度,各级政府还建立了法律顾问团制度,通过专家参与行政管理工作,强化公共决策的正当性,提高政府社会管理的科学化、民主化水平。二是借助群众力量参与社会治安管理。社会治安管理面广量大,单靠执法部门的力量难以形成持久广泛的效力。吴中区红庄社区将辖区 360 余家企业近 500 名厂企内部保安组织起来,成立红庄社企义工巡防队。队员年参加巡防时间不少于一周,每天不少于 8 小时,确保每天 6 名以上社企义工队员在社区巡逻,有效缓解了基层警力不足的矛盾,保障了社区的长治久安,成功打造了"城中村"治安综合治理的"红庄"样本。

6. 适应虚拟社会的发展,建立政府社会管理与网民自律管理的良性互动机制

当今社会,互联网已成为公共舆论的重要平台,政府也需要通过互联网发布信息,获取民意。网络互动能有效推动政民互信。畅通的沟通机制,有利于舆论引导,保障公民的知情权、表达权,促进网民理性有序的政治参与。吴江市(现吴江区)从 2004 年起,就在中国吴江门户网站开通了"市民论坛"和"公众监督"平台,快速解决网民反映的突出问题,提高群众参政议政的热情。2010 年 5 月至今,该市(区)已受理网民意见建议 4347 件,办结 3478 件,办结率达 80%。该市(区)政府和职能部门利用网络工具与民众良性互动、积极搭建网络政民互动平台的做法,成功驾驭了虚拟社会的发展与管理,积累了网上执政能力,为经济社会发展营造了和谐稳定的良好氛围。

三、存在的问题

应该看到,苏州市各级政府在探索创新社会管理模式的过程中,已逐渐形成了具有代表性的"政社互动"实践框架,特点鲜明、成果丰硕、成效显著。但在创新"政社互动"社会管理模式、率先基本实现现代化的目标、全面建成小康社会方面仍存在一些问题,需要引起重视。

1. 社会管理理念滞后

目前不少政府机关对社会管理的多元主体还存在认识不到位问题,认为社会管理的主体就是政府,其他社会组织、社会成员都是被管理的对象;加强社会管理就是加大对社会的管理力度,主张采取严厉措施,严管重罚。其结果往往是"按下葫芦浮起瓢","治标不治本",在一定程度上导致政府与民众背离、干群关系紧张。

2. 政府在社会管理中职能不清

近些年,政府职能正在发生积极转变,但政社不分、忽视社会公共事业发展等的"强政府"特征依然存在。虽然加强社区建设已成为全市上下的普遍共识,但在一些具体问题上则往往认识不一。例如,对于警务进社区、科技进社区、文化进社区、计生进社区等项目,有的地方只停留在"挂牌"上,人员、经费都没有到位,其结果反倒加重了社区工作的负担。还有一些基层,政府工作进社区成了政府大包大揽,一定程度上制约了基层组织作用的发挥,基层公共资源得不到有效整合,造成机构肿胀、经费开支加大。

3. 促进社会发展的制度建设短缺

政社之间的良性互动、和谐相处离不开社会主体的健康成熟发展。近些年,从国家层面来说,社会管理领域的立法加快了步伐,陆续出台了不少相关的法律法规;但在地方立法层面,亟须加强对上位法的具体落实、补充和完善。当前苏州行业协会、基层自治组织、社会团体等社会组织的积极性和能动性受制于地方性法规体系建设的步伐,无法可依必然导致社会组织发展的无法适从,这既不利于政府对社会进行有效的管理,也无法实现政社持续的良性互动。

4. 政社关系尚未完全理顺

一些政府和部门虽然重视发挥社会组织的功能,但仅从减轻行政机关工作量,甚至是规避自身责任的角度考虑,而忽略应有的监管和担保责任;有些政府部门在与行业协会、商会、社区组织、社会团体等的交往中,仍习惯于采取行政命令、强制的方式,而不是将社会组织当成平等的法律主体来对待;有些基层政府要求群众自治组织予以协助的事项有相当大的随意性,甚至任意干预基层自治组织依法履行自治职责。

四、完善苏州市"政社互动"社会管理格局的几点思考

进一步完善苏州市"政社互动"社会管理格局,需要加强以下几个方面的工作:

1. 充分发挥组织领导作用

坚持以健全"党委领导、政府负责、社会协同、公众参与"的社会管理格局为根本出发点,把多元社会主体建设优先纳入加强创新社会管理布局,加强促进"政社互动"的体制、机制、能力建设。充分发挥基层党组织在"政社互动"工作中的作用,变传统行政化的管理为思想、组织和政治路线的领导;政府将推进"政社互动"社会管理工作列入议事日程,摆上突出位置;积极创造条件,加强对基层"政社互动"工作的指导,扩大人民群众的有序参与,引导和组织人民群众参与社会管理;充分运用报刊、广播、电视、网络等媒体,发挥宣传引导作用,形成良好的舆论氛围。

2. 继续深化政府职能转变

坚持有所为有所不为的原则,积极转变政府职能,努力实现基层社会的管理事务和公共服务主要依靠基层群众组织实行自治管理,微观经济活动主要依靠行业协会(商会)实行自律管理。凡属基层群众自治组织依法履行职责事项,放手让基层群众自治组织自主管理;积极探索将业务咨询、统计分析、决策论证、资产项目评估等技术服务与市场监督职能,法律服务、环境保护、宣传培训、社区事务、公益服务等社会事务管理与服务职能,行业协会的行规制定以及协调、准入、评比等行业管理与协调等职能,转移给行业协会(商会)组织,充分发挥其自我管理、自我服务、自我约束的功能,率先建成与国际接轨、具有苏州特色的服务型社会体系。

3. 大力培育多元化的社会组织体系

率先加快社区自治组织建设,使社区自治体系得到建立和完善;加快行业协会建设,学习浙江经验,加快政府职能向行业协会转移,促进政府管理向间接宏观管理转变;加快各类社会团体和民间组织的建设,充分发挥其在反映不同诉求、维护弱势群体权益、满足公共服务多元化需求方面的重要作用;大力发展社会工作机构和队伍,发展志愿者协会和社会工作者协会,促进社会工作职业化、专业化、规范化。

4. 积极加强社会领域的制度建设

充分利用苏州作为较大市享有的地方立法权,扎实开展社会领域的立法调研,根据国家、省层面政策法规的调整,适时制定出台相应的地方性法规和政府规章,不断完善苏州特色的社会政策法规体系。按照有利于调动人民群众积极

性、主动性、创造性,激发社会活力的要求,全面完善社会保障、公共服务和民生方面的立法,为社会各方协助政府开展公共服务奠定坚实的制度保障;完善促进社会组织发展方面的立法,加强政府鼓励引导社会组织、社会大众参与、协助社会管理方面的政策制定,为政社互助合作提供规范依据;适应互联网时代社会交往方式的新变化,进一步加强对互联网管理方面的制度建设,实现虚拟社会和实体社会的协同治理。

5. 努力建立良性互动的政社关系

一是不断提升加社会组织能力建设,在保证其独立性、自主性的基础上,进一步增强其执行自治制度、进行自我管理制度的执行能力,加强协助政府开展服务和为群众提供公共产品的服务能力。发挥社会组织在连接纽带、倾听民意、反映群众诉求方面的积极作用,搭建载体,畅通渠道,提升代言能力,切实为基层群众多办好事、多办实事。二是转变政府管理方式,适应公共行政发展的新趋势,树立服务意识、平等观念,充分运用行政指导、协商、奖励、资助等柔性、人性化管理方式,引导社会大众参与社会管理;探索政府购买服务的政社合作模式,将涉及政府公共服务、事务性强的部分事项,通过公开招标、项目发包、项目申请、委托管理等方式,由政府购买社会组织的服务,建立起以项目为导向的契约化管理模式。三是加强政府与社会之间的利益协调、争议调处,建立健全利益协调、诉求表达、权益保障和社会舆情综合分析等机制。

案例一 城厢镇：创新实践的"政社互动"治理模式

一、背景

在社会主义市场经济体制下，太仓市的经济发展一直处于全国领先的位置，但随着经济的飞速发展，许多矛盾也随之出现。一方面，社会环境更加复杂多变，另一方面，基层群众的自主管理意识和法律意识增强了，这些都与传统的社会管理体制相抵触。太仓市在开展"政社互动"之前，政府各职能部门不断将手伸向基层群众自治组织，使得村（居）委会也处在了行政管理的"第一线"。村（居）委会已经不再是自治组织，而更像是"准政府机构"，这样一来，造成政府与基层群众自治组织职能的交叉。据太仓市民政部门统计，"政社互动"实施开展前，基层群众自治组织承担的政府下派的各项工作达 70 项之多，工作包罗万象，涵盖了民政、组织、宣传、统战等将近 20 种类别。上面千条线，底下一根针，各种检查、评比、考核令人应接不暇，基层自治能力呈现弱化和缺失现象。党的十七大报告提出，"要加强基层政权建设，完善政务公开、村务公开等制度，实现政府行政管理与基层群众自治有效衔接和良性互动"。从 2008 年 7 月，国务院《关于加强市县政府依法行政的决定》中又提出："要增强社会自治功能，建立政府行政管理与基层群众自治有效衔接和良性互动的机制，扩大基层群众自治范围。"如何才能建立政府行政管理与基层群众自治"有效衔接和良性互动"的机制呢？处于全国百强县前十名的太仓市，针对十七大报告中关于"实现政府行政管理与基层群众自治有效衔接和良性互动"的论题，进行了开拓性的改革和创新，初步形成了"太仓模式"的"政社互动"。从 2008 年起，太仓市委、市政府按照"转变政府职能、提升自治能力、创新社会管理"的目标，率先开展"政社互动"创新实践，并激起了全国范围内社会管理体制改革创新的浪潮。

"政社互动"试点单位的城厢镇位于太仓市中心，东濒长江，与崇明岛隔江相望。镇域面积 126.79 平方公里，辖 6 个行政村，2 个村改社区，14 个城镇社区，户籍人口 9.6 万人，流动人口 6.8 万人。作为太仓市"政社互动"模式的首批试点城镇，城厢镇近年的发展具有典型的借鉴和参考价值。该镇充分发挥居民自治，针对各个社区中不同层次和不同群体开展各项居民自治活动，以"进居民门、知居民情、解居民难、帮居民富、同居民乐"为宗旨，在实际工作中不断完善各社区服务设施，拓宽服务领域，提高服务水平。

二、主要做法

为了能够适应社会转型的剧烈变迁,太仓市政府深刻认识到社会管理体制创新存在的结构阻力和技术困境,想一次性成功推进"政社互动"未免太不切实际,因此,在战略选择上,太仓市并没有冒进地大面积展开,而是循序渐进地走出一条适合本地发展特色的创新之路。

1. 酝酿环境,制定政策阶段

要想重构政府与社会的新型关系,完善政府购买服务机制,必须要有政策的保障。太仓市从 2008 年 11 月开始,就酝酿社会管理创新的实施环境,市委、市政府成立"政社互动"研究工作领导小组,组织专门力量进行破题攻关,国务院法制办、国家民政部有关领导和相关领域的专家,在太仓齐聚一堂,对太仓市当前的"衔接互动"机制进行认真梳理、总结和规划。2009 年 5 月,太仓市政府出台《关于建立政府行政管理与基层群众自治互动衔接机制的意见》,2010 年,又制定了《基层群众自治组织依法履行职责事项》(10 项)和《基层群众自治组织协助政府工作事项》(28 项)两份清单。前者为自治组织履职清单,后者为行政权力限制清单,对政府权力进行确权勘界,法无授权的行政事项退出村居自治组织。两份"清单"划清了"行政权力"与"自治权利"界限,为推进"政社互动"奠定了坚实基础。

2. 小试牛刀,试点推广

根据党的十七大和《国务院关于加强市县政府依法行政的决定》的要求,以及太仓市政府《关于建立政府行政管理与基层群众自治互动衔接机制的意见》,太仓市政府结合经济及社会管理情况,于 2010 年 5 月颁发了《关于印发〈太仓市"政社互动"试点工作实施方案〉的通知》,通知中明确了试点工作目标,首先以城厢镇、双凤镇为试点单位,开展"政社互动"的改革,"政社"双方平等协商,签订协助管理协议书,明确协助管理的项目和要求,明确政府必须提供的行政指导和财政支付,明确双方的履约评估和违约责任。协议书的签订,正确处理了"三个关系"。一是正确处理了基层政府与自治组织的关系。协助管理协议书坚持社会主体法律地位平等,体现了相互间的尊重和互动。二是正确处理了履行法定职责与协助政府管理的关系。凡属法定义务,自治组织依法履职;凡依法需自治组织协助管理事项,政府实行"支付协助";凡法律未赋予自治组织责任和义务的事项,政府实行"购买服务"。三是正确处理了民主管理与村、居干部自行管理的关系。协助管理协议书需经村、居民代表会议表决通过,从机制上防止了"村官自治"替代"村民自治"。初步实现政府的行政管理与社会自身调控能力协同发展的新型社会管理格局。在试点过程中,要求不断积累经验,总结破除阻碍改革创新的方法,以便有利于"政社互动"的全面展开。基层群众自治组织与基层政府签订协助管理协议,被评为江苏省首届十大法治事件之一。2010年,城厢镇最早尝到了政府"放手还权"的甜头。当年6月,该镇电站村因城乡一体化建设需要拆迁,镇政府研究后决定把"拍板权"交给群众。村干部走遍了家家户户,了解村民需求,然后以"群众代表"身份与政府协商具体的拆迁补偿办法,不到三个月,400多户农民顺利拆迁。农民亲身体验"政社互动"带来的变化,充分保障了村(居)民群众的知情权、参与权、监督权,为发展基层民主、健全基层群众自治机制增添了新的活力。城厢镇社区居家养老以前完全由社区居委会来承担,工作推行的力度受到社区工作人员时间和精力的限制,现在由政府每年补贴社区志愿者50万元,由志愿者为老年人提供服务,居民养老的工作效果立马显现,社区从无偿被动转变为有偿主动。三年的"政社互动"实践,使社区逐步摆脱了行政的束缚和对政府的依赖,社区干部从过去的"木偶人"逐步变成了今天的"明白人"。洋沙社区居委会创造性地引进了"社区第三方"评估机制,综合考量选出30位居民委员代表,于每年1月10日和7月10日两个"民主决策日"向居委会汇报相关阶段性工作,宣传如计划生育等政策。同时,现场有相关的评估表格,用于对政府工作进行评分,并有民政局的相关人员来进行现场答疑与政策咨询。居民代表每三年选一次,每个居民小组长负责数栋楼的居民,平时主要工作是发送传单与宣传政策,帮扶有困难的群众,及时反映群众意见等。此外,整个小区还建立了大型的QQ群与网上平台,一旦有居民在QQ群里反映问题,记录员及时将其记录,并通过召开相关的表决大会就某些意见达成共识。

3. 总结经验,全面实施推广

经过一年的试点期,城厢、双凤两镇在"政社互动"中取得了显著的成效,基层政府与基层社会组织的良性互动大大提高了社会管理效率。太仓市政府在总结经验的基础上,于2011年4月出台了《太仓市"政社互动"推进工作实施方案》,并在全市内推广,希望在全市范围内,变政府与基层自治组织之间的"责任关系"为新型的"委托代理关系"。2012年6月,"政社互动"在苏州全市推行。2013年7月,江苏省推行"政社互动"、推动社会管理创新工作会议在太仓召开。

三、经验与启示

1. 顺应时代,创新多元主体协作管理的新体制

太仓市政府认识到,只有将"大政府,小社会"成功转型为"小政府,大社会",才能够适应市场经济的大背景。在此过程中,为了应对社会管理过程中的

"政府失灵",必须建立一个更加新颖的管理体制,充分发挥社会参与的力量,"政社互动"社会管理模式应运而生。

2. 政府购买服务,建立多元主体间的契约关系

在确定了社区管理的多元主体后,太仓市重新规范了主体间协作的模式,即契约型协作,把原有的政府与基层自治组织签订行政责任书的做法,改为政府与基层自治组织签订协助管理协议书。协议书的签订成为实践"政社互动"过程中政府与社会角色转变突破的里程碑。

3. 结合民间组织,为推进基层依法自治开辟广阔空间

"政社互动"激活了群众自治的原动力。村、居党组织通过党员议事小组、党员志愿行动等方式,让基层党的领导更加适应基层依法自治的新要求;村、居民代表大会行使决策权力,通过"民主决策日"等活动,把党的主张、政府的指导、法律的规定以及群众的需求以大会决议的形式上升为集体意志;村、居委会根据决议的内容和要求组织实施,并将履职和履约的情况向村、居"监委会"及全体村、居民代表进行"述职"并接受考评。村、居自我管理、自我教育、自我服务、自我监督的基础得到夯实。

4. 奖惩分明,建立立体考核模型

政府与基层进行双向评估、双向考核,同时政府的工作也要接受人民群众的监督与反馈。从微观上说,这种互动是多方面的,还包括居委会、村委会等基层自治组织内部的相互监督与评估,社会组织内部的相互评价与考核,基层自治组织和社会组织的相互扶衬与考评。

太仓"政社互动"是社会管理的一种制度创新和实践创新,是社会管理体制、社会组织体制的一次改革,虽然尚未形成体系,但经过太仓城厢镇四年的尝试,其价值已经得到了广泛的认同和实践的检验。"政社互动"在城厢镇的实践成果已经向人们展示了其巨大的"潜力"。太仓市在基层组织自治与政府行政管理的有效"互动"和"衔接"方面所做的探索,是继中国行政审批制度改革后行政改革的"第二次革命",将成为今后我国基层政府治理发展的方向。

【思考题】

1. 太仓市"政社互动"在城厢镇有哪些举措和经验?
2. 太仓市"政社互动"探索实践中面临哪些挑战?

案例二 沧浪街道：社区治理的现代化模式

一、背景

沧浪街道位于苏州古城南端，原名南门街道，2012年12月原平江、沧浪、金阊三城区合并后，为纪念和传承"文化沧浪"品牌，改为现名。辖区东起桂花公园，西至吉庆街内河，南起环古城河风貌带，北至干将路，总面积3.25平方公里，设桂花、玉兰、养一、养二、竹辉、瑞光、东大街、西大街、佳安、金狮、吉庆、西美、道前13个社区，居民2.2万户，常住人口10万余人。沧浪街道文化底蕴深厚，历史人文资源丰富，有全国重点文物保护单位1处、市级文物保护单位7处、市控保建筑20多处。辖区有盘门三景、江苏巡抚衙门、江苏按察使署旧址等名胜古迹；集聚苏州市会议中心、泰华商城、吴宫泛太平洋大酒店、苏州雷允上国药连锁总店等3000余家企业。

围绕改善民生主题，沧浪街道致力于加强社会建设，创新社会管理，积极打造"好管家"和"数字侨务"信息化平台，深入推进"政社互动""三社联动"和"平安创建"等工作，近年来，沧浪街道荣获"全国和谐社区建设示范街道""全国社区侨务工作示范单位""全国群众体育先进单位""全国社区教育示范街道"等一系列荣誉称号。

二、主要做法

针对社区治理的现实情况，沧浪街道结合城市社区利益主体多元化、服务功能多样化、互动模式多层次的实际，积极总结经验教训，努力发展形成在党和政府的主导下，以社区居委会自治为主轴，业主委员会、物业公司、辖区企事业单位协同，社会组织参与公共服务的新型社区治理模式。

1. 严格把关进社区工作事项，切实减轻社区工作负担，将更多精力投入居民走访、为居民办实事当中

深入推进"政社互动"要求政府、社区转变自身角色，改变独揽社区治理权力的思想，开拓更多畅通民意的渠道，让居民充分参与到社区重大事务的听证、决策中来，加强基层民主自治。按照《姑苏区"政社互动"工作实施意见》的要求，街道成立了以街道办事处领导班子、各科室负责人和各社区书记为成员的工作领导小组，制定工作实施细则，明确试点工作时间节点，做到分工清楚、责任到位。在市级层面开展"政社互动"以来,共取消合并90个工作事项、28个达标评比表彰活动事项、53个社区盖章事项,有效减轻了社区工作人员的工作负担。

街道加强"三社联动",成立了桂花公益坊、瑞光公益坊,大力培育为老、助残、扶困、青少年等多领域社会组织,有效承接了政府转移职能,满足了居民群众多领域、多层次的公共服务需求。例如,"蝴蝶妈妈读书会"通过组织丰富而有意义的儿童课余活动,成为关工委工作的全新阵地;小海豚0~3岁科学育儿俱乐部与计生条线工作有机结合,为辖区居民优生优育提供科学指导;成立"幸福兵站",由帮扶参战、退伍人员发展成为与人武、人防、双拥、优抚相结合的特色品牌。

社区居委会立足基层群众自治,加大居民走访力度,听民声,解民需。街道2012年开通网上"民意快车"系统,社工们通过日常走访社区居民收集民意,输入民情日记,按照事件类型分为咨询、服务、求助、投诉、建议、调解等。街道人员可以在民意快车系统进行大数据汇总分析,梳理出反映突出的问题,尽快联系相关部门、科室解决。至2014年年底,各社区共记录了15万余篇民情日记。街道每季度评选15篇最佳民情日记予以表彰,并以"民情故事会"的形式开展社会工作案例交流。2014年,市社会工作案例征集活动中,道前社区《离异主妇的人生蝶变》和西大街社区《心晴——老年心理危机干预个案》两个案例获评优秀案例三等奖,展现出社区社会工作的风采。

2. 通过多种形式发动社区居民委员会之外的社区利益主体参与社区治理,实现治理主体多元化

实现社区治理主体多元化要求政府允许有资质、有能力的社会组织承接公共服务,参与社区治理;让物业公司、辖区企事业单位等社区主体更多地参与社区事务讨论,加强与居民的沟通联络,减少矛盾和误会;社区治理由群众自治组织、辖区企事业单位、社会组织、居民多方参与,形成合力。

沧浪街道通过"三进社区""幸福午餐会"等活动形式广泛发动"两代表一委员"、辖区单位、居民参与,实现社区治理主体多元性。一"进社区",内联外延"惠民生";二"进楼道",楼上楼下"访民情";三"进家庭",屋里屋外"解民忧"。实行领导包干制,领导每两周至少下一次社区了解社情民意。活动开展以来,共收集社情民意千余条,答复率达100%,群众满意率达98.5%。

3. 通过政府购买服务,转移公共服务职能,引入专业社会组织参与社区治理,提升社区公共服务专业化水平,增强社区治理软实力

人口老龄化是全社会面临的共同问题,社区养老工作是新时期社区治理工作中不可忽视的重要组成部分。街道成立"颐家乐园老年日间照料中心",为辖区老年人提供午间就餐、文体娱乐、养生保健等多样化服务；整合辖区单位资源，指导市会议中心注册成立"姑苏区银龄乐营养配餐服务中心"民非企业，并制定了为老配餐标准化服务新模式，有效解决了独居、空巢老人吃饭难问题。

社区养老服务社会化是养老事业发展的新途径，街道通过采用市场化竞争机制，引进专业社会组织"苏州市安然社工服务中心"，通过政府购买服务，将颐家乐园老年日间照料中心的运作和服务打包给社会组织，充分整合社会组织掌握的社会资源，发挥专业社工的知识技能，促进社区为老服务向专业化、标准化、个性化迈进。

4. 开展"大红花荣归家园"行动，将离退休人员迎进社区，搭建社区服务与社区居民沟通的桥梁，挖掘"草根达人"，充实社区志愿者队伍

沧浪街道以"大红花荣归家园"活动迎接退休人员回到社区大家庭，依托社会组织的力量，带动退休居民更好地融入社区，营造幸福晚年生活。"大红花"搭建了社区、社会组织与居民双向对接平台，挖掘社区志愿者、社会组织"草根"领袖，吸纳"草根"人才充实社区志愿者队伍、社会组织队伍，鼓励居民参与社区自治、居民间自助互助。

三、经验与启示

1. 加强社区基础设施建设，注重服务流程标准化，形成具有沧浪街道特色的社区治理工作方法

街道硬件与服务双管齐下，提升社区治理成效。编制社区建设"612"标准，坚持硬件建设标准化，软件服务规范化，内容主要包括硬件6个统一和软件12项规范。社区硬件6个统一是：标识统一、用房标准统一、功能室设置统一、办公设备统一、便民设施统一、文体器材统一。社区软件管理12项规范是：组织机制规范、规章制度规范、队伍建设规范、工作机制规范、服务项目规范、工作流程规范、工作行为规范、居务公开规范、台账资料规范、联盟组织规范、资产管理规范、信息化管理规范。

通过整合社会组织、居民等基层社区治理力量，建立"五色管理工作法"标准工作体系，即以绿、蓝、紫、橙、红五种颜色来区分某项工作的梯度状态，为辖区内的居民提供主动、高效、有针对性的服务，寓管理于服务，促进社区治理精细化。

沧浪街道以桂花社区"3+X"社区服务中心模式为样板，建成融社区家庭服务中心、社会组织孵化中心、颐家乐园老年日间照料中心及本社区特色项目于一体的"三社联动"综合体新型社区。街道还在道前街区以"古巷新韵幸福社区"为主题，打造苏州历史文化名城保护中的苏州古街巷文化旅游品牌。

2. 加强政府、社区与居民的联系,拓宽居民表达利益诉求的渠道

沧浪街道通过"三进社区""幸福午餐会""民意快车"等活动的开展,让居民与政府面对面,吸引了老中青各个年龄层的居民关心社区发展、参与社区事务讨论,有效提高了居民参与社区治理的意识和主动性。在建立社区居民代表大会的基础上,街道指导社区建立完善了由业主委员会、小区自管小组、物业公司、居民代表参加的社区民情恳谈会、社区决策听证会、社区事务协调会、社区民主评议会的新"四会"制度,从居民需求收集、汇总、筛选、投票表决、组织实施、过程监督、经验总结等各个环节提高居民参与度。

通过社区工作者网格化分工负责,居民小组长、楼道长、大院管家以点带面,联合社区各类社会组织、志愿者队伍多方协同和支持社区工作,引导居民主动参与社区治理,推进基层民主自治建设。

3. 深化"三社联动",共建社区文化,提高居民满意度

一方面,各社区以社会主义核心价值观为指引,结合本社区属地资源及居民需求,形成"绿色桂花""博爱瑞光"等各具特色的"一居一品",通过社区文化品牌打造将社区居民吸引到和谐社区的建设中来。

另一方面,街道培育多领域社会组织,涵盖从幼至老各年龄段,打造"幸福人生"公益链。目前,街道辖区注册民办非企业单位 42 家,持证备案组织 132 家。2014 年,两家组织荣获姑苏区年度"十佳公益组织";2014 年度成功申报省、市、区三级公益创投项目 18 个,合计获得支持资金 145 万余元,一个项目获评市第二届公益创投活动"十佳项目",两个项目获评姑苏区第二届微创投"十佳项目"。

另外,街道指导"草根"团队成立"取才有道工作室",聘请能工巧匠作为社会组织的"指导大师",以市场化方式助推社会组织实现自我造血。为了拓展公益产品的营销渠道,开启社企互动新途径,桂花公益坊联手辖区单位泰华商城举办"泰然慧心华章公益"公益产品市场启动仪式,共推出 8 大类 200 余项公益产品,同步推出 O2O、B2C 等各类线上线下交易平台,形成有机公益链条。

【思考题】

1. 沧浪街道社区治理模式具备哪些有利条件?
2. 沧浪街道社区治理模式有哪些措施和经验?

案例三 馨泰社区：强化源头治理的"三社联动"模式

一、背景

馨泰社区是苏州高新区首批开发建设的示范小区，成立于 2001 年年底，也是最早成立社区居委会的社区之一。居民住户有 6800 多户，现居住人口已超过 25000 人。整个社区呈正方形，形成了特有的两河交叉、四面公路环绕的独立小区。社区内单位与居民区毗邻，外籍、外来人口多，并居住有 16 个少数民族居民。2013 年，馨泰社区作为高新区试点社区，开展了"政社互动"试点工作。

"政社互动"试点工作开展以来，馨泰社区在扶持社会组织发展、创新社区管理上下功夫，拓展社会组织发展渠道，满足社区居民的多元化需求。目前馨泰社区已有备案的社会组织达 23 个，没有备案的"草根"组织也有近 10 个，涉及文化、体育等方方面面。这些"草根"组织常年举办各类活动，一年活动达 60 多次，做到了重大节日有活动、月月有活动。在自娱自乐的同时，这些"草根"组织在参与社会管理、提供社会服务方面起到了举足轻重的作用。这些由居民自发组建，社区引导帮助，小型、多样、便捷的"草根"组织有着很扎实的群众基础，这些组织吸引着居民，尤其是老年居民，让社区老人老有所为、老有所乐。"草根"组织在自娱自乐的同时，也帮助社区服务辖区居民。

二、主要做法

1. 有计划、有目的地引进各类社会组织机构，积极培育社区组织

培育发展社区社会组织，已成为社区建设的有效载体和重要途径。社区社会组织具有民间性、志愿性、群众性的特点，在完善社区自治、加强社区管理、提升社区服务水平等方面发挥着十分重要的作用。加强社区社会组织建设，有利于扩大居民参与，提高社区居民参与社区建设的积极性和主动性，培养社区群众的民主意识；有利于深化社区服务，进一步实现社区服务社会化；有利于提高社区群众的文明素质，提高居民自我教育、自我管理的水平；有利于转变政府职能，促进行政功能与社区自治功能有效对接和良好互动；有利于提高党的执政能力，密切党群、干群关系，保持党同人民的血肉联系。因此，加强社会事务管理，推进社区建设，创建"和谐社区"已成为构建和谐社会的重要内容，社区已成为社会组织发挥作用的必不可少的舞台。"三社联动"是社区、社工、社会组织

三方互动,馨泰社区自开展"政社互动"以来,尝试引进各类社会组织机构,为社区居民提供公益服务,如思达英语培训中心、童领儿童中心等,与社区共建,开展社区暑期活动;小星星艺术团常年承办社区"六一"广场演出,受到居民普遍欢迎。同时,馨泰社区积极培育社区组织,充分发挥社区组织的作用,使之更趋规范化和制度化,增强组织自治能力。目前,馨泰社区主要对初创期的公益组织提供资金资助,提供免费办公场地和办公设备,提供能力建设、财务指导、注册协助等方面的支持,这种模式主要以公益孵化园、公益组织培训基地等形式实施。

2. 打造全方位"自治型"社区

在高新区,"自管委"是个新鲜事物,它的全称是社区居民自治管理委员会,是继居委会、业委会之后又一种基层群众自治组织。馨泰社区地处高新区中心城区,由馨泰花苑、名城花园、名馨花园等11个住宅区组成,随着新造小区的增加,住户逐渐增多,而老小区经过重新整治,改造后的维护等一系列问题也随之而来,如车位配置不足、车库住人、房屋漏水等,因此邻里之间发生小矛盾、小摩擦十分常见,常常需要求助社区进行调解。长期以来,居委会一直包办社区里几乎所有的事情,而居民们也习以为常地把居委会当成政府,不管有啥事,首先想到的就是找居委会。有些居民认为居委会"权力很大",要求居委会必须解决自己的问题,甚至要求限期解决。社区通过宣传、居民自我推荐、座谈等方式,招募了6名工作能力强、有一定威信、懂法律、擅长沟通的居民志愿者,组成了"自管委",并由组员自我推荐,确定由德高望重的居民担任组长。"自管委"成员两人一组,分片负责,实行网格化管理。"自管委"还制定了月末例会制度,成员们相互分享调解实践中探索的新做法、好经验。运作第一个月,"自管委"成功调解了6起居民矛盾。和居委会工作人员相比,"自管委"有着几大优势:一是"自管委"的成员都是有一定威望的居民骨干,在群众中有着较强的号召力;二是"自管委"的成员本身就是社区居民,以居民的身份进行邻里纠纷调解,更贴近百姓,更容易被接受;三是"自管委"是一个群体,工作时间灵活,调解矛盾效率很高。馨泰社区试图通过"自管委"的模式,鼓励社区居民积极参与社会基层公共事务,真正实现社区居民自治的可持续发展。

3. 建立专业化的社工队伍

实施"政社互动",社工队伍的素质是其中重要的一环。馨泰社区的做法有以下几种:一是坚持以用为本,鼓励社工围绕政府所思、社区所能、群众所需,认真履行工作职责,协助有关方面做好与居民利益密切相关的工作。二是实行居民评议社工制度,对工作成绩突出、居民群众满意的社工及时给予宣传、表彰和奖励。三是教育引导社工树立正确的世界观、人生观、价值观,充分发扬"胸襟开阔,团结诚信,积极进取"的精神,创造有利于社工发展的工作环境,给社工施展才华搭建舞台。同时,鼓励和支持他们参加社会工作等各种职业资格考试和学历教育考试,为他们自学成才创造有利条件。目前,社区有中级持证社工3人,初级持证社工5人,社工持证率达80%。他们给社区工作增加了活力,提升了社区工作的层次,2015年,社区所有社工均参加街道举办的为期2个月的专业培训,内容涉及PPT制作、摄影技巧、小区业委会的筹建和扶持、社工心理健康与自我调适等,业务能力得到了很大的提高,为"政社互动"的开展提供了基础保障。社区利用公益组织孵化园所在地的资源优势,广泛开展志愿服务活动。社区组建了分别由党员、社区工作者、青年团员志愿者、法律服务志愿者、环保志愿者、社区卫生医疗志愿者、台湾妈妈和外籍人士组成的赤、橙、黄、绿、粉、蓝、紫七支惠民服务志愿者队伍,定期为居民提供安全防范、健body养身、保护环境、法律宣传、帮贫扶困等志愿服务。针对社区老年人多的特点,志愿服务还重点为孤、残、贫困及老年群体提供就医、爱心敲门、陪聊、打扫卫生等志愿服务,将居民群众日常生活中的困难解决在社区,进一步拉近与居民关系,构建和谐温暖的大家庭。

三、经验与启示

1. 加强党对社会组织的领导

馨泰社区突出党群政社互动,引导党员自我管理,发挥骨干作用,充分调动社会多方参与、协同共治的责任和热情,激发社会活力。如2015年举办的"迎'七一',党员践行群众路线教育诗歌朗诵"活动,就是由党员骨干策划组织的;社区老年协会会长由社区党委委员担任,协会分为文体组、宣传组、维权组、旅游策划组、生活组和文体组,每个成员分列到各小组,并由党员志愿者担当组长。老年协会除了做好老年人的管理与服务工作,还引导社区老年人开展各项文体活动,大大丰富了老年人的精神文化生活。

2. 加强社工队伍建设

馨泰社区每年招聘一批年轻社工加入基层服务,在社区工作日趋走向职业化、专业化的今天,大量年轻人,特别是高学历的年轻人走上了社区工作的岗位,他们的到来给社区工作增加了活力,提升了社区工作的层次。馨泰社区开展"优质服务月"、社工技能比赛、优秀个案评比等,力争推动现有社工人才向专业化、职业化、本土化发展。试点工作开展以来,馨泰社区不断以提升社区自治水平为目标,加强人才队伍建设,在吸引人才、提升素质、形成合力上下功夫。

3. 注重对"草根"社会组织的培育

为了让"草根"组织发挥更大的作用,探索公益活动的社区运行机制,馨泰社区通过公益创投来解决资金问题;帮助扶持一些"草根"组织注册成民办非企业组织,使"草根"组织提档升级。馨泰社区发挥社区志愿者作用,既为大家服务,又以实际行动为政府排忧、为群众解难,使社区的事情件件有人管、有人牵。这种创新社会管理的方式,可以将之命名为政府与社会组织互利共生的"伴生模式"。目前,"自管委"的职能只限于调解居民纠纷和治安巡逻。社区将通过志愿者队伍,将"自管委"范围充分延伸。社区的目标是不断扩展"自管委"的职能,希望将来能覆盖调解纠纷、治安巡逻、环卫管理、文体活动、调查走访、社会救助评议等各个方面;还要扩充"自管委"的队伍,希望能覆盖到各个小区、各个楼道,让居民在自治中熟悉起来,进而形成常态化的生活网络。

【思考题】

1. 馨泰社区的"三社联动"治理模式有哪些举措和经验?
2. 馨泰社区的"三社联动"治理模式存在哪些问题?今后将如何解决这些问题?

第五章 "三大工作法"推动基层党建工作创新

概 述

一、背景

习近平指出,党的工作最坚实的力量支撑在基层,经济社会发展和民生最突出的矛盾和问题也在基层,必须把抓基层打基础作为长远之计和固本之策,丝毫不能放松。要重点加强基层党组织建设,全面提高基层党组织凝聚力和战斗力。基层党组织是党全部工作和战斗力的基础。近年来,面对思想多样化、利益多元化等因素给基层党建工作带来的影响,苏州市委主动适应、因势利导,结合自身工作实际,不断创新活动载体,有效提升了基层党建工作整体水平。但随着苏州城乡发展一体化的速度不断加快,苏州基层党建日益面临着越来越多的新机遇和新挑战。

1. 苏州农村基层党建面临新形势

"务农重本,国之大纲。""三农"问题是关系我国社会主义现代化进程的重大问题,"三农"工作始终是全党工作的重中之重。做好农村工作,关键在农村基层党组织。只有农村基层党组织强起来,党在农村的全部工作才会有坚实基础,农村改革发展稳定才会有可靠保障。党的十八大以来,习近平总书记多次对农村基层党建工作做出重要指示,强调要从巩固党的执政基础的高度出发,坚持问题导向,进一步加强农村基层党组织建设,为农村改革发展稳定提供有力保障。2015年6月5日至6日在杭州召开了全国农村基层党建工作座谈会,中共中央政治局常委、中央书记处书记刘云山出席会议并讲话,强调做好"三农"工作关键在农村基层党组织,要强化问题导向、抓好责任落实、加大保障力度,全面提升农村基层党建水平,为促进农村改革发展稳定、协调推进"四个全面"战略布局提供坚强保证。

随着苏州城乡一体化的不断进展,原来城乡互相隔离、各自封闭治理的状况被打破,苏州农村基层和社区党建面临城镇化发展的严峻的转型挑战:一是从封闭社会向开放社会转型。二是从城乡二元结构向城乡一体化转型。三是从传统产权不清晰的农村集体经济向现代产权清晰的新型集体经济的转型。四是从传统的乡村控制型向现代的乡村治理型转型。从乡村治理来说,党的十八届三中全会创造性地提出"推进国家治理体系和治理能力现代化"目标,乡村治理问题是实现这一目标的关键。2015 年中央 1 号文件强调要创新和完善乡村治理机制,5 月,两办印发《关于深入推进农村社区建设试点工作的指导意见》,都再次表明乡村治理问题日益突出。这些都对农村基层党建工作提出了新的更高要求,苏州农村基层党组织认真学习领会习近平总书记重要指示和中央会议精神,从巩固党的执政基础和执政地位、推进国家治理体系和治理能力现代化的高度,充分认识加强农村基层党建工作的重要性和紧迫性,适应农村经济结构和社会结构的深刻变化,遵循基层党组织建设的特点和规律,全面提升农村基层和社区党建工作水平,为推动苏州改革发展、促进苏州经济社会进步提供坚强的组织保证。

2. 苏州社区党建遭遇新问题

党的十八大、十八届三中和四中全会对我国加快城镇化建设提出了战略规划和指引。随着城市化进程的加快,城市化的基础单位——社区在加快城市化进程方面逐步显现出越来越重要的作用。十八届三中全会《中共中央关于全面深化改革若干重大问题的决定》首次把"推进国家治理体系和治理能力现代化"作为全面深化改革的总目标,从而开启了一个新的国家治理时代。习近平总书记指出,加强和创新社会治理,关键在体制创新,核心是人,重心在基层、在社区。社会治理的重心必须落到城乡社区,社区服务和管理能力强了,社会治理的基础就实了。伴随着城市化进程的加速,城市改造与开发进程中所带来的拆迁矛盾和上访现象,以及因其他经济利益矛盾引发的群体性事件不断增多,对抗程度增强,处置难度也随之增大。所有的这些都给社区基层党建带来了新的机遇和挑战。社区党组织是党联系群众的桥梁和纽带,是党的形象在群众中最直接的塑造者,在社区建设中居于领导核心地位,是社区各项事务发展的基础。社区党建必须紧跟社区发展变化的实际,不断增强社区党建工作的影响力和渗透力,提升社区党组织的凝聚力和战斗力。

3. 非公党建遭遇新挑战

近年来,非公经济已经发展成为引领苏州经济持续快速增长的重要支柱力量,成为苏州最重要的组织基础和社会基础。非公经济组织面广量大、从业人员众多,关系到社会的方方面面。由于体制等原因,在非公企业开展党的工作面临组织不够健全、活动难开展、业主不理解等困难。非公企业党建仍是基层党组织建设中一个相对薄弱的环节。非公企业党建如果得不到有效加强,就会产生很多问题,甚至还可能引发社会问题。引导非公经济组织健康有序发展,必须首先加强基层党组织建设。苏州市委高度重视党建工作,把促进非公经济组织党建纳入执政大格局下谋划思考,理直气壮地开展非公企业党建工作,走出了一条既遵循党建工作规律,又体现时代特征的苏州非公经济组织党建之路。

二、主要做法

苏州针对新形势下基层党建出现的新问题、新挑战、新要求,以保持基层党组织的先进性和纯洁性及提高执政能力为主线,将中央加强基层党建的基本要求与自身的特色和基础相结合,以强烈的责任感使命感,积极探索基层党建规律和加强基层党组织建设,在基层党建方面进行了卓有成效的实践探索,推出了一系列创新举措。

1. 以组织建设为抓手,积极推动党组织建设

创新党组织设置模式,建立区域联合型、辐射带动型、行业合作型党组织,实现党组织设置有效覆盖。

当今时代,要求体制机制创新,打破基层党建条块分割状态,以开放型党建集聚区域化资源,增强基层党建工作的系统性和实效性。对于地方和基层党组织而言,单位制党建的延续形成了条块分割的封闭格局。这种格局一方面不利于党建资源的合理流动和共建共享,导致党建工作水平的不平衡,另一方面不适应经济社会发展尤其是城市化和城乡一体化的环境,出现了党建工作难以覆盖的死角。苏州部分县市在推进基层党建科学化的进程中,按照统筹发展的理念,以区域化整合创新党建体制。所谓区域化整合,指通过科学划分党建区域,设立区域党建机构或依托优势党组织,打破传统党建中的城乡、条块界限,全面整合与优化配置区域内的党建资源、组织行政资源和社会资源,构筑网络化、均衡化、实效化的基层党建新体制。党建体制创新的探索做法主要有张家港的"小区域、大党建"和太仓的"区域党建工作站"两种模式。

张家港的"小区域、大党建"体制创新,侧重于区域党建资源的内部发掘和自主统筹,强调以优势党组织的带动作用化解基层党建的不平衡。张家港按单位相邻、行业相近的原则把全市划分为 128 个区域,覆盖党组织 927 个,党员 36370 人,占全市党员总数的 60.8%。张家港的区域化党建体制的特点体现在以下几方面:一是注重发挥优势党组织的带动作用。多数区域形成"1 + X"即一个优势党组织带动区域内不同类型党组织的党建工作一体化格局。区域党建联席会议也由优势党组织主导。二是灵活设置区域党组织形式。具体形式包括联席会议、联合党委、直接设立的区域党组织三种。针对有较多动迁农民的混合型社区,还创造了"H形"双线管理模式,由联合党委和拆迁村派驻党支部对动迁党员双重管理。三是搭建党建资源整合与辐射的顺畅渠道。构筑"N+5"的大党建格局,动员组织、纪检、宣传、统战、群团等资源,由区域党组织整合协调,依托党员服务中心和党员中心户两级辐射基地,配合社区网格化管理,为党员、群众和企业提供服务。

太仓的"区域党建工作站"体制创新,侧重于区域党建平台的构建及上级党建资源的注入,强调以稳固的共享平台帮助部分基层党组织克服资源不足的困境。太仓市在"红色1+3"统筹城乡党建的基础上,按照村(社区)、工商业集中区、行业协会(商会)的分类方法划分了112个党建区域,覆盖党组织近千个、党员3.6万余人。太仓的区域化整合模式的特点体现在以下几方面:一是以辐射式的区域党建工作站作为资源整合中心。在每个党建区域,依托党员服务中心、优势企业、行业协会(商会),建立由镇(区)党委直接管辖的区域党建工作站,负责统筹区内党建资源。二是强化工作站作为区域党建共建共享平台的功能。每个工作站都打造成为区域内党组织和党员"开展活动的平台""教育管理的平台""合作互助的平台""服务社会的平台"。

2013年12月,苏州市制定下发了《关于推进区域党建工作站建设的实施细则》,到"十二五"末,全市建成区域党建工作站300个,基本形成以区域党建工作站为支撑,区域内党建工作有效覆盖、有效管理、有效统筹的基本格局。

2. 以经济建设为中心,推动基层党组织建设

上世纪90年代,苏州就提出了"围绕经济抓党建,抓好党建促发展"的理念。为深入贯彻落实江苏省委《关于实施党建工作创新工程的意见》,建立健全创先争优长效机制,切实在率先基本实现现代化进程中发挥好基层党组织的战斗堡垒作用和广大党员的先锋模范作用。近年来,苏州市开展了先锋市(区)、先锋镇(街道)、先锋村(社区)"三级联创"活动,不断推进"先锋工程"建设,很好地推动了基层党建创新,更好地服务了苏州的经济发展。苏州市还将推进"先锋工程"建设与建立健全党员出口机制建设紧密结合起来,促进基层党组织肌体的自我净化,保证党员队伍充满生机活力。特别是在农村党建中,苏州基层党组织始终把带领农民实现富民强村作为村党组织的中心任务,把经济社会建设成果作为衡量农村党建工作的重要标准。通过"抓两头,带中间",以争创先锋村和整顿经济薄弱村党组织为重点,着力提高农村基层党组织的战斗力。在农村党员干部中广泛开展"带头创业致富,带领群众致富"活动,农村党建与农村中心工作有机结合,有效推动了农村经济社会发展。2014年年底,全市村级集体资产1490亿元,始终保持每年增加100亿元的增长速度,村均稳定性收入718万元,农村居民人均纯收入2.4万元,分别为2002年的4.4倍、7倍和

3.8倍,连续13年增长。

另外,围绕着明确新任务、发挥党员作用、增强新能力、提升党员活力,探索新方式、统筹城乡党建,苏州各级党组织不断创新党建载体,深入开展"三访三促""双千服务实践""双帮双比"等活动,切实发挥基层党组织和党员助推经济社会转型升级的重要作用。坚持和完善党员志愿服务、帮扶结对等制度,推动党员志愿服务常态化。健全党员关爱帮扶生活困难群众机制,创新建立党员关爱基金会,关爱帮扶生活困难群众。比如在苏州"三访三促"(领导干部深入一线,走访基层企业、走访基层组织、走访基层群众,了解民情民意、破解发展难题、化解社会矛盾,促进党群干群关系融洽、促进基层发展稳定、促进机关作风转变)活动中,继近几年苏州市各级党政领导干部大规模下基层、访民生之后,2015年,领导干部"三访三促"活动继续在各地全面推开,2015年5月,市委书记石泰峰到常熟市中泾村开展"三访三促"驻点调研,用脚步丈量民情,用心灵倾听民声,沉下身问政于民、问计于民、问需于民。通过访基层企业、促转型升级,访基层组织、促创先争优,访基层群众、促改善民生,领导干部下基层"三访三促"明确指向:科学发展要向上攀登,民生福祉要持续改善,联系群众要向下扎根。

3. 以加强服务为中心,积极推进基层服务型党组织建设

苏州很早就提出要建立服务型党组织,上级党组织为基层党组织服务,基层党组织为党员服务,党组织和党员为群众服务。以此为导向,着力构建组织建设的创新机制,并不断推动基层党组织完善服务群众职能,提高服务群众能力。

为找准党务与业务的最佳结合点,更好地发挥市级机关党组织在全市经济社会建设中的作用,自2004年始,昆山机关工委以"两个率先"为总目标,围绕做好优化政务环境、提升服务水平这篇大文章,在市级机关各基层党组织中全面开展创建机关服务品牌活动。昆山市级机关牢固确立"服务无止境,满意无终点"的理念,大力弘扬"敢于争第一,勇于创唯一"的新昆山精神,多举措加强服务型党组织建设,开展"机关服务品牌"创建,改进机关作风,创新服务手段,切实增强服务发展、服务大局、服务基层、服务群众的能力,不仅为昆山市不断更新服务理念、创新服务举措、提升服务水平注入了强大的动力,也有效地提升了机关党组织自我完善的能力。2010年,苏州市提出了"学昆山,优服务,讲效能,树品牌"的口号,在全市范围内推广昆山机关服务品牌的做法,取得了明显成效。为推进基层服务型党组织建设,张家港市于2012年7月在全国率先制定出台了《张家港市创建服务型基层党组织指标体系(试行)》,为基层党组织开展创建活动提供标准和依据。指标体系的设定坚持共性与个性相结合,分别设立了基准指标和考核指标。其中,基准指标共分为服务理念、服务内容、服务行为、服务保障等12项共性指标,对服务型党组织创建提出共性要求。而在考核指标的设定上,对应农村、社区、企业和社会组织、机关及事业单位等四种类型,进行细化。细化的指标具有鲜明的可操作性,为基层党务工作者创建服务型党组织提供了具体指导和参照标准。在张家港率先创新的基础上,结合贯彻十八大精神,苏州市于2013年1月出台了《关于贯彻落实党的十八大精神,推进服务型党组织和党员队伍建设的意见》,在全市范围内推开了服务型党组织建设。在创建活动中,通过建立完善顺畅合理的组织体系、科学规范的运行体系、坚实稳定的保障体系和务实管用的考评体系,以功能创新为枢纽,将体制机制创新、方式方法创新等有机整合起来,形成了整体联动的创新效应。

4. 以阳光党建为媒介,推动党建工作的进一步民主化

苏州推进阳光党建的主要方式是"权力公开透明运行"和"政社互动"。

权力公开透明运行是苏州阳光党建的重要内容。2011年3月,常熟市被中央确定为党的地方组织党务公开工作联系点,同时被江苏省委确定为全省县委权力公开透明运行的试点县(市)。常熟市委权力公开透明运行推动了党建制度的完善,在科学、合理划分权责的基础上,按照建立健全科学合理的权力内控机制、公开透明的权力运行机制、规范严密的权力监督机制的目标要求,紧扣市委权力公开透明运行和党务公开,提出了制度建设的基本框架和目录,初步形成了规范市级权力公开透明行使的制度体系,构建了市、镇、村、企和基层站所"五位一体"的党务政务公开新格局,推动了权力监督体系的完善,把党内监督与人大监督、政府专门机关监督、政协民主监督、司法监督、群众监督、舆论监督等结合起来,充分发挥了普通党员群众的参与作用,保障了党员群众的话语权和监督权,形成了全方位、立体式的权力监督网络,理顺了权力监督主客体之间的关系,推动了党内民主和党组织服务职能的完善。

"政社互动"是"政府行政管理与基层群众自治有效衔接和良性互动"的简称。2008年以来,太仓以规范行政权力、提升自治能力、激发社会活力为主要任务,梳理出了《基层群众自治组织依法履行职责事项》和《基层群众自治组织协助政府工作事项》两份"清单",对政府权力进行确权勘界,最终确定需要自治组织协助办理事项28件,其余的行政事项全部退出村居自治组织。同时,把以往基层政府和自治组织之间行政命令式的"责任书"改为平等协商式的"协议书",实施"双向评估",构建了政社互动、和谐善治的社会管理新格局。

5. 以队伍建设为手段,大力加强基层党组织队伍建设

通过选优配强基层党组织书记、加强基层干部教育培训、改善基层干部队伍结构、强化激励稳定基层干部队伍,以队伍建设的成效为基层党建工作提供坚实保障。队伍建设方面,近年来,在苏州市基层党建工作的创新实践中,涌现出一大批先进典型,如农村党建常德盛"乡情工作法"、社区党建陆仁华"仁爱工作法"、非公党建陈惠芬"融和工作法"、张家港市基层服务型党组织建设、昆山市市级机关"服务品牌建设"、苏州供电公司"韩克勤党支部"等,充分展现了苏州市基层党组织队伍建设的丰硕成果。苏州市吴中区紧紧抓住党组织、党员领导干部、党代表、党员"四个关键",以全面推进"富民型"农村党建、"和谐型"社区党建、"创新型"非公党建和"效能型"机关党建为目标,切实加强基层党建"带头人"队伍建设,争当解放思想、与时俱进,创先争优、追求卓越,艰苦创业、攻坚克难,依靠群众、为民服务,坚持学习、廉洁奉公"五个榜样",大力进行了基层党组织队伍建设,提升了基层党组织整体服务能力和水平。截至2013年9月,全市1909个村、社区党组织陆续完成选举工作,新一届村、社区党组织书记中,45岁以下的998人,占52.4%,其中,35岁以下的212人;具有大专及以上学历1649人,占86.5%。1163名大学生村官进入村、社区党组织班子,当选书记有83人,副书记有316人。

6. 以网络党建为载体,推进党建信息化建设

苏州市从2008年开始建设党建信息服务平台,实现了全市3.6万余基层党组织和50万余党员信息的电子化、全市范围内党员组织关系接转的网络化、党组织和党员信息统计报送的自动化。2011年,苏州市推出"七月阳光——苏州党建·党员干部现代远程教育网",融丰富的图文资讯和视频课件于一体,对提高广大党员干部的"四自能力"起到了极大促进作用。2012年5月,苏州市在"12345"政府公共服务网络平台上开辟了一个新的功能区——"寒山闻钟"论坛。"寒山闻钟"运行以来,受到社会各界的高度关注和广泛支持,极大地激发了群众对社会管理和公共事务的参与热情,成为畅通群众诉求渠道、处理群众反映问题、反馈社会管理盲点的重要平台,在苏州掀起了一缕执政新风。"寒山闻钟"为公众和政府部门搭建了沟通交流的平台,广大网民可以在这个平台上咨询问题、投诉举报、建言献策,并对党政机关和党员干部开展监督。"寒山闻钟"整合社会资源,发动群众、依靠群众,发挥社会监督的力量,把对政府工作的知情权、对行风建设的监督权、对作风效能评议的裁判权交给群众,将政务行为置于广大群众的监督之下,让党政机关和党员干部接受更多人的监督,在一定程度上摆脱了专职机构难以监督同级领导、下级难以监督上级的现实困境,形成群众监督、舆论监督和专门机关监督的新合力,使权力运行得到有效制衡。

三、经验与启示

能不能切实地创新基层党的工作,不仅影响基层党组织自身的存在和发

展,而且关系到中国共产党执政基础的夯实和执政地位的巩固。近年来,苏州市各级党组织认真贯彻落实习近平总书记系列重要讲话和党的十八大及十八届三中全会、四中全会精神,扎实开展党的群众路线教育实践活动,从实际出发,树立问题导向,坚持改革创新,积极实施基层党建先锋工程,基层基础更加扎实,党组织活力有效增强,党组织和党员作用有力发挥,人民群众对党组织和党员队伍的满意度不断提高。

1. 农村基层党建要以发展为抓手,以惠民为目标

农村党组织必须牢牢把握惠民方向,立足实际开拓惠民路子,从自身实际出发选择发展道路。要深入研究所在村镇的优劣势、地区发展规律和老百姓的切实需求,处理好借鉴与坚持之间的关系,既要学习过去各地的经验,又要挖掘自身优势。"不下雨就旱,一下雨就涝"这一恶劣的自然条件,使得永联村党委认识到自身在发展农业中的不足,他们积极转变思路,扬长避短,走上了由主要发展农业向农工副相结合转变的发展道路,并使党建工作融入改革工作中,使得基层党建和乡村发展相得益彰,使村民切实享受到了党建带来的"惠民"成果。市北村书记吴根平刚上任的时候,面临着三村合并矛盾多、村经济发展形势低迷的状况,如果工作抓不到点子上,瞎忙乎,工作就不可能有起色。为此,吴根平和村"两委"班子成员不断解放思想、拓展思路,牢记中共中央关于"发展社会事业和改善民生是贯彻科学发展观的重要任务,是全面建设小康社会的迫切要求"的指示,调整发展思路,围绕保障和改善民生来谋发展,通过保障和改善民生促进经济结构优化、转变经济发展方式,走共同富裕之路。为此,他努力调整产业发展格局,根据本村实情、市场行情,以跳出"三农"抓"三农"的发展理念,按照"一产稳村、二产兴村、三产强村"的总思路,不断实现农业现代化、乡村城镇化。

2. 社区党建要以服务为根本,切实做好群众工作,提升服务绩效

党的十八大报告明确指出,要"建设学习型、服务型、创新型的马克思主义执政党,确保党始终成为中国特色社会主义事业的坚强领导核心",这对各基层党组织提升服务效能提出了明确要求。习近平总书记更明确指出:"把实现好、维护好、发展好最广大人民根本利益作为出发点和落脚点,坚持以民为本、以人为本。"因此,各级党组织要坚持为民服务的根本价值导向,不断提升服务绩效。狮山街道党工委以"亲情八做""爱心直通车""党员苏阿姨来哉""新老苏州人和谐是一家""社区民情365"等八大社区党员服务品牌为抓手,组织开展"文明楼道""党员志愿者在社区"等社区党建活动,以社区党校、党员责任岗、在职党员联络站等为载体,全面推行由"民情日记、民情信箱、民情例会"构成的社区"民情流水线"工作法,开设社区论坛,收集社情民意,帮助社区居民解决生活中

的实际困难,进一步优化了党组织、党员服务绩效,密切了党群、干群关系,受到了人民群众的广泛认可和好评。同时,基层党建不能只由党组织唱独角戏,要积极发动群众,整合社区党建资源。相城区御窑社区的"五色党建工作法",探索出"党建带动,团结协作,积极服务"的工作模式,紧紧围绕社区经济建设、民主管理、服务为民等方面,有效整合资源,既要求发挥党员的先进模范作用,更要求发挥党组织的感召力和凝聚力,使各个行业、各个层次的广大人民群众紧紧围绕党建主题发挥自己的作用,产生党建合力。

3. 要强化党组织渗透力、发展原动力,提升村转社区党组织建设美誉度

理念指导行为,掌握科学理念是正确行为的先导。必须通过强化为民服务转变发展理念,增强村转社区党组织的领导核心能力,强化党组织的渗透力。党组织对社区的领导不可能基于行政权威,而是要通过社区党组织为社区其他组织和居民提供管理与服务来获得非领导性权威。因此,社区党组织必须不断拓宽服务的内容,努力为居民提供高质量的服务,尤其要切实解决村转社区居民在安居、就业、社会保障、教育、就医等方面存在的突出问题,把党建工作融入居民日常生活之中,增强感染力。关键是要通过服务将党的宗旨、方针、政策等融入居民日常生活中并对居民的思想、行为等产生实质性的影响。因此,社区党组织要充分利用社区举办的各种文化节庆活动、服务品牌建设等载体,增强党组织的影响力,使社区党组织的领导核心作用、影响作用得以强化。同时,要以队伍建设为突破口,强化村转社区党组织发展原动力。党员队伍建设的好坏直接影响村转社区党组织的战斗堡垒作用。要加强学习教育,提升党员干部的服务能力。村转社区党员干部经历了从农村干部向社区干部的身份转变,这种角色的转变对社区党员干部服务社区、服务居民的能力提出了新要求、新目标,他们的工作重心必须从重视村级经济发展转换到注重社区服务上来。要创新村转社区党组织书记的选拔机制,增强"领头雁"的引导力。村转社区构成复杂,社区书记必须具备现代复合型人才的素质,这就要创新社区书记选拔任用机制。首先要拓宽选拔视野,社区书记不仅可从组成社区的原行政村中选拔,还可以将非本村、非本社区的优秀人才纳入视野,不拘一格选人才;其次要科学规范选拔任用机制,对进入社区书记的候选人进行公开、公示,接受全体党员、社区干部的监督,创建民主选人、科学用人机制。另外,以居民党员满意为追求,提升村转社区党组织建设美誉度。居民党员满意是村转社区党建工作根本的价值追求。在村转社区党建工作中,一是要提高居民对社区党建工作的参与率,增强互动性。在社区党建工作中,要通过各种方式,充分听取广大居民对社区党建工作的意见和建议,建立和畅通关注民情、了解民愿的工作机制;充分保障普通党员的知情权,尊重党员的主体地位。在重大公共政策决策前、决策中,基层党组织应广泛收集民意、汇集民智,增强党组织建设与群众、党员的互动频率,努力形成上下联动、共同参与的社区党建格局。二是要释放评价权,将群众是否满意作为检验基层服务型党组织建设的主要标准。要充分保障普通民众、党员对社区党建工作的考核评价权,特别是涉及群众利益的重要工作、事关民生的具体事项和绩效考核评估等要增加群众评价的权重,让党员群众监督社区党建工作,不断提升社区党建工作的实效性,增强美誉度。

4. 非公党建要建立好的"传帮带"机制

加强非公党建,需要好的"传帮带",需要一大批像周新民一样热爱党建工作、有经验又有能力的党建工作志愿者,把这些人才及工作经验发掘好、复制好、推广好,非公党建就会得到大大加强,这对于抓好整个基层党组织建设都具有十分重要的借鉴意义。这样的"传帮带",需要有对党的工作的满腔热爱。当党组织一声召唤,需要他继续发挥余热传经验、带队伍的时候,周新民毅然做出选择。这一腔热情,承载的不仅是周新民宝贵的党建经验,还有他高尚的党性修养和宗旨意识。这样的"传帮带",还需要有探索精神。搞好非公党建,难度不小,不仅要面对党员流动大、人分散、难管理等问题,更要迎接信息技术带来的新课题。在周新民身上,我们看到了一种不断进取的意识。从开微博微信,到拍党建微视频,年逾六旬的周新民始终保持着一颗年轻的心,他的目标是让党建工作有声有色,党建服务精准给力。在苏州城乡基层,像周新民这样有经验、有热情、懂基层的优秀党务工作者还有很多很多,在抓好基层党建这个大舞台上,要搭建起更多"周新民党建工作室"式的"连锁店",引导像周新民一样的党建工作志愿者积极投身其中,扎扎实实地抓好基层党建工作,进而推动全面从严治党迈上新台阶。

5. 应统筹城乡党建资源配置,扩大党组织建设的覆盖面

要积极探索统筹城乡党建资源配置的有效方式,力求党建城乡之间、区域之间、主体之间的要素流动,构建城乡一体、上下联动、资源共享的党建新格局。各级党组织要牢固树立统筹城乡的理念,通过统筹党建规划,创新组织设置,完善城乡统筹的基层党建工作综合协调机制,整合优化城乡基层党建工作资源,打造城乡一体化的党建服务阵地,健全城乡一体化的党员动态管理机制,创新活动载体等,不断推动城乡统筹的基层党建新格局的构建。

总的来说,基层党建工作创新必须遵循规律,必须着力保持党的先进性与提升执政能力,必须坚持以人民满意为标准,树立新境界、构建新机制、建立新载体、开拓新领域。

案例一 蒋巷村:"乡情工作法"

一、背景

常熟市支塘镇蒋巷村先后荣获"全国文明村""全国民主法治示范村""全国农业旅游示范点""全国新农村建设科技示范村""国家生态村""全国敬老模范村""中国农业公园村""全国创先争优先进基层党组织""江苏省先进基层党组织""江苏省文明村标兵""江苏省最美乡村""江苏省人居环境范例奖""江苏省青少年教育实践基地"等近百项国家和省级荣誉称号。

村民富不富,关键看支部。在推进农村城镇化进程中,土地流转加快,大量农民进城务工,农村的经济社会结构发生了新的变化。为了适应这种新的变化和要求,开展农村党建工作需要在继承传统的同时,大胆开拓创新。多年来,蒋巷村党委带领党员群众创造性地贯彻执行党的"三农"政策,积极探索符合乡情的科学发展之路,在长期实践中形成的工作方法,富有浓郁的乡土气息。这一工作法被称为"乡情工作法"。

二、主要做法

"乡情工作法"着眼农村工作实际,顺应农民致富需求,兼顾农村乡土风俗,充分发挥农村基层党组织的领导核心作用,坚持把强村富民作为第一要务,把共同富裕作为目标追求,把率先争先作为精神动力,凝聚力量加快建设社会主义新农村。其核心要义是:紧贴村情善谋发展,满怀深情善待百姓,顺应民情善聚民心。"乡情工作法"在推动发展中强核心,在改善民生中聚民心,在密切党群联系中夯实了党在农村的执政根基。

1. 紧贴村情,统筹兼顾抓发展建强村

蒋巷村坚持从村情实际出发,创造性地贯彻执行党在农村的方针政策,统筹利用资源,协调产业发展,走科学发展之路。

其具体做法是:

以示范感召人。村党委书记常德盛自上任起,就立下"不拿全村最高的工资,不拿全村最高的奖金,不住全村最好的房子"的"三不"规矩,对自己在常盛集团的1000万元股份分文未取,至今仍住在三间平房里。在他的人格魅力和精神感召下,蒋巷村党员干部始终干在实处、走在前列,带动全村形成了人人敬业乐业、个个奋发向上的良好氛围。

"三业互动"推动协调发展。统筹农业、工业和旅游业三次产业发展,通过提升农业产业层次以农哺工,在工业经济发展后又以工业反哺农业,进而做大做优做活"农"字文章,开拓以新农村考察游、生态农业乡村游为主要内容的生态旅游业,形成三次产业相互融合、相互支持、相得益彰的协调发展格局,实现了"农业起家、工业发家、旅游旺家"的目标。

"三集中"推动集约发展。在推进新农村建设中,不搞大拆大建,科学统筹规划,合理配置资源,有序推动农田向能人集中,农民向社区集中,工厂向园区集中,着力打造生态种养园、村民新家园、蒋巷工业园、农民蔬菜园和优质粮食生产基地"四园一基地",推动效能发展、集约发展。

"三项工程"推动可持续发展。在农业产业结构调整中,坚持保护耕地,每年投入资金实施退宅还田、死浜填土、还耕种粮等工程,通过推倒小土窑,平整老宅基,拆除旧村巷,做到工业发展而土地不减少,并为长远发展留下空间。

2. 满怀深情,因人制宜抓共富惠民生

蒋巷村坚持把群众当亲人,发展成果由群众共享,走共同富裕之路。

让群众致富有岗位。针对村民自身实际,提供相应就业岗位或创业资源。宜工则工:对适合在企业工作的村民,介绍到常盛集团就业。宜农则农:将耕地向种田能手集中。宜商则商:村里统一建成一批三产房,提供给愿意经商的村民,并帮助他们解决资金难问题。宜副则副:对有养殖特长的村民,提供养殖场地,使其从事养鱼、养鸭等副业。宜重则重:对文化较低、身强力壮的村民,由村里介绍从事修桥、铺路等工作。宜轻则轻:对年老体弱的村民,提供绿化管理、清洁卫生等公益性岗位。

让群众生活有保障。坚持为群众办实事、办好事、办暖心事,使村民过上又富又安的好日子。住者有宜居:利用村里的集体积累,分两期建设农民新村,半价提供给村民,配套建设学校、剧场、商贸街、活动中心等设施。老者有颐养:村里男满58虚岁、女满55虚岁以上老人按"老"取酬,统一提供优质口粮,建造老年公寓,免费提供给老年村民居住;鼓励子女与老人同住,对共同生活的每年给予奖励;全村实现养老保险全覆盖。学习有奖励:幼儿园全免费,中小学实行"两免一补",品学兼优者发放奖学金,考上大学、考上博士或出国留学,另有重奖。看病有优惠:农民基本医疗保险的个人分担部分由村集体补助缴纳,看病除享受合作医疗保险规定的医疗费报销外,个人承担部分村补助50%~60%,大大减轻了村民的医疗负担;社区医疗服务站为村民提供方便、快捷、优质的医疗卫生服务,每年免费为村民健康体检。

3. 顺应民情，文化引领抓民风促和谐

蒋巷村坚持把党旗引领和顺应民意相结合，用先进文化培育乡风文明，走文明和谐之路。

以文化培育人。把创建学习型家庭、培育知识型农民作为精神文明建设工程的"重头戏"来抓，成立"农民读书协会"，自办广播电视信息窗栏目，每天免费开放图书馆，每年开展读书学习先进家庭评选活动。倡导"三守"（守法、守约、守信誉）、"六爱"（爱党、爱国、爱村、爱亲、爱友、爱自己），开展"崇尚文明、告别陋习""清洁庭院、清洁河道、清洁村庄"等主题实践活动，实行村规民约奖励制度，规范村民日常生活行为，推动形成文明新风尚。

以民主凝聚人。建立健全民主管理制度，重大事项由村民代表大会讨论决定，重大决策及时向村民大会通报。实行党务公开、村务公开、厂务公开、财务公开，落实村民对村级重大事务的知情权、参与权、管理权和监督权，充分调动村民当家做主的积极性。

三、成效

蒋巷村农村党建"乡情工作法"把党的政策、群众需求与自身实际紧密结合起来，推进了农村改革和发展，使蒋巷村的物质条件得到前所未有的提高，全体村民过上了富裕充实的生活。村民的凝聚力、向心力得到极大的增强，村风村貌呈现出风清气正、和谐安详的美好景象。

1. 农村经济获得较大发展

蒋巷村以经济建设为中心，发展农村经济，全村经济总产值、主体工业产值销售额、亩均产粮、人均国内生产总值、村级可用财力、村民人均纯收入、人均社区股份制分红等指标每年都有刷新。蒋巷村的村级经济获得了较好的发展，提升了村民的生活水平，蒋巷村党的群众基础不断巩固并得到发展，党的各项工作也开展得非常顺利。

2. 生态文明建设为基层党建树立了品牌

蒋巷村生产的食品是有机无公害的，"生态田园风光游"是最吸引游客的旅游产品。至今仍然保存完好的千亩无公害粮油生产基地阡陌纵横、稻谷飘香，四季瓜果蔬菜充沛诱人，有梨园、桃园、橘园、葡萄园等各色瓜果园，农民生活实现低碳环保。全村田园风光与现代化气息相互交融，既保持了江南水乡田园之美，又呈现出先进和谐的现代文明。生态优化使蒋巷村的党建工作成为一个响当当的品牌。

3. 和谐发展的目标成为现实

以常德盛为核心的村党组织以身作则，他们求实为民的道德品质，亲民协

商的民主态度、勤政廉政的工作作风,让村党委在群众中树立起了崇高威信。对蒋巷村的村级事务,村民都主动热情参与,不管何时何地号召村民义务劳动、召集村民开会,村民都能积极响应。社会主义先进文化占领农村阵地,建设学习型家庭使农民的综合素质有了显著提高。蒋巷村连续 20 多年未发生刑事案件,未出现个人和集体上访、封建迷信和黄赌毒现象。

四、经验与启示

"乡情工作法"来自农村、扎根基层,具有鲜明的时代性、实践性,是一套看得懂、学得会、用得上的农村基层党建工作法,具有深刻的启示与借鉴意义。

1. 推动农村发展不能只顾埋头苦干,更要科学谋划

农村工作千头万绪,发展任务繁重,创业条件艰苦,离不开苦干实干,但不能"只顾埋头拉车,忘了抬头看路"。农村基层党组织要立足城乡统筹、科学发展的制高点,着眼产业布局、土地集约、生态保护,长远谋划,统筹推进,这样才能走对路、快发展、有奔头。

2. 农村党员干部不能只顾自己富,更要带领大家富

农村基层党组织的战斗力和凝聚力,要体现在带领群众共同富裕的本领上。只有不断满足群众过上美好生活的新期盼,群众才会由衷地说党员干部好、共产党好。

3. 致富农民不能只顾富口袋,更要富脑袋

社会主义新农村不仅要生活宽裕,还要乡风文明。农村基层党组织只有着眼物质精神双富有,着力用先进文化发展人,用现代文明提升人,大力培育现代新型农民,农村才会持续发展、和谐发展,农民才会更加幸福,农村才会长治久安。

4. 农村基层党建的关键是选好一个带头人、建好一个党支部、带出一支好队伍、运用一套好方法

新农村建设不仅发展经济、富裕农民,而且更加注重农村社会管理、公共服务及生态治理。基层党组织作为村各项事业的领导核心和战斗堡垒,要选好带头人,提高党支部的领导能力和先进性,统筹兼顾,突出推动发展、加强服务群众、大力凝聚人心、不断促进和谐,促进农村经济社会各项事业全面发展。

【思考题】

1. 请结合蒋巷村的实际情况谈一谈在新常态下应该如何推进农村基层党建中"乡情工作法"的实施。

2. 乡情在"乡情工作法"中是如何体现的?

案例二 枫泾社区:"仁爱工作法"

一、背景

社区是社会的细胞,构建和谐社会,重心在基层,基础在社区,关键在党建。社区党建工作要做好,就必须立足于社区实际,一切从社区情况出发,规划安排好基层党组织建设工作,带动社区全体党员参与到社区工作中。随着苏州城乡一体化进程的逐步深入,众多社会组织萌芽发展,社区内党员、居民等流动性增强,大量流动性人口涌入社区,随之带来了很多社会管理问题,增加了枫泾社区工作人员的工作压力与难度,给社区管理带来了很大的挑战。社区承担的管理责任越来越重要,同时对其社会功能的要求也越来越高。迅速适应新环境,解决城市化带来的一系列问题,创新社区管理方式,提升社区管理水平,成为社区发展建设过程中首要解决的问题。只有充分发挥社区党员的作用,做好社区党组织建设,将社区党组织的领导作为社区管理和建设的核心主导力量,才能稳步提升党员能力素养,做好社区党建工作,不断提高社区干部工作能力与职业道德,形成社区向心力、凝聚力,以社区党组织为领导核心,充分调动社区成员配合社区管理的热情,积极投身于社区共同利益的维护和社区建设与管理。

1988年枫泾社区创立之初,只是一个仅有32幢楼和300多户人的社区,规模小且发展程度不高。在社区书记陆仁华和全社区居民的共同努力下,社区面貌焕然一新,今天展现在世人面前的是一个基础设施完善、社会风气优良、文化氛围浓厚、邻里关系和谐的先进示范社区。在社区发展设过程中,枫泾社区提出了"文化枫泾、魅力枫泾、和谐枫泾"的社区品牌建设目标,培育社区先进文化,开拓了和谐发展的良好局面。枫泾社区先后"获得全国绿色社区创建活动先进社区""全国和谐社区建设示范社区"等多项国家和省级荣誉称号。这一党建工作法被称为"仁爱工作法"。

二、主要做法

所谓"仁爱工作法",就是立足社区实际,加强对各类资源的有效整合和合理使用,通过弘扬敬老之情、牵手邻里之情、倡导关爱之情,真心实意帮助群众解决现实问题,使社区居民真切感受到党的关怀,在感情上认可和支持社区党组织的工作,最终推动整个社区的和谐发展。其核心要义是,用"四我"的管理模式塑造人,用丰富多彩的教育活动培育人,用和谐乐居的社区环境影响人,用特色鲜明的文体活动陶冶人,用体贴入微的便民服务温暖人,用"春风常驻"的保障服务关爱人,用先进典型的示范作用激励人,用党员的先锋模范作用凝聚人。

1. 用"四我"管理模式塑造人

枫泾社区围绕"爱我枫泾要做贡献,知我枫泾要树形象,为我枫泾要办实事,在我枫泾要当主人"的主题,率先创办"市民论坛""政情民意月月谈",在政府与群众之间架起沟通平台。通过运用"论坛+交流"的方式,在说与听、讲与评、批评与自我批评的过程中有效实现居民群众的"四我"(自我教育、自我服务、自我管理、自我监督)管理模式,保证居民对重大事项的知情权、决策权、管理权、监督权。

2. 用丰富多彩的教育活动培育人

在全省创办首家文明市民学校,对社区居民、在职在岗党员和干部、工人以及离、退休人员和青少年学生等进行形势报告、政策解读、法制宣传及书法、绘画等多个方面的经常性的教育和培训。1995年7月4日,时任中宣部副部长、现任中共中央政治局常委、书记处书记刘云山到社区视察时,为市民学校当场题词:"办文明市民学校是城市基层精神文明建设的创造"。

3. 用和谐乐居的社区环境影响人

致力于让枫泾的道路硬起来,灯光亮起来,河道清起来,空地绿起来,环境美起来。以枫泾花园为中心,铺设草坪,粉刷楼房,加固车库,增添大型画廊,并设置报廊、黑板报、羽毛球场、环保长廊、紫藤长廊、木香休闲场,制作小区徽标,谱写社区区歌。建立起群防群治、调解协商、矫正帮教、外来人员信息管理等四支志愿者队伍。在小区街巷、居民住宅、游乐广场等公共场所加强安保措施,打造和谐乐居环境。

4. 用特色鲜明的文体活动陶冶人

举办文艺晚会、朗诵会、木兰拳比赛以及以"特色家庭"为单元的文体活动,并将活动范围从本社区扩大到共建单位及临近社区。活动内容从爱我中华、爱我名城、爱我枫泾扩展到爱解放军、爱英雄模范、爱幼尊老等,有效促进社区精神文明建设不断跃上新的台阶。

5. 用体贴入微的便民服务温暖人

大力开展为民、便民、利民、惠民服务工作,实施"六个一"工程:成立一支邻里互助志愿者服务队;实施一项"手牵手、邻帮邻,共建和睦大家庭"的友情工程;制作一张"枫泾居民相认、相知、相助联系卡";建立一个便民服务中心,设立热线电话,为居民提供24小时服务;倡导开展与孤居老人"一对一"结对认亲活动;倡导开展"大手牵小手,小手牵大手"活动,引导社区青少年学生为孤居老人读一份报纸、讲一个故事、说一个笑话。

6. 用"春风常驻"的保障服务关爱人

加强社会化管理,深入实施"春风常驻工程",通过开展"感受阳光"爱心助学助残等一系列活动,将党和政府的关心照顾、民间组织的鼎力相助、社区群众的爱心奉献有机结合,积极探索老有所养、病有所医、失业有保障、就业有援助、危急危难有救助的社会化管理模式,使各类困难群体得到长期帮扶,共享和谐社会大家庭的温暖。

7. 用先进典型的示范作用激励人

注重发挥先进典型在社区精神文明建设中的示范引导作用,开展"远学孔繁森,近学常德盛,枫泾学习身边人"活动,每年通过党员大会、居民代表会议推荐评选十佳先进个人、十佳新人新事、十佳居民院户长、优秀党员、优秀社区干部、优秀治安值班员等先进典型。社区党委每年召开专题表彰大会,设立群英榜,激励社区居民学先进、争优秀。

8. 用党员的先锋模范作用凝聚人

牢固树立"一个党员一面旗,党的宗旨进社区"理念,依托社区党员服务中心,创立支部沙龙,每年"七一"组织全体党员重温入党誓词,过集体政治生日。借助"五种优势"发挥党员作用,优化服务居民方式,提高社区整体凝聚力。发挥政治优势,组织辖区内八路军、新四军、志愿军老战士开展青少年革命传统教育。发挥老干部优势,聘请机关离退休老干部当顾问、当参谋,共商社区和谐创建。发挥"老高知"优势,聘请老教授、老教师、老科技工作者担任市民学校兼职讲师。发挥文体工作者优势,聘请退休文体工作者,组织开展各类培训,举办各类文艺会演、比赛、展览等,丰富居民精神文化生活。发挥技能队伍优势,成立党员志愿者服务队伍,为社区广大群众做实事、办好事,排忧解难。

三、成效

1. 提升了社区居民的思想道德素质

枫泾社区通过不断创新社区教育活动形式,开展形式多样、内容丰富的特色社区教育活动,寓教于乐,增强居民道德意识。开展有教育内涵的文艺会演、社区各类座谈会、主题教育展览、系列文化宣传活动等,创建枫泾市民论坛,延伸社区教育空间,加强社区居民之间的互动交流,为社区居民提供一条形式新颖且便捷实效的参与社区工作的渠道。

结合党员教育特殊性,开展定期晨会、学习会、党支部沙龙活动等,多次安排社区党员接受教育培训,提升自我。例如,确立特定时间即每月16日为党员学习日,开展"党建示范楼""邻里守望工程"等多个评选活动,举办党员政治生日仪式也成为枫泾社区每年"七一"前不可或缺的党员教育日程。

2. 增强了社区群众的向心力

社区服务是基础,为民做实事是关键。社区党建与社会管理工作只有基于此,才能有更大的发展发挥空间。针对社区老龄化现状,邀请医院专业护理人员到社区办讲座,并积极开展"爱心天使到我家"的定期活动,为社区内患病老人提供专业化的医护服务。同时,组建了一支邻里互助服务队伍,建立党员与老人的对接,开通"护老救急铃"专项服务等,不断创新社区服务手段,完善社区服务。将群众确立为社区主要服务对象,切实增强了社区群众的向心力、凝聚力。

3. 营造了社区的和谐环境

社区文化是一个大氛围,一个社区的社区文化建设好了,就能为社区党建与社会管理营造适宜开展与融合的环境。社区文化与社情市情相结合,面向广大社区群众,突出社区文化的教育与休闲功能。充分发挥文化团队的作用,组织开展丰富多彩的社区文化活动,催化社区文化建设发展。近年来,枫泾社区在社会环境、社会活动、社区精神等方面加强建设,强化了社会文化建设,更打造出了形式丰富、内涵全面的多样社区文化。如从1992年起,社区开始开展特色文化家庭评选活动,制定严格的评选标准,规定评选范围,并给予适当奖励,经过多年发展,这一活动已成为枫泾社区文化建设的特色项目。

四、经验

在社区书记陆仁华的带领下,枫泾社区党建与社会管理的融合实践体现在社区工作的方方面面:扎根于社区实际,从小处着眼,把握工作大方向,群众工作做到位,等等。

1. 切实做到为人民服务

枫泾社区党建和社区管理的创新融合,归根结底在于枫泾高度关注群众利益,将做好群众工作作为工作的基础。成立支援服务队、扩大社区绿化面积、建立青少年教育基地、建立党员服务中心与党市民中心等,充分体现出作为基层党员干部立足基层、服务基层的精神态度。在工作中,切实维护好与社区群众息息相关的切身利益,养成深入群众开展调研的习惯,及时了解群众诉求与关注的社会热点问题,每一件社区的工作都是在充分了解民意的基础上开展的,因此受到了社区群众的一致拥护与支持。同时,充分依靠群众、信任群众,借助市民论坛等媒介,征求群众意见与建议,向群众取经,不仅充分调动群众参与社区工作的积极性,更让群众了解到社区工作的难点与重点,更加体谅社区工作者,使党员干部与群众之间的感情愈加深厚。

2. 强化领导干部的榜样作用

社区书记陆仁华的工作作风、工作态度等既为社区领导同志赢得了很高的赞誉,更为他人树立了优秀的典范,引领他人不断进取。社区党员干部以社区书记为标杆和参照,争当社区工作协调剂,积极化解社会矛盾,参与社区各类活动的组织管理。定期自我审视,不断克服自身缺点与问题,检查自己是否有耐心、是否热心对待工作、是否热心对待社区居民,不断提升自己的工作实践思维水平、协调表达能力,最终实现自我能力的稳步提高。

3. 健全党建工作的体制机制

一方面,在社区内建立起党建工作与社会管理的体制机制,鼓励社会各界为社区发展提供更好的建议与对策,积极探索有利于社区发展的各种路径。同时,提高开放程度,放宽社区工作参与范围,丰富参与形式,扩大参与人员的范围与数量,共同推进社区建设。另一方面,建立互利互惠机制。例如,在社区的文化长廊上,开辟各类优秀作品展示区域,给这些作品以展示平台,同时也为社区居民提供娱乐休闲元素,使之成为枫泾社区为人津津乐道的文化展示园地,体现出社区共建共享机制的优越性;开设党建论坛,总结社区党建共建的经验与不足,实现社区党建共建共享机制的不断完善与提升。

五、启示

新型城镇化建设正不断深入,基层工作正以全新的姿态不断前进,社区建设受到重视的程度也越来越高。"仁爱工作法"是新时期开展社区工作的科学方法,不仅为社区工作提供了宝贵的经验,也可使社区工作者从中获得很多重要的启示。

1. 社区党建工作必须牢固确立服务群众的核心理念

枫泾社区服务理念的最佳代表就是陆仁华的"仁爱工作法",其核心思想就是社区党建与社会管理的一切工作都建立在服务社区群众的基础之上,真心诚意服务社区居民,实现好、维护好、发展好最广大社区居民的根本利益。只有牢固树立服务理念,将其作为思想理念的核心,不断深化认识并强化实践探索,才能不断推进社区发展过程中各项建设工作的深入开展。

2. 社区党建和社区建设必须实事求是、辩证思考

社区工作要上为政府分忧,下为居民解难,不搞花架子,不搞形式主义,切实成为党和政府与人民群众之间的桥梁。枫泾社区的成功经验之一,就是在社区建设的过程中,立足于本社区实际并充分了解党建在社区工作中能够发挥出的重要作用。同时,结合社区实际,找到最适合本社区的管理理念并在实践中进行检验。

3. 社区党建和社区建设必须坚持与时俱进、不断创新

创新是推动社区党建和社区建设的重要动力。社区工作者要不断适应新形势,应对新挑战,开拓新局面。在社区工作中,掌握好创新的思路,研究实施策略,建立健全有利于促进社区建设发展运行的机制。党员干部要率先树立创新意识,并将其渗透到日常工作中去,以实际行动感染、教育社区群众。同时,社区领导干部要充分认同与鼓励社区党员、社区群众的创新思维与实践,发挥社区成员的聪明才智,提升社区不同群体的创新能力,为和谐社区建设注入强大的发展后劲与发展动力。

【思考题】

1. 枫泾社区基层党建工作有哪些有特色的做法?在提高社区服务水平的过程中,这些特色做法与"仁爱工作法"有没有必然的联系?为什么?
2. 你对枫泾社区基层党建工作在解决社区社会管理难题上有何建议?

案例三　昆山市沪士电子:"融和工作法"

一、背景

沪士电子股份有限公司为台商控股的中外合资股份有限公司,前身为沪士电子(昆山)有限公司,1992年落户昆山经济技术开发区,2002年12月经股权调整后,由台湾楠梓电子、沪士(吴氏)集团公司与中新苏州工业园区创投公司、昆山开发区资产管理公司共同投资。

非公有制经济的健康快速发展,给党建工作带来新的领域和新的课题。在思想认识上,人们对于在非公有制企业中要不要抓党建、如何抓党建有不同意见和看法。比如,在非公有制企业内部,一方面,对于就业的党员来说,出于各种顾虑而不愿甚至不敢表露党员身份;对于一般员工来说,则存在不想或不能入党的限制。另一方面,对于投资者、业主以及管理层来说,由于不理解或心存疑虑,对在非公有制企业中开展党建工作不欢迎、不支持。在实际工作中,非公有制企业党建工作一度面临着党组织组建难、党组织活动开展难、发展党员难、党组织和党员作用发挥难等一系列困难。为切实加强党对非公有制经济的领导,有效破解非公有制经济领域党建难题,巩固和扩大党在非公有制经济中的执政基础,不断增强党在非公有制经济领域中的号召力和影响力,苏州市委充分认识到在非公有制经济组织中开展党建工作的重要性和紧迫性,积极探索加强非公有制经济党建工作的新路子。

1996年,在昆山热电厂任副总经理的陈惠芬被昆山经济开发区党工委委派到沪士电子开展企业党建工作。在开展沪士电子党建工作的过程中,陈慧芬解放思想,创新思路,突破传统的国有企业党建的工作理念,将"融和"的理念渗透到非公党建工作中,形成了一整套务实管用、行之有效的"融和工作法"。

二、主要做法

苏州市在外向型经济发展初期,较早确立了"四个同步"原则,即审批外资项目与党组织设置同步提出,筹建行政领导班子与选派党支部书记同步考虑,招收外企职工与选配党员骨干同步进行,企业生产经营与党建工作同步开展。这些举措的制定和实施,为非公有制企业党建提供了有力的制度保障,从源头上保证了党建工作的组织覆盖和功能发挥。在继承传统国企党建工作优良传统的基础上,陈惠芬注重党建工作方法创新,成功探索出了一套新的党建工作方法——"融和工作法"。"融和工作法"立足外资企业实际,充分吸收包容并蓄的吴文化精髓、亲商安商的服务理念、持续创新的进取精神,把党的工作与企业生产经营有机融合。其核心要义是:与外商情相融,与员工心相通,与企业利相合。

1. 坚持方向引领,把教育引导融入亲商服务

企业党组织通过建立制度双向沟通、主动服务排忧解难、文化认同形成共识,做好对资方的教育引导,建立双向沟通制度。党组织与企业管理层共同学习制度,引导和监督企业遵守国家法律法规,保持健康发展方向;党组织与企业管理层联席会议制度,共同研究重大问题,帮助企业形成正确决策。党组织为企业提供生产生活服务,争取政策、金融、财税等方面的支持,为企业营造良好的发展环境;为台商做好寻医问药、子女入学等服务工作,帮他们解决后顾之忧;打造共同价值取向,将开放、包容、融合、和谐的理念融入企业文化建设,形成"成长、常青、共利"的核心价值观。

2. 坚持有为有位,把组织活动融入生产经营

围绕生产经营中心,开展"三亮""三区(岗、组)""三比"活动。"三亮"是"亮身份、亮承诺、亮形象",党员要在工作中亮明身份,接受职工监督。"三区"是创设"责任区、先锋岗、攻关组",划分党员责任区,设立党员先锋岗,成立党员技术攻关组。"三比"是"比技术、比创新、比成绩",开展岗位技能竞赛、技术比武、争做技术标兵等系列比学赶超活动。

3. 坚持劳资平等,把利益协调融入和谐共建

把做好群众工作作为党组织工作的重点,维护职工权益,协调各方关系,构建和谐企业。① 多渠道联系职工群众。印制联系服务卡,设立职工意见箱,开设网上"党员职工之家",畅通职工意见反馈渠道。② 多途径解决职工困难。建立员工住院、工伤、分娩"三必访"制度,设立企业职工互助基金,定期组织开展"送温暖献爱心"活动。③ 多举措维护职工权益。推动建立企业利润员工分享机制,实施员工福利待遇递增计划,在昆山外资企业中第一个推行员工住房公积金制度,第一个实现养老、医疗、失业、生育、工伤等"五金保障"。

4. 坚持一肩挑两端,把党建植入企业转型

这几年,沪士电子正在从老厂搬到新厂,搬迁得到了从市委、市政府到昆山开发区管委会,再到广大员工的高度重视和关心。一个落户20多年的企业,搬迁工作何其重要,同时也万般复杂。陈惠芬一肩挑两端,一端是员工最切身的诉求,一端是企业的稳定与发展。其实,陈惠芬心里最了解职工的诉求,面对全市转型发展的大局,以沪士为代表的企业一呼百应。而转型却需要广大员工风雨同舟的付出和努力,才能最终获得成功。沪士的搬迁是企业转型历史中的一大步,稳定员工队伍,对于新厂的发展极为重要。在搬迁过程中,很多员工提出了交通、居住、孩子上学等诸多方面的难题。"都是最实在的诉求,他们来找我,打电话、发短信、发微信,我一个个解释一个个劝,能帮的忙就一个个去跑。"陈惠芬心里装着员工,尽力解决他们的难题,同时还不断与公司协调,拿出实实在在的处理办法,比如推出工龄补贴、增加交通补贴、增加公司班车数量、在新厂建设夫妻房等,得到了广大员工的拥护。目前沪士电子6000多名员工已有99.6%的人签了调职申请单,愿意随企业搬迁到新厂。已经到新厂上班的员工有4000多人。下一步,公司还将制定激励制度,进一步激发员工的工作热情。

5. 坚持新常态下新作为,把党组织植入企业根基

沪士电子1992年进驻昆山,是最早一批投资超3000万美元的大型台企,20多年来为昆山经济发展做出过巨大贡献。现在,公司在昆山建有7家工厂,年销售额达36亿元。在新常态下,昆山实施《转型升级创新发展六年行动计划》,发出转型升级的最强音,沪士电子又是率先响应。然而,转型不会一蹴而就,并且还不断遇到新的难题。很多了解"陈惠芬融和工作法"的人,想必也知道"上四休三"这个提法。2008年下半年,受国际金融危机冲击,沪士的订单明显减少,生产经营遇到严重困难。此时,党员员工主动向企业高层提出减薪,让资方非常感动,承诺不会辞退任何一个员工。根据多年的工作经验,陈惠芬提出"上四休三"的方案来压缩成本,使沪士电子在危机阴霾下迅速逆势反弹。"现在的形势下,又一次面对生产经营的困难,我们再次实施了'上四休三'方案,同样得到广大员工的支持。"后来,沪士的订单渐渐增多,生产经营也慢慢好了起来。陈惠芬提出,到一定时候公司要为生产一线的员工首先取消"上四休三"方案,然后是公司的行政人员、党员,最后一个才是她自己。陈惠芬的目标就是要让外企了解组织,离不开组织,亲近党工干部。董事长吴礼淦不止一次地对她说:"你可是我的主心骨,我不退休你就不能退休。"新常态下,非公企业党工建设一定要创新方法,使出新力量才行。"陈惠芬融和工作法"不断丰富新内涵,为企业转型集聚了人和力量,而她就是使出这股力量的带头人。

三、成效

陈惠芬把党的基层组织建设与非公企业的发展紧密结合起来,以融合的理念推进非公企业党建工作,各项工作均取得明显成效,主要体现在以下四个方面:

1. 得到业主支持,党组织成为企业发展的好参谋

沪士电子管理层中大部分是台湾地区人,对党组织的组建抱着消极乃至排斥的态度。陈惠芬到岗之初,由于台商对大陆党建和工会工作的不理解,被安排到工勤人员办公室的一个角落里,跟公司的一名司机合用一张办公桌。为了消除资方和管理层的疑虑,赢得企业对党建工作的支持,公司党组织坚持"亲商"与"亲民"同一的理念,在建立之初就确立了"围绕发展抓党建"的思路,将党建工作融入企业,融入员工群众,积极关心支持企业的生产经营,为企业和员工排忧解难,积极构建和谐劳资关系,构建企业发展共同体,在服务企业发展中引导资方转变对党组织的观念。现在,公司老总只要从台湾地区返回昆山,首先找她咨询大陆的发展新动态。

2. 得到员工拥护,党组织成为企业员工的主心骨

上任伊始,陈惠芬就到员工宿舍、员工餐厅给每一个员工发名片,名片上留有她的联络方式。她走遍全厂员工宿舍,让全体员工都知道,有困难可以来找党组织。通过探索建立党组织董事会理论学习联谊会、党群议事会、"党员接待日"等工作机制,形成党组织与管理层、党组织与企业员工经常性的对话交流机制,营造善待员工、平等相处、团结友爱的和谐氛围,增强了企业党组织的向心力和凝聚力。

3. 得到社会认同,党组织成为社会和谐的助力器

公司建立初期,由于思想认识、制度观念的不同,公司的各项福利待遇特别是在女员工的"四期保护"方面,与大陆的法律规定存在一定的差距。对此,公司女员工尤其是怀孕和处于哺乳期的女员工意见很大,这在很大程度上影响了公司的生产经营。陈惠芬一方面说服公司按照《劳动法》有关规定执行,与公司签订了《女职工特殊保护条例》,另一方面立即召开支部女党员会议,动员她们发挥模范作用,带头投入生产经营,妥善解决了劳资分歧。在汶川地震等赈灾工作中,党组织积极宣传动员各级员工捐款捐物,既为灾区建设做出了贡献,又塑造了良好的企业形象。

4. 得到上级党组织肯定,党组织成为非公企业基层党建方法创新的领跑者

陈惠芬及沪士电子有限公司的党建创新实践和经验得到了昆山市开发区、昆山市委组织部、苏州市委组织部、江苏省委组织部和中央组织部的肯定。2010年,"融和工作法"被列为江苏省基层党建工作九大工作法之一,在全省推广,产生了示范效应。2012年,中央组织部调研组对"融和工作法"进一步从感情融合、利益融合、文化融合等方面进行了分析提炼,深化了对非公党建"融和工作法"内涵及其示范价值的认识。

四、经验与启示

"融和工作法"揭示了新时期在非公企业开展党建工作干什么、怎么干、怎样发挥作用的问题,回答了非公企业党建在促进非公经济科学发展、提升非公党建科学化水平的实践中,融什么、怎么融的问题。

1. 赢得信任是前提

党组织围绕生产经营主动作为,有效发挥作用,就会真正赢得尊重,拥有话语权。企业作为市场的微观主体,其决策、生产、经营、分配以及人、财、物等方面的支配权都掌握在业主手中。同时,企业以追求经济利益最大化为目标,最大限度地体现竞争主体的逐利性。而党组织开展活动需要一定的人员、经费、场地和时间,党建工作必然会对企业发展产生影响。党组织如何使党建工作得到投资人和企业管理高层的理解和支持?如何引导企业树立正确的义利观?如何加强和改进非公有制企业党建工作?陈惠芬的实践表明,非公企业和非公企业的党组织必须互相尊重,互相理解,良性互动。

2. 发挥作用是关键

昆山市近年来始终坚持以推进党务工作者职业化管理为重点,按照"社会化招聘、专业化培训、市场化选派、制度化激励"的要求,规范党务工作者的选拔、管理、考核和激励。陈惠芬就是这支党务工作者职业化队伍中的成功典型、优秀代表。实践表明,在坚持企业内部选配、上级党组织委派的基础上,要积极拓宽渠道,引入市场机制,逐步推行非公有制企业党务工作者职业化管理。同时,通过建立完善激励保障机制,努力撑硬企业党务干部的腰杆,推动党组织书记在工作岗位上积极作为,发挥作用。

3. 巩固执政是根本

如何让广大业主和员工思想上认同党,感情上贴近党,行动上紧跟党,从而切实巩固党在新经济领域的阶级基础和群众基础?党组织只有以心换心,真心实意助企业谋发展、帮员工谋利益,才能赢得业主的信赖,得到员工的拥护。准确把握非公有制企业劳资关系的特点和劳资关系的发展方向,优化非公企业党建内部生态,通过妥善处理劳资矛盾、构建和谐劳资关系,做到劳资矛盾早发现、早化解,把矛盾转化为发展动力,避免劳资双方矛盾激化,增强党工组织的群众基础。把"亲商、安商、富商"的理念有效融入非公有制企业党建工作之中,优化非公企业党建外部生态。主动创新作为,着力构建符合非公有制企业特点、富有活力的党建工作体制机制,在目标同向上着手,掌握非公企业党建工作主动权;在工作同力上着眼,努力形成非公企业党建工作共同体;在发展同步上着力,切实增强非公企业党建工作支撑力。

4. 实现党建资源效益的最大化

陈惠芬的实践证明,只有运用统筹兼顾的干部方法,坚持用整体的思维、系统的观点、开放的理念、改革创新的精神来谋划开展非公有制企业党建工作,才能进一步整合区域内各类党建资源,增强非公企业党组织活动的吸引力和影响力;只有创新活动内容,创新活动载体,搭建活动平台,才能推进各类基层党组织建设的有效融合、人才资源的优化配置和党建资源的充分共享。在组织建设上联动、在促进生产经营上联动、在服务员工成长成才上联动、在维护职工合法权益上联动,以党组织为核心,以工青妇组织为依托,形成党群共建、联动推进、共同发展的新格局。

【思考题】

1. 陈惠芬"融和工作法"推进的基本步骤有哪些?采取了哪些做法?

2. 结合当前的党建工作实际谈谈在新常态下非公企业开展党建工作应该干什么,怎么干,怎样发挥作用。

第六章 基层民主建设提高群众自治水平

概 述

一、背景

我国的社会主义基层民主政治,是广大人民群众在基层经济、政治、社会和文化事务领域,直接行使当家做主民主权利的制度建设和实践活动。在长期的革命、建设和改革的进程中,我国基层民主政治制度不断完善,实践日益广泛,成效愈益显著,成为我国社会主义民主政治建设的重要组成部分。随着改革开放的不断深入,党高度重视基层民主政治建设,始终把保障人民群众权益、完善基层民主政治建设作为扩大民主的重要组成部分。扩大基层民主,保证人民群众直接行使民主权利,依法管理自己的事情,是社会主义民主最广泛的实践,是社会主义民主政治建设的基础性工作。必须深刻认识发展社会主义基层民主政治的重大意义,推动社会主义基层民主政治建设不断取得新进展。

农村基层民主政治建设作为社会主义民主政治的内在因素,是社会主义制度优越性的内在体现。党的十八大报告中明确指出:坚持一切从实际出发,进一步提高村民自我管理、自我教育、自我服务以及自我监督的能力,只有这样才能够更好地保证人民群众依法行使自己的民主权利,为真正实现村民自治提供重要依据。农村基层民主政治建设作为发展中国特色社会主义民主政治的重要基础,是实现村民民主权利的保障。中国自古以来都是一个以农业为主的国家,农业是我们赖以生存的根本,而农民则是基础,农村农民问题从古到今都是受重视的大问题,影响着我国经济命脉,同时也影响着我国社会的发展,如今也是构建社会主义和谐社会的重要保障,在我国具有极其重要的地位。改革开放的实践证明,只有不断完善农村基层民主政治建设,才能够保证我国民主政治建设整体推进,健全发展。

十八届三中全会《中共中央关于全面深化改革若干重大问题的决定》提出了"推进国家治理体系和治理能力现代化","创新社会治理体制"。鼓励和支持社会各方面参与,实现政府治理和社会自我调节、居民自治良性互动。为贯彻落实十八届三中全会精神,2014年10月22日,南京市公布街道、社区体制改革方案,其核心内容是城区街道不直接发展经济,而将被赋予更多的执法权,承担更多的城市管理和公共服务的职能。这意味着,一方面街道将成为城市管理的主体,变得更为强大;而另一方面,社区将告别一切形式的行政事务,回归自治。事实上,改革开放以来,随着市场经济的日趋完善和城市化进程的不断加快,我国的社会治理方式发生了根本的变化,原有基于单位体制的国家管制模式逐渐向以社区为基本单位的社会治理模式转型。同时,社区治理形态本身也在不断发生着变化,传统的注重以政府权力为中心的自上而下的体制逐渐转向多元主体共存的自治模式,由过去着重物质基础设施建设转向发展与完善社区公共服务为主体内容的建设。在这一转变过程中,社区承接了政府在社会体制改革中分离出来的诸多任务,逐步发展成为政府实施社会管理和公共服务的基本载体。社区作为现代社会最基本的组成结构,是民生需求的汇集场所,体现着最真实的民生动态。因而,发展社区公共服务,完善社区治理机制,对于维持良好稳定的社会秩序具有重要作用。

在当前基层民主政治建设的进程中,逐步形成了以"四个民主"为主要内容的村民自治制度。近几年来,我国基层民主政治建设获得了长足的发展,但是还面临着一系列的障碍,如基层民主监督不到位、基层民主制度和法制建设不完善等,这些因素在一定程度上阻碍了基本民主政治制度的完善和发展。

新时期,伴随着我国经济建设的快速发展,基层民主政治建设面临着新的发展机遇和挑战。在新的时期,我们应该群策群力、与时俱进,抓住历史机遇,求真务实,积极应对各种挑战,进一步完善基层民主政治建设,不断化解矛盾,理顺民主政治建设中的各种关系,进而为构建社会主义政治文明和实现现代化建设奠定重要的基础。

二、主要做法

1. 健全村(居)民自治组织,推动协同治理

村(居)党支部是村级各类组织和各项事业的领导核心,苏州当前正在着力推进法治型党组织建设,引导村(居)治理法治化。2008年,太仓市90个行政村全面推进农村党员议事会工作。太仓市专门制定了《关于在全市农村党组织中建立党员议事会的意见》。东林村积极实施了党员议事小组制度。各农村党员议事会通过开辟"公开栏"和设立"党员议事建议箱",广泛收集党员群众的意见建议。议事会成员坚持每月进家入户走访,动员党员群众向议事会提议题。党员议事小组成为村民和村"两委"的"润滑剂"和"推进器",是创新村民

民主管理的抓手和载体。2011年，东林村在全国范围内首创成立了住房出租管理协会（房东协会），在创新流动人口社会化管理新模式方面做了有益探索。该协会鼓励房东争做"六大员"，即政策法规的宣传员、计划生育的监督员、合法权益的维护员、环境卫生的辅导员、矛盾纠纷的调解员、社会治安的信息员，促进了政会互融，实现了政府服务功能前移。

2. 积极沟通民意，开展基层民主协商

大量调研发现，农村征地补偿、房屋拆迁、生态环境保护、基层干部作风等引发的群体性事件，造成的影响已经远远超过传统意义上的"三农"问题。农村因基层协商民主制度不健全、群众缺乏利益表达的平台等而引发的社会矛盾日趋增加。进一步贯彻党的十八大关于"完善协商民主制度和工作机制，推进协商民主广泛、多层、制度化发展"，"积极开展基层协商民主"，"完善基层民主制度"的要求，加强农村基层民主政治建设、畅通民意表达的途径、丰富农村基层协商民主方式方法，已经成为当前解决农村问题，保持社会稳定和谐的当务之急。近年来，苏州工业园区积极创新、丰富形式多样的基层民主协商机制，形成了区级、街道（社工委）、社区三级民意沟通和民主协商网络。在此基础上，园区充分发挥中新合作、先行先试的体制机制优势，在积极借鉴新加坡先进公共管理经验的基础上不断进行本土化创新实践，创立了具有园区特色的基层协商新机制——社情民意联系日、新渠道——社区发展咨询员、新载体——民众联络所，获得了中办和民政部的关注及认可。2010年，上林村党委会在全区首创了"村民联系卡"制度，变"村民到村表诉求"为"干部入户谈心声"。通过将全村29个村民小组和1050户农户划片分组，建立网格化管理队伍，由10名村干部分片包户，实现走访全覆盖。每位村干部带上联系卡，走入村民家中，主动"问需"，全力"解难"，实现了情况掌握在基层、问题解决在基层、矛盾化解在基层、工作推进在基层、感情融洽在基层。此项走访制度获得了中央信访督查组的高度肯定，现已在全区推广。

3. 完善村（居）民自治制度，积极推动民主决策

多年来，苏州积极建立健全以民主选举、民主决策、民主管理、民主监督为主要内容的配套齐全的村级民主管理制度体系。苏州在规范民主决策过程中，全面推行村级重要事项决策听证制度，完善村党支部委员会议、村民委员会会议和村民代表会议等三项议事规则，进一步推进基层民主。2001年，太仓市开始在全市各村普遍实行"民主决策日"制度，并规定每年的1月10日、7月10日为全市统一的民主决策日。在太仓市各村（社区）2014年第一个"民主决策日"活动中，各村、社区代表出席率高达90%以上。各村（社区）在"民主决策日"活动中，邀请驻村（社区）的企事业单位代表和镇党委领导列席会议，加强政府对

基层自治工作的指导力度。将活动情况特别是居民代表所提的对政府工作的意见和建议,讨论决定的重大事项和重要决议形成报告材料,上报镇党委、政府,并主动反映履职履约过程中遇到的问题和困难,有效增强基层群众自治组织维护群众利益和积极为民办事的能力。太仓村(社区)党组织对"民主决策日"十分重视,在实践中做到"三保",即保时间、保程序、保民意。凡遇重大决策问题,党组织提议、"两委"会商议、党员大会审议、村民代表会议决议,决议内容和实施结果公开。通过"四议两公开"的程序运行,党组织把群众实实在在地带领到自治的道路上,让群众在自治中学会自治,在自治中增强治理的能力。

4. 加强制度建设,积极完善民主监督

在民主监督制度方面,苏州大力规范了以村务公开、村级财务审计、村财乡(镇)代管和民主评议村干部为主要内容的民主监督。昆山建立构建农村基层党风廉政建设规范化管理体系工作联席会议制度,成立新农村建设监事小组,配强村纪检委员,规范党务、政务、村务、事务公开工作,建立"三资"监管平台——昆山市农村集体经营性资产租售监管平台,建立市、镇、村三级便民服务网络,完善镇便民服务中心和村便民服务室,实行"一站式""一条龙"服务,建立村(居)民谈心接访制度,设立"标准化"信访接待室,不断完善镇党代表常任制,组织市党风廉政、机关效能建设特约监督员巡访活动,制定《昆山市构建农村基层党风廉政建设规范化管理体系工作督查考核办法》,实现立体式监督,不断提升为民服务水平。为实现对基层干部勤廉履职的全方位监督,太仓市探索实践的村级"勤廉指数"测评,找到了一条解决农村基层民主监督薄弱问题的有效途径,"勤廉指数"测评也逐渐成为村干部头上高悬的一把"达摩克利斯之剑"。测评解决了村级监督两方面的问题:一是监督内容单一,仅局限在重大决策和村级财务;二是监督体系不顺,因为村干部不属于行政监察对象。江苏省委常委、省纪委书记弘强这样评价太仓经验:"对权力运行情况进行监督,仅有上对下的监督,或者仅有下对上的监督,都是行不通的,必须坚持组织监督和群众监督相结合。'勤廉指数'测评形成两把锁,环环相扣,上下联动,让庸懒贪腐无所遁形,让群众有'权'监督。"

5. 规范村(居)民自治实践,推进依法治村

苏州当前正在着力推进法治型党组织建设,引导农村治理法治化。建设法治型党组织,其核心任务是依法执政和依规管党,其重要内容是党员干部带头厉行法治。张家港市大新镇新东社区基层党组织实践和探索出了"党建引领社区治理"的模式,党组织出面协调各种社会力量,当好"总调度",提升社区管理事务和服务项目的工作效率,以法治化的治理模式维护基层和谐稳定、促进民生幸福,有效解决了村改居等新型社区治理过程中面临的一系列难题,探索出了一条法治化党建引领社区治理的新路径。为规范村民自治实践,理顺农村基层民主自治,太仓"先行先试"具有重大推广价值。2008年,太仓市就在全国率先启动"政社互动"实践探索,历经7年多,通过制定"两份清单"、实现"政社分开"、建立"双方契约"、促进"政社合作",实施"双向评估"、强化"政社互动",初步形成了基层社会管理新模式,在实现党的十八大提出的政府管理与基层民主有机结合目标上迈出可喜步伐,引起了社会各界的广泛关注。太仓在制定"两份清单"、规范"一份协议"的过程中,做到了:明确职责,政府与村(社区)签订《基层群众自治组织协助政府工作事项》;还权于民,制定《基层群众自治组织依法履行职责事项》,划清了"行政权力"与"自治权利"界限,为推进"政社互动"奠定了坚实基础。2015年6月6日晚,中央电视台《新闻联播》播发了《江苏苏州:让法治成为核心竞争力》,报道了苏州正在全面推行"政社互动"社会治理创新机制的经验。

6. 大力发展股份合作经济,夯实村(居)民自治基础

苏州还大力发展农村股份合作经济。过去的村集体经济,讲起来是农民群众当家做主,实际上由少数人控制。在苏州农村新型集体经济中,村民有了股份,更加关心集体资产的运行和处置,每个村都建立了一套比较民主的管理机制,改变了过去少数人说了算的状况。在集体经济强大财力的支撑和支持下,苏州不少农村社区组建了高效的管理组织体系,实行监督机制、市场机制、法律机制和乡规民约道德约束机制的多面结合,形成多元运行的长效机制,提升了新形势下现代社会的村民自我管理水平。在合作社、股份合作制等制度性的产权实践中,农民的参与意识大大增强,有效遏制了腐败,为民主管理和监督提供了新的动因和条件。为了顺应村民发挥民主监管作用的要求,在集体经济实力支撑和支持下,苏州积极运用信息化手段,建立农村集体资金、资产、资源"三资"管理信息平台,并联通到村,加强集体"三资"监管,减少违规和腐败行为的发生。股份合作经济的发展还推动了20世纪80年代中断的"政社分离"改革的重启:让行政村真正成为一个政治自治和公共服务组织,按照"按份共有-股份合作"的原则让集体经济组织成为一个产权明晰、治理结构完善的合伙企业或者法人组织。农村新型社区因多个村集体并入、外来人口介入,各群体往往有着不同的利益诉求,常导致利益冲突。集体经济组织为构建现代乡村治理体系,重建乡村精神文化体系和核心价值观发挥了巨大作用。

7. 大力推动民主管理制度建设,培育村(居)民自治观念,培育自治文化

民主管理制度方面,苏州大力推进制度建设。比如,在规范制度过程中,昆山出台《昆山市村级集体资金、资产、资源管理暂行办法》,建立健全农村"三资"管理,村干部任期、离任审计等制度,发放《昆山市村级审计操作指南》,切实提高制度的执行力。张家港"政会互融",引入非正式组织协同治理,进一步推进基层管理的民主化。大力培养和牢固树立坚持党的领导、充分发扬民主和严格依法办事有机结合的观念,大力培养和牢固树立权利义务相一致的观念。任何村民都享有依法规定的权利,同时也必须履行依法应尽的义务,积极引导村民学法懂法,了解自己的权利,依法维护自己的权利,自觉守法,依法履行作为村民在纳税、服兵役、计划生育、维护集体财产、执行村民会议决定、遵守村民自治章程等方面的义务。

三、存在的问题

1. 基层民主政治建设背后潜藏的体制性难题

村民自治的相关法律虽然原则上规定了乡镇政府指导村委会,村党支部领导村委会,但对如何具体指导、领导并未做出明确规定,导致实践中村委会与乡镇党政机关、村党支部的责权错位和冲突时有发生,这已经成为基层民主重要组成部分的乡村民主遇到的体制性难题。

首先,乡镇政府与村民委员会之间的关系,往往不能协调,以致国家权力的宏观调控与村民自治不能有机统一。要么乡镇政府过多干预村委会的行政事务,村民自治流于形式;要么村民自治无视法律规范,过度膨胀,对乡镇政府的权威构成了挑战,干扰了国家正当的政务活动。

其次,有的地方未能正确处理村委会与党支部的关系,两者职责界限模糊不清,使村委会不能充分有效地行使权利,村民的合法权益受到损害。村民自治委员会建设的初衷是让村委会具有更多的权利,只有这样才能够在实质意义上实现村民自治,但是这种局面却与村党委(支部)的工作产生了重叠甚至冲突。因此在"村民自治"和"受村党委约束"两者之间就会产生矛盾,这些矛盾往往会在处理一些具体的村务问题时产生,成为长时期得不到解决的"悬案"。村主任指导下的民主选举结果很可能得不到村党委的认可,村主任的很多工作很难顺利开展。由于两者之间存在矛盾,村民也不知道到底按照谁制订的方案行动。"两委"之间的关系不能理顺,村民对"两委"的信任度就会降低,村民在参与各种民主政治活动的过程中就会降低积极性。

2. 被动式治理导致基层自治虚化

苏州基层民主政治建设面临的一个实质性问题是:在城乡二元体制尚未被完全打破的情况下,既有权力结构体系下的被动式治理问题突出。基层治理变革,首先需要回答"为了谁"的问题。但在现有的压力型体制之下,自上而下的任务分解和考核挤压了基层政府本应履行的社会责任,基层政府不得不将大量精力和资源用来应对上级下派的各种事务和发展地方经济之中。同时,基层政府作为国家政权在基层社会施行的代理人,往往成为民众利益诉求的最直接对象和民众不满情绪的最主要发泄对象。目前基层民主政治建设中行政化倾向明显,它虽然有一定的合理性,却带来弱化村民自治的村庄基础、虚化村庄治理的主体地位、增加农民直接对抗政府风险等负面影响,不利于在乡村治理中发扬民主。

3. 政经合一带来基层民主政治建设困境

目前,除"村改居"地区以外,苏州大部分农村地区实行"政经合一"的治理结构,自治组织和集体经济组织合署办公,实行"一套人马、两块牌子",设想中"三驾马车"的组织运行架构在基层被简化为了"村两委"。计划经济时代农村地区"政经合一"的管理体制在大部分地区一直被完整地保留至今,这种治理机制导致村级治理重经济发展而轻公共服务,社会管理严重滞后,基层民主政治建设遭遇体制障碍。

4. 基层民主政治建设的相关法律法规不完善

当今中国正处在转型期的大背景之下,无论是城市还是农村,都会出现新的问题、新的矛盾,若能严格按照法律规章制度办事,把群众合法的诉求和权益放在首位,将有利于化解这些矛盾和冲突。事实上,尽管国家对村民自治制定了一系列的法律法规和制度,对村民选举权、村委会的组成及其职能等均做出了明文规定,但基层组织领导者利用职权谋取私利、基层组织懈怠松散不按法律法规办事等情况仍屡屡出现。之所以如此,一个重要原因就是相关法律法规还不健全,执行力不够,落实不到位。同时,基层政府一方面苦于应对愈发增多的基层社会冲突,另一方面又将法治视作不能承受之重。"有法就没法,没法就有法""摆平就是水平"的"人治"思维和行为仍然普遍存在。在基层治理实践中,一些基层领导的个人素质和能力构成了其人格化权威的基础,权力的监督和制约机制软化,法治权威弱化。

5. 党组织社会基础弱化

一是农村的改革虽然起步早,但后续乏力,获得的改革红利比城市要小得多,这就造成基层党组织凝聚农民缺乏有效的工作抓手。二是农村虽然保留着行政区域上的建制,但不少跨村跨乡甚至跨县的组织形式构成基层党组织新的工作环境。三是农村"空壳化"减弱了基层党组织的力量,基层党组织面对的主要群体是老人、妇女和儿童,开展工作的生气和活力受到影响。四是农村基层党组织面临权威降低的冲击。在村民自治实践中,党组织与村委会由于赋权方式的差别,村务活动以及实质性权力资源更多地集中在村委会的条线上,影响党的领导地位。

四、经验与启示

1. 完善村(居)民自治必须推进政治体制改革

显然,目前村民自治中普遍存在的"两委"关系、乡村关系和乡镇内部关系问题,并非只是基层社会的问题,实质上是中国政治体制中普遍存在的问题在乡村的一个缩影。只要是整个政治体制没有变动,村民自治中普遍存在的"两委"关系、乡村关系和乡镇内部关系等瓶颈性问题就难以突破。因此,要破解农村村民自治中的困局,必须联系国家整个政治体制改革来进行。

2. 完善村(居)民自治必须保证村民的民主权利与权力

要着眼于发挥村民自治的政治优势,不断调动农民的积极性、创造性,保证农民在基层的经济、政治、文化和其他社会事务中当家做主。民主选举活动中,要尊重和保障群众的推选权、选举权、提名权、投票权和罢免权。重大事务民主决策和管理中,要落实群众的知情权、决策权、管理权、监督权;把党的政策交给群众,重大事情告知村民;涉及村民切身利益的事情必须通过村民会议或村民代表会议,由群众民主决策;日常村务管理要让村民参与;村务的运作过程要向村民公开,接受村民监督。保护村民管理基层公共事务和公益事业的积极性,最广泛地动员和组织群众开展基层民主实践,在实践中提高自我管理、自我教育、自我服务、自我监督的水平。尊重村民的首创精神,及时总结和推广有利于村民当家做主的好经验,完善村民当家做主的各项制度。

3. 完善村(居)民自治必须坚持依法运作

着眼于村民自治的完善,认真贯彻《中国共产党农村基层组织工作条例》《中华人民共和国村民委员会组织法》,不断提高制度化、规范化、程序化水平,保证村民自治在法治轨道上积极稳妥地推进。村级组织及村民会议、村民代表会议所做的决定、决议,都不得与党的路线方针政策和宪法、法律、法规相抵触;村民自治章程、村规民约等规约,不得有侵犯村民人身权利、民主权利和合法财产权利的内容。依法建制、以制治村,逐步把城乡的各项事务纳入依法管理的轨道,不断提高法治化管理水平。加强法制宣传教育,增强干部群众的法治观念,提高依法办事能力。不断完善保障群众直接行使民主权利的法律法规和规章制度,坚持有法可依、有法必依、执法必严、违法必究,坚决查处破坏农村基层民主法制建设的各种行为。

4. 完善村(居)民自治必须坚持巩固党的领导

要着眼于健全村党组织领导的充满活力的村民自治机制,规范村内重大事务的民主决策和管理程序,巩固党在农村的领导地位和执政基础。"党的基层组织是党执政的组织基础",一定要高度重视基层,保障基层群众的切身利益,稳固党的执政基础;一定要加强基层党组织自身建设,纯洁队伍;一定要强化基层党组织的核心地位,把基层群众团结在党的周围;一定要以党内民主促进基层民主,坚持基层矛盾用基层民主的办法解决。"绝不姑息损害群众利益的事,绝不能让一些害群之马损害基层干部的良好形象。"切实发挥党组织的核心作用。在农村一级,有党支部、村委会、团支部、妇代会、民兵组织、村合作经济组织等各种组织,承担着政治、经济、社会管理等多方面的工作,其中党支部是领导核心,这一格局只能坚持和完善,不能动摇或削弱。党组织的核心地位,是党组织发挥核心作用的前提,要在指导思想上、组织保证上使党组织在农村的社会主义建设中,真正能站到"前台",真正能居于"第一线",而不是名不副实。改革农村旧体制绝不能以削弱党组织的作用为代价。必须明确,我们的村民自治是社会主义民主的一种形式,是党的领导下的自治。村民自治不能脱离党组织的领导,不能把村民自治与党的领导对立起来。只有依靠党的领导,才能真正体现村民的意志,才能实现村民自治,才能保证村民自治沿着健康的轨道不断前行。

案例一 苏州工业园区：方洲民众联络所搭建群众幸福桥

一、背景

党的十八届三中全会《关于全面深化改革若干重大问题的决定》提出，要"推进国家治理体系和治理能力现代化"。社会治理是一个融合了系统理论与实践的复杂的社会系统工程问题，需要在不同的方面积极推动创新。作为典型的移民型新城区，苏州工业园区居民结构复杂多元，突出表现在：外籍人士多（约占10%）、高学历人才多（大专以上学历居民约占60%）、新苏州人多（约占67%）。在这里，寻找社区归属感和认同感，不再是个人或家庭的问题，而是新移民面临的共同问题。不管是"新苏州人"还是"洋苏州人"，他们在来到园区之后都脱离了原来的社会关系网，因而在生活方式上、社会支持上乃至情感归属上都会感觉到生疏，从而产生不适应。一方面，他们需要建立新的朋友圈，寻找新的交往渠道，获得新的社区参与机会，发展相同的兴趣爱好，寻求在生活上的守望相助和情感上的认同支持，重建社会关系网。另一方面，作为年轻高知的居民群体，他们对于自身和周边社会的关注度逐步提升，希望能够充分表达自身的利益诉求，共同参与打造管理有序、服务完善、文明祥和的社会生活共同体。如何让互不相识又有不同文化背景的居民走出家门，增进交流，融入社区，建立良好的邻里关系，直接关系着园区的和谐与发展。

为了破解这一难题，苏州工业园区致力于学习新加坡经济发展、社会治理先进经验，在"升级"邻里中心对周边社区和企事业单位服务功能的同时，在每一个社区邻里中心辟出15%的面积用以同步规划建设"民众联络所"，依托邻里中心建设民众联络所，打造具有园区特色的社区公共服务载体和邻里交往空间，形成了"规划引领""亲商亲民""社会治理"等宝贵经验。早在2001年2月，园区成立了类似街道级别的基层政权组织——湖西社区工作委员会，取消经济考核指标，以城市管理和公共服务为主要职能，直属园区管委会领导。2011年6月24日，园区首个民众联络所在方洲邻里中心揭牌成立。这是借鉴新加坡公共管理经验，依托邻里中心平台设置的社区公共服务载体，首次将政府服务功能进行创新提升的积极尝试。目前，苏州工业园区下设4个街道、3个社工委，有10家民众联络所，基本实现园区全面覆盖。

二、主要做法

民众联络所的性质是为居民提供政务和事务服务的平台,介于街道和社区中间的服务部门。方洲民众联络所占地面积 1516 平方,每天接待近 300 人;经费来源于财政全额预算拨款;按苏州园区规划要求,一般在每一个社区邻里中心辟出 15% 的面积用以同步规划建设民众联络所;配置 1 名站长,4 名工作人员,属于合作制工人,社会公益性岗位,需通过社会管理者职业从业资格考试,工作待遇为城镇职工平均工资的 1.2~1.5 倍,目前不同工作人员年薪 5 万~7 万元。至 2014 年,民众联络所在全区所有邻里中心实现全覆盖。主要职能在于配置社区工作站、民众俱乐部、乐龄生活馆、少儿阳光吧、卫生服务站、邻里图书馆、邻里文体站 7 类功能场所,"一站式"满足社区各类群体的多元需求,并在社区工作站统一设置了党团服务、计划生育、劳动保障、民政事务、法律援助、民情联系等服务管理窗口。

(1) 社区工作站:提供精神文明、计划生育、劳动社保、民政、党建、文化教育等方面的政务服务,担负收集社情民意、壮大义工队伍、培育社会组织、促进社企共建等职能。

(2) 民众俱乐部:用于开展社情民意联系日活动,同时,免费为社区、企业的党群组织、文体团队提供多功能场所,用于各类社团召开会议、组织培训、举办讲座、排练节目等活动。

(3) 乐龄生活馆:免费供乐龄人士棋牌娱乐、研习书画、与异地子女视频聊天使用。

(4) 少儿阳光吧:免费供社区少年儿童娱乐、学习使用。

(5) 卫生服务站:为居民提供值得信赖、价格实惠的社区卫生医疗服务。

(6) 邻里图书馆:免费为居民提供图书、报刊借阅服务,与苏州市图书馆通借通还。

(7) 邻里文体站:内设乒乓球桌、台球桌等设施,满足居民的健身运动需求。

民众联络所围绕着"小政府大社会、小机构大服务"和"精简、统一、效能"的管理机制展开,一个邻里中心民众联络所辐射周边 4 至 6 个小区,承担社会管理和服务作用。这里不但硬件设施配备一流,管理服务等"软件"也令人刮目相看。

三、成效

方洲民众联络所的工作人员既要承担窗口的党团服务、计划生育、法律援助等各种政事服务,又要监管联络所各场馆的有效运行并关注居民的咨询求助,形成了快速反应、高效处理的工作作风,深受居民好评。民众联络所在工作中力争创新创优,为社区公共服务探索出了"五心服务"的新思路。

1. **舒心:办事、休闲的"一站式"**

邻里中心摈弃了沿街为市的粗放型商业形态,也不同于传统意义上的小区内的零散商铺,而是立足于"大社区、大组团"的先进理念进行功能定位和开发建设。根据社区物业的规模、类型和居住人口,配备相应的商业配套设施和社区生活服务功能,邻里中心作为集商业、文化、体育、卫生、教育等于一体的"居住区商业中心",围绕12项居住配套功能,从"油盐酱醋茶"到"衣食住行闲",为百姓提供"一站式"的服务。

2. **放心:硬件、软件的双环保**

方洲民众联络所的硬装和软装,选材购物都颇费心思。社区工作人员秉持一个理念:不但要让居民玩得开心尽兴,更要让他们玩得放心安心。装修初期,单单为了配置少儿阳关吧的物品,社区工作人员就上海、苏州两地来回跑,反复比较多家厂商的各类产品,挑选最环保、质量最可靠的买回来。正式启用之后,湖东社工委更是投入大量经费,多项措施并举,确保各功能间及设施设备的安全环保。比如,通过光触媒等手段,对新装修用房进行环保除甲醛、去味除污;安排专职人员清洁管理少儿阳光吧,每天进行设施的消毒,定期清洗、更换海洋球。孩子在玩乐,父母心中满是踏实和笃定。

3. **细心:从微、从精的优服务**

方洲民众联络所是园区第一家民众联络所,在此之前,没有可以借鉴的相关管理运营经验。如何让这个幸福项目最大化地发挥作用,让老百姓充分受惠其间,湖东社工委从小处着眼、细处着手,进行了一系列尝试。正所谓,服务用嘴,远不如用心。民众联络所的每个功能间都有详细的管理规定,只有通过有序有效的管理,居民才能确保享受到优质的服务;湖东社工委在社区工作站专设意见簿,诚恳听取各方意见,不断改进服务。方洲民众联络所配备了伞具、尿不湿、老花镜等便民用品,让居民出趟"近门"也可以像在家一样方便。

4. **精心:品牌、项目的巧策划**

方洲民众联络所还是举办社区或企业群团活动的上佳场所。湖东社工委巧用场地,精心策划,已先后在民众联络所组织开展了"浪漫七夕,缘来是你"社企单身派对、"社企直通车"项目启动仪式等众多各具特色的活动,并精心打造品牌项目。重要品牌项目还有:"社情民意联系日"——每月一度,园区领导与居民面对面,零距离沟通交流,倾听居民心声,汇集企业建议,方洲民众联络所真正成了"联络"沟通的好场所;"互动服务平台"——居民政务和事务服务便利场所;社会组织开展活动摇篮;企业社团开展培训、会议及各类活动基地。

5. 爱心:志和愿的共同偏旁

在方洲民众联络所,不但有营造出来的幸福氛围,更有传递着的幸福流淌。"Welcome to Know How Theme English Saloon!"这条热情洋溢的英语沙龙邀请语,民众联络所的常客们已耳熟能详。激情的主持人 Mr. Howe,挤满房间的粉丝,每周更换的新鲜应景话题,英语沙龙每周日晚上 19:00 与居民不见不散。主办人陈豪曾说过,只要有爱好者愿来,英语沙龙就会一直办下去。

居民除了可以在"英语沙龙"里用"洋话"谈笑风生,还可以在墨香四溢的乐龄生活馆里恣情挥毫泼墨。生活馆挂着的一幅幅遒劲豪迈、清丽流畅的书法作品,均出自东湖林语社区志愿者郑瑜文老先生之手。方洲民众联络所开张后,郑老先生和儿子小郑的墨香斋也正式同期"开张",他们志愿辅导社区爱好书法的青少年练习书法,一撇一捺间,传递的是两代人志愿服务的理念和发扬传统文化的心愿。

四、经验与启示

1. 坚持科学规划是创新社区管理的关键

我国的城乡、社区规划普遍存在短期行为,如城市总体规划期限一般为 20 年,大大低于新加坡 30~50 年的标准,且有严格的人口和用地规模限制。短命建筑时常出现,无法优化城镇的功能布局。城乡的规划管理体制也过于僵化和随意,正常的规划修改程序非常复杂,导致规划实施中明知有问题却无法及时补救的现象。面对这些问题,要编制好城乡社区的远景规划及各项社区专项规划,做到规划先行、合理布局;完善对政府部门改变控制性详细规划的法律约束,保持对随意修改规划追责的高压态势,避免利益驱动带来的扭曲;从根本上改革干部考核制度,既要考核任期内的政绩,更要考核对相关政策的延续执行力。

2. 建立健全的管理体系是创新社区管理的基础

苏州工业园区的社区管理组织体系健全、运转协调,是政府指导与社区高度自治相结合的完美产物。苏州工业园区湖东社区,建立了"社工委—社区工作站(民众联络所)—社区居委会"三级服务管理体系。联络所着重组织各种社区活动;居委会侧重对包括邻里关系在内的居住软环境管理;社工委则起到了党、政、民之间的媒介及执政党基层外围组织的作用。政府不直接参与社区管理事务,通过对社区组织的物质支持和行为引导,把握社区活动的方向。而社区组织分担了政府大量的管理和服务工作,成为政府管理社会服务的"抓手"。必须重新定位居委会的角色,落实居委会的自治职能,把更多的公共服务、公共管理职能下沉到社区,直接面对群众,为群众提供更优质的服务。科学设置社区各专门委员会,合理设置社区居民小组和楼栋长,建立健全社区居民代表会议制度和居民公约制度,完善居民代表和党员代表等议事制度。要健全民主自治体系,提高业主委员会的地位,培育和扶持其他民间社会组织,增加业主的参与管理意识和能力,实现社区的高效管理。

3. 树立服务理念,提高社会公众参与度是创新社区管理的重点

苏州工业园区的社区工作遵循以人为本、服务至上的理念。在社区里,服务无时不有,无处不在,而园区社区管理的社会公众参与度也非常高。因此,社区管理理念要实现由"管字当头"到"服务为先"的转变。坚持在服务中管理,在管理中服务,建设服务型社区。要培育积极向上的社区文化,促进居民合作参与社区管理,增进社区居民的归宿感、认同感。要建立合理的参与机制,拓宽参与渠道和途径,吸收一批"群众领袖"进入基层组织,广泛动员民间社团和居民群众有序参与社会管理。要搭建义工服务、培训、调配平台,建立义工关爱和奖励机制,不断壮大社区义工队伍,弥补政府职能在社会管理上的力所不及之处,实现管理服务的双向互动和无缝对接,使基层社区真正成为服务群众、凝聚力量的平台,成为比邻而居、守望相助的共同体。

4. 依托民众联络所构建幸福新邻里的创新价值

第一,它以现代的居民社团组织为载体,通过挖掘社区精英人才和居民主体性作用,建立了以社区社会组织为载体的社区自治机制,组织化的途径增强了居民的参与和认同。第二,它以社会中坚力量(年轻的白领阶层)为参与主体,而不是以社会边缘群体为参与主体,在一定程度上破解了中国社区参与中普遍存在的"老年人参与多、少儿参与多而中青年参与少"的难题。第三,它实现了社区居民的参与和共享,居民的主体性得以凸显,居民以主体地位和主体责任参与到社区建设中来,依靠自己的力量营建一个共同意义上的社会生活共同体,每个人都是这个不断发展的共同体的组成部分。人们的社会认同并非仅仅限于居住小区,更多时候大家是以"园区人"来称呼自己,带着一份骄傲和情感归属,新的共同体形式正在不断地酿造和重构,新的邻里关系正在逐渐铺展,一种多元参与、多方受益、各方幸福的社会秩序正向园区人走来。

【思考题】

1. 民众联络所在社区社会治理中有哪些好的做法?对推动基层民主政治建设发挥了哪些积极的作用?

2. 从社区治理的视角出发,谈谈你对基层民主政治建设的建议和看法。

案例二　太仓:"勤廉指数"推进基层党风廉政建设

一、背景

民主监督是民主政治的重要形式之一,是人民群众行使民主权利的重要体现。特别是在我国实行社会主义市场经济的条件下,民主监督作为一种重要的民主政治形式的意义更加突出。民主监督是保证权为民所用、利为民所谋的根本方法。只有实行有效的民主监督,其他的民主形式才能更好地发挥效力。党的十八大提出,完善基层民主的重点是健全基层党组织领导的充满活力的基层群众自治机制,即要以扩大有序参与、推进信息公开、加强议事协商、强化权力监督为重点。

保障基层民主,增强民主监督实效,推动基层勤政廉政建设向纵深发展,正是太仓市近年来党风廉政建设和反腐败工作的重中之重。太仓市地处全国经济最为发达的苏南地区,经济社会事业和反腐倡廉建设都呈现出较快的发展态势,基层民主建设更是走在全国的前列。为了更好地适应反腐倡廉建设新形势,借助这些优势在较高的平台上取得新的成绩,太仓市审时度势,创新工作思路,于2006年推出了"勤廉指数"测评工作,运用社会科学理论构建了民主监督新的平台,进一步增强了民主监督实效,有力推进了基层党风廉政建设。太仓的"勤廉指数"让基层的党员和群众有效监督干部,是发扬基层民主非常好的形式,要进一步深入推进。曾参与"勤廉指数"指标体系设计的全国政协原常委、著名社会学家、上海大学教授邓伟志认为,太仓市敢于通过"勤廉指数"测评,把对基层干部的评价权真正交给党员群众,是扩大基层民主的有效途径,这一做法本身就是一种创举,是促进基层干部勤政廉洁的可靠保证。

二、主要做法

2006年,在前期深入调研和认真分析的基础上,太仓市在全市各村开展了"勤廉指数"测评,使民主监督有了新的平台,运行以来取得了较大的成功,得到了党委、政府、基层干部和党员群众的一致好评。

1. 科学设定指标体系,保证民主监督内容全覆盖

在指标体系的设定上,牢牢把握勤政和廉政这两项对党员干部的基本要求,将"勤廉指数"指标分为"勤政指数"和"廉政指数"两部分。"勤政指数"包括经济发展指标、组织建设指标、社会和谐指标三个方面,"廉政指数"包括教育预防指标、权力规范指标、廉洁从政指标三个方面,具体分为 30 项内容。通过测评,既对村"两委"班子和村干部的工作效率与实绩等勤政情况进行监督,也对村"两委"班子和村干部的权力运行与廉洁自律等廉政情况进行监督,使民主监督的内容得到全面覆盖。

2. 严密有序开展测评,保证民主监督主体话语权

"勤廉指数"测评主要采取问卷调查的方法,既向市有关部门获取客观指标,又向不同层面的党员干部群众获取主观指标,最后通过调查结果综合运算出"勤廉指数"分值。参评人员既有市、镇、街道办有关人员,又有农村党员、村民,其中普通党员群众的测评分值权重达 60%。参评人员在农村党员、村民中随机抽取,由市纪委组织统计人员上门入户调查,整个过程村干部不参与,保证了普通党员群众这一民主监督主体的话语权。

3. 充分运用测评结果,保证民主监督效力最大化

与以往考核不同的是,"勤廉指数"测评突出自下而上的监督,实现了自上而下和自下而上监督相结合。村干部不仅要了解上级的要求,更要好好琢磨老百姓要他们干什么,保证了民主监督效力的最大化。"勤廉指数"测评的结果从整体上反映了各村的工作实绩以及廉洁从政情况,工作成效和薄弱环节均一目了然。通过对测评结果的分析和运用,市纪委对各村都形成了客观详细的反馈意见,既对好的做法及时总结和肯定,也对存在的问题和不足提出有针对性的意见和建议。各村在接到反馈意见后,按照要求专门召开村"两委"班子会议,认真研究,对照检查,逐项剖析,制定措施,并写出整改报告,落实整改措施。市纪委对整改工作进行监督检查,确保整改工作的有效落实。通过市纪委的反馈和督查机制,将民主监督转化为组织监督,有力推进了农村党风廉政建设和村干部的勤政廉政建设,从而确保了民主监督效力得到最大的发挥。

4. 挂钩"位子"和"工资袋",保证民主监督制度实效

"勤廉指数"测评结果还是党委政府决策的重要依据。太仓市纪委副书记王益清介绍说,有段时间村民对村集体"三资"被侵占意见很大,测评结果一出来,《关于深化农村集体"三资"信息化监管工作的实施意见》等系列制度迅速出台。工作无起色,就可能"下课"。太仓市规定,各镇党委要将测评结果与年终考核挂钩,测评结果在工资核定中占 50% 的权重。对本镇测评结果排名末位、群众评价差的村书记、村主任,上级将进行诫勉谈话。牵涉"位子"和"工资袋","村官"们自然如履薄冰。

三、成效

1. 实现了民主监督形式的拓展创新

"勤廉指数"测评通过指标量化、客观评价的手段和群众参与、组织运作的方式,搭建了对基层干部新的监督平台,实现了民主监督形式的拓展创新。一是实现了全面监督。"勤廉指数"指标体系全面覆盖对村"两委"班子和村干部的勤政廉政要求,通过测评使民主监督更具全面性。二是实现了实时监督。"勤廉指数"测评将话语权交给村"两委"班子和村干部身边的普通党员群众,使民主监督更具实时性。三是实现了刚性监督。"勤廉指数"测评结果最终成为纪检监察机关的组织监督依据,使民主监督更具刚性。这种兼具全面性、实时性和刚性的监督方式,有力促进了基层干部勤勉干事、秉公用权和廉洁自律。显然,测评解决了村级监督两方面问题:一是监督内容单一,仅局限在重大决策和村级财务;二是监督体系不顺,村干部不属于行政监察对象。测评结果对庸官产生了极大的警示作用,"勤廉指数"测评工作开展以来,全市村干部违纪案件同比下降了55%,群众信访量同比下降了50%。

2. 带动了民主监督制度的健全完善

"勤廉指数"测评通过测评指标的设置、测评结果的运用和对普通党员群众话语权的保障,带动了民主监督制度的健全完善。一是推动了原有制度的进一步完善。根据测评结果和反馈意见,各村不断健全村务公开"三日"制度、党务村务发布会制度等公开制度,村民代表会议制度、"民主决策日"制度等决策制度,村集体资产管理制度、民主理财制度等管理制度,切实发挥了民主监督的重要作用。二是催生了一批创新制度的出台。各村从测评反映出的自身薄弱环节出发,对症下药,相继出台了村民小组代表会议制度、村民议事听证制度、新农村固定资产管理制度、村级资金管理使用专项督查制度等一批创新制度,有力推动了民主监督工作。三是强化了制度的执行力。"勤廉指数"测评将一系列民主监督制度执行情况纳入指标体系,通过监督效力的发挥,促使村"两委"班子更加自觉、规范地执行各项制度,切实为普通党员群众参与监督提供保证。

3. 促进了民主监督对象的工作改进

"勤廉指数"测评结果从整体上反映了各村的勤政廉政建设情况,经市纪委反馈后,明确了应该继续坚持、发扬的有益做法以及需要改进、修正的不足之处,有力促进了民主监督对象的工作改进。一是村干部接受监督意识不断提高。"勤廉指数"测评将非权力性的民主监督转化为具有强大约束力的组织监督,形成了上对下监督和下对上监督的有机统一,从而使村干部更加重视民主监督,自觉接受监督、自觉改正不足的意识不断提高。二是村干部执政为民宗旨进一步落实。在"勤廉指数"测评中,群众话语权最高,只有群众满意了,测评分值才会高,这也保证了村干部的工作始终不偏离为人民服务的宗旨。"勤廉指数"测评工作开展后,群众反映,现在村干部与群众的联系更多了,作风更实,效能更高,行为更廉,与百姓的心贴得更近了。三是村干部改进工作的主动性得到增强。各镇党委把村级"勤廉指数"测评结果纳入年终考核体系,并作为兑现村干部年终报酬的重要依据,权重为50%左右,最高的达65%,从而有力增强村干部改进工作的主动性,推动了各村的整改工作。

四、经验与启示

实践证明,运用"勤廉指数"测评的做法,对于增强民主监督实效具有十分重要的意义。太仓市在村级"勤廉指数"测评取得成功的基础上,对这一课题进行了深入的思考与研究,力图使其发挥最大的效力和功能,从而取得经济社会发展与党风廉政建设互动双赢的综合效果。

1. 以"勤廉指数"的科学合理,加强民主监督力度

如何保证民主监督的力度?实践证明,监督形式科学合理是关键。"勤廉指数"测评从指标体系的设计到测评方法的制定,从测评数据的分析到测评结果的运用,始终遵循了科学合理的原则。指标体系清晰明了,既体现了基层勤政廉政建设的总体要求,又明确了各项重点工作的任务,同时根据形势发展和具体实践不断完善;测评方法简便易行,既考虑到了操作人员的工作量,又极大地调动了普通党员群众参与测评的积极性;测评结果客观公正,实现勤政与廉政的双评双测,做到客观评价与主观评估相统一,有效反映了基层勤政廉政建设的真实情况;测评体系科学运转,通过"评估、反馈、纠偏"三个关键环节和贯穿始终的监督保障机制,形成了科学运转的测评体系,提高源头防治腐败效果。正是因为科学合理,"勤廉指数"这一民主监督平台具有了强大的生机和活力,从而在根本上保证了民主监督的实效。

2. 以"勤廉指数"的成果量化,推动惩防体系建设

在惩治和预防腐败体系建设中,监督是关键,而强化民主监督又是加强监督的关键所在。因此,以"勤廉指数"为平台发挥好民主监督实效,对于整体推进惩防体系建设具有十分重要的作用。由"勤廉指数"测评形成的真实数据,客观量化了近年来惩防体系建设所取得的成果,既反映了工作成效和不足,又明确了工作改进的方向,较好地发挥了度量衡和风向标的作用。通过民主监督这一关键点,可以促进教育工作,使勤廉并重的理念深入人心;可以促进制度建设,带动一批勤政廉政制度的建立和完善。璜泾镇各村通过"勤廉指数"测评的反馈意见,实施了村干部履职承诺制,即村干部根据职责合理定诺,面向群众公开示诺,对照承诺积极践诺,接受群众公正评诺,没有尽职追究违诺,进一步强化了对村干部的监督制约;可以促进纠风工作,使干部的工作作风更务实、更亲民、更优良。"勤廉指数"还可以促进惩处工作,为查办案件提供有价值的线索,如太仓市针对陆渡镇某村2008年廉政指数较2007年下滑明显的情况,对村"两委"班子廉洁自律情况进行了初步摸排,结果发现村书记陆某有挪用新农村建设资金、贪污等嫌疑,遂对陆某进行立案调查,后查实陆某贪污、受贿达数十万元。实践证明,"勤廉指数"是推进惩防体系建设的有效抓手,必将通过民主监督效力的充分发挥推动惩防体系建设向纵深发展。

3. 以"勤廉指数"的未来导向,助推经济社会发展

推动经济社会发展,实现党风廉政建设与经济社会的互动双赢,是体现民主监督实效最终的落脚点,也是增强民主监督实效的检验标准。基于此,太仓市在"勤廉指数"的指标设计中做到勤政与廉政相统一,使测评结果成为勤政廉政建设未来发展的导向,从而有力助推经济社会发展。事实证明,通过"勤廉指数"测评工作,的确对经济社会的发展起到了积极的引导作用。市委、市政府将测评结果作为加强社会主义新农村建设的重要决策依据;各部门将对农村基层的有关要求融入"勤廉指数"评价体系;各镇党委、政府将测评结果纳入考核体系,作为兑现村干部年终报酬的重要依据;各村将反馈意见作为改进自身工作的风向标,形成了齐抓共管的良好局面,共同推进基层勤政廉政建设和经济社会发展。"勤廉指数"测评开展以来,各村针对测评结果反映出的问题,制定了加快村级经济科学发展的相应措施,村级经济发展明显提速。可见,深入持久地开展"勤廉指数"测评工作,对经济社会发展的推动力必将进一步彰显,从而有效实现民主监督的终极目标。

【思考题】

1. 太仓市开展的"勤廉指数"测评工作在农村基层民主政治建设中发挥了怎样的作用?

2. 太仓市开展的"勤廉指数"测评工作还存在哪些问题?如何解决这些问题?

案例三 湖桥村：村民自治章程推动基层民主法治建设

一、背景

村级民主管理是依法实行村民自治的重点，制定和实施村民自治章程是实现民主管理的重要途径和方式。村民自治章程的制度建设，实现了农村治理方式的转变，提高了村民自治的制度化和法律化水平，村干部依法行使权力，村民依章行事，形成了"一册在手，规矩全有"的局面，极大地促进了农村经济的发展和社会稳定。

自1988年《村民委员会组织法》颁布实施以来，苏州市就把村务公开和民主管理作为加强农村基层民主政治建设、提升农村工作水平、促进农村经济社会健康协调发展的重要举措来抓。通过多年的努力，村民自治工作取得了明显的成效，各项制度不断完善，农民民主权利得到保障，农村基层民主气氛浓厚，农村文明建设协调发展。

湖桥村位于吴中区西南东太湖畔，2010年被司法部命名为"全国民主法治示范村"。近年来，湖桥村党委、村委会紧扣依法治村和村民自治主题，以"四民主两公开"为重点，努力做好基层普法和依法治理的大文章。2014年实现村级集体总收入6200万元，村级集体总资产81229万元，村级集体净资产50918万元。在快速发展经济的同时，村"两委"始终牢固坚持以人为本的发展理念，坚定不移地抓好产业富民、保障安民、服务惠民、实事利民，使经济增长与民生改善趋向一致，不断丰富湖桥村率先发展、创新发展、和谐发展的内涵和质量。该村至今已荣获"全国民主法治示范村""国家级生态村""苏州市农村基层先进党组织"等80多个荣誉称号。

二、主要做法

1. 制定村民自治章程，夯实民主管理制度基础

依法健全并完善村民自治章程，严格遵循自治工作流程：先由村"两委"成员研究讨论、草拟初稿，再广泛听取党员干部和村民的意见进行修改补充，然后召开党员和村民代表大会会议，通过并形成决议后予以实施。近年来，该村制定并出台了一系列重大决策，投资建设了一系列经济项目和民生项目，落实了一系列扎实推进经济社会转型升级的重大措施。由于民主决策、民主管理、民主监

督落实得好,时下的湖桥村已形成了全村党员干部和村民群众"心往一处想,劲往一处使"的可喜局面。

2. 健全自治组织体系,走协商共治之路

在村民自治的总前提下,湖桥村建立健全了党政管理结构,有党员代表大会、村党委会、党支部和党小组;行政上有村民代表大会、村委会、村民理财小组、财务监督小组、村民小组。与此同时,湖桥村"三大合作社"以及"湖桥集团"也都是相对独立的主体,从"经济共同体"演进为"利益共同体""社会共同体"和"政治共同体",成了村民自治的有效平台。施行"自治"或"共治",必须要有制度,并且一定要按制度办,用制度管权,用制度管事,用制度管人。

3. 完善村民自治制度,取得良好成效

近几年,湖桥村先后制定了党员代表大会制度、党委会议事制度、党建工作制度、村民代表大会制度、股份合作社章程、党务村务财务公开制度、村级财务监督审计制度、项目建设招投标制度、建房监管制度、扶贫帮困制度、村民户籍管理制度等,还订立了村规民约和村民文明公约。现在湖桥村的干部群众都明显感受到了协商共治和按制度办事所带来的好处:各种利益表达有了平台,群众说得上话;村里的重大事项决定能更好地体现"公共利益"和"长远利益";有利于村里重大项目建设的推进,现在是"再大的事由全村人顶着",体现了制度的力量;大大减少了干群之间的直接冲突,一切都有制度摆着,凡超出制度规定的要求,村干部可以拒绝,群众也愿意接受;提高了村党委会、村委会在村民中的威信。连续几年,湖桥村的村民群众对领导班子的满意率都保持在98%以上,"阳光带来信任,实绩带来信赖"。

4. 坚持基层民主,实现依法自治

"坚持民主选举抓直选,坚持民主决策抓程序,坚持民主管理抓监督。"湖桥村积极开展以民主选举、民主决策、民主管理和民主监督为主要内容的村民自治活动,促进全村社会管理决策科学化、管理规范化、监督民主化。一是坚持民主选举。该村严格贯彻《村民委员会组织法》和《农村基层组织工作条例》,尊重和保障村民的推选权、选举权、提名权、投票权和罢免权,按照法律规定和法定程序选举村干部,在村党委、村委会换届选举中坚持实施"无候选人直选"。在选举前,他们坚持广泛、深入地开展换届选举法制宣传教育,让广大党员干部和全体村民对"两委"换届选举做到"知职责要求、知权利义务、知法律规定、知法定程序",确保选出工作能力强、带领群众致富能力强的"双强型"班子。二是坚持民主决策。先后完善了村级《重大事项决策制度》和《村民代表议事制度》。凡是村里的重大决策、重点项目、重要事项都要经过民主决策程序,由"两委"班子成员预先提出方案,再提交党员和村民代表民主讨论,最后形成决议予以实施。三是坚持民主管理。村重大事务的管理和重点项目的实施,都吸收党员和村民代表参与,使他们能说得上话、看得上账、帮得上忙。四是坚持民主监督。建立健全了民主理财小组和民主监督小组,村务公开和财务公开由民主理财小组和民主监督小组审查通过,重点项目建设的招投标都坚持"阳光"操作。五是坚持村务公开和推行民主评议村干部制度。村里的重大事项和群众普遍关心的问题,都要向村民公开,做到每季公开一次、全年公开四次。

5. 加强组织领导,提升广大干群的法律素质

湖桥村始终将法治建设融入村经济社会发展工作的方方面面,不断强化对村干部及广大村民的法制宣传教育,实现了法制宣传、法律服务、社区矫正、人民调解、法律援助等司法行政职能的触角向基层农村的延伸。聘请了38个村民小组长和100名掌握一定法律知识的村民担任普法辅导员,形成覆盖全村的普法教育网络;积极利用村里的宣传栏、文体中心的显示屏等,广泛开展相关的法制宣传教育活动;以村法制学校为阵地,向村干部及从事公共服务的人员大力开展法制宣传教育,重点宣传《土地管理法》等法规,切实提高村干部和公共服务人员的依法行政和依法决策水平,增强他们的依法办事能力和为村民服务意识;在村行政办事中心设立法律咨询、法律援助服务窗口,引导村民在生产、生活中不断丰富法律知识,提高法律水平。村委会还制定出台村规民约和文明公约,印发至全村各农户,教育引导干部群众逐步养成"事事依法、处处守法"的良好习惯。

与此同时,他们还坚持把加强农村基层民主法治建设放在突出位置。他们把贯彻落实《村民委员会组织法》、开展村民自治和民主管理列入村里的年度发展规划和对村干部的考核,确保农村基层民主法治建设的重要地位;加强和充实农村基层依法治理领导小组,切实保障和促进了农村基层民主法治建设的健康、顺利发展。

6. 积极抓好基层和谐与稳定

加快推进城乡一体化发展需要和谐稳定的社会环境。为此,湖桥村成立民主理财小组,抓好财务监督与审查,对重点项目一律实行公开招投标和"阳光操作",对财务情况跟踪检查、审计监督;在村综治中心设立民事纠纷调解室,并安装覆盖全村的治安监控显示屏,切实抓好社会治安,把民间矛盾纠纷和社会安全隐患解决在萌芽状态;抓好干部作风,教育引导村干部树立"村民选我当村官,我当村官为村民"的意识,积极为村民办实事、做好事,努力形成科学有效的利益协调、诉求表达、权益保障等机制,统筹协调各方面的利益关系。通过走村入户,问政于民、问计于民、问需于民,保持党员干部与人民群众的紧密联系,把社会管理融入服务之中,努力解决好人民群众最关心、最直接、最现实的利益问

题。在时下的湖桥村,村民们都把村党委、村委会干部当作主心骨,干群关系十分融洽。在2015年年底的民主测评中,村民对村"两委"班子成员的满意度达98%。

三、成效

湖桥村推行村民自治的工作显示出极大的作用和成效。

1. 培养了村民的民主法制观念,提高了村民的参政议政能力

中国农民长期以来民主法制观念淡漠,只有全面提高农民的民主政治素质,才能促进农村基层的民主政治建设。村民自治章程的推行为我们找到了一条新路。湖桥村在制定章程过程中,全体村民积极参加,这本身就是对村民进行的一次生动的民主法制教育。章程制定后,村民依章办事,增强了村民对约束机制的认同感。以往普遍存在的干部"重权力、轻责任",老百姓"重利益、轻义务"的现象有了较大改变。

2. 促进了公益事业进步,加快了经济发展

国家在农村建构村民自治体系,很大程度上是为了促进农村生产力水平的提高。民主决策是章程的重要内容,湖桥村在涉及村级集体经济发展的民主决策中,召集村民代表大会,集体决策,这和以前少数村干部说了算的现象形成鲜明对比。章程在湖桥村的推行,还在乡村形成了民主宽松的氛围,干部依法行事,群众支持;群众按章办事,避免了不必要的纠纷,村民集中财力和精力,发展生产。2014年实现村级集体总收入6200万元;村级集体总资产81229万元,比上年的64680万元净增16549万元,增长率为20%;村级集体净资产50918万元,比上年净增10184万元;兑现村民股红分配和各项政策性、福利性补贴突破2000万元,户均16181元;农民人均收入达30826元,继续保持两位数增长。

3. 化解了社会矛盾,维护了社会稳定

苏州农村当前正处在新旧体制转轨时期,社会矛盾复杂,许多问题"公安难断,法院难判",靠政府管不过来。农民群众和基层干部普遍认为,制定和实施村民自治章程是解决问题的好办法。章程不仅规范村民的行为,也规范村干部的行为,使村干部在工作中公平、公开、公正,亮了干部的箱底,兜了集体的家底,明了老百姓的心底,密切了干群关系。面对社会转型的发展现状,湖桥村村民自治章程对社会治安设立了专项规定。该村还把创建"平安和谐社区"工作纳入了经济社会发展的总体规划,把平安和谐创建与社会管理、社会服务、社会防范紧密结合起来,在临湖镇派出所的大力支持下,建立了临湖镇派出所湖桥警务站,加强了社区群防群治队伍建设,完善了群防群治工作体系和工作机制,积极认真地做好了社会维稳工作,确保了社会的和谐稳定。

4. 深化了村民自治,加强了基层民主政治建设

依法治村,培养了农民的民主习惯,提高了农民的民主政治素质。章程构筑了以民主选举、民主决策、民主管理、民主监督为基本内容的民主制度框架,使村民自治制度化、法律化、规范化,充分体现了村民自治的核心内容,切实维护了广大村民当家做主的权利,成为不断深化村民自治不可缺少的重要切入点。

四、经验与启示

村民自治章程的推行正在引起农村管理模式的重大改变,它的政治社会效果不可忽视,显露出来的问题也亟待解决。村民自治章程在依法治村中居于主体地位,它的运行至少带给我们如下启示:

1. 村民自治章程是对国家法律的深化和延伸

《村民委员会组织法》确定了实行村民群众自我管理的原则,但对怎样管理没有具体明确的规定,地方贯彻实施《村民委员会组织法》办法,虽然对此做了具体说明,但只是一般性的原则规定。农村各地实际情况千差万别,必须制定一套上合国家法律,下合村情民意的具体规章制度。在实践中,村民制定的章程既反映了国家法律的原则精神,又详细规定了村务管理的方方面面;既包含了依靠法律的约束性进行治理,又运用说服教育进行道德治理;既体现了法制精神,又使用民主方式。

2. 村民自治章程是对村规民约的补充和发展

从内容上看,村规民约涉及村风民俗、社会公共道德、公共秩序、遵纪守法、社会治安等方面的规定,而村民自治章程是对全村各项事务进行综合规范的规章,涵盖了村规民约的基本内容。村规民约只约束群众的行为,而章程体现了干群互约,变单项约束为双项约束;村规民约没有经过全体村民同意,约束力不强,而章程经全体村民认可,变软约束为硬约束;村规民约是上级行政部门下发的,而章程是村民制定的,变被动约束为主动约束;村规民约千篇一律,而章程各具特色,变统一性为多样性。

3. 村民自治章程的制定和执行将村务管理纳入了民主法制化轨道

在中国封建社会,农村管理具有一定程度的自治性。但这种自治是少数上层人士把持村务管理权,没有民主的制度体系支持,是专制性的自治。村民自治章程的建构和实施使村务管理建立在广泛的民主基础上,为民主管理提供了制度上的保证。章程以条文的形式明确规定村中各类事务的管理,界定其社会成员的角色,民主管理不再是干部的恩赐,而是群众的权利;民主管理不再依靠干部的民主作风,而是制度规定;管理活动不再是随意性行为,而是群众制度化

参与和村干部根据制度进行规范性管理相结合。

4. 进一步落实村民自治章程,全面推进村民自治建设

从苏州农村的实际情况看,各村已经初步制定了村民自治章程,但一些地方没有认真执行,使章程流于形式。要采取各种有效的方法和途径,使章程真正成为农民群众行使民主管理权力的利器。首先,搞好民主选举,选好带头人,是落实章程的前提条件。其次,壮大集体经济,是落实章程的坚实基础。只有经济发展了,才能进一步提高农民政治参与的积极性,为村民自治制度化建设提供必要的物质前提。因此,必须继续加快农村经济发展,夯实集体经济实力。再次,健全监督机构和机制,完善村民大会和村民代表会议,是落实章程的根本保证。要使章程不仅仅停留在口头上,必须要有执行和监督机构,有一套使其运转起来的机制。村民大会和村民代表会议要真正承担起监督执行的责任。最后,把民主管理和精神文明建设结合起来,是落实章程的有效途径。农村精神文明建设活动的开展,有利于提高农民的思想觉悟,形成农民自我管理的激励机制。

【思考题】

1. 湖桥村村民自治章程在农村基层民主政治建设中发挥了怎样的作用?
2. 结合湖桥村村民自治章程,谈一谈你对农村基层民主政治建设的意见和建议。

第三篇　文化传承篇

—— 全面建成小康社会的精神力量

第七章 以"三大法宝"为核心的苏州精神

概 述

如果说,30多年来波澜壮阔的改革开放谱写的是一幅创造中国特色社会主义道路的历史长卷,那么苏州的发展就是这一长卷上浓墨重彩的一笔;如果说,30多年来致力于实现伟大复兴的中华民族创造了改革创新的时代精神,那么致力于实现全面小康的苏州人民创造了率先发展的具有先锋气质的苏州精神。

苏州之所以总是能够率先全国而不断发展,总是能够超越自我而不断创新,总是能够正确选择更高的目标而勇往直前,除了具有物质实践的动力因素之外,还存在着更深层次的原因,那就是苏州在改革开放的伟大实践进程中,内在地凝聚了一种精神品质,一种价值追求,一种持久的精神动力,即苏州精神。

苏州改革开放30多年来最可宝贵的财富,就是形成了以"三大法宝"为核心的苏州精神:"崇文睿智、开放包容、争先创优、和谐致远",这是苏州人民共同的财富,是无形资产、无价之宝。更为重要的是,苏州人民始终坚持以发展的实践丰富并发展着苏州精神,使之在新的发展阶段有了更充沛、更深远的内涵,从而产生了更强大、更不可逆转的推动力。充满率先、创新、科学、和谐发展理念的苏州精神,已经并越来越成为苏州发展的不竭精神动力。

作为"三大法宝"的昆山之路、张家港精神和园区经验,不仅是苏州改革开放的重要标志,也是苏州精神的核心所在。在"三大法宝"的牵引下,苏州精神得到一次又一次的彰显。苏州精神的光辉不仅显示出苏州的传统魅力,更揭示出苏州与时俱进、宽容巧雅的人文底蕴与和谐发展的时代特征。我们关注苏州精神,不能不从"三大法宝"说起。

一、"三大法宝"的形成历程

1."张家港精神"的形成与发展

"张家港精神"萌生于上世纪80年代,形成、弘扬于90年代,深化、光大于新世纪初。党的十一届三中全会以后,张家港市的前身沙洲县的干部群众打破传统农业经济的束缚,以集体经济为主体,大办乡镇企业,开拓外向型经济,形成了"踏遍千山万水,吃尽千辛万苦,说尽千言万语,排除千难万险"的"四千四万"精神,实现了张家港的第一次跨越。20 世纪 80 年代,沙洲县政府所在地杨舍镇的全体干部表现出的"为官一任、造福一方,顾全大局、乐于奉献,扶正祛邪、敢于碰硬,雷厉风行、脚踏实地,严于律己、以身作则,自加压力、永不满足"的工作标准和工作作风,被誉为"杨舍精神"。1992 年,邓小平视察南方重要讲话发表,张家港市的管理者对杨舍精神进行概括、提炼、升华,提出要在全市大力弘扬"团结拼搏、负重奋进、自加压力、敢于争先"的张家港精神,用以鼓舞人们在"苏南方阵"中争先进位。1995 年 5 月 13 日,江泽民同志欣然题写上述 16 字精神,从此"张家港精神"在全国闻名遐迩。

2. "昆山之路"的形成与发展

20 世纪 80 年代初苏州地市合并时,昆山的经济实力排名位于苏州下辖六县之末,但机敏的昆山人响亮地喊出了"起步迟、起点高、发展快"的口号,在第一轮发展中抓住上海城市大工业与当地乡镇工业横向联合这一机遇,很快拉近了与周边地区的距离。以 1985 年自费建设经济开发区为新的起点,昆山迅速驶入了经济国际化的轨道。1988 年 7 月 2 日,《人民日报》刊登长篇报道——《自费开发——记昆山经济技术开发区》,并配发《昆山之路三评》的评论员文章,赞扬昆山开发区发扬自力更生、艰苦奋斗的精神,靠内部挖潜、靠量力而行、靠精打细算、靠因陋就简,成功走出了一条"昆山之路"。紧跟"学外向、议外向、抓外向"的潮流,昆山人转变观念、开拓创新、与时俱进,在外商独资企业引进、土地招标出让、配套小区建设、解决"三农"问题等方面始终走在改革的前列,取得了令人瞩目的成就。1998 年 10 月 5 日和 2001 年 6 月 8 日,时任总书记的江泽民同志两次视察昆山,称赞"昆山发展很快","昆山城市很海派","昆山市民很文明"。2005 年,昆山市荣登全国综合实力百强县榜首。"不等不靠、埋头苦干、抢抓机遇、开拓创新"的昆山之路如今已延展为一条率先发展的康庄大道。

3. 园区"亲商理念"的形成与发展

苏州工业园区是中国和新加坡两国政府间重要的合作项目。1994 年启动以来,工业园区在基础设施开发、招商引资、经济社会发展、体制机制创新等方面取得了显著成效。园区开发建设的最大成就,是科学定位政府职能、不断强化服务意识、完善服务机制、提高服务水准,通过精简行政审批项目、清理压缩行政收费、增强"一站式"服务职能、实施社会服务承诺制等有效手段,千方百计营造有利于企业发展的环境。园区在规划建设管理、经济发展和公共管理方面借鉴新方的成功经验,形成了"科学、规范、透明"的管理秩序和"公开、公正、公平"的法治环境。园区把"亲商理念"概括为:本着"开放融合、尊商惠民、创新创优、和谐共赢"的信念,通过"尊商、引商、留商、便商、安商、富商"等具体举措,规范政府行为,提升服务效能,降低商务成本,优化投资环境,吸引和集聚国际先进产业进区发展,帮助企业实现最佳投资回报,促进政府、企业和社会多方共赢。

二、"三大法宝"的丰富内涵和时代价值

1. 为了人、依靠人、发展人是"三大法宝"的核心

为民是政府的根本宗旨,实现公共利益是政府治理的本质。在现代社会,人们不仅关注作为公共利益代表者和维护者的政府如何才能对公共事务进行有效的管理,而且更加关注怎样才能从政府那里得到他们所需要的东西。站在政府的角度来看,只有千方百计维护好公共利益,不断增进公众福祉,才能更好地促使社会和谐运转。苏州"三大法宝"的立足点和形成过程都"呼应"了政府治理的这一本质要求。这种"呼应"主要体现在:注重城乡统筹发展,初步建立了城乡一体的劳动力市场,实行城乡劳动力同等竞争、同等就业、同工同酬,农村与城镇社会保障制度逐步衔接;注重"塑造人",在全省率先普及高中段教育并向高等教育大众化的目标加快迈进,卫生监督、疾病预防控制和医疗服务体系不断完善,公益性文化事业全面发展;注重富民,各级政府作为"富民工程"的实施者,改变了富民工作低位徘徊的局面,全市中等收入者比重基本达到了国际经验和国内专家研究成果所要求的富裕小康的基本指标。

2. 追求效率、抢抓机遇、加快发展是"三大法宝"的主旋律

效率一直被视为公共追求的目标。当代西方国家以新公共管理或管理主义为定向的政府改革基本可以被定义为追求"三 E"(Economy,Efficiency,Effectiveness,即经济、效率、效能)目标的管理改革运动。尽管与传统公共行政追求效率的原则不同,新公共管理侧重于从效率优位向绩效优位转移,但实际上是扩展了效率的内涵。"三大法宝"发展历程中的绝大多数重要事件,大体上是以效率为取向、与时间赛跑的故事。比如,苏州人解放思想出效率。苏州冲破"两个凡是"的束缚,形成乡镇企业"异军突起"之势;冲破姓"社"姓"资"的束缚,开创外向型经济的新局面;冲破姓"公"姓"私"的束缚,取得经济结构和所有制结构调整的重大突破;冲破"苏南模式"的局限,转向社会主义市场经济取向的过程,就是突破思想束缚、优化资源配置、求发展、出效率的过程。再比如,苏州人抢抓机遇出效率。各级政府"不管东西南北风,咬定发展不放松",先后抓住率先发展乡镇企业、浦东开发开放、国际产业转移三次重大战略机遇,实现了农村工业化、城乡一体化、经济国际化的跨越。可以说,从抢抓机遇的过程中,苏州抓出了发展的效率。还比如,苏州人加强管理出效率。各级政府部门雷厉风

行、务实诚信、践行守诺,说了算、定了干,言必信、行必果。政府要求所有公务员要开明、有本事、讲效率,办事"三句话就OK","行政不作为"追究责任,没有作为就不给地位……这些举措都有效保证了政府效率的"最大化"。

3. 行为规范、公正透明、廉洁高效的服务是"三大法宝"的效用途径

在经济社会发展进程中,苏州各级政府部门坚持"服务至上",并把它落实到执政施政的各项工作中去,逐步实现从管理型政府到服务型政府的转变。"为纳税人服务",为投资者提供24小时的"全天候"服务,"诚信服务、规范行政、降本增效",这些都是包括张家港、昆山、工业园区在内的各级政府及其部门坚定实践服务理念的生动写照。近年来,苏州人深刻认识到,优惠政策是有限的,而优质服务是无限的,在全国地级市中率先制定颁布了服务型政府建设纲要,明确提出了加快职能转变、加强效能建设、构建电子政府、规范行政行为、提升公务员素质等方面的任务;用"铁的决心、铁的措施、铁的纪律"在全市范围内推进行政审批制度改革,大多数直接与企业和人民群众打交道的行政审批事项实现了"一门式"审批、"一站式"服务。"比服务"已成为苏州地区频率最高的一句话,前往政府部门办事的企业、百姓在诧异中欣喜地发现,曾经的繁文缛节已成为过去的记忆。

4. 不等不靠、勇于实践、开拓创新是"三大法宝"的精髓

现代政府以社会需求为起点,以成本—效益为分析工具,通过体制创新以满足社会需求,推动区域经济发展,最终形成公共管理体制创新与经济社会发展的互动关系,它表现为:经济发展要求公共管理体制创新,公共管理体制创新促进经济发展。剖析"三大法宝",一条基本经验就是政府管理者引导干部群众破除"等、靠、要"思想,在思想观念上、工作思路上、机制体制上进行大胆创新。上世纪80年代,昆山的决策者们做出从单一农业经济向农副工全面发展转移、从产品经济向有计划的商品经济转移、从自建型经济向横向联合型经济转移的决策,依托老城、发展新区,富规划、穷开发,滚动发展、逐步到位,以经济开发带动技术开发,自主创建开发区,凭借观念创新闯出了一条高位发展之路。工业园区主动适应全球化环境下政府治理体制变革的需求,学习、借鉴新加坡公共管理经验和经济管理经验,走的是体制创新的成功之路。张家港人以全市范围内的大环境整治活动这一基础工程为抓手,最终改变了张家港人的精神面貌,于上世纪90年代中期成为全省乃至全国两个文明建设的典型,走的同样是一条知难而进、勇于进取的创新之路。综上所述,苏州"三大法宝"的实践蕴涵着政府公共管理的理念,政府公共管理理论指导、丰富着苏州经济社会的发展实践。根据现代政府治理的一般原理,"三大法宝"的精神实质可以概括为"宗旨为民、效率优先、服务至上、锐意创新"。

三、创新实践"三大法宝"新的着力点

在全面建成小康社会的新的历史形势下,如何弘扬"三大法宝",是苏州各级政府面临的重大课题。

1. 弘扬"三大法宝",要坚持以人为本

"三大法宝"中的"宗旨为民"内涵本质上体现了以人为本的要求。传承、弘扬"三大法宝"精神,各级政府及其职能部门必须牢牢抓住实现广大人民群众的根本利益这一关键,以富民强市和构建"和谐苏州"为总目标,不断优化经济结构,促进增长方式转变,努力提高自主创新能力,深化改革,扩大开放,把经济社会发展切实转入以人为本、全面协调可持续发展的轨道,使苏州经济更加繁荣、科教更加发达、生活更加富裕、环境更加优美、法制更加健全、社会更加文明,让科学发展的成果惠及广大人民群众。

2. 弘扬"三大法宝",要增强政府绩效

弘扬"三大法宝",各级政府机关必须把工作的着力点放到推动经济发展和社会事业全面进步上来。要加快推动产业结构调整和经济增长方式转变,调整优化生产力布局,加快服务业特别是现代服务业发展步伐;坚持富民优先,重点发展民营经济,增加群众的经营性收入、工资性收入、投资性收入和财产性收入;调节收入分配,重视解决部分社会成员收入差距过大的问题,有效保障困难群众的基本权益;大力发展教育、文化、卫生、体育等社会事业,统筹抓好人口、资源、环境工作,使人口增长与资源、环境的承载能力相适应。

3. 弘扬"三大法宝",要提升政府服务水准

弘扬"三大法宝",政府要提高服务水平。各级政府部门要坚持依法行政,突出经济立法和城市管理立法等重点,做好规范市场经济秩序、促进科技教育发展、保护环境资源、健全社会保障体系、维护社会稳定等方面的立法工作;让专家学者和广大群众参与立法,做到依法立法、民主立法、科学立法;重视社会普遍关注、事关群众切身利益领域的执法工作,做到规范执法、文明执法、秉公执法;抓好政府信用建设,推行服务承诺制、行政赔偿制,加强行政效能督查,做到取信于民。推行透明服务,进一步向社会公开政府规章、规范性文件、行政措施和政务活动,保障群众的知情权、参与权和监督权;推行重大行政决策集体讨论制度、听证制度和专家咨询制度,推进决策科学化、民主化。自觉接受人大的法律监督、工作监督,接受政协和各民主党派的民主监督,接受人民群众和社会舆论的监督。

4. 弘扬"三大法宝",要推动体制创新

在市场经济体制不断完善和经济国际化、工业化、城市化的背景下,弘扬

"三大法宝"面临着迫切的制度创新任务。首先,要实现编制和机构的法定化。要按照精简、统一、效能的原则和决策、执行、监督相协调的要求,规范部门职能,合理设置机构,优化人员结构,做到一项工作由一个部门为主负责;实行政企分开、政事分开、政社分开及事企分开,构建"小政府、大社会"的公共管理模式。其次,要加快转变政府职能。弱化政府对微观经济的直接管理职能和对社会资源的直接分配职能,促进管理方式从管制型向服务型、从管微观向管宏观、从直接干预向间接调控转变,把工作的重点转向经济调节、市场监管、社会管理和公共服务;深化行政审批制度改革,凡属缺乏法律、法规依据的审批事项,一律取消审批;凡属企业自主决策、自主经营的事项,政府不再参与管理;凡属市场调节的事项,政府不再直接管理;凡属转移给中介机构和行业协会的事项,政府不再直接干预。第三,要发展行业协会和中介机构。鼓励在优势行业、新兴产业中建立行业协会,在国际贸易、涉外法律、市场调查、资产评估、信息服务等领域扶持发展中介机构,重点培植一批与国际接轨、精通世界贸易组织事务的专业服务机构。

案例一 "昆山之路"：率先科学和谐发展

一、背景

昆山，东靠上海，西邻苏州，是江苏省的东大门，全市面积927平方公里。改革开放之初，昆山还是一个产业结构单一的农业小县。改革开放以来，昆山始终坚持以经济建设为中心，从实际出发，解放思想，开拓创新，抢抓机遇，不断进取，率先基本达到全面小康社会水平，以占全国万分之一的土地、万分之五的人口，吸聚了占全国千分之十九的到账外资，实现了占全国25‰的进出口总额，创造了占全国5‰的GDP。作为建设中国特色社会主义的实践典范，昆山走率先发展、科学发展、和谐发展之路，在工业化、城市化和国际化的道路上高歌猛进，成功走出了一条以发展开放型经济为主要特色的"昆山之路"。

二、主要做法

1. 始终坚持开放带动、内外并举，不断提升综合竞争力，实现经济发展新跨越

30年多年来，不管宏观环境如何变化，昆山人咬定发展不放松，坚持改革开放不动摇，坚定不移实施开放带动主战略，以经济国际化推动工业化和城市化发展，推动经济总量的扩张、产业结构的升级和各项社会事业的全面进步。

当外向型经济优势基本确立之时，昆山推动外资带动为主向内资外资竞相发展、融合发展转变，做足做透外向带动文章，大力实施民营赶超战略，多措并举，加快融入全球生产体系和科技创新体系，一大批填补国内空白的高科技项目纷纷投产。民营经济注册资本突破1000亿元，跻身全省"第一方阵"。

当制造业有了一定规模，产业结构需要优化之时，昆山提出产业转型升级，推动"世界加工厂"向"世界办公室"转变，加快形成先进制造业与现代服务业双轮驱动、叠加发展的格局。以制造业立市，以现代服务业强市，充分发挥上海的区位优势、江苏的政策优势、昆山的成本优势，选择紧邻上海的花桥，建设全国唯一以商务开发为主的省级开发区，用吸纳全球IT的智慧吸纳服务外包。花桥将成为上海国际大都市的卫星商务城，成为昆山经济发展的新引擎。

当"昆山加工"走向"昆山制造"之时，昆山提出推动"昆山制造"向"昆山创造"转变，积极探索开放条件下的自主创新之路，先后建立清华科技园、工业技术研究院、软件园、留学人员创业园等功能园区，构筑科技成果产业化基地。与清华大学合作的清华科技园,已有 50 多家高科技企业和研发机构入驻,其中承担国家"973""863"计划的企业和研发机构 5 个,全市建立各类产学研联合体 297 家,设立研发机构的企业 311 家。

2. 始终坚持富民为先,保障民生,不断让改革发展成果更多地惠及百姓

实现小康,富民是根本。昆山始终把"富民优先"作为发展的第一导向,实施"三有工程",完善"五道保障",落实产业富民、创业富民、就业富民、物业富民、投资富民、保障富民、财政转移支付富民、帮扶经济薄弱村带动富民的"八项举措",形成了较为完善的持续增收机制,并把重点放在推动全民创业、自主创业上,率先建立创业小额贷款担保机制,通过财政性担保和贴息,激发金融资本支持群众创业。现在,昆山每 4 个农户中就有 1 个老板、2 个合作社股东。

实现小康,惠民是关键。昆山这几年发展最快、变化最大的莫过于农村。昆山城市化先后经历以乡镇企业发展带动小城镇建设为标志的工业化启动时期、以开发区建设带动城市扩容增量为标志的工业化推动时期、以全面实施城市化战略为标志的城市化与工业化互动时期、以城乡一体化发展为标志的城市化全面提升时期,不断推进城乡发展规划、产业布局、基础设施、资源配置、公共服务、就业社保、生态建设、社会管理八个方面的一体化发展,让城乡居民共享发展成果。昆山率先实行全区域饮用水的深度处理,全面实施区域组团供水,做到全市"一个龙头"供水;污水管网基本覆盖农村,工业污水处理率达 100%;农村垃圾实行"村收集、镇集中(转运)、市处理",做到"一个炉子"焚烧发电;有线电视和公交实现"一条线路"畅通。建设城乡一体、比较完善的公共服务体系,强化行政管理、日常便民、文化体育、医疗保健、社会安全和党建活动等六项服务功能,保证农村居民小事不出村,大事不出镇,出镇有人代。

实现小康,安民是保障。昆山不断完善社会保障体系,建立完善以低保、基本养老、基本医疗、征地补偿、拆迁补偿为主体的农村"五道保障",全市社会保险综合覆盖率达 99%以上,基本实现"老有所养、病有所医、贫有所济"。加大财政转移支付力度,在超过人均每天 1 美元的国际贫困线标准的基础上,城乡居民低保标准统一提高到每月 700 元。建立农村基本养老保险和基本医疗保险制度,并积极推进与城镇并轨。不论城乡、年龄,人人享有基本医疗保险。积极推进农保与城镇社保的接轨,加快被征地农民和灵活就业人员进社保步伐,总数超过 9.5 万人。经济的发展,社会保障体系的不断完善,让昆山城乡居民实实在在地感受到,变化越来越大、实惠越来越多、生活越来越好。

3. 始终坚持解放思想、勇于探索,不断为推动科学发展、建设美好昆山注入新的动力

改革开放初期,昆山人冲破姓"资"姓"社"的思想羁绊,紧紧抓住国家实施沿海开发开放战略的机遇,自费创办开发区,在全省创办第一家中外合资企业、第一家外商独资企业和有偿出让第一幅土地,创办第一个封关运作的出口加工区,在全省率先迈出外向型经济发展的第一步。进入新世纪以来,昆山针对经济社会发展中先期遇到的突出问题和瓶颈制约,把产业转型升级和提高自主创新能力作为最关键的着力点,大力调整经济结构,着力提高经济运行质量;大力保护生态环境,着力改善城乡人居条件;大力推进工业向园区集中、人口向城镇集中、居住向社区集中,着力提高土地集约水平,努力实现经济社会全面协调可持续发展。在当前发展的新阶段,昆山围绕率先基本实现现代化的目标,树立全球眼光,确立更高定位,整体发展学新加坡、产业提升学韩国、自主创新学台湾地区,在学习中找差距,在比较中看不足,永不满足,永不停步。

机制的不断创新伴随着昆山前行的每一个脚步。昆山积极探索有利于科学发展的产业发展、科技创新、干部考核、环保约束、民生保障机制,努力走出一条生产发展、生活富裕、生态良好的文明发展之路。建立科学发展的考核评价机制,不以 GDP 论英雄,在干部实绩考核中更加注重民生、环境保护和社会建设,突出体现科学发展的鲜明导向;建立创新激励机制,鼓励大胆创新,形成为科学发展配班子、选干部的用人导向,引导干部牢固树立正确政绩观,激励干部想干事、会干事、干成事、不出事。

三、成效

1. 综合实力迅速增强

经过 30 多年的艰苦奋斗,昆山经济呈现跨越式发展。国内生产总值从 1978 年的 2.4 亿元激增至 2015 年的 3080 亿元,增长 1250 倍,翻了 10 番,年均递增 23.7%,按可比价计算,年均递增 18.5%;人均国内生产总值从 1978 年的 466 元增加到 2014 年的 20 万元(按常住人口计算),增长 429 倍,年均递增 20.4%,按可比价计算,年均递增 15.2%;工业总产值从 1978 年的 2.8 亿元增加到 2015 年的 9000 亿元(按 1990 年不变价计算),年均递增 28.3%;社会固定资产投资从 1978 年 0.13 亿元增加到 2015 年的 810 亿元,增长 6538 倍,年均递增 30.9%;财政收入从 1978 年的 0.35 亿元增加到 2015 年的 284.8 亿元,增长 753 倍,年均递增 24.6%,扣除物价因素,年均递增 18.2%。截止到 2015 年,私营企业达到 21038 家,注册民资超千亿元;个体工商户达到 41885 家,注册资金 159.5 亿元。昆山农业发展保持稳定,以 1990 年不变价格计算,农林牧渔总产值从 1978 年的 4.58 亿元增加到 2015 年的超 40 亿元,翻了三番多。

2. 人民生活水平显著提高

改革开放以来,昆山城乡居民的收入增长迅速。城镇居民的人均可支配收入从1985年的813元增加到2015年的42660元,增长约58倍;农村居民人均纯收入从1978年的201元增加到2015年的27800元,增长约138倍。城乡收入差距始终保持在2∶1以下,远远好于全国平均水平。城乡居民的收入结构明显改善,消费不断升级。1985年以来,城镇居民消费支出年均递增14.6%,农村居民人均消费支出年均递增11.5%,城镇居民的恩格尔系数从1983年的55%下降到2015年的35.2%,农村居民的恩格尔系数从1983年51.6%的下降到2015年的33.9%。从收入来源来看,城乡居民多元化的收入格局已经初步形成。改革开放之初的1983年,城镇居民的主要收入来源是工资性收入,占比95.2%,农村居民的收入来源主要是经营净收入,占比67.2%;到2015年,城镇居民的收入格局中工资性收入占比63.8%,转移性收入比重从1983年的4.8%上升到22.5%,农村居民的财产性收入从无到有,占比达到9.2%,转移性收入比重从1983年的3.4%上升到10.8%。

城乡居民的住房条件明显改善。城镇居民人均居住面积从1983年的8平方米增加到目前的38.5平方米,翻了两番多;农村居民人均居住面积从1983年的24.4平方米增加到目前的72平方米,翻了一番多。社会保障体系基本完善。农村地区构筑起以低保、基本养老、基本医疗、征地补偿、动迁补偿为主体的"五道保障";2015年城镇三大保障覆盖率达99%,城镇登记失业率为2.2%,社会保险综合覆盖率达99%。

3. 城乡面貌日新月异

城市化率从1978年的10.5%提高到2015年的75%,森林覆盖率从2002年的10.5%提高到2015年的22.3%。目前,昆山绿化覆盖面积达到19631公顷,城区绿化覆盖率达45.03%,公共绿地面积达381公顷,人均公共绿地13.43平方米。生活垃圾无害化处理率达到100%。2015年环境质量综合指数达到87.26,万元GDP能耗从2000年的0.961吨标煤下降为目前的0.65吨标煤,远远低于全国平均水平。

以交通、通信、供电等为重点的基础设施建设全面完善。公路里程从73公里增加到1950公里,其中高速公路里程达100公里、一级公路达500公里,市域内任何地点15分钟以内都能上高速,30分钟以内能到上海或苏州。城乡已建成"六纵六横、两环五高"的市域交通网络,每百平方公里高速公路达10.25公里,而且实现村村通公交。城乡居民自来水、燃气普及率达到100%,每万人拥有公共汽车21.79辆,人均拥有道路面积24.79平方米。全社会用电量从1亿千瓦时增加到123亿千瓦时。一个以中心城市为龙头、城乡统筹、共同繁荣的现代化城市格局基本形成。近年来,昆山先后获得"国家卫生城市""国家环保模范城市""全国优秀旅游城市""国家园林城市""国家生态市"等荣誉称号。

4. 社会事业全面繁荣

研发经费投入从无到有,2015年研发经费投入超50亿元,在科技部、中科院组织的城市创新能力评价中,昆山位居全国县级市第一。教育事业费投入年年增长,高中阶段毛入学率已达97.8%,高等教育入学率达61.7%,教育主要指标在全省乃至全国处于先进水平。人才总量快速增加,人才总量和每万人人才拥有量连续多年位居江苏省各县(市)之首,并且两度获得"全国珍惜人才奖"。卫生事业长足发展,形成城区医疗、乡镇医疗、社区医疗有机结合的医疗服务体系,居民平均期望寿命达到80.24岁,全年婴儿死亡率为5.7‰,孕产妇死亡率为10.57/10万,达到中等发达国家水平。高度重视文化建设,切实增强文化对经济社会发展的支撑力和推动力,以文化促发展,以文化促繁荣,为昆山新一轮发展注入新的活力,使"魅力昆山"品牌叫得更响。体育事业快速发展,以综合考评第一名的优异成绩被省体育局正式命名为江苏省首批体育强市,10个镇全部被命名为江苏省体育强镇。

四、启示

1. 全面建成小康社会,离不开一个好的领导班子

一个地区的发展,领导是关键。昆山历届党政领导班子始终坚持从本地区实际出发,坚持把党的理论、路线、方针、政策转化为谋划发展的正确思路,转化为促进发展的政策措施,转化为领导发展的实际能力,转化为人民群众的自觉行动,有效克服了那些脱离实际、照本宣科的教条式做法,杜绝了那些"上有政策,下有对策"的不良现象。

2. 全面建成小康社会,要善于抓住发展机遇

昆山人善于抢抓机遇,做到能快则快,能超则超,能先则先。昆山的创新已不限于某一方面,而是涉及观念、政策、体制、科技等全方位的创新,其中每一种创新都蕴涵着昆山人的勇气和胆识。正是凭着这种创新精神,昆山得以不断冲破不合时宜的思想、观念和体制的束缚,始终走在了发展的前列。

3. 全面建成小康社会,必须重视精神的力量

昆山人始终保持着昂扬向上、争创一流的精神状态,在改革、发展和创新的实践中形成了以艰苦创业、勇于创新、争先创优为核心内涵的"新昆山精神",这是昆山发展最可宝贵的精神财富。

【思考题】

1. 你是如何理解"昆山之路"的?
2. 昆山改革开放的实践,对你有何启发?

案例二 "张家港精神"：敢闯敢试勇争第一

一、背景

"张家港精神"是邓小平中国特色社会主义理论的成功实践，具有鲜明的时代特色。党的十一届三中全会以后，张家港市的前身——沙洲县的干部群众坚持以集体经济为主，大力发展乡镇企业，努力开拓外向型经济，总结和倡导了"四千四万"精神，即为发展沙洲县经济，踏遍千山万水，吃尽千辛万苦，说尽千言万语，排除千难万难。

上世纪80年代初，时任沙洲县政府所在地杨舍镇党委书记的秦振华同志率领全镇党员干部顽强拼搏，艰苦创业，使杨舍镇从苏州县市中经济总量倒数第一的落后乡镇，一跃成为"南学盛泽，北学杨舍"的全国明星乡镇，其表现出的"顾全大局、乐于奉献、扶正祛邪、敢于碰硬，雷厉风行、脚踏实地，严于律己、以身作则，自加压力、永不满足"的工作标准和作风，被苏州市委和新闻媒介誉为"杨舍精神"和"振华精神"。进入90年代，特别是小平同志南方谈话之后，张家港在对"杨舍精神"进行概括、凝练、升华的基础上，提出了"团结拼搏、负重奋进、自加压力、敢于争先"的"张家港精神"，并以此来教育人、塑造人，使之成为张家港市人民不断夺取两个文明建设胜利的一面旗帜，张家港市也进入了全国综合实力百强县的行列。

1995年3月，江苏省委、省政府在张家港市召开"以经济建设为中心，两个文明一起抓"经验交流现场会。同年，江泽民同志在张家港视察，并亲笔题写了"团结拼搏、负重奋进、自加压力、敢于争先"的16字"张家港精神"。同年10月，中宣部在张家港市召开全国精神文明建设经验交流会，把张家港作为两个文明建设的先进典型推向全国，不仅对张家港市现代化建设产生了强大的推动作用，而且在苏州、全省乃至全国都引起了强烈的反响。

二、主要做法

1. 艰苦创业，谋求工业经济超常规跨越式发展

张家港的工业可谓是白手起家，张家港人在极为艰苦的条件下，善于逆向思维、"反弹琵琶"，走出了一条超常规、跨越式的工业化之路。

改革开放初期，家庭联产承包制和地方财政包干制的实施，解放了农村大批剩余劳动力,激励了一些地方大办工商业。当时的沙洲县,一无资金、技术,二无原料、市场,但他们没有退缩,而是想方设法开展与城市企业的横向联合,旗帜鲜明地提出"理直气壮致富,聚精会神抓钱",大办乡镇工业。到上世纪80年代中期,乡镇企业已在全市工业中占绝对优势。80年代末90年代初,乡镇企业面对买方市场的严峻挑战,一度经营困难。在当时"船小好调头"的一片叫好声中,张家港人冷静地做出把发展规模经济作为做大做强乡镇企业的重大抉择,并于1992年组建了全省第一家省级乡镇企业集团——江苏贝贝集团,以此拉开了全市以资产为纽带、名优产品为核心、骨干企业为龙头,以大带小、以强带弱、强强联合的强企大幕。进入新世纪后,张家港引导规模重点企业确立"好了更好,强了更强"的经营理念,树立"要么不做,要做就做第一"的远大抱负,最终涌现出一批如沙钢、华纺、张铜、永钢、国泰等在国内乃至国际同行业排得上号的企业集团。

2. 利用两种资源、两个市场,推动外源型经济和内源型经济齐头并进

张家港在做大做强本地企业的同时,一着不让地发展开放型经济。1992年,张家港成立了全省第一也是至今唯一的内河港型国家级保税区,此后又相继建成区港联动的保税物流园区、省级经济开发区、扬子江国际化学工业园等一批开发载体,抢先为发展开放型经济构建了重要平台。1985年,以成立全县第一个中外合资企业——江谊船舶服务公司为标志,张家港引进外资实现零的突破。从那时起,张家港始终把引进国际大项目作为主攻重点,不断加大引资力度。全市累计落户外资企业1412家,其中世界500强有浦项、伊藤忠等31家企业;引进项目中超千万美元的占80%。在不断提高"引进来"水平的同时,张家港通过专门设立联席会议制度,大力做好以政府推动为先导、民营企业为主体的"走出去"工作,取得了明显成效。一方面,由市经贸部门负责"对内走出去",以国内原料盛产区、劳动力密集区、商务成本优惠区为目标,推动骨干企业走出市门投资办厂,实施产业转移、区域合作。另一方面,由市外经部门负责"对外走出去",早在上世纪90年代初,张家港就开始跨出国门开展境外投资活动。近几年,又引导企业从普通的项目投资向跨国并购、建设园区的集聚投资方向发展。

3. 以城乡环境综合整治为突破口,不断促进城乡统筹发展

早在上世纪90年代初,张家港人就把卫生城市创建和城乡环境综合整治作为加强社会主义精神文明建设的一个突破口,不断促进城市与农村协调发展,市民与农民携手同行,形成了城乡统筹发展的鲜明风格。

为合理整合城乡发展资源,自1998年至今,张家港先后三次实施行政区域调整,对市、镇进行一体规划,构筑"一城四片区"的城镇格局,中心城区和片区中心镇通过规模扩展和功能提升,对农村的辐射带动作用明显增强。同时,"四纵四横"的大交通网建设,大大缩短了城乡距离,并将保税区、省级经济开发区和各类工业园区联结成网,形成以城带镇、以镇带村、功能互补、共同繁荣的区域发展新格局。从1993年开始,张家港按照"巩固城区,辐射农村"的思路,全市城乡统一开展以"人人动手,洁美家园"为主题的大环境整治活动,并将工作着力点放在农村,每年都开展几次声势浩大的农村环境整治活动。2008年,张家港成为首批全国生态文明试点市之一,率先迈出了生态文明建设步伐。与此同时,张家港不断深化精神文明创建活动,每年从地方财政中拿出1亿多元资金,用于农村教育设施建设,开展农村科技、文化、卫生"三入户"活动,加快由农民向市民再向文明市民的转变进程。将社区服务延伸到农村,使农村社区成为城乡对接的有效载体,目前全市各镇都建有高标准的中心社区,每个行政村都建有标准化社区,全市建有市、镇、村、企四级社区一体联动的"1890"社区服务网和"110"城乡社区联动网,农民已享受到与城市居民同等的社区服务,实现了"小事不出社区,服务引进家门"。

4. 注重改善民生,使全面小康成果更多惠及百姓

张家港在加快发展的同时,更加注重改善民生,以省定全面小康指标体系引导全市协调发展,让更多的群众享受到全面小康建设的成果。

市委、市政府专门制订民营经济腾飞计划,积极鼓励城乡居民创业致富,引导全市把发展民营经济作为富民的重要举措来抓,稳步增加城乡居民的经营性和资产性收入。为更好地协调不同社会群体之间的利益关系,张家港加快完善社会保障体系,2003年,通过实施"农保转城保"的政策,一举使8.3万名原来参加农保的职工享受到城镇保险待遇。同年,运用财政缴费补贴的方式,将全市18周岁以上的近14万农民纳入社会保险范畴。从2004年起,张家港又对全市老年农民每月发放养老补贴,以此帮助农民减轻家庭养老负担。从2002年开始,张家港全面推开组建农村新型社区股份合作社的工作,将村级集体资产折股量化到人,并根据不同情况提出改革的具体办法,明确扩大分红的比例要求,让农民充分享受到集体经济发展的成果。上世纪90年代中期,张家港开始启动每年为民办十件实事的民生工程,至今已坚持20年。围绕群众关心的问题,相继建成图书馆、博物馆、体育馆、梁丰高中等,行政村公路通达率达100%、农村危桥整治合格率达100%、数字电视实现户户通、全市绿地率达40%左右。与此同时,对集体经济薄弱村进行长期帮扶,这些村的工业产值都由不足50万元增长到5000万元以上,村均净资产都在250万元以上。

5. 弘扬"张家港精神",锻造一支作风过硬、战斗力强的干部队伍

在"团结拼搏、负重奋进、自加压力、敢于争先"的"张家港精神"指引下,张家港锻造出一支作风过硬、战斗力强、甘于奉献的干部队伍,为协调发展提供了强有力的精神支撑和组织保障。

"张家港精神"是一种抢抓机遇、加快发展、勇创大业的精神。上世纪90年代初,张家港人瞄准苏州市辖的先进县市,大胆提出"三超一争"的奋斗目标,不仅大大激发了全市干部的创业豪情,而且在苏州全市产生了"地震"般的效应,在苏州发展史上写下了引领区域竞争的光辉一页。此后,在每个发展阶段和转轨时期,张家港都明确提出必须"跳一跳"才能实现的目标,不断强化干部攀高比强、克难求进的竞争拼搏意识。

"张家港精神"是一种说干就干、真抓实干、令行禁止的精神。历任市委、市政府的主要领导信奉"时间就是速度和效益"的观念,出国、出境招商,都自觉做到完成任务即返,经常提前回国。榜样的作用带动了全市干部,市镇两级干部大部分都能经常自觉放弃节假日,一心扑在工作上。市委、市政府领导同志经常深入基层调查研究、检查工作,事先一般不向基层打招呼,往往直插企业车间、农村田头,现场检查督促、发现和解决问题,促使基层干部精神不松懈、工作重落实。从上世纪90年代中期开始,张家港市委定下铁的纪律,开会不可无故迟到早退,不可抽烟,不可接打手机。近30年来,从全市两级干部大会到千人规模大会,基本上没有迟到早退、抽烟、接打手机的现象发生,令行禁止已成为张家港干部的好传统。

"张家港精神"是一种敢于竞争、不甘落后、争创一流的精神。张家港市委倡导"弘扬创业者,保护改革者,鞭挞空谈者,惩治腐败者,激励开拓者",注重以科学导向用人,以公认实绩选人,以先进理念育人,力求用当其时不延误,用当其长不埋没,用当其位不浪费。每年将各镇、各单位的实绩公布排名,每次工作会议开展点评,让先进的有压力、落后的坐不住。

三、成效

1. 连续20年跻身于全国百强县前列

改革开放之初,张家港各项人均指标在苏州地区8个县中排名倒数第一。1994年至2014年,张家港已连续20年保持在全国百强县第三强左右。2015年,全市地区生产总值已从30年前的3.2亿元猛增至2230亿元,增长687倍,平均每0.53天就创造了相当于1978年全年的GDP;2015年,公共财政预算收入达174.2亿元,平均每半天就创造了相当于1978年全年的财政总收入。

2. 昔日农村集镇成长为港城一体的现代化中等城市

当初的张家港乡村满目旧草房,集镇不见电灯光,县城所在地杨舍镇只有一条长百多米、宽3米的小街。而如今,张家港已形成"一城四片区"的城市框架,成为全国第一个获得"中国人居环境奖"的县级市,"工作在现代化园区,生活在花园式城市"的梦想正在成为现实。

3. 昔日铺天盖地的小企业变为顶天立地的大企业

30多年前,当时的沙洲县已有2000多家乡镇企业,但都是分布散落的小企业;现在的张家港,企业发展亮点纷呈,已有销售超亿元的大企业212家,其中超百亿元的特大型企业有7家,占全省总数的8.4%,12家重点企业的利税占到全市的65%。沙钢集团的前身,只是一个靠45万元起家的小厂,现在已发展成销售收入超千亿元、利税超百亿元的世界最具竞争力的特大型钢铁企业。华芳集团从当初不足百人的纺织企业,成长为棉纺产量居亚洲第二的国家大型企业。

4. 昔日勉强温饱跨入全面小康

1978年,沙洲县的城镇居民人均可支配收入与农民人均纯收入分别仅有367元和178元,2015年,已增加到46800元和23700元,分别增长了127倍和133倍。现在的张家港,城镇居民人均住房建筑面积已达45.5平方米,平均每4户家庭拥有1辆私家车,外出旅游渐成时尚。2005年,张家港成为全省首批全面达小康的县(市)之一。

5. 昔日小沙洲发展为全国文明城市

当年的沙洲县,别说在全国,就是在全省也是一个很不知名的小县。如今的张家港早在2005年便摘得"全国文明城市"的桂冠,2008年再次获得"全国文明城市"称号,是迄今为止全国唯一获此殊荣的县级市。张家港还先后荣获全国教育先进市、文化先进市、科技进步先进市、村民自治模范市等累计120多项国家级、130多项省级荣誉称号,2008年又荣膺联合国人居环境奖,成为全省获得各类省级以上荣誉最多的县(市)。

四、启示

张家港30多年的艰辛探索和实践,深刻启示着我们。

1. 不管东西南北风,要咬住发展不放松

坚持加快发展、率先发展,始终是张家港高扬的一面旗帜。顺境时抢占先机,困境时克难求进,以"无功即过"的意识抢抓发展机遇,以超越自我的追求提升发展定位。张家港从落后到先进的成功实践再次表明:大发展,小困难;小发展,大困难;不发展,最困难;离开发展这个第一要务,更是难上加难,全面协调发展也无从谈起。

2. 伟大时代孕育伟大精神,伟大精神推动伟大事业

"张家港精神"不仅在张家港人中内化于心,激励和支撑了张家港的协调发展,而且搅活了更大区域发展的"一池春水",形成了比学赶超、争创一流的区域竞争新局面。这种效应再度表明:任何区域实现跨越发展,都离不开一种具有时代特质的超凡精神。

3. 要以发展目标的顺时提升,引领发展境界的应势升华

张家港形成协调发展的区域特色,不是一蹴而就的。从因贫困而产生的原始发展冲动,到追赶先进、加快发展,从"两手抓两手硬",到城乡统筹、协调发展,张家港的发展脉络十分清晰。通过这一发展轨迹,不难发现,张家港人总能在发展的关键时刻,顺时应势,解放思想,与时俱进,高点定位。正是这一点,才使得张家港人始终能够不停顿地自加压力,推动经济社会发展从不够全面到比较全面,从不够协调到比较协调。目标越超前,发展实践越超前;目标越协调,发展路子越协调;目标定位越高,发展境界越高。

【思考题】

1. 你认为"张家港精神"最重要的特质是什么?
2. "张家港精神"对你所在地区或部门有何现实意义?

案例三 "园区经验":借鉴创新圆融共赢

一、背景

纵观我国改革开放的历史进程,1992年初春注定是一个重要节点,中国改革开放总设计师邓小平视察南方并发表重要谈话,随之大批开发区成为我国改革开放的一片热土。两年之后的1994年初春,苏州继乡镇工业之后再次成为世人瞩目的焦点,小平同志在南方讲话中指出的"借鉴新加坡经验"在苏州变成了现实——1994年2月26日中国和新加坡政府正式签署《关于合作开发建设苏州工业园区的协议》,由此开启了两国政府合作建设开发区的先河,拉开了苏州工业园区开发建设的序幕。20多年来,苏州工业园区坚持亲商、富商、安商的理念,以其生动的创新实践和引人瞩目的发展成就,打造了中国对外开放和国际合作的成功范例,书写了坚持科学发展、实践科学发展的精彩篇章。

二、主要做法

1. 科学规划

一是坚持开发建设的科学程序。与当初国内情况很大不同的是,园区摒弃了一般开发区"边开发边规划""先开发建设后补规划"等模式,牢固确立并坚持"无规划不开发"的理念,在国内开发建设领域首创"两先两后"开发原则,即"先规划后建设""先地下后地面",确保开发建设的科学程序、城市功能和生产力的合理布局,以及各种资源要素的高效利用。二是坚持各类规划的科学编制。累计投入2亿多美元,先后编制完成了300多项专业规划,从最初的概念规划、总体规划到建设指导性详规、城市设计,再到相配套的规划技术规定,构成了广覆盖、多层次、全方位的科学规划体系。三是坚持规划管理的科学机制。创新了规划管理机制,管委会层面设立了规划委员会,负责规划的审核;规划建设局作为行政管理部门,承担管理职责;总规划师作为规划专业技术最高负责人,负责协助规划决策和规划管理。与此同时,制定了一系列严格的规划管理制度,做到规划执行从严,实行"规划一支笔",坚持总规划师负责制,通过授权规划师实行分级规划管理,行政管理层不得干预,确保规划实施的有效性。

2. 精细招商

一是精细的招商体系。园区建立初期主要以中新合作开发主体CSSD(中新苏州工业园区开发集团股份有限公司)招商部为主,经过一段时间的学习借鉴,于2000年成立了招商局,与CSSD招商部共同负责园区招商。构建专业化招商团队,打造分工明确、各有侧重的专业化、精细化招商体系,2006年起先后组建了科技招商中心、中央商务区招商中心,同时各大公司和平台载体也都成立了专业化招商团队,招商体制由相对粗放走向精细分工,更加贴近产业发展。二是精细的招商理念。摒弃粗放招商理念,高起点实施"择商选资",把招商引资与区域产业发展规划紧密结合,重点瞄准世界500强及其关联项目,实现了从"优惠政策招商"向"产业集群招商"的转变。三是精细的招商模式。形成了依托新加坡与欧美主流商圈良好关系的国际招商网络,根据项目的不同情况和不同类型,创新了各种招商方式。实行小分队、多批次的"敲门招商",探索了依托猎头公司、专业管理机构的中介代理招商,针对园区产业需求的行业主题招商,分解投资、建设、生产、产品销售等多个环节的投资代建招商,利用网络竞争引商的网络招商,由园区大企业为轴心、完善上下游企业的产业链招商,以及通过创投公司参与、发行债券、上市并购等各种手段,使招商引资方式更加精细化,更加富有成效。

3. 产城互动

一是以搭建平台为抓手,实现生产与生活的合理布局。重点以东部综合商务城建设为抓手,将278平方公里土地优化为金融商贸区、国际商务区、科教创新区、阳澄湖半岛旅游度假区等功能板块。2002年启动建设独墅湖科教创新区,以此聚新人才、发展新产业、建设新城市。二是以优化环境为核心,完善生产与生活的配套功能。重点打造环金鸡湖商业文化中心,加快推进国际博览中心、科文中心、环球188、东方之门等一大批金融服务、商贸商务、文化旅游、地区总部等地标项目,为居民提供更为完善的配套服务设施。三是以推进信息化为导向,提升生产与生活的层次水平。重点推进基础网络设施和各类公共数据中心的建设,高起点推进信息化技术在政务、企业与社会的广泛应用,加快建设智慧城市,促进现代化园区与创新型园区的深度融合。

4. 人才支撑

一方面,强化政策配套增强吸引力。把引进人才与产业发展、研发创新能力提升结合起来通盘谋划,形成各个环节、各个层面相配套的政策体系。2006年出台《吸引高层次和紧缺人才的优惠政策意见》,经两次修订后形成包括上级拨付、购房补贴、薪酬补贴、户口迁入、子女入学等系列配套政策,惠及各类高端人才8000余人;2007年推出"鼓励科技领军人才创业工程",在原优惠政策基础上给予认定项目担保资助、风险投资、免收租金等八项重点扶持;2009年、2012年经两次政策优化调整,累计投入政策性补贴超2亿元、市场化创业投资超6

亿元,先后启动实施"金鸡湖双百人才计划"、国家"千人计划"、中科院"百人计划"、省"双创"及"姑苏领军人才计划",成为名副其实的人才高地。另一方面,构建创新载体形成集聚效应。建设以苏州纳米城、国际科技园、创意产业园、生物产业园、中新生态科技城及大学科技园为主的专业科技创新载体群,一批高层次人才纷纷入驻,形成了园区的核心竞争力。尤为突出的是园区全力打造融教育科研、新兴产业为一体,以高端人才为引领、协同创新为方向的科教创新区,目前已拥有各类高层次人才逾1400人,吸纳国内外高等院校24所、国家级孵化器5个、省部级研发机构38家入驻,集聚省级认定软件企业279家,各级高新技术企业283家,人才科技竞争力日益凸显。

三、成效

1. 区域经济在快速增长中独领风骚

截至目前,累计引进外资项目近5000个,占全市开发区总量近1/3;累计实际利用外资近200亿美元,占全市总量近1/5;累计引进世界500强企业91家,投资项目150多个,拥有经省认定的跨国公司地区总部和功能性机构27家,约占全市总数的1/2;全区投资上亿美元项目近133个,其中10亿美元大项目7个,首期投资30亿美元的三星高世代液晶面板项目竣工投产。人均GDP由1994年的不足800美元提高到2015年的4.4万美元,超出全市平均水平2万多美元。园区以占苏州3.4%的土地、6.8%的常住人口和6.3%的建设用地,创造了全市约13%的工业产值、15%的地区生产总值、16%的公共财政预算收入。

2. 创新驱动在要素集聚中支撑有力

园区建设国家创新型科技园区取得积极进展,2015年研究和开发经费投入占GDP比重达3.3%,远高于全市2.6%的平均水平。累计41人入选国家"千人计划",104人入选省"双创计划",152人入选市"姑苏创新创业领军工程",均居全市首位。目前,园区共拥有外国专家1000多人、外籍人才近6000人、海外归国人才4000多人,被授予国家级"海外高层次人才创新创业基地";中科院苏州纳米技术与纳米仿生研究所等一批著名研究机构相继落户园区,仅独墅湖科教创新区引进的国内外知名院校就达24所,硕士研究生近2万人,苏州纳米科技协同创新中心入选全国首批"高等学校创新能力提升计划"。2015年园区专利申请量突破13000件,其中发明专利占57.7%,列全市第1位;专利授权量突破6000件,其中发明专利占17.2%,列全市第1位;累计万人拥有发明专利49.2件,列全市第1位。园区成为全国首批国家知识产权示范创建园区。

3. 民生福祉在统筹协调中普惠共享

社会保障日趋完善,居民收入持续增长。在借鉴新加坡经验、积极构建和完善公积金制度的同时,以被征地农民为重点,强化构筑保养安置、就业创业和社会救助三道防线,将被征地劳动就业年龄段农民纳入公积金制度,目前园区95%的农户迁入现代化居住小区,95%的征地待安置劳动力上岗就业,社会保障覆盖率达100%。据统计,园区农民人均纯收入由1994年的3025元提高到2015年的3.09万元,是全市平均水平的1.4倍,年均增长13%,城镇居民人均可支配收入由2008年的2.7万元增加到2015年的4.9万元,年均递增12.7%,城乡居民收入居全市首位。率先实现教育一体化管理,相继新建或改建31所基础教育学校和34所幼儿园,目前所有高中均跻身省优质星级学校行列,小学、初中均建成市现代化学校,超过60%的幼儿园成为省优质园,基础教育现代化、均等化水平居全省前列。社区建设不断加强,初步构建了精简效能的基层行政体制、充满活力的社区自治体制、融入社区的企业社会责任机制这一"三体互构"的社区建设模式。

四、启示

1. "园区经验"是小康社会理论付诸实践的产物,也是苏州科学发展的典型

园区发展的20多年,无论在发展理念、发展模式还是在发展层次、发展质量等方面,都因其品牌影响力、竞争力而起着率先、示范和带动的重大作用,成为苏州经济社会发展的重要引擎之一。园区不仅以其经济实力,更以其高水准的城市建设,成为苏州城市现代化的重要标志。尤为重要的是,园区的价值还不仅仅在经济发展、对外开放和城市建设层面,更在于园区20多年来在改革创新上做出了积极的探索和示范,成为苏州乃至全国的改革试验田,积累了许多宝贵的经验。

2. "园区经验"是实现稳增快转的强大精神力量

园区开发建设20多年来,以"借鉴、创新、圆融、共赢"为内核的园区经验构成了苏州软实力的重要组成部分。一方面,"园区经验"具有鲜明的时代特征和个性特点,体现着园区发展的特色,也深刻诠释了园区发展的核心所在。另一方面,"园区经验"也不是僵化的、教条的,始终在生动的实践中汲取养分,既用以指导实践,又在实践中不断发展、不断丰富,从而保持其鲜活的生命力。当前,全国改革发展稳定的任务仍十分繁重,这就更需要借鉴"园区经验",增强攻坚克难的信心和决心,创新深化改革、稳增快转的思路和举措,使"园区经验"成为超越自我、争先进位的强大精神动力。

3. "园区经验"是保持全面协调可持续发展的不竭动力

20多年来,园区始终坚持以思想解放引领创新,倡导不为过去的成绩而自满,不为现有的经验所束缚,不为传统的模式所局限,不为当前的小富而停滞,以争解放思想之先、创转型发展之新,抓住重点领域关键环节创新,大力实施创新引领、人才强区、文化兴区、区镇一体、民生优先和可持续发展六大战略,并在实践中不断完善和创新建设新城市、集聚新人才、发展新产业的思路,使园区站在竞争发展的制高点。

【思考题】

1. 你认为"园区经验"产生的时代背景是什么?
2. 你所在的地区有没有借鉴"园区经验"的可能?如果可能,你认为在借鉴"园区经验"的过程中,会存在哪些困难?怎样解决这些难题?

第八章　市民素质提升与文明城市建设

概　述

市民是城市建设的主体,是城市发展的灵魂,更是展现城市魅力的源泉。建设文明城市,提升市民素质是文明城市建设的核心工程。文明城市建设与市民素质相互关联、互相影响、相互制约、相互促进,市民素质的高低关乎城市文明程度的水平,更对城市社会经济发展、"五位一体"建设有着十分深刻的影响,也作用于城市的和谐稳定、城市的形象塑造。而一座城市的文明程度达到一定阶段,市民的言行举止所反映出的市民素质也潜移默化地受到城市底蕴与城市精神的影响,展现出市民良好的学识基础、道德素养,生活水平提升的同时也带来了市民素质的进一步提高。

一、背景

"要准确把握文明城市建设新内涵,通过深入推进文明城市建设,不断提升公民文明素质和社会文明程度,让文明真正成为苏州的城市名片和品格,让文明真正成为每一个苏州人的形象特质和生活方式,为谱写中国梦的苏州篇章做出新的贡献。"在2014年苏州市委、市政府召开的全国文明城市建设推进会上,省委副书记、市委书记石泰峰反复强调了文明城市建设的重要性,更指出推进文明城市建设与城市品格提升、市民素质提高之间密不可分的关联。

苏州,一座2500年文化浸染的古城,在现代发展中展示出了强大的城市活力。全国文明城市是对一座城市综合实力的肯定,20世纪90年代末,苏州市及下辖的张家港、昆山被评为"创建全国文明城市工作先进城市",进入21世纪,苏州及下辖县级市均成为"创建全国文明城市工作先进城市",更出现了所管辖的县级市(张家港市)四次获得"全国文明城市"称号的现象。自2008年苏州首度荣获"全国文明城市"称号以来,连续三次获得该项荣誉,苏州在文明城市建设之路上不断深入推进。

多年来,苏州始终把如何推进好、优化好全国文明城市建设摆在十分重要的地位,将文明城市建设确立为苏州城市发展建设过程中的重要环节,注重制度机制的健全,深入加强社会治理,以人为本,将惠民利民作为重要任务,在促进市民素质提升和城市文明建设上常抓不懈,做全国城市文明建设的先行军。与此同时,在苏州现有文明城市建设程度和公民文明素质水平基础上,又提出了创建全国文明城市群的定位目标,将苏州及下辖县级市打造成为符合时代发展趋势、独具特色与影响力的全国文明城市群。

苏州在今后进一步深入开展文明城市建设的道路上,将继续把城市社会治理、市民文明素养和城市文明的水平提升作为推动苏州经济社会发展实现新跨越,实现中国梦苏州篇章的重要抓手。

二、主要做法

苏州在全面建成小康社会的实践过程中,将文明城市建设作为精神文明重点建设的内容,在苏州市区及下辖的县级市中推广深化,并以包括县级市在内的大苏州为整体,在创建全国文明城市群、提升城市品格的积极探索中成功实践了一些具有代表性意义的做法。

1. 协同推进惠民利民与城乡统筹发展

创建全国文明城市,不仅是要将以人为本贯彻到底、一以贯之,从而实现惠民利民,促进社会经济进一步发展,而且要不断推进城乡一体化发展,推动文明城市城乡共建,推动城乡文明一体化建设。

以惠民利民为建设目标,强化苏州经济社会发展推动力。聚焦富民工程建设,扎实推进相关各项工作进程,打造并完善富民工业园建设,积极推进"兴农富民工程",创新驱动"科技专家兴农富民工程"建设,与时俱进,转变经济发展方式。同时,优化人才结构调整,推动"国际精英创业周""姑苏人才计划"等人才工作品牌持续发力。切实加强教育现代化发展,扩大城镇职工养老、医疗等社会保险的覆盖,新型农村合作医疗、城镇居民医疗保险、新型农村社会养老保险基本实现苏州市城乡全覆盖,为城乡居民提供涵盖多个方面的社会保障。利民惠民的深入推进,使得越来越多的市民积极投身支持和参与到全国文明城市建设中,2014年苏州市文明办组织的抽样调查显示,99%的苏州市民支持苏州市文明城市创建。

以全面共建为原则,统筹城乡文明城市建设。统筹城乡发展,实现全面共建,打造文明城市群。优化布局城乡形态和发展,科学推进城乡一体化工作,合理分配土地规模经营、工业发展和农民集中居住比例,按照新型城镇化、城乡一体化发展的要求,苏州合理推进农村、城市各项标准和要求合理化、科学化、协同化,加强农村与城市、中心城市与县级城市的互动和联动,城乡精神文明建设和物质文明建设"两手抓,两手都要硬"。发展村集体经济,逐步完善收入分配机制,实现分配与二次分配科学化。深入实践"深化文明创建,建设美丽乡村"活动,在整治村庄环境基础上,促进群众提升道德素养,弘扬传统美德与道德新风尚。

2. 严格规范制度建设与机制保障

城市文明建设与市民素质提升,必须要有制度机制的保障。只有在严格的制度机制保障下,文明城市建设才能有效、有序、有则,因此,苏州各级党委政府对制度建设和机制保障十分重视,以确保苏州城市品格的打造。

城市文明创建规划,形成系统化、制度化推进体系。苏州各级党委政府自觉地将文明城市创建纳入年度工作计划中,为了强化系统性建设,从制度、机制层面夯实文明城市建设基础,鼓励社会共同参与、协同建设。在苏州每年召开的"创建全国文明城市群动员大会"上,先后制定了《苏州市提高市民文明素质行动计划》《苏州市创建全国文明城市工作的实施意见》《苏州市建立健全创建全国文明城市长效机制的意见》等文件,形成相关制度保障。苏州市在全国率先制定了《苏州市公共文明建设规划》,将目标锁定在精神文明创建工作及后期测评上,将经济社会发展、生产方式改革、公共服务、社会保障、生态文明、群众文化生活、基层党建工作、文明创建活动等纳入文明城市建设进程中,"按照素质提升与社会发展协同推进、政府主导与社会参与协同推进、分类指导与典型示范协同推进、重点突破与长效建设协同推进的原则,整体推进城乡文明一体,打造具有高效能的基础设施、高水平的管理体系、高质量的生活环境、高效率的合作分工、高品位的城乡文化、高素质的公民思想道德的城市群"[①]。

健全机制保障,实行监督、考评、反馈机制。针对不同的群体,分类制定机制体制,逐步构筑完善的机制体系。首先,根据《全国文明城市测评体系》,分层设计,涵盖政务、法治、市场、人文、生活、社会、生态等方面,专项成立工作组,实行工作组负责机制,定期组织专门人员检查监督相关部门并督促及时整改。其次,签订目标任务书,由市政府相关部门与各责任单位签订,并要求将相应工作纳入该部门职能中,并与其绩效考核关联挂钩。研究制定《苏州市城市文明程度指数测评标准》指导各部门具体工作,定期(一般为半年)由市领导带队检查文明城市建设相关工作,力求一线发现问题、及时解决问题、深入探究难点问题。从2009年开始,苏州市正式启动了关于文明城市创建的考评工作体系,即"苏州市全国文明城市建设示范城区"创建考评工作,在强化责任意识的同时提

---

① 《苏州新目标:到 2014 年率先建成"全国文明城市群"》,http://www.js.xinhuanet.com/xin_wen_zhong_xin/2012-02/13/content_24693428.htm。

升积极性和主动性,紧抓文明创建的机关效能考核,建立起定期通报和工作约谈制度。

3. 切实提高文明程度与创建合力

切实加强社会主义核心价值观和社会主义核心价值体系建设,将核心价值观建设与苏州市文明城市建设和市民素质提升结合,将其作为城市精神文明建设的核心。

以道德建设为载体,将文明程度提升作为城乡建设的重要任务。以《苏州市提高市民文明素质行动计划》等文件为行动指南,建设城乡文明建设"十大工程"和"七大行动",强化社会主义核心价值体系建设,培育市民社会主义核心价值观,并以"张家港精神""昆山之路""园区经验"这苏州三大法宝以及"苏州城市精神"为苏州文明城市建设的精神动力,塑造符合地域特色、时代特征的苏州精神——"崇文睿智,开放包容,争先创优,和谐致远"。积极宣传先进典型,对苏州市内多个全国、全省道德模范进行宣传,开展"文明标兵"等专项评比活动,树立市民自觉提升道德素质的意识,提倡并推广志愿者服务,不断推进公民思想道德建设工作。

以合作共赢为宗旨,搭建同创共建桥梁。为了更好地推动文明城市建设,苏州市先后制定并出台了《增强自主创新能力行动计划》《推进经济结构调整和转变增长方式行动计划》《建设社会主义新农村行动计划》和《提高市民文明素质行动计划》,以"四大计划"的实施促进苏州各类社会组织参与到文明城市建设中,如400多家文明先进单位组建了"苏州市德善之城文明促进会",发挥着积极的道德建设和文明示范建设的引导作用。打造特色鲜明的文化建设品牌,如"家在苏州""路长制""司机文化节""百万市民文明手册进家入户""道德评谈""欢乐社区行"等品牌活动。

三、经验与启示

文明城市建设对一个城市的核心价值观塑造有着极其重要的意义,为城市发展注入新的活力和动力的同时,更能有效推动市民素质提升工程。面对新情况、新常态,苏州在文明城市建设和市民素质提升上面取得了一些宝贵的经验。

1. 突出正能量传递,充分发挥社会主义核心价值观的导向作用

形成正确的价值导向,就是掌握了市民素质提升与文明城市建设的主心骨。苏州在推进文明城市建设,打造城乡文明建设一体化的进程中,把握住关键,统一好思想,是苏州获得成功的关键所在。始终坚持树立优良的社会风气,始终坚持社会主义核心价值体系建设,始终坚持培育和践行社会主义核心价值观,成为苏州市在推进工作中的灵魂。以建设凝聚人心,用导向提升素质,充分

发挥社会主义核心价值观的正向能量作用,将社会主义核心价值观内化为建设文明城市群和市民素质提升的内在要素,贯穿于城乡文化建设一体化的各个环节和关键节点,促进市民在整个过程中自觉遵循社会主义核心价值观,坚定市民的理想信念,发扬勇于面对、坚持不懈的精神,加快中国梦苏州篇章的谱写,为实现中国梦增添动力。

2. 重视群众利益诉求,提升城乡文明建设中的居民幸福指数

群众利益无小事,建设文明城市的重要目的就是提高城乡居民的"幸福指数",让老百姓共享苏州经济社会发展的成果,实现惠民利民。城乡文明建设一体化顺利推进的基础就是群众的支持与参与,苏州在工作中最大限度地获得群众支持,对于不同的苏州人,无论是"老苏州",还是"新苏州",或是"洋苏州",只要是生活在苏州的市民,都是建设文明城市关注的对象。在工作中,对于群众的利益诉求,如对生活环境改善的需求、对丰富精神文化生活的诉求、对关乎市民生活工作相关服务提升的愿望,事无巨细、面面俱到,提高了市民的幸福指数。在2015年7月公布的《蓝色幸福指数城市报告》中,在被调查的150个城市中,苏州排在全国第八。对群众利益的高度重视,在有形和无形中将居民的幸福指数提高到了一定高度,更在无形中有效提升了市民素质,推动苏州城市社会文明的进步,营造出优良的城市文明整体氛围。

3. 多方协同合作,推动形成文明创建的强大合力

愚公移山靠的是坚持不懈,更离不开团队协作。市民素质提升与文明城市建设是系统工程,单靠一方努力难以完成,需要社会各界力量的共同参与、密切合作。苏州在文明城市建设过程中,极力营造出了一种办事效率高、清正廉洁的氛围,让政务环境更加廉洁高效;加强法治苏州建设,让法治环境更加民主公正;加强人文教育,让人文环境更加健康向上;健全公共基础设施与服务,让生活环境更加舒适便利;强化治安管理,让社会环境更加安全稳定;推动生态环境保护与开发,让生态环境更具可持续发展……在这样的环境下,各界社会力量都会积极参与其中,充分发挥各自的作用,实现相互的协同合作,成为建设过程中的宣传者、实践者和监督者。

除此之外,从多年创建全国文明城市的经验来看,苏州的文明城市建设不断与时俱进,尝试自我突破,探索尝试文明城市水平提升新思路,将文明城市建设与市民素质融合创新,不仅将其作为形象工程,更作为一项民心工程、一项龙头工程来做,打造成丰富群众精神文化生活的品牌,让文明城市建设更具典型示范作用。

四、存在的问题

从全国文明城市工作先进城市到全国文明城市,再到连续四届获得"全国文明城市"称号,苏州始终高度重视文明程度的提升,把以人为本作为创建工作的出发点和落脚点,让更多人在发展中受益。但我们也应当看到,苏州在文明城市建设中也遇到了一些问题,需要进一步突破解决。

1. 城市城镇化发展带来的挑战

根据国务院批复的《江苏省城镇体系规划(2015—2030年)》,2030年江苏将形成2个特大城市——南京和苏州。近年来,苏州经济社会快速发展,城市规模不断扩大,各种新问题也逐渐涌现。首先,大量外来务工人员涌入苏州,不仅数量多,而且流动性大,给城市就业带来了较大的挑战,同时,他们与城市的融合需要一定时间,而对流动人口各项服务的持续跟进也存在欠缺。同时,随着苏州城乡一体化的发展,大量农民成为失地农民,如何照顾到各方的利益,保障新苏州人和老苏州人的利益,成为当下需要解决的问题。

2. 文明建设体系需要进一步规范协调

苏州的经济在快速发展,苏州的基础设施也在不断建设完善,但市民素质文明教育却没有及时跟进,对相关的提升和管理工作重视程度不够,出现了与快速发展的社会经济不匹配、不平衡的状态,其中较为典型的是公共文明规范体系不健全,仍有进一步完善的空间。文明是一种软实力,公共文明规范体系的进一步完善,对于城乡文明一体化建设"转型升级"期的苏州,显得尤为重要。缺少健全完善的文明守则之类的约束体系和培训教育系统,市民素质的继续提升也相应受到了限制,对文明城市建设的深入开展产生了一定的制约作用。

3. 市民参与城市管理的融合度有待提高

市民参与文明城市建设的程度与预期仍存在差距,部分市民对于文明城市建设关注甚少,甚至有人漠不关心,对于相关信息的摄入较少,对不同组织开展的品牌活动参与度不高、积极性不高,对环境管理与城市发展不关心。建设文明城市和市民素质提升工程中的城市管理等工作,部分市民没有自觉将其转换为自己的实际行动,认为这只是相关部门的责任与义务,将自己划入城市管理建设的旁观者行列,长此以往,将形成建设管理难、市民参与度低、管理者能力有限、建设水平停滞不前的现象。

五、展望

首先,发挥群众自治组织的作用,通过参与服务的过程感染市民,大力推广志愿者服务,弘扬我的服务为人人的观念,不断扩大志愿者队伍的规模,提高其实力,让更多的人成为文明城市建设的倡导者与实践者。用丰富多彩且具有教育意义的活动影响市民,在寓教于乐中实现素质提升。

其次,精心设计载体,将文明城市建设和素质提升教育融入其中。突破原有城市建设规划的局限性,通过交通整治、制度衍生、设备强化等手段来遏制不文明现象的产生,形成全员自觉参与的良性社会风气。同时紧抓苏州发展规划,明确基本单位,针对不同地区的特色,有针对性地开展推广普及活动,促进各行各业成为这一项系统工程的生力军。

案例一　张家港：文明城市建设促进和谐发展

一、背景

创建文明城市活动是推动城市经济发展和社会全面进步的载体平台，是加强城市精神文明建设的有效途径，在社会精神文明建设中具有特殊的地位和重要的作用。

张家港市在深入开展思想道德教育的同时，大力改善城市宜善环境，努力维护社会优良秩序，全面推进基础设施建设，强化公共服务质量，不断丰富群众文化生活，切实加强城市建设……紧紧围绕提高市民素质和城市文明程度展开创建文明城市活动。

2015年年初，江苏省张家港市再次被中央文明委授予"全国文明城市"称号，这已是张家港在"全国文明城市"上的第四次折桂，是全国唯一获此殊荣的县级市。

"四连冠"的取得，是张家港坚持"一把手抓两手，两手都要硬"的结果。张家港市把文明城市建设作为发展的重中之重，20多年文明创建历程中，市委书记一直兼任市文明委主任，由一把手牵头，探索实践精神文明建设，深化文明城市创建。张家港市的文明城市建设不仅有"一张蓝图绘到底"的决心，坚持到底、持之以恒的恒心，更有勇于探索、创新实践的努力。

张家港人深刻识到，文明城市建设，关键在人，只有实现人的文明、人的现代化，提升全民的国民素养，才能不断深化文明城市建设。近年来，通过组织实施各类志愿者活动与计划，如率先尝试"学雷锋·志愿服务伙伴计划"，在全国县级市中首先提出并实施、打造属于志愿者的强烈归属感与责任心，鼓励全民人人参与，成为当之无愧的"志愿者之城"。

二、主要做法

张家港市连续四次荣获"全国文明城市"称号，与张家港在城市建设工程中注重"丰富城市建设内涵，提升城市文明程度"是密不可分的。

1. 坚持加强精神文明建设的指导思路与保持制度严密性

张家港始终坚持加强精神文明建设的指导思路，确立了严格的制度，保障文明城市建设的深入开展。将"一把手抓两手，两手都要硬"的做法贯彻始终、一以贯之,将文明城市的创建作为首要工程,并由市委书记兼任市文明委主任,无论历任领导如何变化,工作重心和工作传统没有任何变化,始终保持着"一棒接着一棒传,一任接着一任抓"的制度规范。同时,为了完善制度设计,深入工作,张家港制定了包含《关于建立深化全国文明城市创建长效机制的意见》《张家港市市民素质提升工程实施计划》等在内的规章制度,从制度层面确保每年的文明城市建设的计划性,明确年度工作重点,最终形成了实现全覆盖的制度机制,即"层层有人抓、事事有人管、项项有指标、限时必达标"。

2. 突出文明城市精神与育人塑人

张家港将文明融入城市精神,以育人塑人为手段,将文明城市建设内化为张家港人的自我追求。张家港充分意识到,文明城市建设,根源在市民,只有市民文明,才能城市文明。该市通过推广宣传志愿者服务、鼓励市民道德承诺等方式,积极鼓励市民发挥自我的主体作用,提升市民道德意识,突出市民主体作用,搭建各种舞台让每个人投身道德实践之中。如:推出"学雷锋·志愿服务伙伴计划",由市级机关和社会组织搭建平台、组织活动,实现志愿服务常态化;开展"寻访身边好人张闻明"道德风尚行动;举办张家港市道德模范、身边好人小戏小品大赛;奖励严格履行出境《文明旅游承诺书》的市民……开展主题教育,发挥道德模范等的典型作用,形成整体文化氛围教育人、培育人、塑造人,以强化不同群体间的互动,形成推动、互动、联动的整体性。

3. 重视维护市民权益与成果共享

张家港重视市民的权益,强调市民共享文明城市建设的成果,实现惠民利民,让市民从文明城市建设中感受到城市文明风貌的变化,获得实实在在的权益,强化市民对文明城市建设的认同感,激发市民参与文明城市建设的自觉行动。从商业街区的24小时图书馆驿站,到普通社区中的便民理发室、老娘舅工作室等便民服务场所,张家港不断加强市民服务工程建设,以与群众息息相关的利益为出发点,充分贯彻落实惠民利民政策,将惠民利民作为张家港文明城市建设的目的,提升市民的幸福指数。

4. 强化城乡文明建设均等化

在张家港文明城市创建中,有一个十分突出的亮点,即城市与农村一个样,在保留"城有城的品,乡有乡的味"的基础上,实现城乡文明建设的均等化发展。例如,农村生活垃圾无害化处理率达100%,卫生服务站在农村和社区得到普及,实现了农民的"农保"转"城保",城乡教育均衡发展……按照"以城市的标准建设农村,以市民的理念培育农民"的思路,在城乡一体化发展、村居社区环境、公共服务等方面创新尝试,探索出一条城乡文明一体发展的独特路径。在南丰镇永联村,现代化的住宅小区、图书馆、影剧院、议事厅等公共基础服务设施一应俱全,更有近20项多种便民服务功能的爱心互助一条街,使得作为农村的永联有了不输于城市的生活条件,在保留永联特色的同时实现了文明建设的均等化。

在新型城镇化的推进过程中,城市文明建设的动力和压力并存,张家港通过做好"顶层设计"的创新,打造文明城市文化人的理念,做精做优文化民生,首创网格化公共服务等新模式,让群众、市民成为文明城市建设的最大受益者,更彰显出了层次鲜明、内容丰富的"文化智慧"与"城市文明"。

三、成效与启示

张家港始终把文明城市的创建作为"一把手"工程,尽管经历了几任主要领导的更换,但文明城市的建设就如同比赛中的接力棒一般,持续不断地传承延续着,从环境整治到城乡一体联动,再到城市品质的提升、城市品牌的培育,其文明城市的建设由点及面、由局部到全局地稳步推进着。

1. 将文明城市创建作为一项系统战略工程推进

作为县级市,深化文明城市的创建,促进文明城市建设向纵深发展,有利于全面实现小康建设。张家港将文明城市创建作为全面建成小康社会的基础工程、系统工程、战略工程。持之以恒、坚持不懈地抓文明城市建设,是张家港发展形成"张家港精神"的关键。对张家港而言,文明城市的创建不仅仅是外在城市风貌的改变,更重要的是对于城市品质提升的内在追求。国家新型城镇化战略正在如火如荼地推进中,县级文明城市的创建也被列为一项重要的衡量标准,张家港正是意识到了文明城市创建的重要性以及其对小康社会建设的基础和突出作用,才会在城市社会经济发展过程中,将物质文明与精神文明同步作为重点来建设,实现两个文明的齐抓共管、齐头并进、协调发展。

2. 将贴近群众接地气作为文明城市创建的原则

国家的发展需要充分动员基层的力量,文明城市的创建更要做好基层工作,所谓的成也基层、难也基层。建设志愿者之城,让志愿者服务遍地开花,融入居民生活,使张家港的文明城市建设更接地气是张家港创建文明城市的原则。如张家港步行街的"诚信驿站",为市民群众提供服务,市民可以在这里通过爱心义卖点自助付款取物,并将文明诚信指数记录在周边商户公布。同时,商户推出了"诚信二维码"服务,提供诚信信息供消费者查询。通过类似的措施,统筹创新城乡一体化背景下的文明城市创建工作,使其覆盖面更广、辐射区域更大。以城带乡,实现城市与乡村间的无缝对接与联动,是张家港在文明城市创建中的亮点,每个人都可以从文明城市的创建中分享成果。文明城市的建设只有围绕人的需求,才能获得持久不断的力量,只有接地气的、贴近群众的工作才能团结群众,共同建设文明城市。

3. 将践行社会主义核心价值观作为文明城市创建的核心思想

张家港是全国文明城市创建的排头兵,始终积极践行着社会主义核心价值观,高度重视人的全面发展。随着张家港文明城市建设的不断深化,城市文明素质持续提升。社会主义核心价值观的培育和实践对张家港人产生了巨大的影响,以社会主义核心价值观为核心,开展主题教育,发挥先进典型的先锋模范作用,扎根心灵,起到凝聚人心、深入人心的效果。

【思考题】

1. 张家港文明城市创建的成功之处在哪里?有哪些值得借鉴之处?
2. 你认为文明城市建设与城市品格、市民素质提升之间的关系是怎样的?

案例二 相城区：相城风气弘扬社会主义核心价值观

一、背景

相城区位于苏州市北端，2001年2月在苏州行政区划重新划分中成立。独拥阳澄湖三分之二水域的相城，地处长三角都市群腹地，位居苏州大市中心，东临上海，西濒太湖，南接古城，北依长江。全区下辖4个镇、4个街道、1个省级经济开发区、1个高铁新城和1个省级旅游度假区。

相城建区以来，按照"后发崛起"的总体要求，牢牢把握民生幸福的总目的，全力打造"苏州新门户、城市新家园、产业新高地"。85万相城人在496平方公里的土地上白手起家，创业创新，以相融于古今、相谐于内外的气度，创造出"众志成城"的奋斗业绩。如今，年轻的相城已成为创新创业的一方热土，一个不断创造奇迹、缔造活力的新城区。

党的十八大提出新思想、新要求：转变经济发展方式，坚持科学发展；更加关注民生幸福，全面提高人民生活水平；全面加强党的思想建设、组织建设、作风建设、反腐倡廉建设、制度建设；加强社会主义核心价值体系建设，全面提高公民道德素质，丰富人民精神文化生活，增强文化整体实力和竞争力；努力建设美丽中国，实现中华民族永续发展。经济、政治、文化、社会、生态五位一体的战略部署，体现了我们党治国理政的新思路，绘就了未来中国发展的宏伟蓝图。文化是民族的血脉，是人民的精神家园。社会主义核心价值体系是兴国之魂，是社会主义先进文化的精髓，决定着中国特色社会主义的发展方向。"相城风气"是加强社会主义核心价值体系建设、全面提高公民道德素质在相城的创新样本，是用社会主义核心价值体系引领文化强区建设的生动实践，是引领相城率先基本实现现代化的精神动力。

一掬阳澄水，流芳自古今。相城厚重的历史与文脉，演绎出一段段历史传奇，滋养着一样样珍奇物产。钟灵毓秀，人杰地灵，先贤们至德尚善、仁义诚信、谦恭礼和的优良品质延续至今。"苏陕师生生命接力"的好老师严罗江、"照顾死刑犯女儿6年"的好民警钱红卫、"台湾爱心爷爷"吴明福……他们以助人为乐的博大胸怀、见义勇为的英雄气概、诚实守信的可贵品质、敬业奉献的职业追求、孝老爱亲的传统美德，从不同层面、不同角度深刻地诠释着社会主义核心价值体系的丰富内涵，演绎着洋溢在相城大地上的淳正风气。

在苏州"一核四城"格局中,相城迎来了与苏州工业园区合作共建经济开发区和苏州高铁新城建设两大历史机遇,这将成为苏州城市发展和产业升级的增长极,开发与合作的新典范。今日相城,肩负后发崛起的使命,驱动发展的引擎,新产业领路,新城市领跑,新人才领军,以恢弘的气度向着现代化、国际化、信息化新城区的目标蓄势腾飞。目标需要精神催化,大发展时代要靠一种风气来凝聚动力。

二、主要做法

2011年相城区委区政府提出,要保持振奋的精神状态,加快营造具有时代特征的"相城风气",以此来引领经济、社会的发展。作为一个新建区,相城的发展条件艰苦,客观上相对"落后"。但相城人没有把自己束缚在"下游"的位置上,而是要求各级干部准确判断重要战略机遇期内涵和条件的变化,全面把握机遇,沉着应对挑战,在进一步深化对社会主义核心价值体系的认识和实践中,夺取率先基本实现现代化的全面胜利。

1. 在促进产业转型升级中加快推进城市化进程

作为苏州市"一核四城"的重大战略部署,苏相合作区和苏州高铁新城建设在相城区全面启动,拉开了这座"非常新城"后发崛起的大幕。苏相合作区着力在发展理念、政策提供、环境营造、服务水平上接轨苏州工业园区,聚合创新理念、团队服务、合理规划、协调发展、借势助力等发展路径,巧解体制、产业规模等阻力的约束,在精心运作中破解一系列发展难题,使"典型江南,非常新城"具有魅力独具的鲜明气质。高铁新城作为"一核四城"的战略平台,是承接南北东西各功能组团的关键节点,更是举全市之力抓抢长三角建设世界级城市群的历史机遇和推进相城后发崛起的重要引擎。它以"国际化、现代化、信息化"为总体要求,以"高铁枢纽、创智枢纽"为产业引擎,以"苏州新门户、城市新家园、产业新高地"为发展定位,以"区域服务总部基地、高端非银创新金融服务中心、枢纽型商业旅游服务中心、数据科技研发培训基地、商务外包服务基地、创智文化交流中心"为功能驱动,全力打造"苏州风格现代都市城区、枢纽型高端服务业态区、低碳生态可持续示范区"。苏相合作区和高铁新城是相城全面建成小康社会的两大历史机遇,也是践行"相城风气"最重要的举措。

2. 在改善民生中巩固发展和谐稳定的良好局面

民生幸福一直是无产阶级政党的最高政治理想,人民政府就是要让人民群众在共享经济和社会发展的成果中实现最大幸福。相城区始终把富民、惠民、安民作为第一追求,多谋民意所向之策,多办民生所急之事,多尽民心所系之责。相城区把深化农村改革作为改善民生的根本动力,把促进就业创业作为改善民生的优先目标,把完善保障体系作为改善民生的关键举措,把维护社会稳定作为改善民生的基本保障,扎实做好保民生促稳定各项工作,巩固发展和谐稳定的良好局面。

3. 在"非常新城"的建设过程中保留"典型江南"风貌

建区之初,相城人就明确提出高标准建设"水相城、绿相城"的目标;2006年,相城人又把建设目标定位为"水城、花城、商城、最佳生态休闲人居城"。江南水乡最大的荷花主题公园(AAA 景区)苏州荷塘月色湿地公园、阳澄湖中最重要的生态板块美人腿和莲花岛、苏州中国花卉植物园,都是相城有分量的"生态名片"。建区以来,相城区着力推进生态建设,积极创建国家生态区,加快打造生态宜居新城。截至 2011 年底,全区共新增绿地面积 16 万亩,累计投入资金 23 亿元,其中区级财政投入 15 亿元。全区累计绿地面积 22 万亩,陆地森林覆盖率从建区初的 7.43% 提高到 30.96%,建成区绿化覆盖率达 44.1%,城镇人均公共绿地达 18 平方米。绵延不绝的生态长廊与灵动秀美的阳澄水域交相辉映,勾勒出一幅典型江南的绝妙美景。新的历史发展阶段,在推进"非常新城"建设的过程中,相城区始终不忘保留典型江南的自然环境和村庄风貌,坚定不移地保护好基本农田和不拆迁的自然村庄,坚定不移地做好阳澄湖生态保护这篇大文章。

4. 在推进"相城风气"实践中提升城市软实力

相城区把践行"相城风气"作为贯穿相城现代化建设全过程的一项长期奋斗目标,加强良好城市风气的培育和精神文明建设,加快完善公共文化服务标准化,努力塑造文化特色品牌,大力推进文化产业发展,不断提升城市文化品位,更好地发挥文化对经济社会发展的重要支撑作用。

三、成效与启示

"相城风气"是相城人创新实践的产物,是一笔十分宝贵的精神财富,更需要在率先基本实现现代化的伟大实践中加以弘扬。相城在追比进位中,不仅要比速度,更要比精神状态、比文明程度;不仅要打造经济社会发展的硬实力,更要打造精神文化的软实力,激发相城人全力以赴地投身到新一轮的快速发展中去。

1. 全面激发创业热情,经济发展呈现又好又快态势

"相城风气"品牌的打造和宣传,充分调动了全民率先发展、科学发展的积极性,相城人创业发家致富、发展做大做强的激情高涨,转变经济发展方式、增加自主创新能力的意识大幅提升。

2. 普遍增强公民责任感，社会建设文明和谐进程大大加快

上下求同、风清气正、众志成城等良好风气和精神，使公民的社会责任意识明显增强，市民群众自觉奉献社会、企业家主动回报社会的行动蔚然成风。

3. 切实转变机关作风，各级各层求实创新意识明显增强

爱岗敬业、奋发向上尤其成为机关党员干部的标准和目标，推进了机关干部自觉树立良好形象，转变办事作风，创新工作方法，提高服务效率，改革创新的做法和成效不胜枚举。

4. 显著提升向心力和凝聚力，干部群众的精神状态更加昂扬

"相城风气"激活了人们埋藏在心底的美好情愫，形成了巨大的向心力和凝聚力。推动全区在思想观念上有新解放，在破解难题上有新进展，在体制机制上有新突破，在发展能力上有新提升，在改善民生上有新成效。

在新的起点上，相城将继续高举中国特色社会主义伟大旗帜，始终保持解放思想、改革开放、凝聚力量、攻坚克难的精神状态，全面推进经济建设、政治建设、文化建设、社会建设、生态文明建设和党的建设，增强忧患意识、创新意识、宗旨意识、使命意识，坚定不移地沿着中国特色社会主义道路前进，团结一心，以"上下同求，勇于担当"的"相城风气"，为率先基本实现现代化而顽强奋斗、艰苦奋斗、不懈奋斗。

【思考题】

1. "相城风气"是对社会主义核心价值观的弘扬，应该如何结合地方文化特色，弘扬社会正能量？

2. "相城风气"的建设与弘扬，有哪些方面值得学习？

案例三　二郎巷社区：社区文明建设创造幸福社区

一、背景

党的十八大将社区治理首次写进了党的纲领性文件中，为社区建设指明了发展方向，明确了原则和任务。社区建设是指在党和政府的领导下，依靠社区力量，利用社区资源，强化社区功能，解决社区问题，促进社区政治、文化、环境协调和健康发展，不断提高社区成员的生活水平和生活质量的过程，也是建设管理有序、服务完善、环境优美、治安良好、生活便利、人际关系和谐的新型社区的过程，还是我国社会基层组织结构重组和社会资源整合的过程。

二郎巷社区位于苏州古城东南角，东起外城运河，西至相王路，南到竹辉路北侧，北至十全街内城河。在二郎巷社区内有二郎巷小区、相王路小区、彭义里小区、(福园)竹苑小区和十全街小区等五个小区，社区管理制度较好，人员配置齐全。在上级部门的指导和支持下，二郎巷社区围绕"一居一品"的特色建设主题，将"四会制度""民主自治"纳入社区文化建设和社区治理中，紧扣社区工作基础与建设主题，集中精力建设"三个一"工程，即打造一个平台，架起一座桥梁，培育一种氛围，将二郎巷社区打造成了民主自治的幸福社区。

近年来，在上级党委的正确领导下，二郎巷社区以社区建设为平台，做好社区服务，积极引导社会组织参与社区治理，实现了社区、社会、社工的三社联动机制，社区管理井然有序，社区服务专业到位，社区环境美观整洁，社区文化丰富多彩，社区生活便利便捷，社区人际关系和谐。

二、主要做法

1. 搭建平台，助推社区成员角色转换

社区工作离不开社区全体成员的关心、支持和参与，养成社区即我家的理念，有助于营造社区大家庭的氛围，并促进社会关系的和谐。社区是一个特定的区域，只有各项设施、人员配套，才能做好社区建设管理工作。二郎巷社区居民委员会积极为社区居民提供自治"平台"，推动"社意民知，人和政通"。同时，社区积极打造一支队伍，包含社区居民、法律人士和社区工作人员，通过开设谈、调、听、评"四小超市"的方式，充分发挥社区党员等的骨干作用，建立社区矛盾调节机制，及时化解社区内矛盾，积极进行走访排查，为社区居民提供事务处理的一条龙服务。同时,不断完善社区自治,细化"四会"(民情恳谈会、民事调解会、民意听证会、民主评论会)细节,让社区成员,尤其是社区群众,从原来只能反映问题的角色,转换为参与问题解决的角色,使社区工作者变为社区事务梳理者。

2. 开设渠道,畅通社情民意表达

社区建设要民主化,要做到听民意、解民情、惠民生,为群众办实事、解矛盾、化疑难。多年来,二郎巷社区积极为民办实事,诚心诚意服务社区群众,以社区为窗口,完善民主制度和服务程序,为社区群众办事提供最大便利,及时解决社区群众的棘手问题,充分听取社区群众的意见建议,实现矛盾的及时化解、问题的及时解决,以促进社区群众与社区工作者之间的沟通交流,架设"民声、民意、民心"联系桥梁,消除社区群众对社区工作的顾虑和疑问,实现居民与社区的紧密联系,提升社区服务居民的水平。同时,用网格化的管理模式,搜集获取社区居民的情况,进行社区居民与社区管理的对接,并制定出促进社区民主自治与推进社区管理的有效办法,推动共商共建机制建设,树立起牢固的社区堡垒,做深、做透、做好社区工作。

3. 营造氛围,推进民主自治

二郎巷社区始终把社区民主自治建设作为社会工作的重点,通过听民声、解民意,为社区居民解决生活困难和思想负担。社区居委会是社区治理的"自治钥匙",明确责任制度,以社区制度建设为基础,落实社区建设的"四个推进":一是全日接待制度,安排工作人员进入社区"四小超市",与社区群众面对面,听取群众心声,处理群众反映的问题;二是定期走访制度,规定社会工作者和社工每月每年走访群众的数量,及时了解弱势群体等群众的情况;三是实行难事全办制度,组织专门人员,开展"帮困议事"专项活动,定期梳理需要提供帮助的困难家庭,落实解决办法,会同居民小组长采取"里弄分办,楼组分解"的方式,共同关注落实措施、区域包干;四是民意调节制度,对社区一切事务进行分类,专门制订计划,分析问题,解决问题,重点问题重点解决。针对社区内不同类别的群体,如家庭单位、社区老人等,指导各类活动,通过各种协会的活动建立民主自治平台。

三、成效与启示

二郎巷社区从1997年起,历年被评为文明示范小区、苏州市文明老年活动室、江苏省绿化标准居住区、江苏省社区建设示范社区居委会和"亲人情、邻里情"幸福社区创建活动示范社区。从二郎巷的发展管理中可以获得以下启示:

1. 建立社区自治制度有助于减轻社区工作负担，提升社区工作实效

沉重的工作负担，严重制约了社区建设管理的可持续发展，同时也在一定程度上挫伤了社区干部的工作积极性，因此，必须尽一切可能减少不必要的工作任务，使社区步入良性发展的轨道。一是建立社区工作"准入"制度，严格把控入门机制。二是减少各类不必要的会议，如减少政府和各部门要求社区动员居民参加的各种会议和明显带有形式主义特点的"一条街"活动等。三是严格控制社区工作务虚的会议，一切会议必须围绕能解决实际问题的目的而召开，免去复杂程序，精简会议流程，压缩会议时间。

2. 改革社区管理模式，建立顺畅高效的社区管理体制

落实街道、社区权力，建立权力清单，实现简政放权，对社区内部社会性、群众性事务实行放权，借鉴国内外发达城市的成功经验，明确社区工作站职责，由社区统一管理和调配社区工作，将社区各种协理员全部归到社区工作站，实现"一个窗口对社区"的管理体制。

3. 科学合理划分网格

保持现有社区格局不变，把社区划分为若干网格，完善社区网格化管理，实现"缩小管理范围、增加管理内容、提高管理效率"的精细化管理模式，做到"社情全摸清、矛盾全掌握、服务全方位"，情况掌握在基层、问题解决在基层、矛盾化解在基层、工作推进在基层、感情融洽在基层，让社区真正成为服务居民、凝聚居民、引导居民的和谐家园。

4. 建立良性运行机制

社区网格化管理工作由社区居委会具体实施，利用现代化的信息手段，以社区人口信息为基础，统筹各有关部门的相关信息资源，建立统一的社区基础信息数据库，打造社区综合管理服务信息平台，实现信息的"一次采集、多次使用，一家采集、多家使用"。同时，社区注意处理好推行社区网格化管理与抓好社区日常工作之间的关系，把社区日常工作统一到网格化管理中去，切实保障社区工作的平稳过渡和有效衔接。

【思考题】

1. 你如何看待社区文明建设与社区治理之间的关系？
2. 你认为在市民素质提升与文明城市建设上，社区应当加强哪些方面的工作？

第九章 传统文化保护与文化产业现代化

概 述

21世纪,随着技术沿着硬件—软件—互联网—文化的方向发展,产业链的核心价值也沿着制造—信息—知识—文化的发展方向升级。发达国家已经认识到了文化产业的巨大发展前景和在未来社会经济中的重要地位,不约而同地将文化发展战略作为地区发展战略的核心和主导,文化产业不但在国民经济中占有举足轻重的地位,还成为重要的外汇收入来源,并创造了大量的就业机会,成为经济发展的引擎。同时,文化产业在发达国家GDP中的比重普遍高于10%,而我国只占到2.6%。

作为吴文化的重要发源地,苏州有着悠久的历史和灿烂的文化。千百年来,勤劳智慧的苏州人创造了令人惊叹的历史文化遗存和独树一帜的人文艺术流派,历史遗存、文物古迹非常丰富。其中,苏州古典园林被列入联合国世界文化遗产名录,昆曲艺术等6个项目被列入联合国非物质文化遗产代表作名录。除此之外,苏州拥有的国家级文物保护单位和国家级非物质文化遗产数量在全国均名列前茅。苏州还在全国率先确立了"文化遗产日",营造了全社会关心、重视文化遗产的良好氛围。

可以说,苏州文化的核心内涵,是在长期历史、生活过程中形成的苏州人生存—生活方式及其价值观念。而文化苏州就是以建设社会主义先进文化为总目标,以传统苏州文化及其文化个性为底蕴,有意识地发展苏州文化个性,并以之为立足点来构思苏州发展,积极应对经济文化一体化进程,提升苏州城市形象和综合竞争力的战略构想。在我国深入推进"四个全面"的战略关键期,重拾中华民族文化兴盛的光荣与梦想,催生文化自觉,涵养文化自信,实现文化自强,构建中国人的精神家园,成为构建"中国梦"宏伟蓝图不可或缺的强大内驱力。在这样一个转型升级、创新发展的关键时期,高度重视传统文化的保护,积极传承"苏脉""苏韵",并使得这些传统文化在产业现代化的进程中延续新的生命,焕发新的光彩,具有非凡的意义。

一、苏州文化产业发展的背景

近年来,尤其是自 2009 年苏州市文化产业发展领导小组成立以来,文化产业呈现出快速增长的态势,无论是产业规模、产业结构还是产业布局,都出现了飞跃。目前,苏州已经形成了"苏绣文化产业群""苏州国家动画产业基地""胥口书画全国文化(美术)产业示范基地""昆山文化创意产业园""阳澄湖国家数字出版基地"以及"昆山国家影视网络动漫实验园""国家影视网络动漫实验园"等 7 个国家级产业基地,另有省级示范基地 5 个,市级示范基地 28 个。各个产业基地集聚效果突出,初步形成了以文化旅游业、工艺美术业、传媒业、演艺娱乐业、培训业和会展业为重点的产业发展格局。其中,苏州动漫产业发展迅速,现有 7 个国家认定的动漫企业。

随着文化产业规模的不断扩大,文化产业总产出和文化产业增加值持续增长,占 GDP 比重也逐年提高,对苏州市经济的贡献值越来越大。苏州文化企业从 2008 年的 8167 家增加到 2011 年的 15000 余家,年均增长率为 22.4%。同时,随着刺绣、书画、动漫、演艺等产业的发展,苏州的文化产业带来了巨大的经济价值和社会影响。

1. 经济较为发达

改革开放以来,"苏南模式"使得苏州经济发展的速度和水平均走在了全国的前列。2009—2015 年,苏州 GDP 增长速度高于全国水平,仅 2009 年的增长率略低于江苏省平均水平,但其 GDP 占当年江苏全省 GDP 的五分之一强,2010 年更是占了将近 1/4。截至 2015 年年底,苏州人均 GDP 已经超过 12000 美元,突破了中等收入国家的"陷阱"区间。经济发展的成就,为文化产业跨越发展奠定了资金、市场等方面的坚实基础。

2. 文化资源丰富

作为国内外知名的历史文化名城,苏州一直拥有崇文、兴文、重教的社会风尚,优质文化资源极为丰富,拥有世界文化遗产地 9 个,国家级、省级、市级文物保护单位 695 处,其中国家重点文物保护单位就有 34 处,数量仅次于北京和西安。据相关数据统计,苏州还有昆曲、古琴等 6 个项目被列入联合国人类非物质文化遗产代表作名录,24 个项目被列入国家级非物质文化遗产名录,64 个项目被列入省级非物质文化遗产名录。

3. 区位优势显著

苏州是长三角经济圈内的核心城市之一,也是长江中下游地区的中心城市之一。突出的区位优势决定了它能够接触到更多的新创意、新理念、新思潮,为苏州成为"园林之城"与"工艺之都"创造了良好的区位优势,为文化的产业化尤其是文化创意产业的繁荣提供了优越条件。

4. 政策体系扶持

2002年1月,中共苏州市委文化宣传工作领导小组发布的《苏州市2001—2010年文化强市规划纲要》拉开了文化产业政策体系建设的序幕。此后,中共苏州市委、市政府出台了诸如《关于推动苏州文化产业跨越发展的意见》《关于加快苏州市文化产业发展的若干政策意见》《苏州市金融支持文化产业发展的实施意见》等一系列政策性文件,在财政、税收、投融资、土地、人才等方面给予文化产业以优惠性扶持政策。此外,苏州市还设立了文化产业发展专项引导资金,每年以3000万元资金引导、支持苏州文化企业开发文化产品和项目。这些政策和措施均有效地促进了文化产业的快速发展。

5. 文化特色鲜明

苏州文化产业有着独特的吴韵风格。水是苏州的灵魂,是吴地文化发展的根基和前提。书画、建筑、戏曲、工艺等同样蕴涵了丰富的"水性",滋养并体现出吴地人刚柔相济、开放包容、聪慧机灵的精神气质。

二、苏州文化产业发展的主要做法及成效

近年来,苏州文化产业进入快速发展期,2009—2011年,苏州文化产业增加值以超过30%的速度快速增长。在2010年"江苏省文化发展绩效评价体系"考核中,苏州位列全省第一。2012年苏州文化产业实现营业收入约2600亿元,文化产业增加值约672亿元,名列江苏第一、全国前茅,在全市GDP中占比约为5.6%。文化产业总体规模不断壮大,成为苏州经济增长的新亮点。

1. 政府高度重视文化产业并逐年加大投入

首先,政府建立了支持文化发展的专项资金,加大财政对于文化产业发展的资金扶持力度。自2009年起,苏州市级财政每年预算安排文化产业发展资金达3000万元(专项扶持资金和产业担保基金)。仅2010—2011年,全市财政安排文化产业发展资金便达2.6亿元。其次,建立了支持文化产业发展的金融体系。政府积极推进金融业与文化产业的有效对接,利用信贷、保险、证券、创投等多层次金融市场资源支持文化产业发展。最后,研究制定相关政策引导资本进入文化产业领域,切实解决文化产业企业融资难的问题。依据第三次经济普查相关数据核算,苏州市文化产业增加值735.99亿元,占GDP的比重为5.65%。

2. 积极引进人才激活文化产业发展原动力

将文化产业发展的人才需求纳入"姑苏人才计划"中。通过各种政策吸引和鼓励国内外各类文化创意、创新人才来苏工作,还通过建立文化产业人才库、

实施文化产业人才培训工程等多种措施培养人才。首届姑苏文化创新创业领军人才和重点人才的入选者就多达 19 人。

3. 打造文化产业品牌

在产业发展的进程中实施"走出去，请进来"战略，切实推动文化创意产业的发展。在文化部和江苏省人民政府的支持下，苏州连续两年成功举办"中国·苏州文化创意设计产业交易博览会"。创博会是目前国内唯一获批的文化创意设计产业的专业展会，利用展会举行了高峰论坛、产业对接会、创意设计展示奖评比、大学生创意设计作品大赛等系列活动，全面展示当前国内外文化科技、文化旅游、文化贸易的新内容、新技术、新成果，为文化创意产业界客商沟通交流、携手共赢提供良好机会。两次创博会签约金额超 20 亿元，成为苏州的特色文化品牌。

4. 文化产业空间集聚效应明显

目前全市已形成了包括国家级"苏绣文化产业群"等在内的 27 个文化（创意）产业园（街区），拥有"苏州国家动画产业基地"等国家和省级文化产业基地。这些具有产业集聚性和规模效应的文化产业板块，已经成为中小文化企业的孵化器，引领作用和积聚效应逐步凸显。尤其是苏州的动漫业，已形成多个动漫企业集群，产值年年攀升。以工业园区为例，2009 年园区动漫游戏产业已集聚动漫、游戏及相关企业 60 家，年产值达 4 亿元。

三、苏州文化产业发展面临的困惑

尽管近年来苏州文化产业呈现出规模化、集约化和专业化的特点，基本形成了优势突出、多门类、综合型的产业体系，但仍然存在文化产业普遍小而分散、产品附加值低、文化品牌竞争力不强、对全市经济和服务业发展的贡献值还不够大等现实问题。

1. 科技创新驱动力不足

目前，苏州文化企业大多是内容创意产业，缺乏原创性和新意，普遍不掌握核心技术和产品的知识产权，具有研发、创意能力的企业较少。即便是初具规模的动漫产业，原创能力也非常有限，缺乏知名品牌。现有的动漫企业大多只进行中间加工，而利润较高的原创部分和后期制作与营销均不在苏州。在工艺品和旅游品市场方面，文化产品大多层次较低。现有的文化产业营业收入主要依靠传统文化产业如印刷业、新闻出版、工艺美术特别是文化用品制造业来实现，现代文化产业的经营收入所占份额非常有限。这些现象均说明，苏州文化产业的科技创新驱动力不足。

2. 文化产业的传播力有待增强

苏州具有丰富的文化遗产和非物质文化遗产，昆曲、园林、工艺美术等一系列文化品牌享誉全球，却并未形成相应的对外文化传播影响。究其原因，一方面是对传统文化资源的挖掘力度不足，如香山匠艺、核雕等优秀传统技艺尚未形成文化品牌；另一方面，现代传媒与文艺领域的影响力仍显不足。虽然近年来中国昆曲艺术节、中国苏州评弹艺术节、中国苏州国际旅游节、首届中国（苏州）民族民间文化展示周等大型文化活动的开展对苏州文化的传播力和开放度都起到了积极作用，但这些项目在国际国内的影响力仍然有限，对于城市文化名片的传播效用尚不明显。

3. 缺乏龙头文化企业

文化产业的跨越式发展在很大程度上取决于是否拥有实力强劲的龙头企业（群）。截至 2011 年年底，苏州的文化企业达到 15000 多家，但绝大多数是中小企业甚至是微型企业，且主要集中在印刷复制业、动漫游戏业、工艺美术业等少数几个领域。相比周边杭州宋城等大项目，苏州虽然也已形成一批文化产业基地、文化产业群，但集聚辐射力还不够强，规模效应不够显著。如苏州的动漫产业起步不晚，工业园区在 2005 年就被国家广电总局命名为"国家动画产业基地"，但原创知名产品不多，知名动画企业更少。

4. 文化产业方面的高端人才匮乏

当前，文化产业的专业人才不多，尤其缺乏高层次管理、经营人才和企业领军人物。近年来，苏州以"姑苏人才计划"为平台，引进和培养了一批发展所需的人才，但在这些人才中，文化产业方面的人才却很少。2010 年，苏州文化产业创新人才缺口为 15000 人左右，而到 2015 年即"十二五"末，文化产业创新人才缺口更大。实际上，苏州文化产业的科技创新驱动力有限、动漫游戏产业原创能力不强以及文化产业新业态发展缓慢等，都与创新人才的短缺有直接关联。苏州现有的创作、表演等方面的人才为文化产业的发展做出了不小的贡献，但总体来看为数不多，尤其是具有把资源优势转化为产业优势，进而形成经济竞争优势的高水平的文化原创人员、经纪人员和企业家更为缺乏。

5. 文化服务业的产业链条有待延伸

当前，苏州的经济结构和产业结构正处于转型升级的变化时期，第三产业的比重越来越高，这有利于文化产业的良性发展，但文化服务业的产业链条成熟度仍远落后于文化制造业。与此同时，苏州对文化产业多元化的开发相对滞后，很多文化创意往往只能形成单一的价值实现形式，大多数的产品都只是"一锤子买卖"，价值创造链的范围和规模与国外相比还有很大差距。如苏州蜗牛电子虽有多款畅销游戏，但是没有形成相应的产业链条，尚未开发出由游戏而衍生的文化产品。

四、苏州文化产业发展的启示及展望

发展文化产业是提升地区经济的重要途径,也是保护文化生态环境、构建城市名片的重要途径,更是满足人民群众日益增长的精神文化需求和促进人民生活全面发展的重要载体。在全面建成小康社会的道路中,必须大力推动苏州文化产业大发展、大繁荣,以更好地适应文化产业跨越式发展的需要,适应全面建成小康社会的需要。

1. 以科技创新来提升文化产业竞争力

探索通过制定财税、金融等扶持政策,激励企业建立符合市场经济要求的技术创新机制,引导民营和外资企业增加研发投入,建立研发中心,引进和培育创新人才,使文化企业真正成为研究开发投入的主体、创新人才聚集的主体、技术创新活动的主体、创新成果转化应用的主体,全面提升自主创新能力。

2. 增强文化传播影响力

重点扶持一批出版发行业、印刷复制业的龙头企业,进一步拓宽国际国内市场,稳固现有文化产业的发展优势。与此同时,利用传统文化资源的优势重点推进具有传统特色的民间工艺业、工艺美术业的发展,培育一批民间工艺旗舰企业,提升传统工艺产品层次,打造新的文化产业增长极,力争形成若干个国际知名品牌的文化产品。在现代演艺娱乐业、影视制作业中,通过打造旗舰文化企业,努力发展一批高水平的知名企业,形成自主品牌和技术,打造有良好社会影响的演艺品牌项目,扩大城市文化传播力。

3. 培育文化产业龙头企业(群)

当前,苏州文化产业规模小、结构单一重复的特点比较明显,影响了文化产业规模经济的发展。接下来,可以探索跨行业经营,多媒体运营平台,建立跨行业的文化产业集团公司,实现集约化经营。可以选择一批基础条件好、发展前景好的企业作为重点培育对象,将政府所掌握的优质资源配置到这些企业,使其成为苏州文化产业的中坚力量,不断带动和影响苏州文化企业的发展。可以有计划地推动文化企业上市,用上市融资来实现文化企业的体制机制创新,进而培育文化产业龙头企业和骨干企业,充分发挥这些企业的带动与辐射功能。

4. 积极引进和培育高端人才

建立和完善多元化的文化人才引进机制,积极引进苏州文化发展中急需的关键紧缺人才。大力培养科技创新人才、资本运营人才、文化经纪人才、数字技术人才、网络游戏开发人才和媒体产业经营管理人才,吸引更多的海内外高级人才进来,努力建成一支既懂专业又善经营的文化产业高层次人才队伍。与此

同时,逐步建立健全文化人才激励机制,对优秀文化艺术人才、优秀专业技术人才、管理人才及其成果、业绩给予适当的奖励。

5. 创新文化产业体制和机制

一方面,进一步深化文化体制改革,创新政府文化产业管理体制,变行政性的行业分层管理为面向市场的综合性大部制管理,解决文化行政管理体系中条块分割、职能交叉和效率低下的问题。另一方面,政府应鼓励文化企业特别是国有或国有控股文化企业探索经营管理机制创新,并在相关考核内容中增设这一指标,对文化产业发展引导资金的评审也应有经营管理创新指标这一项目。此外,进一步健全法制,依法管理,加强行业自律,充分发挥行业协会和社会监督、舆论监督的作用。

第九章 传统文化保护与文化产业现代化

案例一 中国昆曲："五位一体"助传承

昆曲是古典戏剧文学的最高品位，古典音乐文化的最后遗存，号称中国戏曲的"百戏之祖"。2001年5月18日，昆曲被联合国教科文组织宣布为人类口头和非物质遗产代表作。正是从这一时期开始，苏州开始走上真正意义上的非物质文化遗产申报、保护与传承之路。2004年，随着苏州被文化部、财政部确定为中国民族民间文化保护工程综合区域，如何协调好传统、经典、现代三者的关系，在全面建成小康社会的进程中保护与传承好以昆曲为代表的苏州文艺类非物质文化遗产项目，成为一个现实问题。

一、发展现状

作为中国传统戏剧的典型代表，自20世纪80年代以来，受现代娱乐方式的冲击，昆曲曾一度面临市场萎缩、观众锐减和后继无人的严峻形势。2000年，面对昆剧演出市场的清淡局面，苏州市在文化部、江苏省委和全国昆曲界的支持下承办了中国首届昆剧艺术节。自此，昆曲进入了一个快速恢复和发展的时期。

2001年11月，江苏省苏州昆剧团改团建院，更名为"江苏省苏州昆剧院"。同年，台湾著名作家白先勇携手苏州昆剧院打造了青春版《牡丹亭》。2004年4月，该戏在台北首演，成为当年轰动台湾的文化事件。自2005年4月8日起，昆曲又先后走进北京大学、北京师范大学、南开大学、南京大学、复旦大学等名校，掀起热潮。2006年5月，昆曲被国务院批准列入第一批国家级非物质文化遗产名录。2007年4月，苏州昆剧院先后参加中日文化体育交流年开幕式演出，并赴巴黎联合国教科文组织总部出席中国非物质文化遗产保护成果展演。2008年，由日本歌舞伎国宝级大师坂东玉三郎与苏州昆剧院合作并主演的中日版《牡丹亭》先后在日本京都、北京、苏州等地上演。也是在这一年，文艺界对苏州昆曲的发展给予高度的评价，称之为"苏州昆曲现象"。2011年12月12日，青春版《牡丹亭》在国家大剧院上演第200场。

二、做法与成效

近几年来，苏州市在原有的昆曲遗产保护实践经验和成果积淀基础上，又推行了政策性扶持与生产性保护相结合、项目性保护与生态性建设相结合的非物质文化遗产保护工作战略,使得昆曲有序传承的生态环境不断得到优化。联合国教科文组织官员曾盛赞苏州昆曲保护工作"为全国非物质文化遗产保护做出了表率,是对世界非物质文化遗产保护的重要贡献"。

1. 构建两个"五位一体"的保护格局

近年来,苏州启动了苏州市昆曲遗产保护、继承、弘扬工程,即以把作为昆曲发祥地的苏州打造成全国保护昆曲遗产的基地为目标,以人为本,营造环境,尤为注重艺术层面以"原生态"的保护为特色,抓紧抢救昆曲传统剧目,以加快人才培养传承为重点,精心构筑昆曲保护"节"(中国昆剧艺术节和虎丘曲会)、"馆"(中国昆曲博物馆)、"所"(苏州昆剧传习所)、"院"(江苏省苏州昆剧院)、"场"(昆曲演出场所),建立昆曲研究中心,办好中国昆曲学院,打造昆曲之乡,活跃曲社活动,做优昆曲电视专场以及建立昆曲网站和昆曲演出传播、海外交流中介机构,制定昆曲保护法规的两个"五位一体"格局。

2. 建立有效的传承人认定资助机制和培育机制

政府加大资金投入,初步形成了国家级、省级、市级三级非遗项目代表性传承人认定资助机制。2005年,苏州设立民族民间文化保护专项资金,每年由市财政专项拨款300万元,扶持苏州非物质文化遗产保护工作。当前,苏州现有国家级、省级、市级昆曲项目代表性传承人分别为2人、2人、21人。与此同时,苏州昆剧院建立了青年演员每人每年必须传承20出折子戏的传承考核机制,并以"传承工程"来命名。启动"大师说戏"工程,截至2010年年底已完成45个昆曲折子戏的讲学和录制。在传承人培育方面,苏州市艺术学校与苏州昆剧院采用院校联办形式对外招收昆曲表演专业学员,培养了一批青年演员。

3. 大力实施传统文化进校园工程

近年来,昆曲进校园与昆曲走近百万未成年人普及工程持续进行,进一步增强了民众对于保护昆曲这个非物质文化遗产项目的文化自觉。与此同时,实施了昆曲面向百万在校学生公益演出普及工程,举办了昆曲艺术节、昆曲国际学术研讨会等一系列大型活动。

4. 注重作品的留存与加工

在政府、文化工作者和专家学者的共同助力下,中国昆曲博物馆抢救整理出版了大批昆曲资料与研究书籍。征集昆曲文物资料500多件,出版了《苏州昆曲艺术本真性研究丛书》,整理、编撰了《张紫东昆剧手抄曲本一百册》和《图说昆曲》,出版了《姹紫嫣红——中国昆曲遗产》《中国昆曲论坛2010》等书籍。

5. 坚持昆曲文化品牌全球化的思路

精心打造青春版《牡丹亭》、经典版《长生殿》等一批经典剧目,开展"名校行""名城行"等系列演出活动,赴美国及伦敦、雅典等城市访问演出。参加中国艺术节、上海国际艺术节、北京国际音乐节、澳门艺术节、亚洲艺术节等,通过广泛推介掀起昆曲热潮。

6. 形成了较为完善的地方法规体系

相继出台《苏州市民族民间传统文化保护办法》《苏州市非物质文化遗产代表作申报评定暂行办法》等。2004年,《苏州市保护、继承、弘扬昆曲遗产工作10年规划纲要》正式颁布。2006年,《苏州市昆曲保护条例》成为国内第一部非遗专项保护的地方性法规,就政府的保护职责、昆曲传承制度的建立以及鼓励社会参与保护等方面做出明确规定。

三、面临的困境

苏州以昆曲为代表的非物质文化遗产依托城市的人文氛围、政府的高度重视、学术精英界的关注而取得了很好的效果,但与此同时我们也看到,这方面还存在着一定的瓶颈,面临发展的困境。

1. 后继乏人现象严重

目前,在苏州昆曲舞台发挥中坚力量的是小兰花班成员,但从总体而言,昆曲的演职人员数量不足,年龄相差大,水平不一,后备力量薄弱。由于昆曲演员待遇低,学习周期长,回报慢,再加上西方文化的冲击,很多年轻人不愿意从事昆曲行业,人才断层、传承青黄不接、后继乏人现象比较严重。

2. 传统剧目严重流失

由于昆曲留存剧本的创作背景、写作形式、演出要求等因素与现代不同,因此在演出时常常需要编剧对原始剧本进行重新解读、修改等艺术加工。但目前在职的专业昆曲编剧寥寥无几,甚至根本没有专职编剧,急需剧本整理时,往往是各剧院人员边排演边自己修改,或外请人员协助完成,致使剧目流失,质量不高,严重阻碍了剧目的传承与发展。

3. 对昆曲传承的研究不足

一方面,剧院的专职演员疲于应付各种演出活动,缺乏研究、思索传承中的问题的时间和精力;另一方面,研究昆曲剧目传承的理论工作者实地调查不够,了解情况不彻底,导致相关的理论传承研究跟不上剧院的实践步伐。

4. 民众对于昆曲保护的文化自觉不够

当前,政府和学者以及一些民间组织对于保护与传承昆曲的意识较强,行为积极,但在社会大众中还存在意识不强、认知不够、社会参与程度低等现象。

四、"昆曲现象"的启示

昆曲在中国和世界非物质文化遗产中可谓一枝独秀,具有独特的艺术价值和鲜明的非遗特征。因此,昆曲保护对于其他非物质文化遗产的保护、传承来说无疑具有宝贵的借鉴价值。

1. 发挥政府主导角色

从世界非遗保护的实践来看,政府主导是一种典型并有效的运行模式。对于昆曲而言,传承主要依靠政府在资金、场馆、人员、体制机制建设等方面的大力扶持。为此,可以进一步建立健全有助于昆曲保护与传承的工作机制,加大保护与传承过程中的资金投入与政策激励。

2. 建立传承人梯队

要做好昆曲的保护与传承,就必须培育与发展新的传承者。一方面,要依据乡镇级传承人—市级传承人—省级传承人—国家级传承人这四级体系来有计划地培养新人,以解决传承人严重不足、梯队结构不合理等突出问题,防止传承层出现断裂;另一方面,可以探索如何依托义务教育、职业教育等渠道培养更多的一般性传承人。

3. 抢救、收集和整理昆曲文献资料

对现存的昆曲剧目进行录音、录像,对珍贵的昆曲文献、演出脚本和曲谱及图片等进行收集整理。鼓励有关昆曲科研课题与研究项目的申报,着重开展有关昆曲的文献资料及民间留存于其他剧种中的昆曲曲牌及剧目研究。充分利用信息化手段,建立昆曲数字资料库。定期举办全国性的昆曲研讨会,汇聚全国昆曲研究专家及创作、表演艺术家共同对昆曲的历史沿革、表演特征、传承手段、人才培养以及如何进行革新等问题开展理论研讨。

4. 唤醒大众的文化自醒

有计划、有目的地培养观众,尤其是年轻观众,让更多的年轻人走近优秀古老的传统文化。探索在高校中开设昆曲欣赏课程,在大学生中普及传统戏曲艺术。也可以在中小学的乡土音乐教材中增加昆曲的知识,增进学生对昆曲的了解,培养青年一代对于中国传统文化的兴趣及保护传统文化的自觉自醒。

5. 让昆曲走向民间

拉近昆曲与普通民众的距离,在电视台、广播电台开设昆曲知识栏目,介绍昆曲名家、名段,增加昆曲剧目的曝光率,使普通民众产生对传统艺术的共鸣和认同。与此同时,对传统昆曲也要进行改革创新,以适应现代社会人们的艺术欣赏心理和习惯,使昆曲艺术焕发新的艺术生命力。

6. 加大对昆曲的宣传推介

对于昆曲而言,选择合适的宣传途径、渠道和形式是扩大其影响力和传播力的当务之急。应充分利用现代传媒,向大众传播昆曲知识。可以建设昆曲官方网站,开设专题博客,发布官方微信号,依托楼宇电视和户外显示屏等无线数

字网络播放代表剧目。基于"互联网+"的背景,可以探索推出"苏州昆曲"APP,为用户提供一种参与式的文化创意体验。

【思考题】

1. 如何有效解决传承人匮乏这一关涉昆曲保护的核心课题?
2. 新媒体时代,怎样更有效地提高与扩大普通民众对昆曲曲目的认知度与参与面?

案例二 苏州园林：良性循环建屏障

苏州作为我国著名的历史文化名城和风景旅游城市，是举世公认的"园林之城"，素有"江南园林甲天下，苏州园林甲江南"之誉。狮子林、沧浪亭、拙政园、留园、网师园、环秀山庄、艺圃、耦园、退思园等九大园林，构成苏州古典园林的杰出代表。其中，沧浪亭、狮子林、拙政园和留园，分别代表着宋、元、明、清四个朝代的艺术风格，被称为"苏州四大名园"，以其意境深远、构筑精致、艺术高雅、文化内涵丰富而成为苏州众多古典园林中的佼佼者。其中，拙政园是中国园林的杰出代表，也是苏州规模最大的古典园林。

一、发展现状

自20世纪50年代开始，苏州市政府便成立了文物保护管理机构，投入了大量的财力物力用于抢救一批濒临坍塌的古典园林。20世纪90年代末期，苏州以古典园林申报世界文化遗产为突破口，园林保护成效显著。1997年12月，以环秀山庄为代表的苏州古典园林被列入世界文化与自然遗产名录，标志着苏州园林在世界造园史上的历史地位和独特价值得到了国际社会的公认。2000年，沧浪亭、狮子林、艺圃、耦园、退思园也扩展进入世界文化与自然遗产名录。苏州园林融自然美、人文美、建筑美于一体，是综合的历史文化艺术宝库，具有极高的学术价值、艺术价值和文物价值。

基于古典园林的不可再生性，如何对其进行有效的保护和利用成为苏州市政府重点关注和研究的问题。1992年，苏州园林博物馆建成开放，成为我国第一座园林专题博物馆。2007年12月4日，苏州园林博物馆建立新馆，成为参观者读懂苏州园林的"教科书"。2015年国庆期间，苏州新开放了苏州现存唯一的书院园林——可园。

二、做法与成效

近年来，苏州市政府一方面通过合理利用园林资源发展文化旅游，另一方面则在积极探索有效保护、修复古典园林的具体措施，走保护—开发利用—发展—保护的良性循环发展之路，并辐射带动相邻周边区域发展，共同构筑保护屏障。

1. 硬件保护,全力修复古典园林

由于苏州古典园林由建筑、叠山、理水、花木、铺地及陈设诸要素构成,是融传统诗词、绘画、书法、雕刻、音乐、戏曲艺术于一体的综合时空艺术,因此,近年来,苏州的园林保护工作者运用了传统材料、工艺来恢复历史原貌,保护建筑及构筑物的原真性。2008年,苏州市园林和绿化管理局对耦园实施古建筑保养及环境整治。此次整修,一方面是在全面系统地研究耦园历史文化内涵、造园艺术特征的基础上进行的,在硬件方面,严格按照世界遗产保护管理的要求,实施"原材料、原工艺"修复,确保"修旧如旧",保护了古典园林的原真性。另一方面,坚持延续文脉的修复原则,加大对苏州古典园林文化内涵的深入挖掘和利用,如文献资料、图片、历史演变、文化背景、造园艺术及手法等,尽可能地全面掌握相关信息,确保保护、修复工作能保持园林在文化层面的原真性。因此,此次修复也为苏州其他园林的保护和管理积累了宝贵的经验。

2. 探索民间经营,带动文化旅游

2000年,位列世界文化与自然遗产名录的耦园成为第一家所有权与经营权分离的试点园林,年游客量也第一次超过了10万人次。通过延长服务时间、增添评弹表演、开通水上特色旅游、加强与旅行社合作等方式,耦园未被发掘的文化旅游潜力被激发了出来。之后,怡园也于2002年加入到经营外包的行列。在把经营权外包给企业以后,怡园每年实现盈利40万元,之前则是连年亏损。由此可见,民营资本的注入,经营管理方式的创新,使得传统园林焕发出了新活力,带动了文化旅游产业的快速发展。

3. 坚持适度开发,寻找发展与保护的契合点

园林民间经营虽然带来了名利双收的喜人景象,但为搞活经营而忽视保护的问题也逐步凸显,商家私自改动园林布局和功能的情况时有发生,对此却缺乏有效监管。此外,逐年增长的客流量导致园林不堪重负,维修量大幅增加。但经营公司缺乏世界遗产保护的意识和技术力量,历次的修复在材料、工艺使用上都存在着许多不符合"修旧如旧"原则之处,造成一定程度的"保护性破坏"。2008年3月,苏州市园林和绿化管理局决定对耦园实施古建筑保养及环境整治,逐步收回经营管理权。待年底整修结束,耦园整体环境水平得到了较大的提升。但必须看到,将园林经营权外包的尝试是有价值的,不能因为政府的收回而全盘否定,其中折射出的文化遗产保护和经营的矛盾问题值得深思。

4. 把园林保护纳入法制化轨道

苏州坚持把古典园林的保护与管理纳入法制化轨道。1996年10月31日,苏州市第十一届人大常委会第二十四次会议通过了《苏州园林保护和管理条例》。与此同时,依据《中华人民共和国文物保护法》和《苏州市城市总体规划》，由市政府多次主持召开专题会议，对园林内外环境需全面整治的地方逐一明确落实措施。

三、存在的问题

作为世界文化遗产，苏州古典园林保护和利用事业虽然起步较晚，发展的速度却相当快。但也不可否认，在如何处理和协调保护与开发的关系方面，还存在一些值得重视的问题。

1. 面临濒危局面

古典园林均为砖木结构，在时代的变迁中随着风雨雷电以及病虫害等自然灾害的侵蚀、风化、毁损，本体日趋衰落，时至今日，待修复的古建筑中，部分已岌岌可危。另外，环境污染等问题与古典园林保护的矛盾日益加剧，再加上古典园林赖以生存的文化环境、传统风貌正在现代化的进程中逐步退化，历史文脉逐渐消逝，致使有待修复的苏州古典园林的完整性和真实性日趋消退，保护形势非常严峻，园林遗产资源濒危。

2. 过度开发利用与保护管理的矛盾

苏州古典园林带动了旅游业的发展，拉动了经济的增长，但超负荷的使用使文化遗产的自然度、美感度和灵感度都不同程度地下降了。与此同时，由于管理保护措施相对滞后，在某种程度上出现了园林资源的过度开发与索取，可能会带来生态境域失衡、历史真实性与风貌完整性消失等现象。

3. 管理机构水平参差不齐

现存的45处苏州古典园林中，除12处直接归属市园林主管职能部门外，其他分属学校、企业、医院、科研单位、图书馆、私宅等。对于由非专业部门管理而未纳入园林行业统一管理范畴的古典园林，普遍存在规章制度不健全，专业管理人员匮乏，维修技术标准落后，卫生管理、陈设管理及经常性养护工作疏漏等问题。

4. 专业人才匮乏

当前，园林建设企业内部管理人才紧缺，导致园林建设中一线技术工人、关键师傅面临断层，正宗的苏州园林营造技艺后继乏人，无法应对实际施工过程中施工技术、管理手段不断提升的现实需要。

5. 缺乏配套的财政与政策支持

苏州古典园林属于非营利组织，从机制体制层面而言，非营利组织发展所必要的法律制度、社会支持、文化背景和经济基础等相对来说还不够健全，这就导致它们在获取资源、运用资源、协调关系、发挥作用等方面都无明显优势。单纯靠一个遗产地的经济实力而缺乏国家配套政策及倾斜政策，则遗产地不足以全面承担起世界遗产保护的公益性职责。

6. 尚未建立科学的保护管理监测体系

苏州作为世界文化遗产地,有履行接受国家每两年一次、联合国每六年一次的对文化遗产监测的义务,但园林的保护管理大多采用传统的、经验型的、被动式的管理方法,缺乏科学的保护管理体系,不足以应对突发事件。

四、启示

"保护"是利用遗产的前提,而"利用"主要是利用文化遗产的科学价值、美学价值及文化价值。为此,怎样理顺主管部门和经营部门之间的合作关系,确保主管部门的监管权力,从而把开发经营过程中对文化遗产的损坏降到最低,是值得深思的问题。

1. 坚持保护第一的原则

在苏州古典园林保护和利用的实践中,必须坚持"保护第一"的方针。而所谓的保护,则是指保护、保存、保全世界遗产的真实性和完整性。对苏州古典园林而言,既要保持古典园林的真实性、完整性,又要保持古典园林周边环境的协调性,同时,对已经受到干扰或破坏的,应采取强有力的措施加以整治、修复。

2. 处理好三对关系

一是要处理好眼前利益与长远利益的关系,对园林资源的旅游开发不能采取掠夺的、破坏的方式;二是要处理好经济建设与遗产保护的关系,在取得必要的经济效益的同时不忘遗产保护;三是要处理好社会效益与经济效益的关系,不能把经济效益视为唯一目的而忽视园林的文化功能与社会效益。

3. 建设一支专业的管理队伍

园林保护是一门边缘科学,涉及世界遗产、园林、风景区、城市绿化等不同学科,必须加快构建合理的人才培养、配置和使用机制,高度重视园林行政管理、中高层企业管理人员的引进和培养工作。要有意识地培养学科团队、人才梯队,创造必要的物质条件,坚持在职培训,加强理论研究,不断提升保护与管理的专业水平。

4. 强化科技支撑

建立完整的数据库,依托信息化手段留下全面的文字、照片、影像资料等档案。在此基础上,建立科学化管理体系,在实践、研究基础上建立科学有效的保护标准和技术措施。

5. 调动公众参与意识

在古典园林保护与利用的过程中,政府仅仅是主导角色,更多地还是要靠全体公众的自发自醒。应系统地、循环渐进地开展世界遗产资源的普及宣传,让公众意识到文化遗产是一种珍贵的不可再生的资源,主动承担起保护的责任与义务,加入保护者的行列。在此基础上,借助学术界、舆论界与企业界的合力,开展对古典园林的基础研究,有针对性地采取行之有效的保护措施,制止过度开发利用行为。

【思考题】

1. 如何协调好园林旅游开发与管理保护这两者之间的关系?
2. 如何有效引导公众自主自发地参与到园林保护中来?

案例三 古城保护：凝聚合力显"苏韵"

苏州和常熟曾先后被列为中国历史文化名城。一个地区拥有两座国家级历史文化名城，这在全国实属罕见。在苏州，国家级、省级历史文化名镇分别有8个和5个，占全省总数的57%和71%，还有4个市级历史文化名镇。此外，除苏州市区5个历史文化街区外，大市范围还有3个市级历史文化街区。全省仅有的2个国家级历史文化名村都在苏州，还有3个市级历史文化名村、12个市级控制保护古村落。因此，古城风貌一直以来都是苏州市政府重点保护与改造的项目。

20世纪80年代，邓小平等中央领导就苏州古城保护做出了重要批示。1986年，苏州市成立了旧城建设办公室，1990年更名为"苏州市旧城保护建设办公室"。同年，值建城2500年之际，相关单位举办了各项主题陈列展，从各个角度展现了苏州在古城保护方面取得的成就。世纪之交，苏州市文物管理部门有重点、有步骤地对各级文物保护单位进行抢修，各市（县）、区按照"修旧如旧"的原则，对一批古镇进行了修复。进入新世纪，苏州以承办第28届世遗会为契机，对古建筑及历史文化街区、传统风貌区进行了全面整治。政府推动、民众参与，使得文化遗产保护在苏州成为一项利在当代、功在千秋的社会公益事业，而无数的历史文化遗存，亦使得"苏州记忆"与"苏州味道"得以完好留存。

一、基本现状

历史文化名城的保护需要建立在整体保护与发展系统规划的基础之上，城市总体布局拓展和功能结构的调整为古城历史街区的保护提供了前提和保证。因此，如何妥善处理好保护与更新的关系，成为苏州古城保护探索实践中的重点。

苏州古城的面积仅为14.2平方公里，自春秋以来，经历时代的更迭，城址始终未变，且维持了原先的城市规划布局。自上世纪80年代以来，苏州制定并修改了几轮城市总体规划，依托古城又跳出古城，突出重点，分步实施。在加快旧城改造、加大古城风貌保护力度和文物保护投入的实践中，保护工作由原来的以123个国家、省、市级文物保护点（单位）为重点，转向实施"一城（古城）、二线（山塘线和上塘线）、三片（虎丘片、留园片、寒山寺片）、五个历史街区（平江、拙政园、怡园、山塘和阊门历史街区）"。同时，进一步明确古城街坊更新改造中需要保护、保存的传统弄巷或地块为历史地段并制定相关的更新改造规划。此外,还强调要保护区域内文物古迹及有价值的历史建筑,新建筑物也应集中体现苏州地方文化和城市独特风貌。

2015 年 5 月,苏州历史文化名城保护工作推进大会召开,省委副书记、市委书记石泰峰强调,古城保护要强化规划引领和立法保护,做好产业转型、整体保护、民生改善和社会治理"三篇文章"。会上,通过了《关于加强苏州历史文化名城保护和管理的意见》,明确古城保护要与提升城市形象相结合,与改善人民生活相结合,使保护古城的过程真正成为促进科学发展、可持续发展、包容性发展的过程。

二、做法与成效

苏州的古城保护工作起步较早,并在古城内风貌还未受到大损害的时候就采取了"新旧分离"的城市发展模式,因而古城内整体风貌保存十分完整。

1. 重视整体规划并切实以规划先导

苏州的历史文化名城保护规划作为专项规划包含在城市的总体规划之中,名城保护规划和总体规划关系密切且内容相互渗透。1983 年,苏州编制了首轮城市总体规划(1985—2000 年)。1986 年,依据国务院的批复意见,苏州重新修订了《苏州市城市总体规划》。在这份规划中,确定了古城保护以"全面保护"为总的指导思想和控制原则,强调古城保护的整体性、综合性。此后,苏州重新编修了《苏州市城市总体规划》,编制了《苏州古城控制性详细规划》,颁布了《苏州历史文化名城保护专项规划》,逐步明确了综合保护的框架。在古城之外开辟新区的做法,摆脱了我国长期以来以古城为单一中心的城市发展模式,对其他名城的保护与发展工作起到了良好的借鉴作用。而古城保护中"一城、二线、三片"的提法概括了城市保护的重点范围,被城市保护工作者引申为"点、线、面"相结合的系统保护的规划手法,之后为许多城市的保护规划广泛采用。

2. 重视法律法规建设

自 1995 年起,苏州便相继制定出台了一系列相应的地方性法规和规章,如《苏州市城市规划条例》《苏州市市区河道保护条例》《苏州市古树名木保护管理条例》《苏州市古建筑保护条例》《苏州市历史文化名城名镇保护办法》《苏州市古村落保护办法》《关于进一步加强历史文化名城名镇和文物保护工作的意见》《苏州市城市规划若干强制性内容的暂行规定》《苏州市民族民间工艺保护办法》《关于实施民族民间文化保护工程的通知》等。

3. 全面摸底做好基础性工作

为摸清历史文化遗存家底,1981—1984 年,由文物管理部门牵头,苏州在全市范围内开展了两次文物、园林和历史建筑普查工作。通过普查,既摸清了已公布的各级文物保护单位和文献记载的大小园林与庭院,还新掌握了250余处园林、寺庙、道观、祠堂、名居等历史传统建筑并列入市级控制性保护建筑名录,补充、完善了苏州历史传统建筑保护体系。

4. 实施环古城风貌工程

苏州环古城风貌保护工程是苏州市政府投资40亿元人民币,历时三年而建成的历史上规模最大的城建工程。2002年5月24日,首期工程正式启动,成为苏州市区耗资最大、拆迁最多、涉及面最广(达3万多户)的大工程。2003年7月28日,二期工程启动。直至2004年6月,环古城风貌保护工程全面完工。在建设过程中,依据苏州的历史文化特征,环古城风貌保护在注重留存具有各历史时期代表意义的旧建筑的同时,还有计划地挖掘、重建和新建了一批历史景观,并增添了富有新功能的建筑,如兴建了"演出中心"。自此,苏州古城的历史文化遗产得以实现最大限度的保护。

5. 调动民众力量参与古城保护

自1997年起,苏州联合高校科研机构,启动"苏南建筑遗产评估体系",设计开发了相关软件,对历史文化街区内的建筑进行全面评估。与此同时,为解决古城保护中的经费缺口问题,2004年,苏州市政府制定了《苏州市区古建筑贷款贴息和奖励办法》,鼓励社会力量参与历史传统建筑的抢修保护工作。截至2010年,共有14个维修项目得到奖励,吸引社会资金近6000万元用于古建筑本体修缮,一批历史传统建筑得以有效抢修和保护。

三、古城风貌保护中的现实瓶颈

全面保护苏州古城风貌是《苏州市历史文化名城规划》的重点内容,但由于古城风貌涉及面广,保护工作具有相当大的难度,主要表现为以下几方面:

1. 保护经费缺口较大

在古城改造方面,市政府每年用于改善古城环境的经费高达8000万元。但据初步统计,苏州目前急需抢救性保护的古建筑有49处,仅这49处古建筑的保护经费估算约需3亿元。因此,用于古城保护的资金缺口仍然较大。

2. 古城保护多头管理,职责不明确

当前,涉及古城保护的管理体制机制还没有完全理顺,制度体系还不完备,存在多头管理、职责不明的现象,保护的方法也有待进一步改进。

3. 城市发展与古城保护之间存在矛盾

如何协调发展与保护、保护与合理利用之间的矛盾,做到既充分展示历史传统建筑风貌,传承文化精髓,又赋予其时代内涵和新的功能定位,最大限度地发挥整治修复的效能,成为古城保护过程中的关键问题和突出矛盾。

四、启示与展望

苏州名城保护与更新的内容以历史文物、历史街区、古城风貌、无形文化四个方面为主,对于历史文化名城的保护工作始终都应落在名城历史文化资源和特色的挖掘、留存与彰显这一层面。

1. 强化规划引领和立法保护

要进一步完善古城保护规划体系,加快编制和修订历史文化名城保护专项规划、古城控制性详细规划和历史文化街区保护规划,确保能真正落到实处。继续加强古城保护立法工作,加快制定出台《苏州历史文化名城保护条例》,把古城保护尽早真正纳入法治化的轨道。

2. 抓住"三个重点",协调好保护、发展与利用的关系

古城的产业转型应朝着有利于保护的方向展开,防止"旅游过热""文化过度开发"给古城历史文化资源带来破坏。同时,古城保护是一个全面、整体、综合的概念,要以古城为中心,以保护整体风貌为出发点,整体规划、统筹推进古城周边的城市建设,积极做好古城的基础设施建设和公共服务配套,延续古城的活力和文脉,使苏州古城始终是"活着的古城"。

3. 赢得社会民众的广泛支持

古城保护不仅仅是政府的事情,也应是所有公众都积极参与的事业。政府部门应把保护文化遗产和城市建设的规划方案公之于众,让市民参与讨论,还可以探索建立专门的城市规划公众参与网页,利用电子邮件、网上论坛等形式提高公众参与度,使公众与政府一同站在全局和战略的高度,当好古城的守护者、建设者、传承人。

4. 鼓励私人投资者参与古城保护建设

苏州的控保建筑有300多处,其中的大部分因资金问题无法进行正常的维修养护,日渐凋敝。为此,应鼓励私人投资参与古城保护,而政府则负责进一步出台鼓励民资进入古建筑保护的系列办法,如提供优惠的税收政策和资金贷款等。

【思考题】

1. 在引导私人投资者参与古城保护的过程中应注意哪些方面?
2. 如何从法规制度建设层面进一步完善古城保护立法体系?

第四篇　　城乡统筹篇

—— 全面建成小康社会的苏南道路

第十章　公共资源配置均衡化打造城乡发展新格局

概　述

一、背景

资源是指社会经济活动中人力、物力和财力的总和,是社会经济发展的基本物质条件。公共资源则是指自然生成或自然存在的资源,它能为人类提供生存、发展、享受的自然物质与自然条件,这些资源的所有权属于全体社会成员,是社会经济发展共同的基础条件。在经济学上,公共资源是指满足以下两个条件的自然资源:一是这些资源不为哪一个个人或企业组织所拥有;二是社会成员可以自由地利用这些资源。在资源稀缺、有限的情况下,一个国家、地区公共资源配置的均衡与否,对于城乡一体化的建设,乃至全面小康社会的建成和"中国梦"的实现,关系重大。我国经过30多年的改革开放,已由生存型社会进入发展型社会,广大社会成员对教育、医疗等具有发展性的公共产品提出了更迫切、更高的要求,这种要求本质上反映的是广大社会成员对公平、公正发展的诉求和追求。正是在这个大背景下,公共资源配置均等化成为改革发展后期的重大历史命题。

经济学原理告诉我们,合理配置公共资源不仅有利于实现社会公平与正义,也有利于公共资源合理发挥效用。在公共资源的合理配置上,政府应当发挥更大的作用。这是因为:一方面,政府有责任为老百姓提供更多、更好的公共设施和公共服务,提高群众的幸福指数;另一方面,作为公共部门的政府相对于私人部门来说,在充分调动各种资源、实现经济社会发展阶段性目标上,拥有更多的权力和优势。所以,政府需要追求公共资源在城乡之间逐步实现均衡配置,需要通过设置合理的分配体制解决社会的公平问题,尽量减少贫富差距,同时提高经济运行效率。由此可见,实现公共资源配置均衡化是政府不可推卸的一项职责。

从现实情况看,公共资源配置不均衡是当前我国社会的普遍现象,这集中反映在教育、医疗卫生服务等领域。例如,保障教育公平能为千家万户老百姓的子女提供未来发展机会,是最基础的社会公平。而目前我国尽管农村教育实行了"两免一补",农村教育条件有了明显改善,但与城市相比,还相当落后。又如在卫生资源配置方面,医疗卫生资源的80%集中在大城市,而80%的患者却又集中在农村地区。

未来5—10年是我国经济发展方式转型的重要时期,在这一过程中,推进公共资源配置均等化,既是经济发展方式的重要内容,也是加快转变经济发展方式的重要基础。苏州是我国东部沿海发达地区的城市,经济发展走在其他同类型城市的前列,有条件、有能力在公共资源配置均衡化方面做出一些探索,为其他地区积累相关经验。苏州市有关领导还认为,广大社会成员可以分享的公共资源是保障起点公平的基本要求,实现各项公共资源配置均衡化,是消除城乡差距的重要标志,是打破长期以来形成的城乡二元分割不合理局面的主要路径。

二、主要做法

1. 城乡基础设施建设管理一体化

从2008年启动城乡发展一体化综合配套改革试点以来,苏州的城市基础设施"下乡"呈现出明显的加速度。苏州农村公交通达率达到99%,城乡公交一体化覆盖率达89%,所有乡镇都能在15分钟内驶上高速公路;区域集中供水入户率超过95%,农村自来水普及率超过99%;超过56%的村实现了污水集中处理,90%的村建立了垃圾无害化处理体系。

随着土地拆迁,苏州农民住进了漂亮的安置小区,新建成的集中居住小区里幼儿园、超市、银行、卫生站、篮球场一应俱全,城里的基础设施同步向集中居住区延伸。近几年来,苏州累计投入新农村建设的资金近200亿元,在459个市级示范村和19个省级示范村统筹推进城乡交通、水利、电力、电信、环保等重大基础设施建设,加快城乡道路、供水管网的"无缝对接",城乡基础设施共建共享共用,一举解决了农村基础设施差、功能不齐全等历史遗留问题。

2. 城乡基本公共服务均等化

教育均衡发展。苏州在大力推进城乡基础设施一体化的同时,加快发展农村科技、教育、卫生、文化、体育等各项社会事业,合理配置基本公共服务资源,正在率先实现城乡基本公共服务均等化。过去农村都羡慕城市居民,因为他们可以享受较好的公共服务。而如今苏州农村村民享受到的公共服务与城市相比,可以说毫不逊色。在城乡基本公共服务均等化这个理念指导下,张家港市前几年投资1亿多元对全部20所村校进行现代化改造,并通过校长轮岗、城市老师支教农村等措施,推动优质教育资源"下乡",实现城乡之间无障碍流动。号称亚洲最大的农民集中居住区永联小镇,把最好的学校建到农民家门口。教育的均衡发展带来了令人欣喜的变化,很多地区越刮越猛的"择校风",在张家港悄然退潮。党的十七大提出的"教育公平"正在这里逐步变为现实。

社区服务中心的建设。在苏州你可以发现,随便走进哪个村,都能看到一个"社区服务中心"。2008年7月,苏州市委、市政府专门出台文件加强社区服务中心建设,并以此引导农民转变观念和生产生活方式,提高生活质量和水平。农村社区服务中心"八位一体",集中了行政管理、就业社保、商贸超市、卫生计生、教育文体、综治警务、民政事务、环境保护、党员活动等服务功能,已成为促进城乡公共服务均等发展的重要载体。目前,苏州已新建扩建农村社区服务中心1013个,覆盖率达88%。

城乡社会保障"并轨"。这是一项操作难度很大的刚性制度设计,也是苏州农民在公共资源城乡均衡配置中得到的最大实惠。国务院发展研究中心领导在总结苏州经验时,认为其中很重要的一条就是逐步建立城乡统一的社会保障制度。城乡一体化建设启动以来,苏州所属各县市在社保"并轨"方面推进很快,目前农村劳动力参加基本养老保险覆盖率达98.5%以上,其中参加"城保"的达到50%以上,老年农民社会养老补贴覆盖率接近100%,农村基本医疗保险参保率达97%,基本实现农民持卡就诊看病。昆山、张家港等地已经率先迈进"全城保时代",农民退休后享受的待遇跟城里人已差别无几。

在全面建成小康社会的道路上,苏州已走在前列,率先完成江苏省拟定的各项指标。

三、经验与启示

苏州在公共资源配置均衡化方面取得了诸多成果,但依然存在一些可以进一步完善的地方,主要集中在外来务工人员共享城市公共资源这一问题上。实践中存在着外来务工人员对城市公共资源利用不足、城市公共资源惠及外来务工人员不足的问题,其影响因素主要有政府政策偏好、城市资源状况、市民态度以及外来务工人员组织化程度等因素。

1. 政府政策偏好因素

由于外来人口的进入会占用部分城市公共资源,在资源有限和无法实现中央转移支付的条件下,作为市民和城市利益代表者的地方政府,必然要维护本地居民的利益,解决好市民的生产生活问题,因而最终做出了偏向本地居民的公共政策,将外来务工人员排斥在城市公共资源享用范围之外。

2. 城市资源状况因素

城市资源是城市经济社会发展的重要物质基础。资源总是一定的,实行公共服务,如果均等化就意味着城市所有公共资源都要对外来务工人员开放,由此必然会导致资源享用人数短时间内急剧膨胀,从而引发社保、教育、住房公积金等方面支出的大幅度增加,进而对政府财政和公共物品供给构成严峻挑战。以相城区义务教育为例,近年来相城区公办学校吸纳的外来务工人员子女数逐年增长,基础教育中外来务工人员子女已经超过了本地生,这些外来生七成是在公办学校里就读。因此,公办学校承担了培养外来务工人员子女的主要任务。随之而来的问题是,处于满负荷运行状态的学校面临教育资源不足的压力而急需扩容扩建。

3. 市民态度因素

从市民的角度来看,总体而言,外来务工人员进城必然会对市民生产生活产生影响,尤其是在目前城市就业形势较为严峻的情况下,外来务工人员进城加重了城市的就业压力,再加上由外来务工人员引发的治安事件的增多,使得一些市民对外来务工人员产生一定的偏见和排斥心理,进而对政府在公共资源配置方面做出政策产生不利影响。

4. 外来务工人员组织化程度因素

从外来务工人员角度来看,这一群体的文化素质普遍不高,缺乏维护自身权益的意识和能力,同时其组织化程度较低,使得他们难以通过合法渠道表达其合理的利益诉求,因而很难分享到城市公共资源。

外来务工人员是我国现阶段城市建设的一支重要力量,他们一方面为城市发展做出了重要贡献,另一方面又是城市社会的弱势群体。从有利于社会公正的角度看,外来务工人员理应分享城市公共资源。改革传统户籍制度让外来务工人员共享城市资源已成为社会发展的必然趋势,但在放开城市资源方面还需考虑经济上的可行性,需要统筹规划、逐步改革、稳步推进。

案例一　苏州工业园区：城乡教育同质的样板区

一、背景

全面建成小康社会是我国经济社会发展的一个新阶段和新目标,也是新世纪的国家重大发展战略。城乡教育同质化是全面建成小康社会的重要组成部分,也是促进教育公平、实现教育均衡发展、办好人民满意教育的必然要求。

近年来,在市委、市政府领导下,苏州工业园区围绕苏州建设"三区三城"的目标,紧紧抓住苏州市被列为江苏省城乡一体化发展综合配套改革试点城市的有利时机,从实践"三个代表"重要思想和落实科学发展观的高度,把推进城乡教育同质化作为重点,实施教育优先发展战略,不断加大教育投入,加快调整和优化教育结构,实现了城乡教育高位均衡发展。

苏州工业园区于1994年2月经国务院批准设立。园区行政区划288平方公里,其中,中新合作区80平方公里。园区的教育前身要追溯到原吴县和郊区5个乡镇的农村教育。那时,280多平方公里的面积内,分布着100多所(个)中小学和办学点。一所学校只有十几个孩子、一两个民办教师、一所破旧老房,这是当时教育情况的生动写照。教育基础条件薄弱、城乡差距明显,严重影响了园区的整体教育质量。随着园区的发展,公众对园区的教育发展也提出了新要求。教育决不能拖园区新面貌、新形象的后腿。当时,恰逢江苏省提出在全国率先实施教育现代化工程,园区以此为契机,推行"三个优先"——规划上优先考虑、经费上优先保障、资源上优先配置,迈开教育先行的步伐。2007年,园区高水平通过了省教育现代化先进县区的验收;2011年,园区被授予"江苏省义务教育均衡发展先进区"的荣誉称号,率先在苏州全市范围内结束了城乡教育的二元结构历史。目前,全区所有中小学教育基本实现了"校园环境一样美、教学设施一样全"的目标,所辖乡镇全部被评为"江苏省实施教育现代化工程先进乡镇"。

二、主要做法

园区认真贯彻落实国家、省、市《中长期教育改革和发展规划纲要(2010—2020年)》,大力推进教育现代化、均衡化、特色化和国际化发展,不断提高教育质量和水平,努力形成"布局合理、发展健康、水平一流、人民满意"的教育发展新局面。在发展过程中,园区的主要做法有以下四个方面。

1. 加大投入,努力夯实城乡教育同质化发展基础

园区教育是在原吴县和郊区5个乡镇的农村教育基础上起步的,教育基础条件薄弱、区域发展不平衡、与现代化新城区要求不适应是园区早期教育的显著特征。以江苏省在全国率先实施教育现代化工程为契机,园区加大教育投入,坚持高标准,全面改善各类学校的办学条件。

2. 深化改革,不断完善城乡教育同质化发展机制

改革是发展的根本动力。园区不断深化改革,充分激发教育发展的内在活力,着力构建适应科学发展、具有园区特色的教育体制机制。一是率先实现教育一体化管理体制。在2007年的江苏省县区教育现代化评估中,专家组认为园区教育在高平台上与其他学校相比仍存在差距。要进一步缩小这种差距,实现教育高位均衡,就必须大刀阔斧地改革教育管理体制。为此,园区工委、管委会决定实施"达标升级"工程,按照硬件提升、软件攻坚的20条评估标准,将乡镇义务教育阶段学校分批纳入区级统一管理。经过三年的努力,15所乡镇学校已全部升级为"区直管",在苏州大市内率先实现城乡教育一体化管理,所有学校实现了统一办学标准、统一办学经费、统一收入待遇。二是加快形成多元化办学格局。加快探索民资、外资多元化办学的新路子,积极开展与高校、名校的合作,取得了良好成效。先后与苏州大学、西安交通大学合作共建了苏大附中、西交利物浦附中,依托知名高校的资源优势,提升了学校的办学层次和品质。率先实现改制学校回归公办,义务教育办学体制全面规范。学前教育积极探索民办公助模式,大力扶持民办幼儿园发展,对投资者进行公开招标,一批国内外知名的连锁幼儿教育品牌入驻园区,实现公办和民办幼儿园协调发展。新加坡国际学校、德威国际学校、苏州中学园区校等一批多元投入、充满活力的现代新型学校快速崛起。三是不断深化学校管理体制改革。建立发展共同体,发挥星海实验中学、园区第十中学、星海小学、园区二实小等优质学校的辐射带动作用,扶持薄弱学校发展;将东港小学并入星港学校,实现一校三区的捆绑发展;推进星湾学校和莲花学校联合办学,实现"四个统筹",促进双方高位优质均衡发展。同时,探索建立现代学校制度,大力推进依法治校,落实学校办学自主权,促进学校面向社会、依法自主办学,增强学校办学活力。

3. 优化师资,着力激发城乡教育同质化发展活力

打造一支高素质的教师队伍,是城乡教育同质化发展的关键,师资力量均衡发展是办好每一所学校的根本保证。为此,一是持续加大优秀教师引进力度。园区充分发挥国际化的开放环境和优越的政策机制优势,千方百计吸引全国各地的优秀教师和优秀毕业生,近三年就引进优秀教师达980名,加快了师资队伍年轻化、知识化和专业化建设。针对乡镇学校教师满员状况，园区连续三年推行了离岗退养政策，178名学历低、业务能力弱的老教师提前退养，腾出岗位，输入新鲜血液，一出一进，加快了乡镇学校师资队伍的结构优化和水平提升。二是深入推进校际合作"青蓝工程"。从2003年起，园区启动了校际合作暨青蓝工程，开发区学校教师和乡镇学校教师一对一、一对多，建立了师徒关系，实行"传帮带"，每年还开展"青蓝工程回头看"活动。出台了刚性规定，引导优秀教师到乡镇学校支教，安排乡镇学校教师到开发区学校挂职学习。组织开发区学校特级教师和学科带头人等骨干教师在乡镇学校设立"名师工作室"，并从制度上确保其有1/5的工作时间到"工作室"所在的学校带教学员，指导教研。每学期还组织"优秀教师讲学团"深入乡镇学校课堂，讲授示范课，做专题报告，传授先进的教学理念和方法。短短几年，乡镇学校的师资队伍水平得到了显著提升，为推进城乡教育同质化奠定了基础。三是建立优秀师资流向乡镇学校的有效机制。园区早在20世纪90年代就实现了教师统一招聘、统一管理和统一调配，重点向乡镇薄弱学校倾斜。为了缩小城乡和校际差距，出台了"柔性流动"政策，促进优秀教师"资源共享"，采集和培植出越来越多的"造血干细胞"。在管理体制一体化后，园区又出台了"刚性流动"制度，实行了赴乡镇任教职称评聘优先优惠政策、优秀教师津贴和奖励政策等，建立学校管理干部和优秀教师向乡镇学校流动机制，交流人数逐年递增。近三年来，先后有100名管理干部、200多名教师到乡镇学校任职任教。四是构筑教师发展平台。实施"名教师名校长行动计划"，通过挂职锻炼、国外短训、专家指导、教改实践等方式，加快名校长名师成长步伐。与南京大学、南京师范大学等高校合作，对全区教师进行了全覆盖的专业化岗位培训，有效提高了全体教师的教学教研水平。建立教师能进能出机制，试行末位不合格淘汰制。全面推进公开招聘、公推公选、竞聘上岗制度，拓宽选人用人渠道。建立重能力、重实绩、重贡献的激励机制，不断提高教师收入。

4. 强化内涵，加快提升城乡教育发展水平

实现区域教育水平同质化，使城乡全体居民享受均衡化的公共教育服务，是全面建成小康社会在教育上的集中体现。一是抓达标创建。多年来，园区构建动态均衡、双向沟通、良性互动的发展机制，组建发展共同体，实现区域联动，整体提升，以创建为抓手，推进学校提类升级，不断提升办学水平。目前，超过80%的幼儿园成为省市优质园，所有小学、初中都创建成苏州市教育现代化学校，高中段学校(除1所新办高中)全部是省四星级学校。二是抓考核评价。园区以"办好每一所学校，体现机会公平；教好每一个学生，体现育人为本"的理念办教育。为此，园区不再是一把尺子评判所有学校，而是认可差异，从2004

起,建立并不断完善学校年度综合发展评估制度,建立多把尺子衡量学校的成长性评估体系,从而让"好学校"丰富多样。这已经成为引领学校科学发展、内涵提升的"指挥棒",被全国、全省、苏州许多地区教育系统学习借鉴。三是抓特色发展。早在 2000 年,园区就提出了特色化发展战略,大力实施"一校一品"工程,涌现出了一批以书香校园、双语教学、艺术教育、体育教育、书法教学、科技活动为品牌的特色学校,一批业务特长兼备的教师快速成长,每年数以千计的学生在各类竞赛中取得了优异成绩。2009 年,园区在全省、全市率先提出了"一校一项"的体教结合工作思路,实现实验学校全覆盖,成为全省首个体教结合创新实验区。园区把教育国际化作为教育发展战略举措来抓,区域整体推进教育国际化工作,组织各类学校大力开展国际理解教育,实现校校有境外"姐妹学校"和国际交流项目,每年开展师生交流互访,引进了剑桥国际课程、国际文凭课程、加拿大高中课程,使广大学生不出家门就能"留学"。从 2016 年起,全区统一招聘派遣,确保每所学校至少有 1 名全日制外籍教师。四是抓规范管理。认真贯彻落实《江苏省中小学管理规范》和苏州市"三项规定",出台落实"七条禁令",积极探索"减负增效"的课堂教学新模式,逐步推行双语教育、科技人文等特色教育,提高课堂教学效率和质量,完善素质教育机制。各校把未成年人思想道德建设放在更加突出的位置,引导学生形成健全的人格和良好的道德品质。加强和改进学校美育、体育工作,保证学生每天有 1 小时体育锻炼时间,促进学生全面健康成长。

三、成效

短短十几年的时间,苏州工业园区的教育从教育水平不高、教育发展不平衡、城乡差距大,到如今的硬件完善、软件提升,在苏州大市范围内率先实现城乡教育同质化,所有学校实现了统一办学标准、统一办学经费、统一收入待遇。

1. 教育硬件不断完善

全区累计投入资金近 60 亿元,在中新合作区内先后新建了 32 所中小学和幼儿园;各镇利用动迁机遇,先后撤并了 80 多所(个)薄弱学校或办学点,异地新建了 30 所中小学和幼儿园,完成了每一所乡镇学校的提升改造。

2. 教育软件不断提升

目前,全区专任教师学历合格率达 100%,优秀教师群体比例达到了 32.4%,其中特级教师 21 名,全国优秀(模范)教师 9 人,大市级学科学术带头人、名教师、名校长 118 名,并且分布大体均衡。

园区通过着力加强内涵建设,着眼于办好每一所学校,推进了区镇、校际教育教学的优质均衡协调发展,让每一所家门口的学校都成为看得见的"福祉",

努力让每一个学生都获得适合自己的教育和发展。

四、经验与启示

推进城乡教育同质化是促进教育公平、构建和谐社会的基础和保障,是一个永远没有终点的过程。

从苏州工业园区教育发展的历程来看,我们可以得到以下启示:

1. 超前理念需先行

园区教育能取得今天的成就,离不开先进、超前的教育理念。"百年大计,教育为本。"苏州工业园区一直坚持把不断促进公平作为基本教育政策,按照均衡发展九年义务教育的要求,统筹城乡义务教育资源均衡配置,促进基本公共教育服务均等化。园区首先提出了"政府主导、达标升级、区级直管、总体推进"的整体思路,又根据教育发展的不同阶段,适时提出更新的发展理念,引导教育质量不断提升,城乡教育越来越均衡,教育特色越来越明显,教育成果越来越突出。

2. 良好制度是保障

园区教育能取得今天的成就,也离不开规范、实用的教育制度的统筹安排。工业园区通过不断深化改革,充分激发教育发展的内在活力,着力构建适应科学发展、具有园区特色的教育体制机制。在教育上每年都有新目标,每年都有新举措,每年都有新突破,创造了园区教育的奇迹。

3. 财政投入是关键

财政投入是解决城乡教育均衡、同质的坚实物质保障。园区管委会一直以来都致力于保证教育投入稳定增长,使教育财政拨款增长一直高于财政支出增长,生均教育经费、生均公用经费和教师工资逐年增长,义务教育阶段的教育经费更是明确由财政统一支付。财政教育支出的增长比例一直不低于10%,高于全省、全市的平均水平。

【思考题】

1. 苏州工业园区为什么要坚持城乡教育同质化发展?
2. 你认为苏州工业园区在城乡教育均衡、同质发展上采取了哪些措施?效果如何?

案例二 太仓：大病补充医疗保险制度

一、背景

社会保障是保障人民生活、调节社会分配的一项基本制度。医疗保险在社会保障制度中占有重要地位，它保障人民不因遭受疾病风险而丧失健康权利和再生产能力，是一项维护社会稳定、调节收入再分配的有效制度安排。

我国已经建立起覆盖全民的基本医疗保险体系：城镇职工基本医疗保险、城镇居民基本医疗保险和新型农村合作医疗。基本医疗保险制度的建立，提高了国民健康水平，保障和改善了民生，为构建社会主义和谐社会起到了重大作用。新型农村合作医疗制度的建立，对于缓解农村居民"因病致贫、因病返贫"起到了重要作用，但农村居民仍然面临着大病医疗负担重的问题。群众对大病医疗负担重的反应一直较为强烈。构建农村多层次医疗保障体系对于进一步减轻农村居民大病医疗负担、提高全民素质、实现城乡健康公平、建设小康社会具有重大的现实意义。

面对复杂的国情，农村医疗保险制度很难建立统一的模式，各地需要根据当地的实际情况建立试点，实施渐进式改革。太仓市隶属江苏省苏州市，是苏州高速发展的县市之一，经济增速位列苏州市域第一位，2012年即位列全国百强县第四位。太仓市的经济实力使其能够担当农村医疗保险制度改革的先驱，其大病补充医疗保险制度就是太仓市新医改的一大举措。

二、主要做法

太仓市农村大病补充医疗保险制度以2011年《关于社会医疗保险大病住院医疗实行再保险的规定（试行）》（太人社规字〔2011〕5号）的实施为标志，建立了全民补充层次的医疗保险制度。具体做法主要有以下几点：

1. 重新规划社会医疗保险，逐步提高医疗待遇

我国的基本医疗保险制度因建立的时间和背景不同，所以基本医疗保险制度的划分标准呈现出多元而复杂的状态，既有按户籍划分的，又有按工作性质及单位划分的；既有强制参保的，又有自愿参保的；既有需要缴费的，又有国家包办的。但是太仓市打破常规，统一标准，将基本医疗保险制度划分为基本医疗保险、住院医疗保险、居民医疗保险。

基本医疗保险的参保人群：本市行政区域内的国家机关、事业单位、社会团体、企业、民办非企业单位、个体工商户等用人单位，都应按照属地管理原则为本单位人员依法参加基本医疗保险；以灵活就业性质参加企业职工基本养老保险的人员；就业年龄范围内参加养老保险的被征地农民；在本市办理就业登记的外籍人员和港澳台人员。

　　住院医疗保险的参保对象：16周岁以上参加养老保险的被征地农民；本市户籍的五六十年代精简退职人员；1992年12月31日之前为城镇户籍、参保时达到法定退休年龄的居民；城镇重症残疾人员；用人单位中参加农村养老保险的人员。

　　居民医疗保险的参保对象：本市户籍未纳入基本医疗保险、住院保险的所有城乡居民；持有2年以上暂住证的外来务农人员；本市全日制大专院校非本市户籍的在校学生；其他符合条件的人员。

　　与此同时，太仓市在逐步提高医疗保险待遇方面也做出诸多努力，多次扩大医疗保险药品目录，降低部分药品自付比例，提高最高支付额，并将自付费用超过5000元以上的人员定为医疗救助人员，发放医疗救助金，对医疗救助人员中自付费用超过1000元以上的人员实行二次医疗保险补偿。大病补充医疗保险制度的实施，使太仓市医疗保险待遇再上一个台阶，对自付医疗费用超过1万元的参保人员，提供上不封顶的累进比例补偿。这些政策的实施逐步提高了参保人员的医疗待遇。

2. 利用医疗保险结余基金，建立城乡医疗保障第二层次

　　太仓市经过重新划分基本医疗保险，建立了统一的医疗保险基金，对于建立大病补充医疗保险制度的资金，社保部门根据医院提供的三年来的数据，测算出了太仓市大病补充医疗保险报销需要的金额，太仓市政府决定，政府和参保人员无须新增资金投入，而是从基本医疗保险结余资金中筹集。具体做法为：参加基本医疗保险和住院保险的按每人每年50元的标准，参加居民医疗保险的按每人每年20元的标准，分别由基本医疗保险和居民医疗保险统筹基金列支，建立覆盖城乡的大病补充医疗保险基金，城镇职工和城乡居民享受同等的大病医疗保险待遇。2011年度大病医疗保险筹资总额为2168万元，只相当于当年太仓市医保基金累积结余的3%。参保群众住院全年累积发生的医疗费用，基本医疗报销后，个人自付费用在1万元以上的，根据费用分段，由大病保险基金按照53%～82%的比例报销。医疗费用越高，报销的比例越高，并且不设封顶线。

3. 引入市场机制，实现商业健康保险公司和医疗部门双赢

　　太仓市大病补充医疗保险制度的运作机制是利用委托－代理的办法，通过招标方式确定一家商业保险机构负责经办大病补充医疗保险。市医保管理部

门对前三年的医疗数据进行详细的测算,在确保基金收支平衡的情况下,确定了人均筹资标准和最低报销比例,对外进行公开招标。各商业保险公司按照招标文件要求投标,主要在实际报销比、盈亏率、管理成本效率以及各费用段的报销比例等指标上进行竞争。市医保管理部门通过综合比较保险机构的资质、业务优势、业务考量三个维度共14项指标,最终遴选出得分最高的中国人民健康保险公司,作为2011年度大病补充医疗保险制度的经办机构。与公共部门相比,商业健康保险机构在运作过程中更加注重医疗服务的效率和费用报销服务质量,从而有利于进一步加强医保部门对医疗定点机构的监管力度,强化对不合理医疗费用和行为的监管,提高群众对报销流程和报销效率的满意度。与此同时,商业健康保险公司也获得了参保群众的相关信息,赢得了参保群众的信任,宣传了健康保险相关意识,促进了商业健康保险公司的精算和专业服务的提高,有利于提高商业健康保险公司知名度,进而有利于商业健康保险公司拓展业务。太仓市大病补充医疗保险制度,实现了商业健康保险公司和医疗部门的双赢。

4. 加强管理,细化服务,提高经办机构工作效率和群众满意度

商业健康保险公司承办大病医疗保险后,一方面配备专业人员充实到服务队伍中,由商业健康保险公司专门配备的8名具有医学背景的专业人员和医保机构原有的10人共同开展医保管理和服务工作;另一方面开展健康管理,积极向参保人员提供健康管理咨询服务,开展健康管理讲座,2011年先后发放健康管理资料4000多份,发送健康通讯200份。此外,建立住院代表巡查制度,对定点医疗机构可能存在的过度用药、过度检查等行为进行不定期巡查数百次,以此加强管理,细化服务。

三、成效

太仓市的大病补充医疗保险制度是全国医疗保险制度改革的创新,为国家医保新政策顶层设计提供了蓝本。太仓市的基本医疗保险制度改革取得了以下几方面的成效:一是突破了长久以来的户籍二元制度、职工与事业单位、公务员的双轨制度;二是建立了城镇一体化医疗保险制度,将所有人员归入了居民医疗保险;三是统一统筹基金,实现了医疗保险制度中的基金互助共济。

此外,建立住院代表巡查制度,对定点医疗机构可能存在的过度用药、过度检查等行为进行不定期巡查数,增加了资金的利用效率,提高了经办机构的工作效率。自从商业健康保险公司承办大病补充医疗保险后,医保部门只需建立相关政策及监管机制,商业健康保险公司则为了减少成本支出、提高利润率,加强管理,细化服务,这样,双方相得益彰,群众满意度提高。

四、经验与启示

1. 公平是社会保障追求的核心价值,也是其基本动力

制度的外在公平是指不同国家或地区,或其中的不同社会群体在相应制度下的公平性问题;制度的内在公平是指区域内特定制度构成要素的公平性问题。太仓市大病补充医疗保险制度中,将职工大病补充医疗保险制度与城乡居民大病补充医疗制度置于同一个基金池中,享受的待遇水平无差异性,制度之间实现的是完全公平,但对于筹资水平,城镇职工明显高于城乡居民,从这一点来说,在垂直公平方面还有待提高。各级政府,特别是中央政府应该加大财政投入,增加转移支付,提高制度的外部公平性。

2. 强大的经济实力是保障

经济是基础,一个地区医疗水平的提高,医疗保障的健全,离不开当地雄厚的经济实力。太仓市的农村人口比例较小,人均纯收入较高,国内生产总值在全国县市中居于领先地位,近年来一直稳定在全国百强县第四名的位置,为其建立大病补充医疗保险制度提供了雄厚的经济实力。

3. 完善配套机制是关键

太仓市大病补充医疗保险制度中的资金来源是基本医疗保险结余基金,按照基本医疗保险基金管理原则,"以支定收,收支平衡,略有结余",基本医疗保险基金不应该有大量结余。首先是不符合医疗保险基金管理要求。其次,可能存在筹资水平过高、待遇给付过低的情况,严重影响基本医疗保险水平的提高。最后,从长远来看,受潜在的经济增长率放缓、人口老龄化趋势加快、医疗费用上涨等因素影响,基本医疗保险结余基金会消失甚至变为赤字。因此,稳定的资金筹集机制就成为大病补充医疗保险制度成功的关键所在。而缺乏稳定的筹资机制,就成为这一制度持续健康发展的隐忧。另外,还有运营管理问题:由于太仓市大病补充医疗保险制度是委托商业健康保险公司承办的,具有强专业性、低成本、高效率等优点,但在市场机制的作用下,首先,商业健康保险公司多以营利为目的,政策中要求的"保本微利"很难鉴定,商业保险公司完全可以忽视参保者的利益诉求;其次,政府也很难再进行统筹监管,集体参保也使得参保人失去了"以脚投票"的权利,非常容易造成"行政性垄断";最后,通过招投标的方式来选择合作的保险公司,就要求有完善的市场机制和大量的专业健康保险公司,而且还存在寻租的风险,因此需要较完备的配套政策和措施来保证实施。

【思考题】

1. 试述我国的多层次医疗保障体系组成结构。
2. 你认为太仓市大病补充医疗保险制度取得了一定成效的关键在哪里?

案例三 张家港：城乡社保并轨

一、背景

2011年，张家港市率先实行了城乡社会保障制度并轨，这不仅是地区经济社会发展的需要，也是时代对东部沿海发达地区提出的要求。城乡社保在张家港市的并轨为全国其他地区完善社会保障制度、提高人民幸福指数、实现小康梦提供了经验借鉴。

1. 完善社会保障制度的要求

社会保障是重要的经济社会制度之一，完善的社保制度具有为整个社会经济正常运行创造良好的环境，增加社会经济的有序性，使国民经济和整个社会得以持续、稳定、均衡、协调发展的功能，也是构建和谐社会的基本制度安排和保证。城乡社保分割不利于社会保障制度的完善。以前城里搞的是"城保"，农村搞的是"农保"，两个体系不同，标准不一，互相不流通，农村的社会保障比城里差得太远。随着经济社会的发展，政府应该着力推动城乡居民在养老保险、医保和低保"三大保障"上的并轨，从社会保障制度上破除"二元壁垒"。

2. 打破城乡二元分割局面的需要

我国长期的城乡二元分割造成一些不合理的体制和机制，而城乡社会保障制度的并轨则是打破二元分割局面、实现整个社会包容性发展的前提和重要内容。近几十年来，中国经济发展速度很快，张家港市所在的东部沿海城市更是飞速发展。随着城市建设发展的不断加快，广大农民正在失去他们赖以生存的土地。不断涌现的上访事件也把迫切需要维护农民的土地权利提上了议事日程。在没有足够社会保障的情况下，不宜简单加快推进城市化。张家港市市委、市政府的领导越来越深刻地认识到发展并不仅仅是GDP数值的递增，而是要实现真正不含水分的、能给人民特别是失地农民带来实惠的发展。现代化不仅仅是城市的高楼大厦，更体现在农村居民能够与城市居民一起共享均等普惠的社会保障服务，让个人的生存与发展不再有后顾之忧。

3. 张家港市经济社会的快速发展提供了并轨基础

要实现城乡社保并轨，并不是一件简单的事情。在国家没有统一的社会保障制度和体系的情况下，城乡社会保障并轨需要地方财力和人力的支持。条件不具备的地区是无法实现并轨的。苏州城乡居民收入差距约为2:1，在全国最小。张家港市更是在近几年的全国百强县评比中一直位列前三名,经济发展速度较快,人民生活水平高,城乡差距缩小,政府拥有较雄厚的财政实力,这些都为城乡社保并轨打下了扎实的经济基础。

1994年,张家港市被江苏省确定为社会保障制度综合改革试点城市,从此,建立社会共济、企业补充与自我保障有机结合的社会化保障机制,成为张家港社会保障的改革目标。在此后的实践过程中,以养老保险制度改革为突破口,张家港市先后出台了机关事业、城镇企业、农村养老保险办法,同时逐步推进医疗、生育、失业、工伤社会保险制度改革。到1999年,五大险种的社会保险办法全部出台,初步形成了适应市场经济体制发展需要的较为完善的社会保险制度新体制。这些为张家港市的城乡社保并轨奠定了制度基础。

2011年,张家港市13.8万名符合条件的农保人员和被征地农民,全部告别"农保"进入"城保",在全省率先实现了城乡基本养老保险并轨。城乡二元养老制度在张家港已正式被破除,标志着张家港市城乡社保并轨工作取得实质性的成果。

二、主要做法

张家港市对城乡社保并轨的问题关注已久,从2009年起,"农保转城保"就一直是张家港市委、市政府的头号民生工程。根据相关规定,女性年满16周岁未满50周岁,男性年满16周岁未满60周岁的农保人员和被征地农民,按规定补缴城镇养老保险后,就可以统一纳入城镇社会保障体系,到达法定退休年龄后就可以享受相应的参保待遇。

张家港市还先后出台了各类扶持措施,帮助困难群体顺利脱"农"入"城"。5732名城乡低保、城乡低保边缘、重度残疾、三类大病对象得到了财政资助,其中,城乡低保边缘对象每人获助1万元,其他对象每人获助2万元;1.8万名家庭困难但不属于特困人群的参保对象,获得了期限3年、额度最高2万元的财政贴息贷款。此外,通过就业帮扶,9000名符合条件的并轨对象就业后纳入了"城保"。

2011年,张家港市又出台了《张家港市城乡养老保险并轨实施意见》(张政发〔2011〕43号)。根据《张家港市城乡养老保险并轨实施意见》有关规定,至2011年10月底,所有符合条件的未参加城镇社会保险的农保参保人员、被征地农民以及其他人员,统一纳入城镇社会保险体系。

(1)补缴标准:具有被征地农民身份的参保人员,补缴基数为1000元/月;其他参保人员的补缴基数为1369元/月。

(2)贷款政策:"并轨对象"补缴有困难的,可按规定实施贴息借款(单笔上限为2万元,贷款期限3年,在此期间发生的利息,由市财政实行全额贴息)。

(3) 灵活就业人员参加城保政策。

"并轨对象"办理补缴手续后,以灵活就业人员方式继续参保缴费的,按下列办法执行:

① 自主选择参保险种:可单独参加城镇企业职工基本养老保险或城镇职工基本医疗保险;或同时参加城镇企业职工基本养老保险和城镇职工基本医疗保险;或同时参加城镇职工基本养老保险、城镇职工基本医疗保险和城镇职工生育保险。

② 自主选择缴费基数:2012年1月至2012年6月,缴费基数调整分三档,即一档1369元/月,二档1650元/月,三档2281元/月。以后按结算年度予以调整公布,由灵活就业者自主选择。

③ 社会保险补贴:按规定符合享受社会保险职工补贴的对象,同时参加城镇企业职工基本养老保险、城镇职工基本医疗保险的,按社会保险补贴标准的100%享受;选择参加城镇企业职工基本医疗保险的,按社会保险补贴标准的65%享受;选择参加城镇职工基本医疗保险的,按社会保险补贴标准的35%享受。

灵活就业人员参加城镇社会保险后,按规定需补缴以前年度社会保险费的,仍按《关于企业职工补缴基本养老保险费的处理意见》(张劳社〔2008〕56号文)规定执行。

三、成效

张家港市杨舍镇李巷村村民彭卫石2012年11月下旬收到社保部门下发的《职工养老保险手册》。这意味着虽然身份还是农民,但是到了退休年龄后,彭卫石同样可以享受到与城镇职工同等的养老待遇。农民领上城保养老金,成为张家港推进城乡一体化发展的标志性事件,标志着城乡二元养老制度在张家港已被破除。张家港市人力资源和社会保障局负责人介绍,今后张家港将不再办理新增农保参保人员,对符合条件的被征地农民,做到产生一个,参保一个。张家港13.8万名符合条件的农保人员和被征地农民,至此全部告别"农保"进入"城保",在全省率先实现了城乡基本养老保险并轨。

在张家港市城乡社保并轨的带动下,江苏省政府常务会议审议通过了《江苏省城乡居民社会养老保险办法》。办法已经明确,在全省范围内整合新农保和城镇居民养老险两项制度,实行全省统一的城乡居民社会养老保险制度。

四、经验与启示

1. 政府重视是关键

2011年,张家港市城乡养老保险并轨工作会议在沙洲宾馆召开,市委领导出席并做工作部署。在市委、市政府的推动下,全市各镇(区)、各相关部门,以创新的发展思路、昂扬的精神状态、务实的工作举措,全面推进落实城乡一体社会保障体系建设,在苏州范围内率先实现城乡养老保险并轨。可以说,张家港市委、市政府的重视,有力地促进了城乡统筹发展,提高了农民保障水平,为增进民生福祉奠定了坚实的基础。

2. 财政支持是保障

在市委、市政府的重视下,张家港市财政部门也给予了大力支持。市镇两级财政、各类社会资金为7913名家庭困难人员提供贴息贷款超过1.5亿元,为5.2万人次发放社会保险补贴超过1.2亿元。财政的有力支持保障了张家港市城乡养老保险并轨制度的运行。

3. 好的制度还需建立好的沟通机制

为了取得良好的施政效果,张家港市委、市政府要求各镇(区)把并轨后的好处向老百姓讲清、讲透,要做好"四个一",即一次面对面的详细的政策解答,一个"两保"保障水平的全面比较,一个符合其家庭实际的参保方案,一条方便快捷的筹资渠道。加大政策宣传力度,加大瓶颈化解力度,确保如期全面完成城乡养老保险并轨工作。

【思考题】

1. 你认为政府在公共资源配置中应起到什么作用?
2. 张家港市城乡社保并轨给你的启示是什么?

第十一章 "三大合作"增强农村发展活力

概　述

一、背景

全面建成小康社会,重点在农村,难点也在农村。推动小康社会在农村落地,离不开开放的思路、探索的精神。苏州广大农村地区普遍存在的"三大合作",是激发农村发展活力、全面建成小康社会的重要依托与载体。"三大合作",是指在农村的集体资产、承包土地、生产经营等方面,通过合作或股份合作的形式,明晰产权、民主管理的农村新型合作经济组织,主要包括社区股份合作社、土地股份合作社和农民专业合作社。

多年来,中央1号文件都指出要鼓励发展农村合作经济,2015年中央1号文件再次强调,"引导土地经营权规范有序流转,创新土地流转和规模经营方式,积极发展多种形式适度规模经营,提高农民组织化程度","引导农民专业合作社拓宽服务领域,促进规范发展,实行年度报告公示制度,深入推进示范社创建行动。引导农民以土地经营权入股合作社和龙头企业"。

紧跟时代步伐与政策导向,2000年以来,苏州市深入探索"三农"问题解决路径,坚持发展"三大合作",作为调整农村生产关系、促进生产力发展的重要手段,作为富民、强村和发展现代农业的有效途径,作为优化农村资源要素配置、全面建成小康社会的重要举措。经过十多年的扶持与发展,苏州各类新型农村合作经济组织的数量与质量都有了显著的增长和提升,已逐步成为农民参与市场活动的基本主体,对带动农民增产增收、壮大农村集体经济、改善农村社会管理起到了积极作用。至2014年上半年,苏州市各类农村新型股份合作经济组织总计4374家,其中,农民专业合作社1680家,社区股份合作社1288家,土地股份合作社737家,富民合作社374家,劳务合作社295家。给予优先扶持的农民专业合作社共有1674家,其中劳务合作社111家,土地股份合作社428家,社区股份合作社424家,专业合作社711家。2015年苏州市委农办考评认定的苏州市三星级合作社60家,二星级合作社120家,一星级合作社106家。

江苏省委农工办的负责同志根据苏州合作社的运行情况,概括出了合作社的"三个不可替代",即促进增加农民财产性收入的作用不可替代,提供农村公共服务乃至于一定程度上的财政服务作用不可替代,构建共同富裕的微观基础作用不可替代。目前,以农村"三大合作"组织为主体的农村新型合作经济组织,已基本成为苏州农民参与市场经济的基本组织形式,成为农村新型集体经济的基本实现形式。

二、做法与成效

1. 发展土地股份合作社,实现农村资源整合与多方共赢

土地是财富之母,土地流转是农村专业合作之母,是农业规模经营之母,也是富民强村之母。在苏州,土地流转起步补贴的标准一般为每亩300～400元,并且每年都补;土地流转补贴的对象一是直接补给流出土地的农户,二是先补给土地股份合作社,再分配给入股的农户。土地流转补贴的条件一是要形成规模经营,二是要委托集体流转,三是主要以粮食和蔬菜种植为主。全市土地流转补贴政策实施已全覆盖,每年土地流转补贴资金都超过3.5亿元。苏州土地经营权流转的方式一种是委托集体流转,一种是组建土地股份合作社。鼓励委托集体流转方式向土地股份合作社发展,这样可以大大减少土地流转中的矛盾,并且能够保持一致的对外承租地价,这也成为土地流转的主要形式。目前,全市已组建土地股份合作社740余家,土地入股面积占流转总面积的70%以上,在土地经营权流转总面积中,以集体为主的流转面积占到90%以上。这样不仅将农民从土地上解放了出来,而且提高了土地的利用效率,还将整理地块、田埂还田等新增土地以村集体的名义入股,保障了村集体有一定的土地收入来源可以进行公共事务支配。农户收入有保障,土地产出有增加,集体收入有增加,多方共赢。

2. 发展农村社区股份合作社,激发社区资本活力

资源资产性股份合作,使农户享有的集体资产收益分配权看得见、摸得着,通过按股分红获得资产收益。苏州农民人均纯收入超过2.8万元,城乡居民收入之比缩小到1.9:1,其中股份合作社收益夯实了苏州农村普遍富裕的微观基础。苏州社区股份合作社,通过将集体资产产权明晰化,按照一定的规则,将集体资产量化到户到人,并将股权固定化,采用"生不增,死不减"的原则,确保股份合作社的正常运行。在社区股份合作社的基础上,发展富民置业合作社,吸收村民资产入股,固定入股上限,将农民动迁后的巨额补偿款重新集结,投资于政策扶持的标准厂房、打工楼、农贸市场等物业,并按一定比例进行分红。苏州

市规定,村股份合作社每年获得的利润,按照公积金、公益金、社员分红3∶3∶4的比例进行分配,让社员直接受益。通过社区股份合作社,"家家有股份,人人有分红"在苏州已成为普遍现象,这使村民和集体资产性收入都得到稳步提高。

3. 发展专业合作社,提升产业链条增值能力

专业合作社是带动农户进入市场的基本主体,是发展农村集体经济的新型实体,是创新农村社会管理的有效载体,特别在农资采购、农产品销售和农业生产性服务等领域具有比较优势,有着带动散户、组织大户、对接企业、联结市场的功能。苏州地区农业发展高度重视这一载体,加大专业合作社的规范和指导,农民专业合作社每年都在不断递增,分工日益细化,涉及面不断拓宽。现在苏州的1680余家专业合作社,都进行了等级分批公示,重点扶持专业合作社711家,优先给以项目免息贴息贷款等支持保障,并采用以奖代补的形式,直接给合作社经济上的支持和引导;通过政府搭建的平台和帮扶,专业合作社打造出自己的专业品牌,延伸出相应的产业链条,盈利能力和抗风险能力不断提升。

4. 积极抱团经营,探索多元化发展模式

随着经济的不断发展,市场对参与主体的要求越来越高,单家独户或合作社经营单一、实力弱小的特质逐渐显现。联合发展,抱团经营,受到苏州地区合作社的青睐,也成为苏州地区专业合作社发展的重要路径。比如苏州地区的东山碧螺春茶叶合作联社,统一了东山镇的17家茶叶专业合作社,并延伸出了观光、品茶、农家乐等三产发展链条,效益大增。木渎镇将辖区内若干家社区股份合作社进行联合,成立了典型的农民产业集团——木渎集团,除了传统厂房投资外,还将投资转向了单个合作社无法想象的房地产等行业,并拟订了入市计划。抱团经营,联合发展,多元化投资增值渠道,已成为苏州农村人谋发展的重要途径。

三、经验与启示

1. 尊重规律,发挥主观能动性,以实事求是的姿态开拓创新

"三大合作"是农村在市场经济浪潮中实现强村富民的重要路径。苏州"三大合作"从诞生到日后的不断发展过程中,既遵循了经济发展的一般规律,也发挥了主观能动性。苏州诞生的全国第一个土地股份合作社,是在没有正式法律保障、政策出台的情况下,在探索中闯出的一条新路;苏州诞生了江苏省第一家社区股份合作社,这也是充分剖析农村时局,把握市场形势,创新突破,敢闯敢干的体现。尊重规律,把握形势,不拘一格,引领时代发展的精神,为苏州农村在市场发展中打开了局面,抢得了先机。

2. 上级政府支持帮扶,是"三大合作"顺利前行的重要保障

苏州"三大合作"中的敢闯敢干,不是不计后果的盲目而行,而是在认真吃透中央农村发展精神的前提下,以实事求是的科学调研为基础,努力争取上级政府的支持,进行先行先试的探索。上级政府组织专家团队,帮助村镇分析形势,把握优势,重点发展,并给予尽可能的政策与财政扶持,为"三大合作"作了道路指引。比如,苏州地区合作社初创时期,在没有先例的情况下,政府工商部门为合作社颁发了营业执照,并为合作社在经济税收分成中提供了最大力度的税收减免支持。这些措施,为合作社的健康发展、不断壮大提供了基本保障。

3. 根据市场脉动的节奏,及时变化转向

苏州曾经红遍全国的"苏南模式"乡镇企业村办经济,是把握了改革开放的脉搏,取得了集体经济的跨越式发展。新世纪前后,在乡镇企业村办经济的改制中,企业纷纷进行了转型。苏州农村与此时代节奏相伴,苏南农村出现了新型集体经济,通过股份合作制改革,将集体经营性净资产量化到集体经济组织成员,明确了农村集体资产权属关系,改变了过去"人人有份、人人没份"的集体经济权属虚置状况,调动了农民参与集体经营的积极性。这其中既包括土地的量化改革,也包括村社区资产的量化到人,这一产权清晰、管理科学的合作社经济大大推动了集体经济的发展。而在近十年中央大力要求发展农业的背景下,商业热钱资本纷纷下乡投资谋利,如何把握机遇,迎接挑战,实现新的跨越发展,就实实在在摆在了面前。抱团取暖,联合发展,成为各合作社的重要选择,农民集团、联合社、农民协会等新组织纷纷出现,暗合了市场发展的节拍,运行效果良好。

4. 农村社区的全面发展,离不开优秀的带头人

苏州"三大合作"运行良好的村或社区,都有一个优秀的农村发展带头人。永联村党委书记吴栋材、蒋巷村党委书记常德盛、上林村党委书记席月心、金星村党委书记张国荣、东林村党委书记苏齐芳等村书记都是农村全面发展的推动者。这些村的发展都离不开领头人的付出与努力,从一定程度上讲,这些村的经济就是能人经济,也是村干部经济。在由村干部经济向制度经济转变的过程中,带头人的引导格外重要,选择、培养好农村发展带头人,能够用他们的号召力和人格魅力,确保城乡一体化建设与全面建成小康社会的正确方向。

案例一 上林村：土地股份合作社奠定乡村发展的基础

土地股份合作社是指在稳定家庭承包经营制度、确保农民土地承包经营权的基础上，为探索创新农村承包土地流转机制，由农户自愿将土地承包经营权入股，组建土地股份合作社，将土地适度集中进行农业产业规模经营，并根据土地利用要求，通过公开招标等形式落实经营主体，发展现代农业或其他产业。

2015年中央1号文件指出，"现阶段，不得将农民进城落户与退出土地承包经营权、宅基地使用权、集体收益分配权相挂钩"，"对土地等资源性资产，重点是抓紧抓实土地承包经营权确权登记颁证工作，扩大整省推进试点范围，总体上要确地到户，从严掌握确权确股不确地的范围"。这些被中央高度关注的农村"土改"推进细节，已在苏州落到实处。土地流转成立土地股份合作社，早在十几年前就在苏州的上林村出现了，这是家庭联产承包责任制以来江苏乃至全国的第一次尝试，所取得的成绩被普遍关注，所采用的方法被广泛学习。

一、背景

苏州市吴中区上林村位于横泾街道东南部，紧邻苏州东太湖之滨，是一个美丽富饶的鱼米之乡。2003年由原上泽村、新光村、新安村合并而成，辖14个自然村，29个村民小组，村域面积6.7平方公里，1059户，4380人。并村以来，村"两委"围绕"生产发展、生活宽裕、乡风文明、村容整洁、管理民主"的新农村建设目标，拓宽工作思路，创新工作方法，在农民土地股份合作的基础上，陆续发展了物业股份合作、劳务合作。2014年通过调研，征得村民赞成支持后，又尝试将闲置民房进行统一规划装修入股，建办民宿合作社，引导村民发展房东经济，为农民增收开辟了新途径。

二、主要做法

1. 做好试点，坚持自愿，逐步推进

上林村是苏州市水生蔬菜基地。该村选择了交通方便、设施较好的3个村民小组，涉及120多户农户的240多亩土地，先期集中起来进行股份合作经营，通过宣传发动和自愿申请入股，最终有117户农户愿意加入合作社，入股土地面积229.7亩，加上村集体"机动地"10.3亩，入股土地共计240亩。合作社在工商部门的支持下，以入股土地的承包经营权作价，每亩核定为5000元，由会

计事务所验资,确认注册资本120万元,进行了工商登记注册,领取了工商营业执照,实行合法经营。此后继续按照典型示范、坚持自愿、逐步推进的原则,陆续吸纳农户入股,截至目前,全村农户分散经营的3000多亩农田全部入股土地股份合作社,2011年分红的金额就已达到每亩800元。上林村在土地经营模式转变中,没有采用行政强制,而是积极尝试,以点带面,逐步推进,用实惠引领村民做出自己的选择,不仅没有产生社会矛盾,还给村委班子的后续改革赢得了信任。

2. 把握发展趋势,勇于突破,创新发展

上林村有3500亩农田以及3800亩水产养殖面积,仅靠分田到户的经营形式,远远不能实现村民富裕奔小康的期望。昔日鱼米之乡、"天下粮仓"的苏州,在城市化和工业化的进程中,农村的土地也不断出现被征用,甚至被占用、滥用的现象。激活农地市场潜力,增加农民收入,是社会发展的必然趋势。如何解决传统小农发展农业面临的困难,是上林村领导班子反复思考的问题。克服困难、突破常规、解放思想发展农村成为共识,其中农民土地权益如何得到保障,成为关键性问题。为此,上林村成立土地股份合作社,通过集体合作的方式和工商注册的法律途径,既保障了农民土地所有权,又为实践规模经营农地的世界农业发展规律提供了可能。上林村将分给农民承包的土地又合并到集体的发展路径,不但打破了集体土地分解到户的政策导向,而且创造出适应市场需求的新型经济体制,即土地股份合作制。当时,这一转型在中国实属突破性首创,尚存争议,但作为主管市场主体准入登记和行为监管的职能部门——吴中区工商部门,却顶着压力,坚持突破尝试,首次进行了农地资源的注册登记。上林村土地股份合作社,不是一般意义的"合作"社,它在某种程度上代表了苏南未来农村土地的发展方向。十几年的实践证明,这一创新性决策,拉开了上林村后来全面发展、农民全面增收的序幕,成为农村全面创新发展的自发试点与导向标杆。

3. 集中土地,引进人才,配套相应项目

上林村地处太湖之滨,是苏州核心饮用水源地太湖的重点保护区域,按照政策,这些地区禁止发展大规模工业。这些政策为苏州留住了青山绿水,也导致了这些地方经济发展相对滞后。土地流转到合作社后,如何在不违反法规的情况下,招商引资,发展经济,是摆在上林村人面前的重大问题。为此,上林村村书记席月心认为:"农民确实很弱,农村需要人才。有了合作社,有了项目,就更需要人才。"上林土地股份合作社成立后,农民的身份由自然人变成了企业股东。合作社作为一家特殊的企业,首先面对的是如何让企业获得更多利益,从而让股东分得更多红利等现实问题。普通种养效益不理想,村民股东自己不想种养,于是聘请村外能人来当"经理人",经营这些资产。合作社董事长胡雪元、村书记席月心等找到了传统"水八仙"种植基地——工业园区经验丰富的种植能手张林元,并由扬州大学农学院、苏州市蔬菜研究所的专家做技术后盾。经社员(股东)大会研究后决定,由张林元经营这些田块。上林村在不违背政府宏观规划的情况下,宜水则水,宜养则养,因地制宜的特色发展思路,大大提升了土地的产出效益,农民收入也得到了提高。

三、经验与启示

1. 正确定位农村土地的价值,因地制宜进行合理的科学开发

只有深入理解"土地是财富之母"的含义,才有依托土地因地制宜进行大开发的理论基础与坚定信心。在解决"三农"问题中,不对土地本质进行深入探究,仅停留在问题表面,没有针对农村土地进行配套的制度设计和规范运作,那么农村土地就发挥不出市场中应有的价值。上林村领导班子认为,科学理解农地的价值,按照上林村独有的特点,因地制宜,坚持制度规范,用市场的杠杆撬动农业发展潜在的活力,是上林村土地合作社的基本理论依据。他们全面分析了自身所处的地理位置,以及发展存在的局限,寻找土地规模经营发展的优势,紧跟农地时代发展趋势的节拍,以土地股份合作社的形式,实现土地集中,并进行了公开招租,发展特色农业,走出了一条带领村民发家致富的康庄大道。

2. 主动融入区域发展大局,积极争取相关政策支持

上林村党委书记席月心强调,"四个百万亩,给上林这样的纯农业村,指明了发展方向,坚定了发展信心"。上林村领导班子认为,苏州统一规划给上林村带来了发展工业的困扰,但也为农业现代化规模经营带来了机遇,为土地的集中经营提供了政策支持。上林村由于太湖保护的需要,无法发展自己的工业,但是上林人没有怨天尤人,坐吃等要,而是站在上级政府区位统一规划的宏大蓝图下,找准自己发展的位置,寻找自身的造血功能点,使自身的发展与地区的发展形成同向合力。土地股份合作社的成立过程中,离不开上级政府部门的支持,很多部门如区农办、工商局等部门一起帮助上林村想办法,拿主意,使得上林村的发展不仅没有偏离自身发展经济的航向,而且全面夯实了后续发展的基础,扫清了进一步发展的障碍。在上级政府的支持与帮助下,上林村不仅在异地横泾工业园里发展了自己的三产物业经济,还在根据政府的规划,积极融入苏州太湖国家旅游度假区的打造中,开始了民居租赁合作社的创新性试点,并已取得了良好的开端。

3. 理顺村集体与市场的关系,依托经济杠杆确保农村全面发展的活力

在上林村土地股份合作社,最初入社的农民都可以拿到每亩一年600元的

承包金,还被张林元请在地里打工,每天工资几十元。合作社的蔬菜深加工项目,延长了收益链条,也增加了股民的经营收益。合作社依托环保、绿色、有机的客观条件,打响"桑林"品牌,租地经营者交纳的品牌使用费,也成为红利的来源。这就用实实在在的收入吸引着村民入社,用市场来说话,让村民做出抉择。随之而来的,是农村基层的管理工作开始发生变化。村领导班子认为,合作社不能和村委混为一体,合作社和农户是双向选择的市场关系,合作社不能对农民强征强夺,剥夺农民的经营权,村民也不能依靠村"两委"干预合作社的运营。例如,有农民看到合作社的好处后,有意将田地交给合作社去种水生蔬菜,来找村书记席月心,席月心耐心地解释,这不属于村里的事情,是合作社的事,要由董事会来决定。强调政归政,经归经,努力做到政经分开。这表明,一方面,合作社取得了营业执照和市场主体地位,一些经营方面的具体事务,依法村干部是不该管的,应该尊重农民的意愿,让农民自主地去发展。另一方面,村干部可以腾出精力做其他的事,比如,动员从土地上解脱出来的农民积极地去创业,向三产转移,不断创造更多的财富,齐心协力多路径奔小康。

【思考题】

　　1. 结合上林村土地股份合作社的情况,阐述土地股份合作社与市场企业主体之间的异同。

　　2. 结合当地情况,谈谈当地农村建立与发展土地股份合作社存在的障碍,下一步如何建设更科学。

案例二 香溪社区：社区股份合作打开村民增收新通道

一、背景

香溪社区位于吴中区木渎镇的中心地段，紧靠镇郊和灵岩山风景区，2003年由金星村与山塘、塔影、香溪三个镇区居委会合并而成，社区所辖面积1.8平方公里，现有总户数2003户，户籍人口5545人，党员201人。香溪社区的经济结构由以传统农业为主变为以二、三产业为主，以土地为主的集体资产形态变为以土地征用补偿形式的货币资产和房屋等不动产为主，以集体经营为主的集体收益变为厂房场所租赁和投资收益。2014年，社区固定资产达4亿元，完成税收1600万元，集体收入突破3000万元，社区的两个合作社社员人均分红2万元，社员户均分红达5万元。社区还应需成立了劳务合作社，解决就业困难群体的就业问题；社区投资建设了老年人日间照料中心，人性化的管理、优质的服务使之成为省级居家养老服务示范点。此外，在经济不断发展的基础上，香溪社区其他方面的福利也得到不断提高。时至今日，香溪社区已先后被授予"江苏省社会主义新农村建设先进村""江苏省民主法治示范社区""全国和谐示范区""江苏省充分就业社区"等多项荣誉。

城乡一体化，抑或新型城镇化，都面临资金从哪里来的问题，这也是困扰社区发展的首要障碍。香溪社区在市场经济的大潮中，紧紧抓住发展经济这条主线，探索尝试以股份合作为杠杆，依托集体固定资产，集聚社区剩余资本，多种途径来夯实经济实力，为社区各方面的发展奠定了坚实的财力基础。

二、主要做法

1. 明晰资产，确权分股，发展股份合作社

香溪社区的金星村在考察调研的基础上，2001年8月，将4295.44万元的村集体经营性净资产进行了产权明晰，折股量化分配给村民，成立了苏州首家农村社区股份合作社。其中8%的股份留为集体股，92%分配给村民，全体村民每人享受1股基本股，每股净资产值8.36万元。股份量化到户（人）后，每户发给股权证。为了拓宽农民增收渠道，金星村于2005年又发动村民现金入股，每股2万元，组建了富民置业股份合作社，合作社成人每人可入1股，未成年人算半股，每股封顶2万元，主要以风险较小、回报稳定的厂房出租等物业领域作为合作社投资的重点。截至目前,社区通过合作社投资资产近4亿元,已拥有尧峰工业园、横泾工业园、阳山工业园等厂房物业近17万平方米。此外,还投资新建了老字号石家饭店和婚礼中心以及香溪健身活动中心,建筑面积近1.5万平方米。

2. 不断完善运行管理制度,确保资产稳步增值

农村社区股份合作社是以原村级集体经营性净资产折股量化给集体经济组织成员形成的合作组织。这种合作社在明晰产权的基础上,参照现代合作企业的组织形式,建立以理事会和监事会为核心的合作社治理结构,权责明确,利益与风险共担,是现代企业制度的初级形式。充分尊重社区股份合作社的企业性质,才能更好地发展合作社经济。社区经济的发展离不开优秀的社区带头人,可经济的发展也不能等同于"村干部经济"。香溪社区通过制度设计,既充分发挥了领导班子发展经济的智慧,又确保了合作社在制度规范框架内运行。香溪社区股份合作社成立之前,就积极酝酿合作社规范,主动咨询相关专家,寻求上级指导,经过多方调研,充分论证,细致推敲,制定了苏州乃至江苏第一部农民合作社章程《金星村股份合作社章程》。章程的制定,民主公开,阳光透明,金星村严格按章办事,确保社员代表大会、董事会、监事会运行的规范性。在社区股份合作社管理经验基础上,通过村民现金入股成立的富民置业股份合作社管理更加规范,合作社重大事项都必须经由股民代表大会讨论决定。通过"三会"组织与"三会"制度,利用村务公开、民主理财,达到了"民办、民管、民受益"的目标。此外,村集体的股份合作经济主动对接市内"三资"监管与产权流转交易信息化平台,将村务资产置于政府的有效监管网之中,降低村级资本运作中的各种人为风险。

3. 开拓空间,异地发展

随着新型城镇化的推进,作为城郊社区,失地在所难免,但香溪人明白失地并不是停止发展脚步的理由。社区通过增加资产和资本性收入使农民逐步摆脱对农地和农业的依赖,为农民"持股进城、按股分红"创造了条件,为农民市民化、收入多元化、城乡一体化奠定了基础。如果目光仅仅局限在眼前,持续发展便无从谈起。通过向社区居民募股的方式,集聚社区闲散资本,将发展眼光投放在外,坚持异地发展,是香溪社区一以贯之的重要发展路径。从金星村社区外异地置换的70亩土地建设尧峰工业园开始,到主动收购横泾工业园90亩土地建设标准厂房,再到收购阳山工业园120亩土地建设厂房出租,无不展示了香溪人放宽视野、主动出击、异地发展的智慧与魄力。

4. 抱团联合,增强盈利与抗风险能力

家庭有调动积极性的优势,但在市场经济集团化发展的今天,家庭抗风险

能力弱的弊端迅速凸显出来。抱团发展的市场专业化运营管理成为应对市场波动、增强盈利与抗风险能力的重要途径。香溪社区带头人深入研讨了市场经济发展的规律,认识到抱团发展的客观需求,主动带领社区以股份形式进行集体抱团,成立与发展了两大合作社。事实证明,这一举措不仅实现了集体资产的保值增值,同时也更好地充实了百姓的腰包。随着市场形势的变化,香溪社区股份合作社与其他社区合作社主动抱团,继续以股份制形式共同投资成立了涉及地产、商业等项目的木渎集团。这个典型的社区股份联合集团,运用现代企业管理制度,聘请专业人士进行科学管理,实现合作社资产增值保值,并在努力实现上市,预计2016年利润超过5亿元。

三、经验与启示

1. 紧跟政策指导,进行科学规划

香溪社区金星村是苏州市及吴中区政府在农村社区股份合作制改革中的试点村,政府给予了政策支持和实践的必要引导。社区抓住试点机遇,积极跟随吴中区的整体布局,寻找自身定位。通过赴浙江等地深入调研,按照科学的现代企业管理理念,将股份合作的资源配置方式引入村级经济发展中来,提升集体资产的增值能力,顺利成立并发展了金星村社区股份合作社。在吴中区产业转型"退二进三"等政策引导下,社区收购两幅厂房地块,进行标准厂房的更新换代,提升了资产投资质量。在苏州市鼓励打破行业和地域限制,扩大联合、抱团发展的精神指引下,香溪社区紧跟木渎镇政府的政策引导,趋优避弱,积极进行抱团发展,在木渎镇政府的统一部署下,积极投资木渎集团,在实现资产保值的基础上,落实着"三年翻一番,六年翻两番"的目标。

2. 强村惠民,增强吸引力

如何实现集体与家庭共同增收的良好结合,打造家庭与集体共赢的和谐发展局面,始终是困扰乡村及社区发展的问题。香溪社区通过股份合作使这一期望变为了现实,股份合作社成为实现共同富裕的重要载体。明晰产权,积极进行确权确股,为股份合作奠定了基础;不断增加的资本,既壮大了集体经济的体量,又为社区的发展提供了厚实的财力;92%的居民股份,使居民获得了丰厚的分红回报,分红收入占家庭收入的比重在不断提升,大大增强了合作社的吸引力。同时,社区采用"借鸡生蛋"的方式,为困难家庭通过银行进行贷款入股,使贫困户也加入到富民置业合作中来享受分红,大大增强了社区的凝聚力与向心力,将共同富裕事业又向前推进了一大步。

3. 创新求变,敢为人先

尝试蕴含着机遇,但也意味着风险。香溪社区在深入理解公有制实现形式多样化的基础上,进行外地考察,详细调研,探索性地创立了社区股份合作社,这不仅是苏州市的第一个试点,而且在省内都是村级经济的首次创新。在社区股份合作社运行良好、收益稳定、股份合作经验积累的基础上,继续用股份合作的形式探索成立了富民置业合作社,在资本股份化、股份市场化的道路上不断前行,走上了"家家有资本,人人有股份,年年有分红"的新的共同富裕之路。为解决辖区内"四五六"居民(20世纪40年代、50年代、60年代出生的居民)的就业问题,香溪社区成立劳务合作社,用社区合作的力量,优先解决这一群体的失业问题,这既增加了社员收入,又维护了社区的稳定,实现了多方共赢。

【思考题】

1. 结合金星村(香溪社区)社区股份合作社建立与发展的现状,谈谈如何建立社区资本"年年有增长,人人有分红"的长效机制。

2. 结合当地情况,论述社区股份合作社在今后的发展道路上有哪些需要注意的问题,如何克服。

案例三 古尚锦：专业合作社延伸产业发展链条

一、背景

古尚锦地处东山镇莫厘山麓背侧，濒临太湖，周围山清水秀，是原产洞庭山碧螺春茶的主要产区之一。古尚锦每年都是新茶最早上市的地方，也是吴中区最早的茶叶专业合作社的诞生地。古尚锦碧螺春茶叶股份合作社成立于2005年4月，由571个基地农户以每亩1000元的土地折价入股而成。合作社拥有绿色食品茶基地1000亩，加工厂房500平方米，年产量2000多公斤。"古尚锦"牌碧螺春茶积累了大量茶友粉丝，占据了高档碧螺春茶的主要市场，产品供不应求，近年来茶叶价格以每年提高30%的速度递增。合作社全面打造了以茶文化为中心、三产全面发展的经济发展模式，取得了良好的经济和社会效益。

2004年，合作社前身的古尚锦经济合作社被授予"苏州十佳农村新型合作经济组织"称号；2005年，茶坊生产的"古尚锦"牌洞庭碧螺春获绿色食品使用证书和江苏省名牌产品称号。2009年，"洞庭山碧螺春"地理标志证明商标被国家工商总局认定为中国驰名商标，合作社茶叶基地被授予碧螺春茶原产地域产品保护"十大生产基地"及"十大品牌企业"之一，通过了国家食品质量安全认证，在第七届"中茶杯"全国名优茶评比中荣获一等奖。古尚锦茶叶合作社所在的合作联社是全国工商系统第一次颁发给农民专业合作联社执照的企业。

二、做法与成效

1. 加强茶叶源头基地管理，提供高品质茶品

古尚锦始终重视茶叶品质的打造，较早地关注日本严苛的农产品进口"肯定列表制度"，将针对茶叶新增的近200余项检测项目作为自身产品要求的重要尺度，减少农业化学品的使用，走综合防治之路。针对农药残留问题，从生产基地先入手，合作社采取多种措施打造生态茶园，推进绿色茶叶发展。茶园精耕细作，重施腐熟农家有机肥。针对虫害、水土流失、农资等问题，古尚锦采用了"五方面"管理法，取得了良好的效果，茶品抽检完全达标。

2. 依托政府规划，延长合作社的产业链条

随着吴中区统一对东山及太湖的生态保护、旅游休闲的定位，古尚锦村也进行了产业全面发展的新布局。比如：东山环山公路的开通，带来了大规模的休闲度假的客流量,利用环山公路开通之机,创办农家乐饭店,并按规划配以民宿,确保做好旅游配套项目,将游客留在村内消费。建设了古尚锦茶坊,放慢游客休闲的脚步,在双休节假日,农家乐饭店、民宿都需要提前预约。枇杷、杨梅采摘时节,更是客流量剧增。休闲游客吃喝玩乐放松之后,再带上原产古尚锦碧螺春回家馈赠亲友成为一种常态。古尚锦村发展茶叶延伸的休闲观光旅游业,形成了集采茶、品茶、餐饮、住宿、垂钓为一体的旅游产业。

3. 加强合作社的产销管理,做优古尚锦茶叶品牌

古尚锦合作社严格执行农产品质量安全制度,按照"六统一",即统一采摘、统一挑拣、统一炒制、统一包装、统一宣传、统一销售的基本规定,进行茶叶产销的全程管理,形成茶叶"生产+加工+销售"一体化的产业链条。合作社集中管理,做到肥料、农药统一采购、发放、使用,生产规程统一执行,耕作制度统一实施,鲜叶统一采摘、交售。合作社通过与基地茶农签订管理收购合同,发放生产卡,加强管理,重视质量控制,建立生产档案。合作社挑选二十几个炒茶能手负责炒茶,引进了齐全的检测及化验设备,对每道加工工序进行严格把关,产品合格后方可销售。在市场的激烈竞争中,合作社聘请了专业的设计师,根据产品特点、企业文化设计属于自己的包装。每年生产的洞庭山碧螺春茶在苏州、上海等城市深受客户喜爱,产品供不应求。

4. 抱团发展,成立合作联社

2008年,苏州洞庭东山碧螺春茶叶专业合作联社第一会议召开,标志着碧螺春茶产业组织化上了一个新台阶。苏州洞庭东山碧螺春茶叶专业合作联社由17家碧螺春茶叶专业合作社成员单位组成,制定了《洞庭山碧螺春行业自律公约》。合作联社的成立目标是进一步做大做强做优碧螺春茶产业,提升洞庭碧螺春茶的知名度和影响力,推进碧螺春茶叶产业发展。古尚锦茶叶合作社作为联社成员,充分利用这一机遇,积极融入这一发展趋势中,找准自己的角色,依托联社的功能,更好地理顺了与其他兄弟社之间的关系,减少了采购成本,提高了技术水平,并采用了统一的经营模式,即"统一确定品牌、统一宣传策划、统一质量标准、统一销售窗口、统一指导服务、统一开发三产"。其中,合作联社联合全区碧螺春茶叶专业合作社,形成整体合力驱假冒,实施了洞庭山碧螺春全区统一包装,推行"母子商标"管理("洞庭山碧螺春"为母商标,各企业自有注册商标为子商标),从而明显区别于国内其他产区的茶叶包装,使钟爱洞庭山碧螺春茶的广大消费者容易识别。这一举措提高了茶叶相关产业的经济效益、社会效益,进一步促进农业增效,农民增收。目前,合作联社为进一步加强"洞庭山碧螺春"中国驰名商标品牌建设力度,筹划建立洞庭山碧螺春茶叶大型股份制集团,争取整体上市流通,古尚锦也在不断地向这一目标继续努力。

5. 充分利用政府搭台机遇，加大品牌宣传

古尚锦紧跟吴中区传统碧螺春茶叶品牌的打造步伐，加强"古尚锦"这一品牌的宣传。全国茶叶标准化技术委员会碧螺春茶工作组（SAC/TC339/WG3）成功落户吴中区，中国茶叶学会授予吴中区"中国名茶之乡"的荣誉，中国茶叶流通协会授予吴中区"全国重点产茶县"称号。吴中区还设立了江苏省首家茶叶博士工作站，建设了江南茶文化博物馆。2002年以来，吴中以茶为媒，以节造势，先后通过举办炒茶能手擂台赛、"碧螺姑娘"评选、碧螺春茶拍卖会和中国苏州洞庭山碧螺春茶文化旅游节等活动，推动茶经济与旅游产业联动发展。吴中区政府搭台，联合央视《同一首歌》举办"走进苏州吴中·相约碧螺春之乡"晚会，进一步将太湖洞庭山碧螺春茶推向海内外。古尚锦茶叶合作社积极参加碧螺春北京推介会及洞庭山碧螺春茶产业发展论坛、中国名茶发展高层研讨会、两次洞庭山碧螺春茶产销对接会，进行品牌推介，多角度、深层次地宣传"古尚锦"这一品牌。

三、经验与启示

1. 挖掘乡村能人，选好发展"车头"

费东福作为合作社的董事长，也是古尚锦村的原支部副书记，更是茶叶生产管理的技术人才，对村内情况了如指掌，加上多年"村官"的威望，为合作社的顺利建立和发展奠定了良好的权威和信任基础。所以，鉴于乡村社区熟人社会的运行逻辑和规则，当地当村的能人，往往能够培养成为专业合作社自然的带头人。

2. 因时因地因势制宜，选择合适的运营管理模式

目前，按合作组建方式，茶叶合作社大体分四种："自产自销小农户组成合作社""公司+农户+流通""龙头企业+合作社+基地+农户"以及"茶叶合作联社"。古尚锦茶叶专业合作社，是以土地入股的方式凝聚茶农，以"合作社+基地+农户"的模式铺开运作的。以股份的形式确保合作社和茶农利益的息息相关，两次分红大大提高了茶农的积极性，使之凝聚为一个利益共同体。合作社通过基地的形式，与合作联社进行进一步对接，确保了合作社的利益最大化。

3. 紧跟政府规划导向，同向而行

农业作为弱质产业，离不开政府的帮扶支持，这在各国已成共识。在中国，政府始终是村级经济发展的风向标，专业合作社的发展需要政府的政策倾斜与帮助扶持。政府在区域宏观规划时，会统筹考虑相关利益区域组织的自身诉求，以确保乡村合作社的发展肌理与政府规划发展相吻合，以使合作社的发展更具方向性，减少不必要的资源损耗。作为专业合作社，务必理解农业发展趋

势的必然性,做到政社联动,同向而行。

4. 谋划长远发展,坚持品牌维护

品牌是产品的生命,质量是品牌的核心。合作社创办的自有品牌,不仅需要合作社经营管理者的关注与维护,更需要相应的可行性制度对庞大的农户生产进行管控,从源头到销售环节,都要高度重视,以确保品牌的影响力。古尚锦茶叶专业合作社不仅在成立之初就把品牌建设放在重要位置,茶叶合作联社也对品牌建设与营销做了大量功课。如果品牌没有合适的制度进行监惩,破坏品牌形象的代价太低,那么品牌的问题最终会传导到销售上,必然影响到合作社的经济效益甚至成败。

【思考题】

1. 通过古尚锦茶叶专业合作社的案例,谈谈在全面建成小康社会的道路上,专业合作社发挥出了什么作用。

2. 结合自己的思考,谈谈如果专业合作社进一步发展为上市公司,需要做好哪些准备。

第十二章 "四化同步"促进现代农业发展

概 述

一、背景

党的十八大报告提出的"坚持走中国特色新型工业化、信息化、城镇化、农业现代化"的发展道路以此促进"四化同步"的战略部署,为苏州新时期的经济社会发展和"三农"工作指明了方向。尽管是全国经济最为发达的地级市之一,苏州的农业现代化仍是"四化同步"建设的短板,制约着苏州全面率先实现现代化的战略布局。按照中央部署,以"四化同步"为纲领,促进现代农业的发展,突出"三农"工作的重中之重地位,是"四化同步"发展的重要基础和必然要求,也是符合苏州经济社会发展实际的正确选择,对促进苏州现代农业发展,率先基本实现现代化具有深远意义。

近年来,苏州坚持以科学发展观为指导,以城乡一体化发展为统领,认真贯彻中央和省一系列现代农业发展的决策和部署,把现代农业作为一项基础产业、生命产业和不可替代产业,大力推进农业科技自主创新和农业信息化,积极转变农业发展模式,大力推进现代农业园区建设和"四个百万亩"的贯彻落实,加快提升农业集约经营、规模经营水平,在工业化、信息化、城镇化快速发展的同时,同步推进农业现代化发展,取得了较大成就。

经济新常态下,苏州按照习近平总书记视察江苏时提出的"经济强、百姓富、环境美、社会文明程度高"的农村发展目标,遵循十八届五中全会会议公报提出的"大力推进农业现代化,加快转变农业发展方式,走产出高效、产品安全、资源节约、环境友好的农业现代化道路"的战略要求,积极探索,敢闯敢试,成功走出一条具有苏州特色的现代化农业发展的道路。

二、做法与经验

苏州市根据自身发展实际,认真贯彻中央和省、市关于"三农"工作的决策与部署,以科学发展观为指导,以城乡一体化发展为统领,"四化同步"推动现代农业发展,按照生态、生产、生活、生物"四生"功能目标定位,加快落实"四个百万亩"布局规划,推动农业现代园区建设,不断优化农业产业结构,转变发展方式,创新体制机制,现代农业呈现出破题式加快发展的良好局面。主要做法与经验如下:

1. 构筑农业空间新布局

一是优化农业空间布局。优化空间布局规划是现代农业发展的重要前提,近年来,苏州市着力于优化现代农业发展的空间布局,紧紧围绕"四规融合"的规划要求,统筹兼顾农田、村庄、水系、道路等各项要素,科学确定重点村、特色村、农业园区,划定永久保护农田,使田园风光和江南水乡特色更加鲜明。

二是推进"四个百万亩"。在"四个百万亩"落地上图的基础上,进一步优化提升"四个百万亩"发展质量,制定长效保护措施,建立优化调整机制,实现占补平衡,并确保总面积不少于410万亩。2014年出台《关于进一步优化提升"四个百万亩"推进生态文明建设的意见》,并在全省全国率先启动实施了"四个百万亩"生态补偿办法,为主导产业的发展提供了强有力保障。

三是加强片区合理规划。强化片区规划理念,编制农业产业布局规划,优化农业空间布局,加强农田综合整治,开展占用耕地耕作层剥离再利用,形成集中连片、适度规模的空间布局。加快现代农业园区建设,进一步提升国家级、省级现代农业园区水平,持续开展市级园区认定工作,拓展园区发展内涵,提升园区建设水平,形成一批基础设施配套、功能完善、要素齐全、合作开放的现代农业园区。

2. 构建农业产业新体系

一是推进三产融合发展。苏州市充分挖掘各地资源禀赋和比较优势,积极推进农业结构调整优化,着力打造以优质水稻、特色水产、高效园艺、生态林地和规模畜禽为主导的农业产业体系,推进一、二、三产业融合发展,注重农产品精深加工,延伸农业产业链,提高农业附加值,大力推动农业产业化。

二是注重品牌营销塑造。深度挖掘传统品牌优势,注重品种品质品牌联动,加快无公害农产品、绿色有机食品和地理标志产品的认证,大力培育一批品牌响、市场占有率高的"苏字号"精品特色农业品牌,如碧螺春茶叶、田娘品牌大米等,大力推动农产品品牌化。

三是创新产品营销模式。创新产销对接模式,支持供销合作社、物流、商贸等企业参与电子商务平台建设,推动物联网、互联网金融与实物营销相结合,引导支持网上销售,鼓励连锁专卖、配送直供、农超对接。完善农产品市场体系建设,加快建设苏州市现代农产品物流园。结合农村旅游,制定全市生态休闲农业产业发展规划,培育一批特色景观旅游镇村、休闲观光农业景点、魅力乡村,打造一批乡村旅游精品线路,推动农旅融合发展。

3. 培育农业经营新主体

一是创新农业经营模式,规模化集中。引导土地承包经营权向土地股份合作社等集体经济组织有序流转,积极发展多种形式的适度规模经营,大力培育以合作社、家庭农场现代农业园区为主的新型经营主体,着力构建合作社、家庭农场、专业大户、农业龙头企业等主体多元并存,集约化、专业化、组织化、社会化相结合的新型农业经营体系。发展壮大专业合作社,规范管理运行,完善利益分配机制,提升质量和水平。积极引导专业大户逐步向家庭农场转型,组织开展示范性家庭农场认定,使家庭农场成为发展现代农业的有生力量。引导工商资本特别是农业龙头企业发展适合企业化经营的现代种养业、农产品加工流通业和农业社会化服务,向农业输入现代生产要素和经营模式。

二是培育农业经营主体,职业化发展。加大职业农民培育力度,建立职业农民学习资助、创业扶持、社会保险等政策机制,通过全日制学历教育、在职继续教育、短中期集中培训等形式,初步建成年龄结构合理、专业层次分明、技能领先实用的新型职业农民队伍,实现"让农业经营有效益,让农业成为有奔头的产业,让农民成为体面的职业"。苏州市提出,把新型职业农民培养纳入实用人才培养计划,通过委托培养、技能培训、创贷贴息、流转补贴、社保补助等激励措施,吸引更多年轻人从事农业生产,每年培养本地户籍农业院校毕业生500名以上,培训现有农业从业人员1000名以上。

4. 提升科技装备新水平

生产工具作为生产力中最活跃的因素,反映在现代农业的发展方面即为科技装备水平的提升。近年来,农业生产条件和生产技术的现代化,为农业发展提供了物质保障和技术支撑。制定高标准农田建设规划,加快农业基础设施改造提升及粮食基地和"菜篮子"基地建设,发展设施蔬菜、设施渔业和生猪规模养殖等高效设施农业。巩固提高粮食生产机械化水平,加快装备蔬菜、果品等园艺业的特色农机,2015年综合农机化率达到88.3%。突出科技强农,加大农业种质资源的保护和开发力度,开展生物农业、种源农业、设施农业、生态农业、农产品精深加工技术等重点领域的技术攻关,加快科技成果转化应用,逐步建成农业产业技术体系,2015年农业科技进步贡献率达到68%。

实施农业信息化"三年行动计划",建设一批农业物联网示范基地,建成市、市(区)两级综合服务平台,开发农产品质量监管、产销对接等信息化专业系统,不断提高农业的智能化生产、现代化管理、科学化决策水平。大力推广农业标准化生产和清洁生产,重视农田土壤污染防治,强化农产品质量安全监管,把好产地准出和市场准入两道关口,切实为群众打造"舌尖上的安全和美味"。

5. 构建强农惠农政策体系

为发挥惠农政策的支持引导作用,苏州市先后制定出台了《关于进一步加快发展现代农业的意见》《关于建立生态补偿机制的意见(试行)》以及深化农村改革、推进城乡一体化改革发展等一系列政策文件。

一是强化投入政策。市级财政曾连续4年安排3000万元专项资金用于现代农业园区建设,每年安排4000万元农村绿化资金(2010年各级农村绿化投入资金高达40亿元),引进各类民营资本、外资近50亿元。

二是强化补贴政策。积极落实国家粮食直补、农资增支综合补贴、良种补贴、农机购置补贴等惠农政策,出台了市级稻麦良种购种补贴、稻谷收购价外补贴、土地流转补贴等支农措施。在全国率先建立农村生态补偿机制,对规模水稻田、生态公益林、水源地和重要生态湿地等,各级财政给予补偿。

三是强化金融政策。农业保险累计承保风险60余亿元,农业担保累计担保贷款67亿元,建立农村小额贷款公司47家,累计发放贷款已超过100余亿元。同时,全市注重市场运作,苏州和太仓、张家港、吴中等都成立了现代农业投资公司,开展投融资等创新服务。

三、存在的问题

当前苏州现代农业的发展正处于深化改革的攻坚期,发展中不平衡、不协调、不可持续的问题仍十分突出,科技创新能力不强,发展方式粗放,城乡区域发展差距仍然较大,农业仍然处于弱势地位。主要表现在以下几个方面:

1. 品质农业发展还未有效突破

农业仍是弱势产业和边缘产业,精致发展和高端发展尚缺乏领军人才,生物农业、创意农业、智能农业、农业产业化等相对于其他农业发达地区而言才刚刚开始起步,农业发展机制创新较好但预期产生效果一般。地方优质种质资源的保护与开发力度不强,拥有自主知识产权的新品种新技术不多,地方特色农产品的优势发挥还不够。科技型、创新型市场主体还比较缺乏,目前苏州还没有一家农业类上市公司,驰名全国的农业品牌数目也不多。

2. 农业经营者素质急需大幅提高

随着苏州市工业化、城市化的不断推进,高素质的农村劳动力大量转移到二、三产业,造成农业从业人员逐年递减,农村留守劳动力素质偏低,现代农业发展受到农户兼业化、劳动者素质低、劳动年龄偏大和现代农业人才缺乏等方面的限制。据统计,苏州市农业从业人员从2000年的53.01万人,减少至2010年的17.24万人,再到2013年的14.7万人,年均递减率为9.4%,而且在这些从业人员当中,外来人口多,年龄偏大,文化较低,观念老化,接受新事物、新技术、新知识的能力不高,造成农业资源配置效率下降,对农业生产及其现代化进程形成根本制约。

3. 主要农产品有效供给压力增大

苏州城市化水平较高,人增地减的趋势不可避免,农产品自给率水平不断下降。苏州是曾经的江南"鱼米之乡",然而目前苏州市口粮自给水平仅在三分之一左右,生猪自给水平不足四分之一,叶菜类蔬菜自给水平三分之二左右。同时,市场业态尚处于初级阶段,信息、物流建设相对比较滞后,农产品还主要依靠市场自主流通,来源不稳,价格波动大,保供应、稳物价的压力越来越大。

4. 农业设施装备水平还不平衡

农田基础设施比较陈旧,高标准农田占68.5%,上升空间压力增大,标准化池塘改造任务也十分艰巨。农机装备水平还有待提高,农作物施肥、蔬菜等园艺作物机械化水平较低。同时,随着城市化和工业化的快速推进,农业可利用耕地面积逐渐减少,耕地资源保护和农业农村环境压力依然较大。

四、展望

在当前新型城镇化快速推进的大背景下,同步推进农业现代化,苏州要围绕农业农村发展面临的新挑战,针对深层次矛盾和问题,通过深化农村改革,进一步构建有利于保障农业农村持续稳定发展、保障农民收入持续较快增长和实现农民各项权益等方面的体制机制,最终实现"四化同步",协同共进。

1. 构建农业设施投入机制,增强综合生产能力

总体而言,苏州农业生产具有较高的基础设施和技术装备水平,但对照其经济发展水平所处阶段,农业基础设施建设仍然相对滞后。这就需要苏州发挥经济基础好、财政实力强的优势,率先探索构建财政资金主导、社会资本参加、农民主要参与的多元化农业基础建设投入新机制。重点加强粮食规模经营的农田基础设施及农业科技、生态修复和地力恢复、仓储、烘干等农业公共服务设施建设,从根本上提高土地产出率和可持续发展能力,同时要进一步优化高效设施农业规划,因地制宜,体现特色。在布局上,体现区域性,形成区域性的产业特点和优势,实施错位竞争,实现"一村一品""一镇一业"产业格局。在成效上,鼓励村级经济组织投资发展设施农业,鼓励农民承包经营大棚等设施生产,不断提高设施农业产出水平,使设施农业成为富民强村的新的重要途径。

2. 构建农业生产要素优化机制,提高规模水平

苏州市场经济发达,土地、劳动力市场相对较为完善,但是农业生产要素流动性不强、人地不匹配等深层次问题依然存在,需要进一步完善要素市场,优化农业生产要素配置。一方面要完善土地流转机制。进一步引导土地向专业大户、家庭农场、现代农业园区和农民合作社集中,促进人地匹配,通过规模经营提高经营效率。同时制定政策,限制工商资本大面积进入大田生产环节,防止耕地非农化、非粮化,防止工商资本与农民争地争利,保障基本农田和粮食安全。另一方面要促进农村产权市场化交易。加快农村产权流转交易市场建设,逐步扩大交易品种,规范交易管理,引导各种要素和权益在公开市场上转让,通过市场化的价格形成机制和流转机制,盘活农村集体资产和农民手中的资产。

3. 构建农业金融发展新机制,缓解资金困境

农村金融是现代农业经济的核心,是缓解三农发展资金瓶颈的关键抓手。苏州市需要进一步发挥好和运用好十八届三中全会赋予的土地承包经营权、住房财产权、集体资产股权抵押担保权能的政策优势,激活土地的资本属性,抓住促进农业农村金融发展的重大机遇。苏州要积极争取开展试点,率先探索农村土地、农民股份、农民住房抵押担保权能和权益的落实措施和具体办法,解决农民贷款有效抵押物不足的问题,缓解农民贷款难矛盾。鼓励引导金融机构创新农业金融产品,开发针对专业大户、合作社等新型经营主体的产品和服务。同时要加快农村金融基础服务建设。培育和壮大农业担保公司,建立多层次、多形式的担保机构,鼓励民间资本或有条件的企业投资,建立联保、互保性质的担保机构,在政策上给予积极扶持。大力发展农村保险,实现强农惠农财政投入的放大效应,不断开发推广农村保险产品,充分挖掘农村保险市场潜力,探索建立"信贷+保险"这一农村金融服务新模式。

4. 构建农业信息平台,提高农业信息化水平

充分运用"互联网+"的时代信息发展优势,进一步加快智慧农业的建设与提升,大力推进农业的生产智能化、产品营销网络化、农业管理精准化、三农服务高效化、发展决策科学化,强化政府引导与市场运作有机结合,重点培育与整体提升统筹考虑,将信息化要素注入农业产业的各个环节,加快信息技术在农业生产经营和管理服务中的应用,逐步构建一个与苏州经济社会相适应、与现代农业相协调的农业信息化发展体系。同时要加强农业基础数据的搜集与整理,大力开展基础数据、专业数据的整合,加快构建耕地、林地、养殖水面数量、质量、权属等空间地理基础信息数据体系,强化农业行业发展和监管信息资源的采集、整理及开发利用,不断健全农业信息资源建设体系,丰富信息资源内容,形成现代农业大数据,为农业信息化的深度开发和应用奠定基础。

案例一 基础农业:"四个百万亩"规划与建设

一、背景

处于后工业化时期的苏州,工业化、城镇化的速度日益加快,各类生产要素加快向优势行业、优势产业、优势区域集聚,农业赖以发展的土地、人才、资金等生产要素加速向二、三产业转移,"非农化"趋势日益明显。苏州是曾经的"鱼米之乡",历史上水稻田曾达500万亩以上,但是在工业化、城市化推进的同时,却是将近300万亩耕地的消失。据统计,2001—2004年,全市耕地减少71万亩;2005—2008年,减少38万亩;最近四年下降幅度减小了,但绝对数量仍较大,平均每年减少耕地9.5万亩。2010年年初,苏州人均耕地0.58亩,远低于全省0.94亩、全国1.4亩水平,也低于联合国粮农组织规定的0.79亩的最低警戒线。在此背景下,苏州市委、市政府于2006年组织编制了以百万亩优质水稻、百万亩特色水产、百万亩高效园艺、百万亩生态林地为主要内容的"四个百万亩"农业产业布局规划,不仅为发展现代农业提供重要支撑,更要守住生态安全的防线。

2012年年底,苏州市政府印发《关于进一步保护和发展农业"四个百万亩"的实施意见》,明确了"四个百万亩"的具体目标:优质水稻110.56万亩,特色水产100万亩,高效园艺100万亩(其中蔬菜面积50万亩),生态林地100万亩,总面积不低于410.56万亩,力争用2到3年的时间,取得阶段性成果。

2013年1月,苏州市第十五届人民代表大会第二次会议审议了苏州市人大常委会《关于提请审议〈关于有效保护"四个百万亩",进一步提升苏州生态文明建设水平的决定(草案)〉的议案》,就"四个百万亩"的总体要求、目标措施进行了明确规定,奠定了"四个百万亩"建设的法律基础。

二、主要做法

为了守住苏州耕地的"安全红线",保障农村、农业现代化发展的空间和"鱼米之乡"特有的风情、文化,苏州制定了"四个百万亩"的战略部署,相关职能部门制定和实施了具体举措,确保"四个百万亩"落到实处。

1. 统一思想,树立保护"四个百万亩"共识

"四个百万亩"作为苏州战略性的生态资源,是生态安全的重要防线。苏州把"四个百万亩"作为落实"四化同步发展"的重大战略,出台了《保护和发展"四个百万亩"的实施意见》,成立领导小组,明确了市政府各部门和各县级市(区)、镇(街道)、村的职责,并层层落实任务;建立健全了各相关部门的协调机制,形成了推动工作的合力,使各相关部门从"不自觉"到"自觉"、从"一般做到"到"高度重视",为推进"四个百万亩"提供了有力保障。

2. 明确任务,确定"四个百万亩"具体目标

一是以规模为重点,进一步提高"百万亩优质水稻"生产能力。加快土地流转,组建土地股份合作、粮食专业合作等经济组织,建设一批连片百亩、千亩、万亩以上的水稻生产基地,推动规模生产,提高规模效益,加快实现粮食生产经营规模化。实施"百万亩优质水稻"保障工程,进一步完善水稻田生态补偿办法,对列入土地利用总体规划的水稻田予以生态补偿。

二是以标准为重点,进一步推进"百万亩特色水产"品牌建设。加快推进沿江特色产业带、沿湖蟹产业区、沿城生态休闲渔业圈的渔业"一带、一区、一圈"建设。围绕建设高效设施渔业,实施"标准化池塘改造"工程,力争每年改造池埂整齐、灌排配套、设施先进、环境优美的标准化池塘5万亩。对连片改造100亩以上的,由各市(区)制定补贴办法,市级财政对区进行适当补贴,对各市实行以奖代补措施。大力发展渔业合作经济组织,壮大龙头企业实力,培育一批养殖规模大、加工能力强、市场知名度高、老百姓口碑好的名品和精品水产品。

三是以设施化为重点,进一步提升"百万亩高效园艺"综合效益。大力实施新一轮"菜篮子"工程建设,进一步加大张家港、常熟、太仓等沿江蔬菜产业带建设,努力扩大昆山、吴江等菜地规模,重点发展一批近郊蔬菜基地,新建扩建一批蔬菜标准示范园区,优化品种结构,加大育苗等新品培育开发,不断提高蔬菜直供能力。积极发展设施园艺,推广运用各类设施大棚、机械栽培、自动浇灌、智能管理等现代化设施,有效提高产量和产值。

四是以生态化为重点,进一步发挥"百万亩生态林地"美化功能。深入开展植树造林,突出抓好河湖林网、绿色通道、生态片林、村镇绿化等建设,有效增加森林资源总量,逐步形成环湖环城、沿江沿路、镇村田园绿化有机结合的现代林业体系。扎实推进中幼林抚育,优化林种、树种结构,优化植物配置,丰富林相变化,统筹提升森林资源总量、林业结构布局、绿化质量水平,有效推进林地资源化,提升林业生态价值。

五是以现代化为重点,进一步推动"四个百万亩"融合发展。着力构建现代农业发展体系,改造提升农业基础设施,不断提升高标准农田和农业机械化水平。创新土地经营模式,加快合作化发展,推进农业适度规模经营。大力发展现代农业园区,集聚科技、资金、人才等资源优势,着力建成一批规模大、带动能力强、综合效益高的现代农业园区,巩固已建成的各级现代农业园区。突出科技引领,推进农、科、教相结合,发展农业信息化,不断提高农业科技贡献率。

3. 严格执行,保证"四个百万亩"贯彻落实

在市政府的主导下,苏州调研修订了经济社会发展规划、土地利用总体规划、城乡规划和生态保护规划,促进"四规"融合,以此保障"四个百万亩"在城乡布局、耕地保护、产业空间布局上的一致性和协调性。认真编制和实施"四个百万亩"专项保护规划,确定保护和发展"四个百万亩"总面积410万亩,按照区域人口、资源存量等因素,逐级分解任务,逐块踏田核实,将指标全部分解落实到了镇、村和具体田块。

通过制订下发《苏州市"四个百万亩"落地上图实施方案》,开发信息化管理软件,绘制了纸质图,全市先后开展落地上图培训150多批次,4000多名农技人员、镇村干部逐块踏田采集数据,先后完成底图描绘、数据采集、数据录入、数据核查和综合分析工作。2013年年底就全面完成了落地上图任务,全市"四个百万亩"落地上图面积达到413.09万亩,完成率100.62%(其中优质水稻112.18万亩,特色水产103.05万亩,高效园艺96.90万亩,生态林地100.97万亩),特别是落实难度较大的百万亩优质水稻,超额完成了预定落地上图面积。

4. 突出重点,确保"四个百万亩"落地质量

在保护重点上,做到两个"确保"、两个"优先":确保"四个百万亩"规划落实总面积超过410万亩,确保永久性保护水稻面积110万亩以上;优先发挥"四个百万亩"生态作用,优先保护优质水稻面积和生态林地面积。在计算口径上,坚持做到"四不",即不交叉、不重复、不打折扣、不留缺口,明确"四个百万亩"不占用允许建设区、有条件建设区等规划区域,既确保总面积落实到位,又为发展留出空间。全市统一标准,统一口径,点面结合,典型引路,先后将太仓市双凤镇、相城区新巷村等作为试点,及时积累经验,向全市推广。各级农业、国土、规划等部门既各司其职、分工负责,又协调配合、步调一致,联合各镇、村共同推进"四个百万亩"落地上图等工作。

5. 创新机制,构建"四个百万亩"政策体系框架

制定出台了"四个百万亩"生态补偿办法,对列入"四个百万亩"保护种植的水稻田每年每亩统一补贴400元,县级以上生态公益林每年每亩补贴150元,水源地和重要生态湿地村补偿60万~140万元/村。2014年4月,《苏州市生态补偿条例》经过市人大常委会审议通过,并经省人大批准后于10月1日起实施,通过财政转移支付,让"保护生态的人不吃亏"。在落实国家强农惠农政策的基础上,加大市级财政保障力度,市级财政每年安排5000万元用于现代农业园区建设,4000万元用于农村生态绿化,先后实施市、县两级稻麦良种购种补贴(水稻补 10 元/亩、小麦补 15~20 元/亩)、粮食收购价外补贴(稻谷、小麦补贴 0.1 元/斤)、土地流转补贴、开展农药集中配送,同时加大对高标准农田建设、鱼池改造、农机购置、设施农业建设、农业科技创新等方面的资金投入和政策扶持。

6. 转变方式,提升"四个百万亩"发展水平

一是加快发展现代农业园区。积极推进规模化、园区化、合作化发展模式,打破村、镇行政界限,按照规划,2015 年农业园区总面积超过 120 万亩,占耕地面积的 50% 以上,到 2015 年年末已建成面积 105.9 万亩,其中国家级园区 6 个、省级园区 9 个,在全省领先。

二是积极培育农业经营主体。重点发展和壮大家庭农场、集体农场、合作农场和专业合作组织、农业龙头企业等 5 类主体,目前全市拥有专业大户约 1.4 万户,家庭农场、集体农场、合作农场 3000 多个。到 2015 年 11 月份,苏州市拥有国家级农业龙头企业 4 家,省级农业龙头企业 53 家,市级农业龙头企业 66 家。

三是积极拓展农业生态功能。保护"四个百万亩"生态空间,加快"绿色苏州"建设,打造区域生态"氧吧",2015 年上半年新增农村绿化 5.3 万亩,全市森林资源总量达到 215.1 万亩,年末陆地森林覆盖率达到 29.56%。全面保护和恢复湿地生态系统,自然湿地保护率达到 40%。大力发展生态循环农业,全市粮食作物测土配方覆盖率达 89%,农作物病虫害综合防治率超过 90%,化肥农药使用强度年均下降 5%,生物农药比例上升到 46% 以上。积极发展以绿色、休闲、参与、体验为基本特征的休闲观光农业,2015 年农业旅游人次超过 2000 万人次,直接营业收入达到 25 亿余元。

三、成效

2006 年,苏州市政府从可持续发展的角度出发,批转了《苏州市农业布局规划》(苏府办〔2006〕128 号),明确"四个百万亩、一个百万头"的农业产业布局,经过几年的不懈努力,取得了初步的发展成效。

1. 产业结构不断优化

苏州市立足资源禀赋和产业特色,坚持长远规划与短期目标统筹兼顾、政府引导与市场调节有机结合,不断调整优化"四个百万亩"产业结构。2015 年全市水稻种植面积达到 111.6 万亩,水稻优质化率达到 91.7%,打造了"田娘""金香溢""常阴沙"等一批知名稻米品牌。特色水产养殖面积达到 110 万亩以上,产值超过 100 亿元,形成了阳澄湖水域、太湖水域、长江水域、内塘养殖四大特色区域;"百万亩高效园艺"建设推进加快,其中常年菜地面积保持在 35 万亩

以上,"水八仙"、香青菜等传统蔬菜得到进一步开发,碧螺春茶叶、虞山白茶等品牌知名度越来越高,枇杷、杨梅、葡萄、水蜜桃等优质果品深受市场欢迎;"百万亩生态林地"总面积超过 100 万亩,其中山地面积约 23 万亩、花卉苗木近 20 万亩、桑园 3 万多亩;"百万头规模畜禽"的养殖水平不断提高,2015 年出栏生猪 100 万头左右,为保障全市畜产品一定程度上的自给率做出了积极贡献。

2. 发展方式不断创新

坚持园区化、农场化、合作化"三化推进"战略,把现代农业园区作为落实"四个百万亩"的重要载体,把推进农业合作化作为创新农业经营机制的重要手段,把发展集体型、合作型、家庭型农场作为转变农业发展方式的有效载体。2014 年,全市 95% 的耕地实现规模经营,建成万亩规模以上现代农业园区 26 个,千亩以上 80 个,总面积达 70 多万亩。2015 年,国家级、省级园区分别达到 6 家和 9 家,农业综合机械化水平达到 88.3%,高标准农田比重超过 60%,农业科技进步贡献率达到 68%,认定的无公害绿色有机食品基地占耕地比重达 79.3%。同时,加快农业"接二连三",不断向加工、物流、营销、生态休闲观光等方面延伸。

3. 体制机制不断完善

2010 年 4 月,市政府专门下发了《关于下达永久性保护 100 万亩水稻面积的通知》,对各市(区)分解下达了永久性保护水稻面积 104.56 万亩。同年,市委、市政府审时度势,制定了《关于建立生态补偿机制的意见》。规模水稻田千亩连片的补 200 元/亩,万亩连片的补 400 元/亩,2013 年实行普惠制,均调整为 400 元/亩;生态公益林补贴 100 元/亩,2013 年调整为 150 元/亩。

2012 年,市委、市政府围绕生态文明建设的要求,出台了《关于进一步保护和发展农业"四个百万亩"的实施意见》,明确力争用 2~3 年时间,确保农业"四个百万亩"落实到位,总面积不低于 410.56 万亩。2012 年 2 月,市人大颁布实施了《苏州市湿地保护条例》,把水稻田作为湿地资源给予法律保护;2013 年 1 月,市十五届人大二次会议通过《关于有效保护"四个百万亩",进一步提升苏州生态文明建设水平的决定》,并排定"四个百万亩"立法保护计划。2014 年出台了《关于进一步优化提升"四个百万亩"推进生态文明建设的意见》,并在全省率先启动实施了"四个百万亩"生态补偿办法,为主导产业的发展提供了强有力保障。

四、经验与启示

苏州"四个百万亩家"建设作为守护耕地红线的核心举措,推进生态文明建设的重要抓手,在建设与推进的过程中积累了若干经验与做法,给我们带来的

主要启示有以下几方面:

1. 要加强组织领导

组织领导永远是坚强的保障,要加强宣传引导,形成社会各界共同支持推进保护"四个百万亩"的共识和良好氛围。同时要明确各主管部门和职能部门的职责,层层落实任务,及时协调解决保护过程中遇到的新情况、新问题。要建立健全诸如农办、发改、科技、财政、国土、规划、水利、农委、环保、统计、粮食、金融等多个相关部门的协调机制,各司其职,形成合力,避免其中任意一个环节出现问题而影响全局。

2. 要实施规划引领

规划引领是前提,苏州市充分发挥规划主导作用,认真编制和实施"四个百万亩"专项保护规划,确立最严格的保护制度,设立保护专项资金,实行水稻种植、水域面积"占补平衡"和重点生态功能区限制开发,用足用好城乡建设用地增减挂钩政策,盘活存量土地。加快构建科学合理的城乡一体化格局、农业发展格局、生态安全格局,走出一条具有苏州特色的生产发展、生活富裕、生态良好的可持续发展之路。

3. 要创新体制机制

机制创新是关键,要完善生态补偿机制,拓宽范围,提高标准,实现生态补偿的扩面提质,加强生态补偿资金的监督和管理,保证生态补偿资金专款专用。要建立体现生态价值和代际补偿的资源有偿使用制度,探索建立区域之间的补偿机制。要加大生态文明建设的财政投入和政策支持力度,确保公共财政投入生态文明建设的总量、增量和比重持续提高。

【思考题】

1. 结合当前农业发展形势,谈谈苏州市贯彻落实"四个百万亩"的战略举措具有哪些时代意义。

2. 结合当地实际情况,在苏州市"四个百万亩"贯彻落实的重要举措中,你认为哪些最具有借鉴意义?说明原因。

案例二 太仓市现代农业园区：休闲农业走出发展新路径

一、背景

太仓市现代农业园区位于交通便捷的太仓市域中东部，规划面积3.5万亩，涉及沙溪、浮桥、浏河三镇六个行政村，2003年经太仓市政府批准设立，也是太仓市确立的永久性农业发展区。园区拥有沿江沿沪的独特区位优势，相对人少地多的土地资源优势，生态环境和自然条件优越，交通便捷，核心区距苏州绕城高速出口仅5分钟车程，339省道、新港公路贯通其中。

自2004年以来，太仓市现代农业园区前后投入4亿多资金完善配套基础设施，已经完成了近5000亩的基础设施改造，并集聚了一批休闲观光农业项目投入建设。太仓市农林局绿野公司自主投入开发建设的现代农业展示馆、花卉园艺展示馆、恩钿月季公园、月季研发中心、蝴蝶兰设施温室基地、生态餐厅已经建成，生态湿地馆也处于紧张的建设之中。吸引社会资本投入建设了艳阳农庄、盛兴生态园，同时，戈林农业科技园、藏医药养生馆、牌楼水街等一批项目正在规划设计中，项目建设总投入将超过8亿元。初步形成了以田园风光为主、融合人文、规模大、特色明显，寓观光旅游、餐饮娱乐、休闲度假、商务会务为一体的休闲观光农业园开发框架。

2014年7月，太仓市现代农业园区启动"国家标准化休闲农庄"创建工作，通过近一年的努力，2015年5月通过全国休闲标准化技术委员会的现场评估验收，被命名为"国家标准化休闲农庄"，这将全面提升现代农业园品牌效应与市场影响力，推进太仓现代休闲农业以及旅游业的发展。

二、主要做法

太仓市现代农业园区于2003年设立，2006年对外营业，先后被命名为首批省级现代农业产业园区、省观光农业园、省科技示范园、省四星级乡村旅游点、苏州市首批十佳现代农业园和首批中国特色农庄等，2012年年底成为全国首家农业园区类国家级4A级旅游景区。其主要做法与经验如下：

1. 以规划为引领，完成园区整体功能定位

按照太仓市委、市政府提出的"1+7"园区化推进现代农业发展（即市级规划建设综合性的太仓市现代农业园区，镇级规划建设符合地方主导产业特色的万亩以上的现代农业产业园区,市、镇两级园区统一规划、分步建设、错位发展、互为补充)的总体要求,依托太仓沿江沿沪的独特区位优势和良好的农业生态优势,以建设国家级农业园区为目标,在南京农业大学编制的现有规划基础上,再次委托上海同土智方城市运营机构,完成了太仓市现代农业园区的发展规划修编工作。太仓市现代农业园区的发展方向为:科技领先、设施一流的农业高效示范园;亲近自然、回归生态的农业旅游度假区;生产、生活、生态三生平衡的农业生态园。通过营造优越的生态环境、建设一流的生产设施、开发全新的农业项目,将现代的农业经营模式、先进的农业生产方式与农业的科普教育、观光休闲、度假庆典、人文传承等功能有机融合,着力提升太仓农业的整体形象和影响力,探索现代农业发展的成功模式。

2. 以管理为抓手,形成园区的现代管理体系

2003年3月,太仓市政府成立了现代农业园区管理委员会临时领导机构,启动现代农业园区建设,并于2004年12月批复同意在市农委内组建副科级的现代农业园区管理处,专门负责园区的建设管理。2008年组建太仓绿野农业发展公司,全面启动园区核心区休闲观光项目的建设和管理。2009年5月,为统筹关系,加强管理,明晰管理体制机制,把项目建设与运作管理同步考虑、同步推进,逐步实现政企分开,建设与管理分开,决定成立太仓市农业旅游发展有限公司,性质为绿野公司全资子公司,具体负责农展馆、花卉馆、恩钿月季公园、月季研发基地和以后建成项目的运作以及现有人员、资产及相关设备的管理。

3. 以投入为保障,形成园区完善的配套设施

太仓市把基础设施配套建设作为现代农业园区加快建设和发展的前提,切实加大政策支持力度,着力整合项目资金,狠抓示范园区内的配套基础设施建设。

一是政府投入,完善基础设施建设。2009年,园区建设以完善基础设施、强化项目带动发展为主线。实际投入资金1.23亿元,组织实施工程项目21项。区内路、桥、河等基础设施改造工程基本完成,电网、绿网、天然气管网配套,初步形成了园区的开发框架,现代农业园区建设已初具规模。建成的项目有恩钿月季公园、蝴蝶兰花玻璃温室、生态餐厅、玫瑰庄园(一期)、主干道延伸段拓宽、明珠水族观赏鱼休闲中心等生态、休闲项目,为园区接轨世博、服务发展创造条件。

(1)环路贯通工程。新建改造道路2600米。其中,新建西环7米宽主干道1700米,主干道延伸(半幅7米宽)700米,百花园主干道200米。开挖河道、清淤500米,新增沟渠500米,增建桥梁5座。

(2)亮化工程。新装中心主干道道路两侧灯光亮化工程路灯82盏,广告

灯箱15只,百花园前道路路灯60盏,围墙灯160盏。增加百果园500千伏变压器及配电房等设施。

(3)绿化工程。对占地100亩的百果园进行景观绿化改造,实现百果园主干道绿化提档,共新增绿地8万平方米。

二是加快推进"六大工程"项目建设,完善功能配套。

(1)蝴蝶兰玻璃温室及水电空调配套工程。投资2000万元新建18000平方米玻璃温室。工程2008年12月开工建设,2009年4月结构封顶,6月上旬交付使用。目前,已引进台湾黄达蝴蝶兰集团进场经营,年产蝴蝶兰150万株,实现周年市场供应。

(2)玫瑰庄园主体、装修工程。完成了10500平方米玫瑰庄园主体结构及外装修任务。

(3)生态餐厅景观工程。完成了3400平方米生态餐厅内部景观建设,已开始正式对外营业。

(4)明珠休闲垂钓中心工程。投资500万元,用于新建道路,整治河道,建设景观,在原有观赏鱼42亩养殖生产基地的基础上,增建75亩休闲垂钓中心。

(5)恩钿月季公园工程。为迎接第二届月季高峰论坛开幕,占地近百亩的恩钿月季公园建设克服了时间紧、任务重等多种困难,如期于2009年4月28日正式开园。公园设有蒋恩钿纪念馆、月季品种集中展示区、水环境、绿化景观工程等,是目前国内规模较大、档次较高的月季文化主题公园。

(6)百果园景观绿化工程。位于园区主入口东侧的百果园景观绿化工程占地约97亩,工程于2009年5月中旬完工。

三是以"三资"为补充,激活园区内生动力。园区农业投资项目保持较好发展势头,全年新增项目、引进投入资金均创历史新高,对缓解园区开发的资金压力起到了重要作用。如引进的台湾黄达蝴蝶兰项目已经入驻,进行周年生产。戈林农业科技、台资友福实业项目已经落实土地批租、项目审批工作。

4. 加强服务协调,提高园区综合管理水平

太仓市现代农业园区在科技创新、项目申报、旅客接待等工作上,努力做好协调服务工作,充分发挥园区科学技术培训、现代农业示范、设施农业亮点的作用。

一是提高创新力度,增加科技含量。园区帮助两家食用菌生产企业投资260万元实施技术改造创新。其中,华泰昌有限公司投资200万元,增建基质木屑燃烧锅炉一套,保鲜车间420平方米,自动包装机4台。四季食用菌有限公司在二期工程的基础上投资60万元,增建库房环境自动控制设备、天然气燃烧锅一套、无菌操作室,开发杏鲍菇产品。已完成绿色食品金针菇申报材料上报,产品获得商检出口许可,提高了生产企业的科技含量。

二是提高宣传力度,增加园区吸引力。园区建成了具有丰富农耕文化底蕴和内容的农业观光线路,培育了具有市场影响力的休闲观光农业品牌,能不断满足人们多样化、个性化的消费需求。园区加大宣传力度,与旅游局合作,举办各种旅游活动,推介园区旅游景点。加强旅游宣传、管理工作,全年接待人员35万人次。

三是提高协调能力,做好服务工作。园区协调组织科技、资源开发、省河道生态拦截等各类项目的申报工作,做好工程招标、水电配套协调和入驻企业注册服务等工作。

5. 创新体制机制,发挥园区示范带动作用

太仓市现代农业园区不断完善"政府主导、企业带动、农民参与、市场运作"的开发建设机制,通过农业休闲观光经济的发展,一方面吸纳农民在园区打工,增加工资性收入,另一方面也带动了产业的发展和农产品的销售,使之成为农民增收的新亮点。通过强化农民合作,努力提升园区带动力。

一是强化土地合作,抓住工商资本投资农业园区建设的有利时机,通过政策引导、财政扶持、行政推动等措施,鼓励农民以组建土地股份合作社、土地置换城镇社保和委托集体经济组织流转等方式,将土地承包经营权流转给农业园区。流转价格按照区位条件、种养品种、开发进度等不同情况,实行"一镇一价,一园一价"综合评估。

二是强化专业合作,以园区为载体、品牌为纽带,围绕重点优势产业,积极引导龙头企业、种养大户、经纪人等牵头创办多种形式、多种功能的合作组织,加快形成"园区+专业合作组织+农户"的农业产业化经营模式,增强园区对周边农户的带动辐射作用。

三是强化劳务合作,建立园区(农业企业)和农民双方互动的用工信息机制,让更多本地农民转化为园区的农业工人,提高其劳务性收入比重,积极培育职业化农民。

三、成效

太仓市现代农业园区及其核心区目前已逐步发展成为一个集农业科技展示、生态观光、休闲度假、商务会务为一体,能满足不同层次消费需求的长三角地区重要的农业生态休闲度假区。随着科技水平和创新能力的提升,该园区已形成了生态休闲、设施园艺、食用菌及生物科技"四大产业",取得了科技平台领先、技术支撑有力、创新机制完善、产业优势明显的成效,带动了太仓市现代农业的发展。

一是科技支撑力日益提高。太仓市农委、园区企业和南京农业大学三方合作,共建江苏省生物源农业工程中心,搭建植物组培中心,通过市场化运作,建设孵化实验室等创新平台;园区与复旦大学、南京农业大学、上海市农业科学院等单位开展产学研合作,有20多名高层次科技人才参与园区科技项目和科技服务的合作。2009年以来,园区组织申报实施各级各类项目50多项,为园区各生产企业提供良好的科技服务。

二是园区规模稳步扩大。园区已建成设施园艺面积9.4万平方米,其中玻璃温室4.6万平方米。蝴蝶兰花卉年产150万株,产值近3000万元,是华东地区最大的蝴蝶兰生产基地。以生产生物肥料为主的戈林农业科技有限公司、绿丰生物有机肥料有限公司,年生产、推广"全价营养液"滴灌肥、生物有机肥料2000多吨。通过科技项目的申报和实施,园区还选育了液体菌种,着力提高金针菇生产技术水平。

三是园区功能逐步完善。太仓市现代农业园区作为国家现代农业示范区核心,科技示范、产业集聚、休闲观光等方面的载体平台基本完备;市现代设施农业示范区,率先形成了从蔬菜种苗、设施生产、产地加工到集中配送的产业链;市现代水稻产业园种养循环的生态农业框架初具规模;各区镇粮食、蔬菜、林果、水产园区,在设施装备、生产服务、文化传承等方面的功能全面加强。

四是运行模式基本确立。园区建设探索出了"政府主导推进基础设施改造、集体农场掌控土地资源、项目扶持搭建公共服务平台、明确职责承包生产管理、统一品牌开展市场营销"的建设管理运行模式,明晰了政府、企业、农民三者责权,理顺了农业园区"谁来建、谁来管、谁受益"的问题。

五是示范效应日益凸显。在生产方式上,探索了规模生产、种养循环、立体种植、农游结合等现代模式,成为现代生产方式的亮点;在生产技术上,集成示范了优质高产、工厂化育秧、生物防控、土质改良等一批技术,并迅速推广应用;在装备配置上,引进示范了粮食全程机械化生产系统、智能节水灌溉系统、产地加工配送系统、农业废弃物资源化利用系统、田园生产和养殖管理机械等一系列现代装备,为现代生产方式转型奠定了基础,为开展农业专业化服务创造了条件。

四、经验与启示

太仓市现代农业园区2008年11月被省科技厅评为省级农业科技园区,现有农业科技型企业25家,总投资达12亿元。近年来,园区以科技引领支撑现代农业发展,走出了一条具有时代特征、太仓特色、全省领先的农业科技园区发展之路。其发展现代农业的做法给我们带来诸多启示。

1. 必须建立完善的管理机制

管理出效益,建立统一、高效、科学的管理体制十分重要。太仓市现代农业园区以国家级产业园区为标准,积极创新园区管理模式,通过健全管理机制、土地流转机制、投资融资机制、科技创新机制、标准化生产机制、政策扶持机制,促进产业水平再上新台阶,引进和培育农产品加工企业,实现产业聚集和快速发展,使农产品加工带动型工业反哺农业,提升园区经济实力。

2. 必须强化管理服务功能

园区要发展,必须在管理服务上下大功夫,着力增强园区发展后劲。园区牵线搭桥,引进更多农业高科技企业;坚持按规划建设园区,发展园区;协调多方关系,动员各方力量,为园区项目建设创造条件;统一管理,强化服务功能,保证园区建设顺利、健康发展等重要举措,这些都是加强服务和后勤保障的具体体现。

3. 必须加大园区统筹力度

太仓市现代农业园区用发展旅游的理念发展现代农业,运用大农业、大区域概念发展农业园区,通过进一步整合电站生态林果园、金仓湖生态湿地公园、郑和公园、园花园山庄等休闲农业项目资源,形成沿新港公路的农业观光、运动、休闲产业带,通过"三产"带动,促进农业发展空间进一步拓展,产出效益进一步提高。

4. 必须加快人才引进步伐

以人才为支撑,农业园区完善了人才引进、岗位培训、扶持奖励、科技创新等制度,吸引和鼓励优秀人才到园区工作,先后与高等科研院校结对组建了南京农业大学专家工作站、苏州农业职业技术学院月季研发中心、复旦生命科学院作物新品种培育基地等科技研发平台。在生物源农药研制、现代生产设施、营养液滴灌肥研究等领域,先后引进了一批高层次创新创业人才。

【思考题】

1. 现代农业园区是现代农业发展的重要载体,太仓市现代农业园区的成功做法给我们带来的最重要的启示是什么?

2. 结合本地区实际和太仓市现代农业发展经验,谈一下你对发展本地现代农业园区的建议和构想。

案例三 "田娘模式"：现代农业创新经营模式

一、背景

常熟素有"鱼米之乡"的美誉，发展规模化、专业化、标准化经营的家庭农场，是农村经营机制改革创新的一个重要举措，田娘农场就是其中成功的范例。作为一家以生态农业和循环经济为主的龙头企业，田娘农场经过十多年的发展，率先形成"公司+若干家庭农场"的新型合作模式，实现了农户由分散经营向适度规模经营转变，由非法人型向法人型转变，成为常熟市家庭农场的升级版，它的探索具有较强的典型性和示范性。田娘农场以土地流转为前提，以经营模式创新为核心，以绿色有机为支撑，以培育经营主体为关键，实现农业发展的新突破，可作为全国很多家庭农场的缩影，它的诞生也是国家现代农业发展模式不断探索与惠农政策支持的结果。

2013年初，中央颁布1号文件《关于加快发展现代农业，进一步增强农村发展活力的若干意见》，首次对家庭农场的概念进行了明晰，即以家庭成员为主要劳动力，从事农业规模化、集约化、商品化生产经营，并以农业收入为家庭主要收入来源的新型农业经营主体。

2013年3月28日，李克强总理视察田娘农场，深有感触地说："在土地里是可以打出黄金来的……当然，那是有条件的，小块不行，要大块，要规模。"总理的到访，让田娘农场声名鹊起，引起中央高层瞩目的就是它"公司+家庭农场+专业合作社"的运作模式。李克强总理对田娘家庭农场的评价是，"这个探索带有方向性"，"是向现代农业发展的一个新的载体"。

2013年4月9日，田娘科技有限公司董事长高健浩从常熟市工商局领到了家庭农场的营业执照，成为常熟市第一家正式登记注册的家庭农场。在高健浩的带领下，通过实践与探索，常熟人打造出了具有时代特征和鲜明个性的"田娘"模式，探索出了家庭农场升级版的新路径。

二、主要做法

作为一家以有机肥生产为主的江苏农业龙头企业，田娘农场经过十多年的发展，成功实现了发展历程上的三步跨越，即产品业态的拓展，由有机肥加工制造到有机肥料、生态稻米生产双轮驱动、生产关系的创新，由自主经营到加盟周边农户组建专业合作社、空间领域的延伸,从本土创业发展到省内外输出生产技术和经营模式,田娘农场的每一步成功,都包含着理念、模式、方法的创新,发展的经验与做法值得我们借鉴和深思。

1. 以机制创新为载体,创新农业组织形式

土地也能产出黄金,其中隐含着一个重要前提,那就是土地经营模式的创新。田娘农场实行"公司+基地+家庭农场+合作社"的经营模式,各个模块相互配合,发挥着不同的作用,构成一个有机整体。

田娘公司是组织生产的"龙头"。田娘农业科技有限公司在整个生产经营组织体系中处于"中枢"地位,就像是一块试验田,是探索经验并进行推广的地方。田娘农场在直接经营的2050亩农田建成高标准示范种植基地的基础上,加强技术研发,进行标准化管理和营销网点建设,扩大种植面积近4000亩,实现农户由分散经营向适度规模经营转变,更重要的是对家庭农场从业人员开展教育培训,培育了一批职业农民,提高了生产的组织化、市场化程度。

基地和家庭农场是从事生产的"骨干"。仅靠自身经营的农场,生产的有机稻米无法满足外销需要,因此田娘农场不断拓展新的合作空间。除自身经营的示范种植基地以外,37户家庭农场接受田娘农场的指导与服务,先后实施综合开发土地治理、省级规模开发、水稻高产增效创建等多个重点项目。近年来拓展合作生产基地,在安徽霍邱、江西浮梁、黑龙江佳木斯建立优质水稻种植基地,仅在佳木斯就有3万亩的优质水稻基地,合作双方通过以物易物的方式实现共赢,即田娘公司提供有机肥,生产的水稻田娘农场进行收购,并统一冠上"田娘"商标进行销售。

合作社是服务生产的"保障"。田娘农场牵头组建了农机、植保、劳务和米业合作社,为农户提供产前、产中、产后服务。其中农机合作社为农户提供土地耕翻、水稻播种、育秧、植保、收割、烘干、秸秆收集等全套农机服务;植保合作社为农户种植提供指导;劳务合作社为农村闲置劳动力和家庭农产用工提供平台;米业合作社则以高于市场10%~15%的价格收购农户生产的粮食,统一以"田娘"品牌销售。农业要实现现代化,必须依靠现代化的农业企业。

2. 以技术为支撑,做大"田娘"品牌

运用工业化的模式发展农业是实现农业现代化的必由之路,围绕市场经济的规律进行组织结构的创新调整,实施品牌化运作,才能支撑合作经营模式的发展。2013年,公司加大"田娘"品牌建设力度,借助总理调研的东风,宣传田娘生态环保理念,宣传田娘农场合作经营模式。"田娘"在省著名商标的基础上,争创国家驰名商标和名牌产品称号。田娘农业科技有限公司在江苏省农业龙头企业的基础上,争创国家级农业龙头企业的称号。积极发展田娘农场连锁

经营模式,在苏州及周边地区新开设一批田娘农场优质农产品直供网点。加强网络营销和电话营销,培育新的增长点。田娘农场依托科技,积极创新,着重在生态种植技术、低碳技术、米质提升技术、大米深加工技术等领域开拓创新。

3. 探索农场管理机制,实现标准化生产

田娘农场采取统一良种供应、统一机械化育插秧、统一病虫草害防治、统一新技术运用、统一标准化生产、统一品牌销售的"六统一"管理模式,实现高效优质农业标准化种植和循环农业可持续发展。目前,1300亩农田已通过无公害认证,5000亩通过绿色食品认证,500亩通过有机认证。2013年,将新增2000亩有机认证,与江苏新伟食品公司共建2000亩出口糯稻示范种植基地,田娘农场示范种植加带动种植的总面积达到1.5万亩。通过进一步的完善各项合作管理细节,提供更加周到的社会化服务和更加专业的品牌化经营,使田娘农场合作经营模式能够推动传统农业的再造和提升,给苏南、给江苏、给全国现代农业发展积累经验。

4. 创新产学研合作机制,加强科技对现代农业的支撑

一是积极与科研院所组建联盟。田娘农场先后与清华大学、南京农业大学、扬州大学、江苏省农科院、苏州农科所等高校和科研单位开展广泛合作,通过产学研合作和组建企业研究生工作站,引进和培养各类专业技术人才,共同承担了20多项国家级、省部级、市级科技项目。特别是在优质稻米标准化种植领域,与苏州农科所合作建立了种植示范基地,制定了优质稻米生产标准、操作规程,开发系列产品品种,通过产学研合作模式奠定发展基石。

二是持续加大农业项目和装备投入。除去项目经费外,田娘农场每年投入科技项目的经费都在增长,2012年已达到200余万,占总公司收入的比例高达2.6%。"田娘"还把农业机械化作为提高生产经营效益的重要基础,按照全市统一布局建立农机场库,每年农业机械化投入达150多万元。

三是多措并举培养引进科技人才。针对农业科技人才吸引力不高的现状,"田娘"一方面实行待遇留人,公司科技人员和管理中层每月收入达四五千元,高层管理者达到万元以上,另一方面实行事业留人,吸引大学毕业生的加盟,形成一批新型的职业农民,"田娘"公司总经理王强就是人才引进中的杰出代表。

三、成效

田娘农场建立的"公司+家庭农场"的新型合作发展模式,着眼于增强农村发展活力,创新农业生产经营组织形式,是现代农业发展方向的正确选择。在各级政府的关心和支持下,田娘农场呈现出经营规模大、管理水平高、经营效益好的良好势头,取得了较大的成效。

1. 提高了土地投入产出率

家庭农场的组建,有效解决了苏南地区人多地少、农户小规模生产的问题,大大提高了土地利用率、投入产出率和劳动生产率,实现了公司和家庭农场的共赢发展。比如,坞丘万亩优质稻米种植基地累计投入6000多万元,通过设施建设和配套整理,初步形成了"田成方、渠成网、路成框、树成行"的标准化农田,成功创建"国家优质水稻标准化示范区"。基地在生产过程中,实行品牌有量化、生产标准化、操作机械化、服务专业化、经营规模化的"五化"管理模式,以水稻、小麦轮作生产为主,极大地提高了土地的投入产出率。

2. 提高了产品市场竞争力

原来农户分散经营三五亩土地,种与不种、种好与种坏对其收入影响不大,导致土地产出率不搞,严重制约了现代农业的发展。田娘农场采取的规模化种植、机械化耕作、集约化经营、品牌化销售模式,引进优质品种,按照无公害、绿色、有机标准进行种植管理,初步构建了集约化、专业化、组织化、社会化相结合的新型农业经营体系。"田娘"系列农产品先后获得苏州市知名商标、名牌产品和江苏名牌农产品等称号,并成功入驻常熟市及周边市、县、区大型超市和商店。

3. 培育了新型职业化农民

田娘农场组建了米业专业合作社、农机专业合作社,对加盟的农场开展教育培训,提供产前、产中、产后统一管理和服务,提高了农户的种植水平和收益,并按照全市统一布局建设农机场库,为农场及周边区域水稻提供全套农机服务,初步形成了集约化、专业化、组织化、社会化相结合的新型农业经营合作体系,培育了新型的职业化农民。

4. 改善了农村生态环境

田娘公司采取高温好氧发酵工艺处理畜禽粪便和秸秆,加工处理成有机肥料,实现了农业固体有机废物的资源化利用,改善了土壤条件和农村人居环境。公司从成立到2013年的11年间,已累计处理畜禽粪便、秸秆超110万吨,生产有机肥料31万多吨,有效地减少了周边的农业污染,改善了环境。

四、存在的问题

"田娘模式"虽然取得了巨大成功,但是制度化、规范化的保障机制仍显得薄弱,需要解决的问题也较多,主要包括以下几个方面:

一是要破解土地经营规模和期限限制困境。家庭农场大部分土地是通过流转得来的,因而流转土地的稳定性非常重要。如果一个家庭农场每年经营的土地规模变动太大,显然对农场的经营极端不利。土地的流转如果是短期的,家庭农场就难有专心经营的积极性，也很难做长期的投资，这对于农业生产也是不利的。家庭农场在流转土地时，需要户户做工作，户户签合同，一旦遇到一户不愿意流转，就会前功尽弃，成本很高。

二是要健全"两证"缺失的制度化保障。在"田娘模式"复制和扩张的过程中，田娘家庭农场主高健浩就遇到了"两证"缺失的问题：第一个证是确权证，让允许土地流转出去的农民可以领到补贴，世世代代一直领下去，以保证真正想种田的人有田可种；第二个证是种植证，让真正懂种田、爱种田的人从事农作物种植，以保证种地者的专业性。

三是要化解家庭农场发展中的融资瓶颈。在家庭农场发展壮大的过程中，还有一只"拦路虎"，那就是融资。靠土地吃饭的农民天然就缺少资产抵押物，银行对这方面的贷款支持力度又较小。现代农业需要更多的资金，但是现实中农业的融资难度又比较大，进而影响、制约家庭农场的进一步扩大和发展。

五、经验与启示

当前，现代农业正处于创新发展的关键期，田娘农场的创新实践为现代农业的发展提供了一个鲜活生动的案例，一个可以借鉴的现代农业发展方向，从中我们可以得到很多有益的启示。

1. 发展现代农业，必须把创新经营模式作为首要环节

现代农业在发展过程中，既要大力提高农业生产率，也要进行生产关系的变革，经营模式的创新便是其中的首要环节。田娘农场在发展过程中，坚持从实际出发，从发展阶段出发，逐步探索出具有个性特色的"公司+基地+家庭农场+合作社"的新模式，实践证明这是一种行之有效的模式，使龙头企业的带动作用得到充分发挥，家庭农场和合作社的积极性得到充分调动，不仅提升了农业规模化、集约化水平，而且很好地维护了农民利益，带动了共同致富。

2. 发展现代农业，必须高度重视带头人的引领作用

现代农业是规模化、专业化、标准化的农业，从事现代农业的主体不再是传统意义上的农民，因此必须造就一支新型职业农民队伍，而在新型职业农民中，带头人的作用又是重中之重。从田娘农场成功的实践来看，创建人高健浩发挥了至关重要的作用，在他的带领下，探索出以家庭农场为主体的适度规模型农业经营的雏形，实现了带头致富，田娘农业科技有限公司也从一家小型有机肥加工企业起步，一跃成为江苏省农业龙头企业，并且吸引了一大批年轻人投身到发展现代农业的事业中。田娘农场的实践告诉我们，必须把发展和培养带头人放在一个重要位置，加大对专业大户、农产经营者、农业科技人员的培训力度，从中培育出既熟悉乡土人情又掌握农业科技知识的现代农业发展带头人。

3. 发展现代农业,离不开各级政府部门的引导和服务

相对于二、三产业而言,农业还处于弱势地位,如果离开政府的扶持和政策的推动,农民从事农业生产的积极性就会大大降低。田娘农场能够发展到今天,除了其自身努力之外,还随处可以看到政府支农惠农政策大力扶持的身影。如土地流转成本,每亩 800 元的流转费用政府补贴 400 元。所以,要发展现代农业,政府各级部门要适应农村发展形势新要求,科学谋划、主动作为、率先探索、创新举措、深化改革、优化服务等,推进现代农业更好更快发展。

【思考题】

1. 结合本地农业发展的实际情况,探讨田娘农场运作模式复制的可行性和适应性,并说明原因。

2. 根据田娘农场发展案例,结合本地实际情况,谈谈本地现代农业发展的主要障碍是什么,并列出相应的对策建议(至少三条)。

第五篇　生态建设篇

—— 全面建成小康社会"中国梦"的苏州篇章

第十三章 "生态补偿"的立法探索

概 述

社会普遍熟知的生态补偿主要存在于单行法中,如《环境保护法》《森林法》《草原法》《水污染防治法》《农业法》等,这些法律涉及林业、水资源等多个环境行政管理领域,大部分仅对生态补偿做出原则性规定,缺乏专门性的生态补偿法律法规,使得政府部门在管理治理工作中无法明确职责,很多地区生态环境资源进一步恶化,广大民众的日常生活也受到严重影响。旨在平衡经济发展与生态保护的专项生态补偿立法工作,正在各地紧锣密鼓地展开。苏州市在全国率先出台《苏州市生态补偿条例》,并通过不断的修订完善,生态补偿工作进展顺利,对地方经济的良性发展起到了很好的助推作用。

一、"生态补偿"的立法背景

1. 生态补偿立法是阻止环境资源恶化的根本出路

改革开放以来,各地经济的飞速发展,绝大部分是以牺牲环境资源为代价的,生态环境保护所呈现出的脆弱性、不确定性、反复性和艰巨性,必须引起社会的高度关注。一是森林资源总量匮乏。我国的森林覆盖率为21.63%,只有世界水平的61.25%,人均森林面积和蓄积量只有世界平均水平的1/4和1/7。二是土地荒漠化和沙化状况严重。荒漠化被称为"地球的癌症",沙漠化土地主要分布在干旱、半干旱和部分半湿润地区,而我国正是世界上土地荒漠化和沙化比较严重的国家之一。三是水土流失状况十分严峻,引发的灾害造成了生态环境的进一步恶化,经济损失巨大。四是生物多样性持续减少,这将严重影响生态系统的结构、功能和效益。五是湿地面积大幅退化和减少。湿地作为"地球之肾",它的退化和减少严重影响了陆地生态系统的多种独特功能。六是草原退化情况严重。我国天然草原面积3.93亿公顷,"三化"(退化、沙化、碱化)草地面积却高达1.35亿顷。七是耕地减少仍在持续。大量的毁林毁草开荒、围湖造田,进一步加剧了生态危机。八是水污染严重。目前全国各类水体普遍受到不同程度的污染,事故频发,损失巨大。此外,还有大气污染、酸雨、噪音等。上述种种问题,无一不体现了生态恶化的严重性。

统计显示,我国的生态危机不再是局部问题,已经发展成为全局性的大问题,事关全民族的未来。它不是一时之因造成的,而是历史的长久积淀形成的,它固然是多种复杂因素共同作用的结果,但与生态补偿制度的缺位是有直接关系的,只有生态补偿立法才能从根本上阻止环境资源继续恶化。

2. 生态补偿立法是完善补偿制度的必要举措

我国政府很早就开始重视自然资源的生态补偿问题,早在1953年就建立了育林基金制度,但由于历史的和现实的原因,系统完备的生态补偿制度始终未能从真正意义上建立起来。分析现有生态补偿的相关规定,其制度内容和运行机制存在的矛盾很明显,问题也很严重。一方面是整体功能缺乏保护。生态系统作为一特殊资源,其功能的发挥有赖于内部各构成要素间相互联系与制约所形成的动态平衡。正所谓"整体功能不等于部分功能之和",只对其中个别要素进行补偿并不能真正达到生态补偿的最终目的。而我国现有的规定却恰恰存在着以偏概全的误区,"头痛医头、脚痛医脚",既无整体认识,也未采取系统的措施,导致仅有的补偿制度无法做到公平公正。另一方面是对经济价值和生态价值的权衡不当。任何资源都既有经济价值又有生态价值,生态补偿的重要目的是通过对生态利益的保护,保证经济利益的长期持续健康发展。一旦生态利益丧失,其经济利益最终也将失去。统一兼顾、相辅相成才是良策,而现有的法律规定尚不完善,不利于生态环境的保护。

3. 生态补偿立法是健全补偿制度的必然趋势

制度的建立需要立法来体现和支撑,这是由法律本身的内在调整机制所决定的。法律通过对社会行为的确认和调整,使各种社会关系朝着有利于社会的方向发展,最终形成理想的社会秩序。生态补偿制度是在国内发展阻力较大,工作推动成本高,迫切需要专门立法来确立它在法律中的地位的背景下,旨在通过法律手段指导和调整广大社会各主体的行为。首先,这是保障公民的生存权、发展权和环境权的需要。这三种权利是矛盾统一体,一方面,人类寻求生存与发展的同时不可避免地与环境发生冲突;另一方面,三者又协调统一,良好环境是人类生存发展的基本条件,而生存权是享有其他权利的基础和前提,发展权又是一项不可剥夺的人权。可以说,环境权与生存权、发展权之间的冲突是生态补偿机制产生与发展的价值动因,也是其正当性与合理性的法理依据所在。其次,生态补偿立法对于推动区域经济协调发展具有重大价值。建立和完善生态补偿机制,有利于全面推进区域的生态建设,实现人与自然的和谐发展;有利于城乡之间、区域之间的统筹协调,为生态脆弱和经济欠发达地区提供有力的政策支持和稳定的补偿渠道;有利于确立资源环境的价值化,形成资源环境有偿使用的市场化操作模式。

二、苏州市生态补偿工作的指导思想和基本原则

苏州市在生态补偿工作中依据的指导思想是:"以科学发展观为指导,以统筹区域协调发展、把苏州建设成为生态环境优美的最佳宜居城市为目标,创新体制机制,完善政府对生态环境保护的调控手段和政策措施,充分发挥市场机制作用,动员全社会积极参与,逐步建立公平公正、积极有效的生态补偿机制,保障经济社会全面协调发展。"并且,在制定生态补偿机制中,明确提出了以下四条基本原则:

1. 统筹区域协调发展

以直接承担生态保护责任的乡镇政府(含涉农街道,以下简称乡镇)、村委会(含涉农社区,以下简称村)、农户为补偿对象,通过生态补偿,使因保护生态环境而经济发展受到限制的区域得到经济补偿,增强其保护生态环境、发展社会公益事业的能力,保障生态保护地区公平发展权,使地区间得到平衡发展。

2. 责、权、利相统一

按照生态环境保护要求,谁保护、谁受偿、谁受益、谁补偿、谁污染、谁治理,逐步建立责权利相一致的规范有效的生态补偿机制。使生态环境的保护者,通过生态补偿机制,获取相应的经济补偿;资源环境开发、利用的受益者,承担一定的经济补偿责任;对生态环境造成破坏、污染者,承担相应的环境治理责任。

3. 突出重点,分步推进

从苏州实际出发,创新体制、机制,因地制宜选择生态补偿方式,突出以基本农田、水源地和重要生态湿地、生态公益林为生态补偿重点,逐步加大补偿力度,完善补偿机制。

4. 政府主导与市场调控相结合

坚持政府主导,通过财政转移支付,加大财政对生态保护的投入。同时,积极引导社会各方参与,合理利用生态资源,探索多渠道、多形式的生态补偿方式,拓宽生态环境保护补偿市场化、社会化运作的路子。

三、苏州市生态补偿立法的探索实践

1. 苏州市生态补偿工作的发展历程

苏州市率先试水生态补偿立法工作,从2010年初出台《关于进一步加强苏州生态文明建设的决定》,到2015年8月份《苏州市生态补偿条例实施细则》的颁布,工作进展较顺利,详见表1。

第十三章 "生态补偿"的立法探索

表1 苏州市生态补偿相关条例出台时间及内容

颁布时间	法规条例	主要工作
2010.01.22	《关于进一步加强苏州生态文明建设的决定》	明确提出建立健全生态补偿机制,出台生态补偿办法,具体落实相关政策措施并组织试点。逐步对饮用水水源地保护区、自然保护区、重要生态功能区实行生态补偿。
2010.04	《关于"尽快制定实施生态补偿办法"代表议案处理意见的决定》	
2010.07	《关于建立生态补偿机制的意见(试行)》(全国率先)	对因保护和恢复生态环境及其功能而经济发展受到限制的地区给予生态补偿,并明确了生态补偿"补给谁、谁来补、补什么、怎么补、补多少"的问题,逐步优化乡镇财政体制,完善财政投入机制,健全生态环境保护治理机制。
2010.10	《苏州市生态补偿专项资金管理暂行办法》	规范和加强生态补偿专项资金的拨付、使用和管理,提高资金使用效益,建立有利于生态环境建设、保护的长效激励机制。
2011—2012	《关于进一步完善生态补偿机制的建议》	市审计部门专门把全市生态补偿政策执行和资金管理情况作为市人大常委会交办的一个重大事项进行专题审计。
2013.01	《关于有效保护"四个百万亩",进一步提升苏州生态文明建设水平的决定》	提出"要完善生态补偿机制,拓宽范围,提高标准,实现生态补偿的扩面提质,加强生态补偿资金的监督和管理,保证生态补偿资金专款专用。要建立体现生态价值和代际补偿的资源有偿使用制度,探索建立区域之间的补偿机制。要加大生态文明建设的财政投入和政策支持力度,确保公共财政投入生态文明建设的总量、增量和比重持续提高"。
2013.03		对生态补偿政策进行了优化调整,采取分类、分档的办法,细化、提高水源地村、生态湿地村生态补偿标准。生态湿地村从原来的每村50万元,调整为每村60万元、80万元、100万元3个档次进行补偿;水源地村从原来的每村100万元,调整为每村100万元、120万元、140万元3个档次进行补偿。对县级以上生态公益林补偿标准从100元/亩提高到150元/亩。
2013年初		把《苏州市生态补偿条例》列入年度立法计划。同时,考虑到这一全国瞩目的地方性法规涉及主体多、起草难度大,市人大常委会还极为罕见地将其定为跨年度的立法项目,确保在深入论证的基础上高质量地完成这项立法任务。

273

续表

颁布时间	法规条例	主要工作
2014.04.28		生态补偿正式通过市人大立法。
2014.05.28	《苏州市生态补偿条例》	获得江苏省第十二届人民代表大会常务委员会第十次会议批准。
2014.10.01		条例自2014年10月1日起施行。
2015.08.12	《苏州市生态补偿条例实施细则》	对相应生态补偿标准界定等内容予以修订完善。

2. 苏州市生态补偿工作的管理职责划分

生态补偿涉及各方面利益格局的调整,政策性强,涉及面广,各级党委、政府都高度重视,通过加强对生态补偿工作的组织领导,把建立和完善生态补偿机制作为苏州建设"三区三城",推进生态文明建设和城乡一体化发展综合配套改革的一项重要工作,认真听取社会各方面的意见,坚持改革创新。各市、区在结合本地实际情况的前提下,制定生态补偿实施办法,从政策上、机制上积极探索实践,逐步扩大生态补偿范围,增加补偿内容,提高补偿标准,不断完善生态补偿机制。市各有关部门按照相关法律法规及各自职能,密切配合,共同做好生态保护、补偿工作。主要分工见表2。

表2 生态补偿相关部门及职责划分情况

部门类别	工作职能
规划部门	科学编制并严格执行市域城镇体系规划、城市总体规划和控制性详细规划,把生态文明建设的各项要素落实到市域空间布局、基础设施建设、产业和人口发展、环境保护等各个环节。
环保部门	拟订和监督实施全市重点区域、重点流域污染防治规划和生态保护规划,加强环境保护和污染治理,监督对生态环境有影响的自然资源开发利用活动、重要生态环境建设和生态破坏恢复工作。
国土部门	按时完成土地利用总体规划修编,进一步落实基本农田保护面积,优化基本农田布局,并建立全市基本农田保护管理信息系统,提高动态监测水平。
农业部门	认真落实"四个百万亩"空间布局,会同相关部门做好连片种植水稻的基本农田、生态湿地、生态公益林等的认定,对基本农田、生态湿地、生态公益林的保护情况进行监督、考核,推进绿色、无公害农业生产方式,加强农业面源污染的控制。
水利(水务)部门	加强农村水系规划和农村水利建设,加大镇、村生活污水处理力度,做好集中式饮用水水源地保护区的认定,加强饮用水水源地建设和保护。
财政部门	安排、管理好生态补偿资金,制定生态补偿资金的管理办法,确保生态补偿落实到位,并对生态补偿资金使用情况进行监督。

3. 苏州市生态补偿工作的资金保障

（1）生态补偿资金的标准。

① 水稻田生态补偿标准。对被列为"四个百万亩"保护的水稻田予以生态补偿。凡列入土地利用总体规划，经县级以上国土、农业部门确认为需保护的水稻田，按400元/亩予以生态补偿。

② 水源地、生态湿地补偿标准。对县级以上集中式饮用水水源地保护区范围内的村，以及太湖和阳澄湖水面所在的村，综合考虑湖岸线长度、土地面积及村常住人口等因素，分三个档次进行补偿（各村补偿档次划定后三年不变），具体为：以行政村为单位，湖岸线长度在3500米以上，区域土地面积在10000亩以上，村常住人口（以2012年统计年鉴数据为准）在4000人以上，同时达到三项标准的水源地村每村按140万元、生态湿地村每村按100万元的标准予以生态补偿；达到一项以上标准的，水源地村每村按120万元、生态湿地村每村按80万元的标准予以生态补偿；三项标准均未达到的，水源地村每村按100万元、生态湿地村每村按60万元的标准予以生态补偿。

③ 生态公益林生态补偿标准。列为县级以上生态公益林的，按150元/亩的标准予以生态补偿。

（2）生态补偿资金的承担。

根据现行财政体制，各区生态补偿资金由市、区两级财政共同承担，其中：水稻主产区，水源地及太湖、阳澄湖水面所在的村，市级以上生态公益林的生态补偿资金，由市、区两级财政各承担50%；其他生态补偿资金由各区承担。各县级市生态补偿资金由各县级市承担，市级财政对各县级市生态补偿工作进行考核并适当奖励。

（3）生态补偿资金的拨付、使用与管理。

生态补偿资金每年由市及各市、区按上述标准核定后，拨付乡镇、村，主要用于：生态环境的保护、修复和建设；对直接承担生态保护责任的农户进行补贴；发展乡镇、村社会公益事业和村级经济等。其中耕地保护专项资金专项用于开展土地复垦复耕、土地整理、高标准农田建设及对土地流转农户、经营大户进行补贴等。

4. 生态补偿立法保障工作的创新亮点

（1）优化乡镇财政体制。各市、区根据生态环境保护的总体要求和责任，按照事权与财力相匹配的原则，调整、优化各市、区与所辖乡镇的财政体制，逐步增加生态环境保护重点乡镇的财力，增强乡镇保护生态环境的能力。

（2）设立生态补偿专项资金。市及各市、区要通过财政预算安排、土地出让收入划拨、上级专项补助、接受社会捐助等多种渠道，设立生态补偿专项资金。生态补偿专项资金预算安排数随财力的增长相应增加。

（3）完善财政投入机制。各级财政要按照总量持续增加、比例稳步提高的要求，不断加大对财政对"三农"的投入，各级财政对农业的投入增长幅度要高于财政经常性收入增长幅度，土地出让纯收益的15%要全部用于农业。坚持生态优先，加强自然环境保护与建设，维护和修复生态系统整体功能，促进生态环境的自然恢复；发展现代农业，加大对耕地特别是水稻田的保护力度；积极推进农村绿化，建设一批生态保护区和森林公园；加强水源地和生态湿地保护；加快发展农村社会事业，加强农村公共服务体系建设。各级财政支农资金及基础设施建设、公共服务能力建设资金的投入要向环太湖、阳澄湖等生态保护重点地区倾斜。

（4）健全生态环境的保护、治理机制。要按照苏州生态文明建设的总体部署，加大生态环境保护和生态工程建设力度，加强环境污染整治。要进一步优化环境保护、污染防治资金的使用，加大对生态湿地保护的投入，加快自然保护区、重点生态功能保护区建设；要进一步加大镇、村污水的治理力度，各级财政要安排一定的资金用于镇、村污水治理，来源于镇、村的污水处理费要全部用于镇、村污水处理设施的建设和运行管理；要逐步建立、健全区域排放控制和流域水环境保护的补偿制度，实行污染物排放总量控制指标有偿分配制度和排污权有偿交易制度；要加强饮用水水源地的建设和保护，随自来水费征收的水资源费地方留成部分用于饮用水水源地建设、保护和管理的比例要达到60%以上。

（5）引入市场机制。以实施城乡一体化发展综合配套改革为契机，加快各地土地利用规划的调整和优化，经济发展受到限制的区域可采取异地发展等办法，增强该类地区村级集体经济的造血功能，实现限制发展区与其他地区的共同发展。支持、鼓励社会资金参与生态建设、环境污染整治，对生态环境资源进行合理利用，积极探索生态建设、环境污染整治与城乡土地开发、发展乡村生态旅游等相结合的有效途径，在保护、改善环境中实现生态环境资源的经济价值，积累生态环境保护资金，形成良性循环的机制。

（6）完善生态补偿保障措施。各乡镇、村应根据相关法律、法规，对基本农田、水源地、生态湿地、生态公益林进行保护，相关部门认定其未能尽到保护责任的，由财政部门缓拨、减拨、停拨及收回生态补偿资金。违反相关法律法规的，由行政主管部门依法对相关责任人员予以行政处罚。

案例一　金庭镇：水源地生态补偿

一、背景

水源保护地对于城市居民的生存,以及城市的可持续发展至关重要。随着经济的高速发展,资源环境压力倍增,对水源保护地的研究已成为近年来我国城市经济、社会可持续发展的重要课题之一。上世纪90年代以来,由于对城市水源保护地的投入不足,生态建设和保护不到位,水源保护地生态的不可持续性严重威胁着城市居民的饮水质量和安全。然而工业发展和相关政策的限制,使得水源保护地经济普遍比较落后,面对这种贡献与回报脱节的情况,急需一种新的机制来解决此类问题,建立和完善水源保护地生态补偿机制成为解决水源保护地发展矛盾的关键所在。

金庭,原名洞庭西山,位于苏州市西南端,距离古城45公里,陆地面积84.22平方公里,紧邻苏州水源地之一的太湖流域。金庭镇辖境包括西山岛及周围20多个太湖小岛,现设11个村、1个社区,常住人口4.5万。西山岛是太湖中的最大岛屿,面积为79.82平方公里。根据国家和上级政府的统一部署,金庭镇先后关闭了30多个采矿、建材、化工企业,拆除了近万亩太湖养殖围网,同时限制工业企业入驻,生态环境得到了极大的改善。但金庭镇的广大干部群众也因此承受了巨大的经济损失,为苏州市的生态文明建设做出了突出的贡献。

目前,金庭镇重点发展生态旅游业,现拥有太湖国家风景名胜区5A级景区、国家森林公园、国家地质公园、国家现代农业示范园区、全国环境优美乡镇、全国小城镇综合改革试点、江苏省历史文化名镇等多个头衔。现存的历史文化古迹共有100多处,其中已列为省、市级文物保护单位的有14处。该镇还有7个苏州市控制保护古村落,26处苏州市控制保护古建筑。另有明清建筑120多幢,面积约4万平方米。明月湾古村为江苏省历史文化名村。现有开放的景点12个,即石公山、林屋洞、包山寺、罗汉寺、禹王庙、古樟园、西山梅园、高科技农业园、乡村牛仔俱乐部、孔雀岛、明月湾古村、缥缈峰景区。农家乐、自驾观光、古村访古、采摘风情、登山健身等是目前金庭镇旅游的主要形式。

经过生态补偿以后,金庭镇的经济发展呈现出突破性的增长,2015年全年完成全社会固定资产投入7.64亿元;完成地区生产总值19.56亿元,增长

12.6%；完成公共财政预算收入9462万元，增长11.05%；完成服务业增加值14.63亿元，增长10.06%；接待中外游客数386.77万人，增长4.9%；完成旅游总收入50.71亿元，增长7.62%；新批内资企业28家，新增注册资本3.94亿元，其中超亿元项目1个，超千万元项目5个。实现镇村两级总资产10.98亿元，增长13.8%；完成集体净资产4.36亿元，增长15%；农民人均收入20168元，增长9.19%。

二、主要做法

金庭镇是苏州市域内重要的水源保护地之一，同时也是苏州市经济最不发达地区。作为一个水源保护地，金庭镇在生态环境建设和保护方面做出了巨大努力，同时也牺牲了一定的发展机会和经济利益。多年以来，在太湖总体水质恶化的情况下，金庭镇周围太湖水域一直保持在三类及优于三类水质的标准上。建立生态补偿机制，促进金庭镇经济社会与生态环境协调发展是苏州市经济社会可持续发展的重要内容。近年来，随着太湖流域的环境保护力度加大，围绕金庭镇的生态补偿工作不断深入，取得了一定的成效，如：人工湿地、生态农业、污水处理厂等一大批生态建设工程、环境保护设施在财政补助下竣工投入使用，提高了当地处理环境污染的能力；通过规划引导，区域功能定位进一步明确，产业布局进一步优化，生态旅游等产业蓬勃发展；水利、交通、社会事业等基础设施建设力度加大，区域发展条件进一步优化。目前，虽然金庭镇还没建立完全意义上的生态补偿机制，但已在很多方面做了实践和探索。

1. 围网养殖整治

大力开展太湖围网养殖整治，共涉及养殖面积20.43万亩、养殖户4018户。2008年全面拆除2.6万亩西太湖网围，东太湖网围养殖面积计划由17万亩压缩到4.5万亩。拆迁补偿标准1000元/亩，失水渔民就业安置、住房安置、补偿费用等累计超过10亿元。

2. 治污设施建设

2009年起，苏州市累计投入8.3亿元，建设独立集中式生活污水处理设施214个，太湖一级保护区完成92个农村集居点生活污水治理，阳澄湖水源水质保护区完成73个；列入苏州市新农村建设的358个示范村，以集中居住点为中心建立污水处理设施，确保沿太湖和阳澄湖重点地区农村生活污水处理率达到50%，其他地区达30%。

3. 太湖西山岛三年生态保护行动计划

2014年，金庭镇联合北京现代苏州分公司实施太湖西山岛三年生态保护行动计划，开展农药废弃包装物的回收工作。全面实施生态河道建设、太湖水环境治理、农村环境连片整治、企业污水接管、绿色细胞创建等工作。完成芦苇种植 50 亩,生态林种植 120 亩,中幼龄林抚育任务 6000 亩。全年打捞水草、蓝藻 33981 吨,养护湿地 1698 亩。已完成 3 个"美丽村庄"和 11 个"康居村庄"建设,其中秉常村、东林村获评苏州市"美丽村庄"先进单位。

根据苏州市人大常委会关于生态保护补偿专题询问的工作要求和"进一步推进生态保护补偿资金信息公开"的审议意见,市财政局公示的 2014 年经由市区两级财政补贴的生态补偿资金安排情况,金庭镇获得生态补偿资金总额为 2132.92 万元,除去镇本身的生态公益林补偿资金 1075.56 万元,镇内 11 个村和 1 个社区合计获得 1057.36 万元。金庭镇生态补偿机制随着太湖流域的整治,正在探索之中,目前还是主要以工程项目建设投入为主,且投入的资金额度远不能满足金庭镇因限制开发带来的经济损失和发展机会损失,金庭镇的生态补偿依然面临着补偿标准低、补偿资金来源单一、政策制定缺乏利益相关者参与等困难,任务还很艰巨。

三、经验与启示

1. 要处理好规划保护与地方发展的矛盾

水源保护区域在主体功能区划上是禁止、限制开发区域,根据水源保护区域详细规划,一般都划分了一、二级保护区,区内必须新建与保护水体无关的排污口。其规划以生态保护为主,兼有休闲、旅游等功能。在湖体附近 5 公里内,不得养殖畜禽;减少化肥、农药使用量,控制农业面源污染;关闭或搬迁污染企业;等等。而实际上,仍有部分污染型企业在生产。比如金庭有个瓜果厂,一方面解决了部分果农的就业问题,如果关闭该厂势必会导致很多果农失业,失去经济来源,一方面也给当地环境带来了一定程度的污染,矛盾的两个方面造成了详细规划与规划实施之间的矛盾。

2. 要处理好环境保护与政绩考核的矛盾

领导干部树立什么样的政绩观,与当前实行的干部政绩考核评价指标体系有着密切的关系。当前的考核评价往往只停留在经济发展的层面上,在很大程度上把政绩与经济指标画上了等号,片面强调经济发展指标,一味追求 GDP 增长,而忽视了其他指标的考核,导致很多领导干部只顾在任期间的眼前利益和绩效而忽视了长远利益,只重视经济指标而忽视了社会公共领域指标的短视行为。花大力气完善社会公共服务似乎是件得不偿失的事情,因为这样的工程投入大,成效慢,不容易看到政绩。

3. 要处理好规划要求与生活保障的矛盾

俗话说,"靠山吃山,靠水吃水"。对农民而言,种粮食、果树、茶树都是为了增加收入,这也是他们唯一的收入来源。如果农民没有喷或少喷农药、不施或少施化肥,那么水源地水质固然保护好了,但是作物的产量肯定会下降,收入肯定会降低。对渔民来说,围网养殖曾给他们带来了富裕,阳澄湖的大闸蟹名噪一时,然而为了保护水环境,围网整治大面积展开,致使不少渔民用鱼簖、地笼、丝网、电鱼工具等到湖里捕鱼,滥捕现象严重。以金庭镇为例,以前农民靠打石为生,在水泥厂、矿石厂上班,然而为了保护水环境,这些厂被关闭后他们只能出去打工。

还有,随着生态旅游而兴起的船餐、"农家乐",的确解决了部分当地人的就业问题,带动了相关产业的发展,譬如载客电动车、快艇等。但是,没有污染治理设施的餐饮业,把大量油污、生活污水排入水中,对水体造成一定的不良影响,不利于水环境的保护。

四、展望

1. 进一步完善生态补偿法规条例

由于缺乏明确的生态补偿立法、水权不清晰,流域生态服务补偿主体和责任、权利与义务划分不清,水源地生态服务补偿的标准难以确定,导致交易成本过高。虽然部分经济发展水平高或受益区与保护区清晰的地区试点较为顺利,但主要是得益于"谁受益,谁买单"的补偿模式。而对于因保护水源而被限制发展的落后区域,生态补偿主要是帮助其解决发展的问题,完善相关法规意义重大,影响深远。

苏州市人大通过制定完善生态补偿法规条例,注意区分地域及经济水平差异,进一步细化水源地补偿的工作分工,明确各方的责、权、利,确保生态补偿的顺利进行。

2. 加快建设生态农业,大力发展旅游业

大力倡导发展无公害农产品生产,严禁使用高毒高残留农药,推广高效低毒低残留及生物农药防治农作物病虫害;在基地推广诱虫灯和诱虫板,减少农药的施用次数和施用量,从而减少农药的使用量,降低农药对农业生态环境的污染,保护水源地水环境,维护生态平衡,构建和谐的、可持续发展的生态农业环境。推广农作物测土配方施肥技术。测土配方施肥技术能改变农民重氮肥轻磷钾肥、重化肥轻有机肥的施肥习惯,按农作物生产的需要施肥,不盲目用肥,从总量上控制化肥的施用量,减少因化肥造成的农业面源污染,保护水源地水环境。大力发展旅游业,充分发挥当地历史文化和生态优势,在保证当地环境质量的前提下,扩大旅游业规模,进一步发挥旅游业在当地经济中的重要作用,提高当地居民的收入水平。

3. 尝试借鉴绿色 GDP 考核制度

传统意义上的 GDP 核算,忽视了资源的浪费情况和环境污染情况,造成透支资源和环境恶化的现象,并因治理环境污染的经济活动所产生的收益也被计入 GDP 范围使得经济发展的真实有效水平得不到科学反映,各级官员的环保意识和科学发展、和谐发展意识淡薄。人民群众对日益恶化的自然环境以及由此造成的对他们的生产生活的不良影响,颇多微词,不利于经济社会的可持续发展。为了与生态补偿机制相适应,必须探索新的科学的国民经济核算体系和干部政绩考核评价体系。探索建立一套绿色国民经济核算体系以及新的干部绩效考核体系,建立政府环境保护重大决策监督与责任追究制度。同时,政府带头全面开展节能计划,建设"绿色政府"。这将有效地引导和促进干部转变政绩观和发展观,认识到其在发展经济的同时,必须承担起保护环境和节约资源的责任,把节约能源、治理污染、改善环境放到与经济指标同等的地位来考虑,从而达到"金山银山"与"蓝天白云碧水青山"的"双赢"。

【思考题】

1. 目前实施的水源地补偿的界定范围和补偿标准遇到了哪些问题?解决的方案有哪些?
2. 水源地的保护与开发之间如何消除矛盾,实现共存?

案例二 陆舍村：水稻田生态补偿

一、背景

我国是世界上最大的稻米生产国和消费国，水稻生产为我国60%以上的人口提供口粮消费保障，在我国国民经济中占有非常重要的地位。除了产品供应外，以水稻为主体的稻田生态系统在支撑与维持地球的生命保障系统，如净化空气、调节水文循环过程、维持生命物质的生物地球化学循环及生物物种的多样性、提供丰富的人文和美学价值等方面有重要作用。然而，近年来由于化肥农药的大量施用、工业污水的肆意排放和生活垃圾的不断增加，环境问题日趋恶化，环境压力越来越大，稻田生态系统为减少污染尤其是对城市而言做出了巨大贡献。而位于稻田区域的农村经济发展举步维艰，建立水稻田生态补偿机制对于生态可持续和经济发展意义重大。

早在2003年，苏州为了保护太湖环境，把沿太湖一公里内的村落划入环境保护区，不允许发展工业。环境得到了保护，村级经济发展却因此遭遇了不小的困境。几年下来，离太湖远一点的村庄依靠开发房地产或建设工厂摘掉了贫困村的帽子，虽然环境难免受到一些破坏，但村集体和村民实打实地得到了实惠。而类似陆舍村这些紧邻湖堤的村庄，因为要保护环境，每年的村级收入只有几十万元，与其他村庄的经济发展水平差距很大。

陆舍村辖区总面积2.83平方公里，耕地2420亩，绿化覆盖率35%，共有16个村民小组，681户农户，常住户口2369人，外来人口106人，现有"两委"会干部5人，党员84名，辖区有各类企业3家，拥有固定资产790万元，年可支配收入227万余元。自2010年起，每年该村都能获得100多万元生态补偿资金，专门用于村庄的整治、保护、建设。

二、主要做法

近年来，苏州市委、市政府相继出台政策文件，并颁布了《关于建立生态补偿机制的意见（试行）》《生态补偿专项资金管理暂行办法》《关于规范村级集体生态补偿专项资金会计核算方法的通知》等操作细则。2013年上半年，吴中区着手规划试点建设稻油轮作先导区，陆舍村正好位于项目规划区域的核心位置。陆舍村抓住契机，通过高标准规划建设，实现"田成方、林成网、渠相通、路相连、涝能排、旱能灌"的道路通畅、水系沟通、渠路相邻、排灌分开、村容整洁的太湖现代生态农业和江南新农村美景，发挥了村庄的生态保育功能。

1. 发展生态农业，注重三效合一

生态农业是强调保护生态环境的现代高效农业，因此，必须突出生态农业、生态技术、生态景观和环境保护，突出环境保护方面的作用以及生态拦截技术，使生态拦截不仅成为环境保护的技术示范，还要成为生态景观。同时，强调社会效益、生态效益与经济效益"三效合一"的原则，具体而言就是要集生态保护、现代高效农业、休闲观光、生态旅游、科普教育、有机餐饮为一体，生态保护、生态农业示范、生态旅游等有机联系，互相促进，在获得生态效益和社会效益的同时，创造出比单独经营更大的经济效益。

2. 以第一产业为载体，发展第三产业

从第一产业功能着手，重点发展农业的第三产业功能。从生产功能入手，重点发展农业的生态功能和生活功能，以现代高效生态农业示范园建设带动乡村特色生态旅游业发展，发展以现代高效生态农业为核心的乡村休闲度假项目。通过突出烟雨江南，再现鱼米之乡的农耕文化为主题，打造油菜花所营造的金色田园文化。现代高效农业生产技术所营造的绿色有机食品餐饮文化，使太湖生态保育区域成为最能够代表烟雨江南、水乡农庄、鱼米之乡的生态景区。

3. 挖掘文化内涵，强化乡风文明建设

农业的发展是与文化的进步紧密相连的，水稻、油菜、果品、花卉的种植和欣赏更受到历史文化的熏陶。重点打造"千亩稻花节"，以营造"稻花香里说丰年，听取蛙声一片"的江南鱼米之乡意境；重点打造"千亩油菜花节"，以营造乡村风光、金色田园的景观和意境，强化乡风文明建设。

三、遇到的问题

从经济学理论出发，可以认为当前水稻田补偿工作绩效不佳的主要问题集中在外部性、市场失灵和政府失灵三个方面。

1. 水稻田补偿的外部性

根据效用、消费和收益等经济特性，一般将产品分为两类，即公共物品和私人物品。水稻田是一种公共的生态资源。因此，保护水稻田就是保护我们的"生命线"。"一要吃饭，二要建设，三要生态"，随着经济建设步伐的加快、城市化水平的提高，非农建设占用水稻田和水稻田质量下降使得当前水稻田保护补偿面临更大的压力和挑战。在水稻田补偿保护和土地利用中，外部性是十分明显的，这在其经济效益、社会效益和生态效益三个方面都有显著体现。

2. 市场失灵和水稻田补偿

垄断、外部性、公共物品和不完全信息是造成市场失灵的四大原因。根据前文可知,水稻田作为一种重要的生态资源,一方面能够为人类提供生产和生活资料,产生经济效益;另一方面还具有调节气候和保护环境的生态效益,以及保障粮食安全和维护社会稳定等方面的社会效益。而从整个社会福利的角度来看,其带来的社会、生态效益为整个社会所享用,但体现不到水稻田保护者身上,保护者难以在经济上享受到水稻田保护所带来的效益,水稻田与非农用地的收益相差很大,水稻田相对于其他各种土地利用方式的比较经济利益最低。一般情况下,城市工业用地效益是农田利用效益的10倍以上,在比较利益的驱使下,水稻田非农化产生的短期经济效益更为可观。同时,经济发达地区水稻田占用成本外溢,诱使发达地区竞相把水稻田转变为建设用地。

3. 政府失灵和水稻田补偿

市场失灵的存在为政府的干预提供了必要的理由。然而,政府的干预往往不能改变市场失灵,反而会把市场进一步扭曲。政府失灵的原因主要是由于政府目标的多元化,纠正市场失灵往往不是政府的主要目标;由于信息的不完全,政府干预经常带来未曾预料到的副作用。政府失灵包括需要干预时没有干预,也包括不需要干预时干预。

中国作为一个经济转型国家,土地资源的市场配置机制尚未完全建立,计划机制仍然在起作用。政府,尤其是地方政府作为土地供应者、经济发展的推动者和地方公共产品的供给者,具有多元的目标。一方面,在利益机制的驱动下,地方政府必然将土地资源配置给边际报酬率最高的产业和部门,以获取巨额的土地出让金来发展经济和"经营城市";另一方面,地方政府借发展经济之名,行土地违法之实,在被查处的概率微乎其微的情况下,以水稻田换项目,进行政绩积累,进而获得"行政升级",形成水稻田非农化供给的权力驱动。在水稻田补偿成本大于收益的情况下,地方政府对水稻田补偿缺乏应有的积极性,成为耕地非农化的主导力量。

在区域层面上,地方政府在水稻田补偿制度实施中居于主导地位,同时地方政府也在土地资源的竞争中扮演了关键角色,从而使水稻田补偿制度的实施陷入困境。

四、对策分析

1. 以项目为依托,实施水稻田生态补偿

依托项目管理实施环境政策是发达国家在农业环境保护上的一条成功经验。针对水稻生产中的化肥农药不合理施用、作物秸秆随处丢放和污水任意排放等现象,建立相应的废弃物综合利用生态补偿,引导农民采用有利于环境的生产和生活方式,以改善生态环境。①秸秆综合利用生态补偿项目。主要补贴内容包括:稻田保护性耕作、秸秆生物反应碳肥利用和气化燃用等。采用物化和直接补贴的方式给予补偿。②化肥和农药减施生态补偿项目。主要补贴化肥和农药合理减量施用者。③处理畜禽粪便和生活污水项目补偿。目的是通过补偿减少畜禽粪便和生活污水的污染,可以按照处理量来确定补偿标准,给予直接补贴。

2. 依照区域特点,实施专项生态补偿

根据不同区域的地理因素、经济条件、种植模式和区域生产的特点来制定不同的补贴政策。以苏州为例,看似水源充足地区,也存在水利设施冒、漏、滴等问题,需要加强水利设施建设,以确保水稻生长季节的水源供应。通过对水利设施建设建立专项资金补偿,既可以保证水稻生产环节的水分供应,也可以减少稻农水稻生产投入,提高农民种植水稻的积极性。

3. 扶持规模化种植,实现环保功能补偿

稻田生态系统可直接降低全球变暖而引发的区域性气温上升幅度,通过规模化种植可以提高稻田生态系统对气温的"天然调节"功能,特别是在城市周边地区种植一定规模面积的水稻,能有效减少城市的"热岛效应",对降低夏季高温有显著作用。苏州市委、市政府出台的"四个百万亩"的水稻田区域规划正是据此形成的。同时,按照城市与水稻田之间的距离远近,通过设立专门的补偿方式,引导农民在适合种植水稻的区域和城市周边大规模种植水稻。对于个体种植达到一定规模的种稻大户进行额外补偿,以切实增强水稻田生态补偿的环保功能。

【思考题】

1. 水稻田在地方发展过程中的定位是什么?如何保障?
2. 水稻田补偿标准的主要参考依据有哪些?如何监管?

案例三 杨湾村：湿地补偿

一、背景

当前，在以资源换取发展的过程中，由湿地破坏引起的各种环境和生态问题已经引起极大关注。在新农村建设过程中，谋求农业经济又好又快和谐发展，是现代农业追求的最高目标。然而，我们在拓展农业生产、生活空间需求的带动下，人口急剧增加，农村城镇化速度过快，以牺牲湿地为代价的各种"举措"，都在不断挑战着环境的承载能力和生态容量，即使不占用湿地良田，大量未经处理或稍加处理的工业废水、生活污水、废渣等被直接排放或堆放到河流、湖泊间的湿地（包括城市湿地），大大超过了湿地净化污水的能力，导致农业湿地（含城市湿地）水质恶化、环境污染，致使动植物物种减少，有效经济价值成分减少，甚至减产和绝收。

苏州市自然湿地总面积为268千公顷，占土地总面积的31.66%，全省排名第三，内陆湖泊湿地全省第一。近年来，苏州以"建设最优美的湿地城市"为目标，通过科学修复退化湿地，严格保护自然湿地，推进湿地示范工程，加快湿地公园建设，探索制定政策法规，强化科学技术支撑，全市湿地保护各项基础工作不断加强，湿地面积减少趋势得到遏制，全社会湿地保护意识日益增强，湿地保护工作取得了可喜的成绩。2012年2月，苏州市人大常委会又在全省率先出台了《苏州市湿地保护条例》，在法律层面明确了湿地生态补偿的必要性。

东山镇杨湾村位于吴中区东山镇西南角，辖区总面积16平方公里，由原杨湾村、上湾村、屯湾村合并而成，耕地2546亩，绿化覆盖率80%，共有26个村民小组，全村现有农户1145户、3664人。杨湾村坚持村民零拆迁、生态零破坏、环境零污染，现有闲置农房资源与优美的田园山水风光、原汁原味的乡村生活、深厚的传统文化有机融合，利用湿地资源发展特色民宿产业的实践，再一次印证了"绿水青山就是金山银山"的深刻道理。村级收入从2011年的不足100万元增加到2015年的300万元，村级资产从1700万元增加到近6000万元，走出了一条以湿地补偿为引领，着力挖掘特色实现自我"造血"的康庄大道。

二、主要做法

1. 以强烈的发展意识,辩证研判发展项目

发展有先有后,但加快发展的使命感和责任感不能有先有后。2012年,杨湾村被纳入吴中区第三批集体经济区级薄弱村。2013年,杨湾村进行了换届改选。如何加快经济发展,尽快甩掉"贫困村"帽子,带动农民增收致富,是新当选的"两委"班子面临的头等大事和首要任务。但是杨湾村紧邻太湖,属于典型的生态敏感区域,生态保护是第一要义,建设厂房租赁就地发展二产几乎没有任何政策及资源空间,根本不可能走"一产固本、二产兴业、三产富民富村"这一传统的递次发展模式。敢干不是蛮干,发展更须巧干,如何闯出一条发展新路?村"两委"班子领导在陆续赴台湾、北京、广东等地进行考察学习后发现,当地特色民宿产业如火如荼,而它们的区位特征、生态优势和资源禀赋并不强于杨湾村。强烈的发展意识使他们认识到,杨湾村面朝太湖、依山而居,自然生态优美,历史文化底蕴深厚,名列国家住建部等部门认定的中国历史文化名村和中国传统村落,仅国家级文保单位就有3处,这些独特的区位特征和资源禀赋在新的发展时期,非但不是发展的瓶颈,反而可能成为发展的最大利好。新的村"两委"班子研判决策:杨湾村要发展,可以走也只能在"一产固本"的基础上,直接走"三产富民富村"道路,突破口就是因地制宜发展特色民宿,大力发展绿色服务业,构建一产、三产紧密结合的特色产业链,走绿色发展道路。

2. 以强烈的规划理念,筑牢夯实产业基础

产业发展、规划引领,项目建设、基础先行。杨湾村聘请国内知名设计团队进行产业发展规划设计。经过论证,选择坐拥东山长圻码头的西巷自然村进行布点,明确以西巷栖居精品民宿为开发项目,提炼挖掘西巷特有的历史文化、自然生态和产业基础等,走生态保护和经济增长互动发展之路。在核心板块设计上,紧扣当下人们返璞归真、寻求农村乡愁的情怀,在台湾水生植物专家林雄文的文调研基础上,根据村庄生态特点推出"青蛙"主题,打造两栖小镇——青蛙主题文化创意生态村。首批民宿经台湾设计团队设计,以原生态风格为主,色调淡雅自然,改造房屋所需材料就地取用,目前已开发建设了青蛙咖啡馆和3户精品民宿。在外围环境打造上,以省村庄环境整治示范村创建和市、区两级美丽村庄建设为契机,投入资金2000多万元,大力实施房屋立面见新、村庄道路硬化、雨污水管网铺设、村庄河道疏浚和增设公厕、景观小品及小游园配套设施等工程,基本实现了西巷自然村"道路畅通、河水清澈、宅旁绿化、房屋整洁、环境美化"的建设目标。在配套产业发展上,加快推进区级实事工程,即总面积5.4平方公里的自行车公园建设。目前,该项目已投入资金1200余万元。2016

年计划再投资 5000 万元,重点推进一期服务区、驿站、景点的基础设施建设,完善道路、绿化、景观、标识标牌系统,着力打造集自行车运动、山水人文观光、深度体验游等项目为一体的综合性运动主题公园,与民宿产业形成聚合效应。

3. 以强烈的富民宗旨,带动农户增收致富

充分利用农民手上的闲散农房,牵头组建了苏州市首家农房农业观光专业合作社。合作社注册资金 742 万元,由 6 户农户的房屋使用权作价和杨湾村经济合作社货币出资组成。入股期限为 15 年,农户以房屋市场评估价作为股份,每 1 万元折价为一股,每股每年固定收益为 1500 元,入股农户每年可因此增收近 5 万元。下一步还将启动两栖小镇二期、三期工程,再建设一批精品民宿,并通过精品民宿的打造营运,不断增加村民租金和盈利分红等收益,带动村级集体经济发展,提高村民财产性收入。鼓励村民依托两栖小镇产业的利好,巧搭公共"顺风车",兴办优质农家乐,增加经营性收入。立足抱团发展,运作好杨湾劳务专业合作社和农产品专业合作社。村级开发项目中的绿化、基建等劳务工程优先由劳务合作社承接,帮助村内"40 后""50 后""60 后"后农民充分就业。借力精品民宿、果品采摘游等项目,建设果品观光园,拓展农产品销售渠道,做精特色品牌,促进农民增收致富。

4. 以强烈的市场导向,推动产业行稳致远

在运行机制上,精准把握当前乡村休闲旅游市场导向,加快青蛙生态村文创理念落实,在街头墙边设置青蛙雕塑和青蛙涂鸦,挖掘青蛙科普文档,建设青蛙科普文化馆,展示青蛙文化艺术内涵,彰显原汁原味的"绿草伴影住,蛙声嬉人行"的乡村情趣,为都市人守望乡愁、寄托心灵提供空间。杨湾村还将探索引进知名体育品牌公司参与自行车公园管理运行,通过体育设备租赁、体育产品推广、体育赛事策划承办等营销项目,扩大自行车公园的经济社会效益,打造与特色民宿产业互动发展的 1+1>2 产业聚合效应。在内部管理上,引入现代企业管理制度,以台湾业务骨干帮带本地村民,做到服务人员既了解本地乡土人情,又具备现代服务理念,避免了有些地区原住民流失、民宿"空壳化"现象。同时,坚持消防、卫生、安全设施配备同步到位,努力让入住客户吃得放心,玩得舒心,住得安心。在营销推广上,定位中高端客户人群,每间客房均价 1000 元/晚,充分运用"互联网+"等现代营销手段,开通"西巷栖居"微信公众号,由来自台湾地区的太御文创运营,兼具预订房间、推送信息、发布特色活动计划等功能,扩大两栖小镇的影响力。下一步,还将通过引入会员制,将优质客户群固化为会员,定期开展活动和会员优惠,扩大并锁定优质客户群。

三、难点分析

1. 产权难以界定

由于湿地往往是水体的伴生,而水体存在着流动性和季节性的丰枯水期等特征,因此,湿地的面积和区域划分是一大难点。此外,由于湿地的生态功能具有经济学上所说的"外溢性",即湿地的生态功能可以对大量的湿地区域以外人群产生正相关影响,因此,如何界定各方利益群体对于湿地的权责利,成为生态补偿的一大难点。

2. 生态价值难以通过货币来衡量

作为一种具有公共属性的物品,湿地的大多数生态功能都是免费服务于大众的,因此,关于湿地的权利与义务的界定是湿地管理工作中的一大难题。此外,对于湿地价值的评估也是湿地生态补偿的基础性工作之一,但恰恰是这一基础工作难以量化。因此,准确评估生态价值仍是一大难题,而这一难题不破解,则补偿标准难以出台,湿地生态补偿难以深入。

3. 法律体系不完善

目前,各地对于湿地生态补偿机制仍然处于调研的阶段,这一方面是因为湿地生态补偿问题较为复杂,另一方面是因为相关的湿地保护管理的法律法规仍然有待完善。当前部分省市出台了地区性的保护法规,对于湿地生态补偿的范围、金额也略有提及,但由于国家层面的湿地保护方面的法律仍然未能出台,因此,湿地保护法制化的道路还很漫长。

四、展望

完善的苏州市湿地生态补偿机制必须建立在顺畅的管理制度基础之上,政府的主导地位在较长一段时间内仍将持续,市场的积极介入是生态补偿实现突破的重要契机,而公众参与程度的不断深入则将成为补偿有序开展的重要保障。同时,完善的法律体系的构建是苏州市湿地生态补偿实施的重要支撑。

1. 构建政府主导、市场运作、社区参与相结合的互动机制

湿地生态补偿工作存在着政府与市场、政府与公民之间的利益博弈和责任承担,寻求利益的平衡是这一生态补偿博弈的基本导向与最终目标,因而,构建一个实现三者相互协作的互动机制是十分必要的。

(1) 政府主导完善湿地生态补偿管理体系。

加强湿地生态补偿监督管理机制,完善湿地行政管理部门协作机制,选择建立多渠道的湿地生态补偿融资机制,大力推动湿地生态补偿基础研究工作,充分发挥好高校科研对地方经济发展、地方政府管理方面的作用和价值。

（2）通过市场运作拓展湿地生态补偿资金渠道。

① 开发湿地生态系统服务市场。目前，某些湿地生态系统服务已建立起了市场补偿机制，但仍有其他生态系统服务市场还有待开发，见表3。

表3 湿地生态系统服务市场

湿地生态系统服务	已存在市场	潜在市场
生物资源、生物多样性	各种物资原材料	限额交易
水资源		水交易市场
调节气候		碳交易
调蓄供水		生态补偿
净化		生态补偿
生态旅游	旅游、教育、科研	

② 创新湿地生态补偿市场模式。目前生态补偿的实践中对市场的运用主要表现为三种类型：第一种表现为自组织的私人交易模式，即交易的双方经过谈判协商的方式，确定相互交易的条件与价格。第二种是采用生态标志这一间接支付模式，即实行环境友好型产品的认证制度，也就是现在通俗所说的"绿色产品"认证制度。第三种是开放的市场交易模式，目前采用较多的是湿地"占补平衡"，即实行"零净损失"目标，指如果不可避免地要占用一定面积的湿地，应该开垦或重建与所占湿地面积相等的新湿地。

③ 培育湿地生态补偿资本市场。湿地生态是一个能够带来巨大收益的新兴产业，只要资本投入能够获得一定回报，资本市场就完全有可能也有动力参与湿地生态补偿。将资本市场导入湿地生态补偿具有一定的创新性与可行性，也不失为化解当前补偿资金短缺的较好的解决方案与发展方向。

（3）通过社区参与实现湿地生态补偿标准认同。

加强湿地生态补偿宣传。苏州市在湿地保护的宣传上硕果颇多，国内第一本湿地教科书的出版、首个湿地自然学校的建立，以及各种形式的湿地保护宣传行动，都为普及湿地知识、提高公众湿地保护意识起到了积极的推动作用。在此基础上，湿地生态补偿也亟须得到全社会的重视与支持。社区群众是湿地生态补偿政策落实的直接对象，从涉及生态效益、经济效益，包含眼前利益与长远利益方面考虑，应该让群众参与生态补偿决策。但这个过程也是政府这一政策制定者与农民这一政策适用对象之间的利益博弈，见表4。

表4 湿地生态补偿农民与政府的博弈分析

		政府 B	
		立法强制	宣传教育
农户 A	退出	组合一策略 A. 高心理成本,高转移成本,低收益 B. 低补偿机制,恢复工作成效不佳	组合二策略 A. 低心理成本,高转移成本,低收益 B. 高补偿机制,高时间成本,恢复工作成效显著
	不退出	组合三策略 A. 高心理成本,高抵触成本 B. 恢复工作受阻	组合四策略 A. 低转移成本 B. 无法恢复

2. 完善生态补偿法律制度,强化湿地生态补偿的制度保障

随着人们对湿地生态补偿认识的不断提高,湿地生态补偿出现的诸多问题亟须借助法律武器来解决,创设适合湿地生态补偿的相关法律制度是实现科学执法的前提和基础。有法可依才能实践执法必严,才能将湿地生态补偿工作从被动变为主动。

(1) 健全湿地权属法律制度。

首先是产权界定。生态补偿的基本原则是"受益者补偿,受损者获补",但如果湿地产权不清晰,就很难界定受益者与受损者。苏州市首先根据湿地分布的特点,对于较稀缺的、重点湿地资源以公共产权的形式界定,国家拥有所有权,市级湿地管理部门行使管理权;对于归属于镇、村集体所有的湿地,由农民集体经济组织所有,具有使用权及收益权,但要明确禁止其进行所有权的买卖和非法转让;对于面积较小的湿地、人工湿地等,可以以某种程度的私人产权形式进行界定,主要是赋予其湿地资源的使用权及一定的收益权。在产权明晰的基础上,可考虑借鉴国外湿地保护立法中对湿地开发采用的许可证制度。这种湿地使用许可证对湿地所有权、使用权、承包经营权、捕捞权、取水权等权利的取得、转让和终止事项等都做出了清晰的描述,对湿地产权的确定、湿地资源的开发管控以及湿地生态补偿的实施都起到了非常好的效果。

(2) 完善湿地补偿立法权责。

《苏州市湿地保护条例》的出台说明了苏州市对湿地保护的重视,《苏州市生态补偿条例实施细则》中针对湿地实施生态补偿的诸多内容,如补偿对象、范围、标准、方式等也都以法律形式予以不断补充和修订。同时,建立湿地生态补偿公益诉讼机制,在湿地生态补偿的实施过程中,对政府或者企业、个人的违规行为,民众必然存在着诸多的不满与指责,为真实保障公民的环境监督权,使公民的监督具有一定的威慑力与实际效用,提倡以湿地补偿为要件的公益诉讼,任何组织、公民包括利害关系人在内的任何人,都可对环境违法行为提起民事诉讼,即对因保护湿地环境投入或因保护湿地环境受损而无法获得补偿的行为提起诉讼;或以环境行政机关的不作为提起行政诉讼,即对行政机关依据规定应当补偿但拒不补偿的情形向法院提起诉讼。这样必然能够从源头上解决受损者与受益者在补偿过程中地位不平等的问题,保证受损者获得补偿的合法权利,督促受益者履行应尽的补偿责任。

【思考题】

1. 湿地的生态功能尚未引起全社会的普遍关注,你认为应该从哪些方面展开工作?
2. 湿地补偿在苏州的实践,给你带来了哪些借鉴和启示?

第十四章 美丽镇村建设打造宜居家园

概 述

一、背景

2011年年底,江苏省委、省政府提出实施"美好城乡建设行动",并召开了全省村庄环境整治电视电话会议。当时,苏州正作为城乡一体化改革试点示范区,全力探索和推进城乡一体化改革试点。根据省"美好城乡建设行动"的新要求,苏州随即把实现城乡基础设施一体化、城乡公共服务一体化也列入了城乡发展一体化改革试点的重要内容,采取了一系列行之有效的改革措施和工作举措,加大了村庄基础配套设施建设,大大改善了农村生态环境面貌,提升了城乡公共服务均等化水平,促进了美丽乡村建设的全面发展。

从2012年开始,苏州市开展了村庄环境整治和美丽乡村建设,第一阶段是村庄环境整治阶段。利用2012年全年时间,全市完成了省政府统一部署的村庄环境整治任务,创建三星级康居乡村182个、二星级康居乡村591个、一星级康居乡村1420个,其他村庄全部达到"整洁村"标准。第二阶段是美丽乡村探索阶段。根据建设美丽乡村的决策要求,确定了71个自然村为市级美丽村庄建设示范点,开展试点、积累经验,以点带面、示范引领。第三阶段是三年行动计划实施阶段。从2014年起,全市开始实施"百村示范、千村整治提升"三年行动计划,每年继续创建10个市级美丽村庄示范点和100个三星级康居乡村,同时全面提升村庄整体建设水平,力争通过3年时间累计创建100个有产业特色的美丽村庄示范点和1000个三星级以上康居乡村。

2015年,在继续创建10个市级美丽村庄示范点和100个重点村为三星级康居乡村的基础上,苏州市还拟订了美丽乡村建设"十三五"规划(2016—2020年),进一步巩固城乡发展一体化改革成果,全面提升苏州乡村综合竞争力。

二、做法与经验

1. 关注村民意见，引导群众参与

村庄环境整治和美丽乡村建设，需要农民群众献计献策，集思广益。各地创新多种形式，吸引广大农民群众积极参与。如太仓市将村庄环境建设纳入"勤廉指数"测评体系，让村民对环境整治中所落实的项目工程和基层干部的工作实绩进行测评，以测评结果衡量老百姓的幸福满意度。常熟市则在制定《村庄环境整治行动宣传工作意见》和《村庄环境整治公益宣传意见》时，充分吸收村民的想法和建议，使农民群众成为衡量美丽乡村建设和村庄环境整治工作成效的"试金石"。

2. 保持村庄风貌，提升居住质量

各地的美丽乡村建设都关注到了建筑物风貌协调、河道疏浚清淤、污水集中处理、村庄庭院绿化、农田田园整治、宅院乱堆乱放整理等环境建设，普遍改善了全市村庄的环境面貌。全市共有21万农户农房墙面见新，刷新墙面5200万平方米；拆除违章搭建1.34万处、24万平方米；清理河道1800条、1450公里，清理淤泥1800万立方米，建造生态河坡1520公里，拆坝建桥1500处；加大村庄绿化，鼓励栽种果树，增加绿地1.8万亩；搬迁或关停村庄污染小企业2000余家。通过村庄整治和建设，乡村墙变白了，水变清了，地变绿了，生态环境变美了，逐步恢复和保护了江南水乡的原有风貌，初步彰显出苏州乡村小桥流水、粉砖黛瓦的江南水乡特色。

3. 强抓环境卫生，落实管理制度

各地在美丽乡村创建中坚持建管并举，在全面清理道路、河道、农户家前屋后生活垃圾的同时，注重村庄环境卫生建设的长效管理，不断提升村庄环境美化水平。全市在整治和创建中突击清除生活和建筑垃圾65万吨，新增垃圾箱（桶）16万只；清除河面废船2500只，打捞河道漂浮物9.7万吨。目前，全市全面建立了"户收、村集、镇运、县处理"生活垃圾收集和处理体系。各地普遍建立了严格的村庄环境管理制度，明确村庄道路、河道保洁和绿化养护、垃圾清运等责任范围及管理人员。尤其是美丽村庄示范点，普遍添置了设备并增设了垃圾分类堆放标识，积极探索建立垃圾分类处置和资源回收体系。

另外，苏州还从制度管理上进行创新，加强村庄环境整治的管理工作。从2013年起，苏州市明确规定，村庄环境长效管理由苏州市市容市政管理局负责，这不仅明确了村庄环境管理的责任主体，也表明苏州在城乡环境管理上突破了二元格局，把环境管理从城市延续到乡村，在构建城乡一体化上又迈出新步伐。

4. 完善基础设施，均等公共服务

按照"基础设施向农村延伸、公共服务向农村覆盖、现代文明向农村传播"

的创建要求,各地加大了村庄公共设施的投入。近几年,全市修复村庄破损道路1950公里,道路硬化350万平方米;新建公共停车场3500多处,新建改建公厕5800座,新增路灯2.5万只;新增生活污水集中处理的村庄1300余个;新建社区服务分中心453个,新建村民活动室、阅览室2436间,新增小游园835个,新建文化广场546处。通过整治和建设,高质量的公路通村,方便了村民出行,路灯、停车场、公厕、文化广场、小游园、文体设施等进一步配套,大大提高了村民生活质量,城乡公共服务均等化水平进一步提升,城乡差异进一步缩小。

5. 创新经营思路,推进产业发展

在搞好村庄建设、美化村庄环境的同时,各地注重创新发展思路,挖掘产业特色和产业优势,培育发展特色产业,为村庄发展提供活力,为农民增收创造潜力。目前,已初步形成五类产业发展特色村:一是古村保护特色村。对列入市级以上的古村落,在保护和修复的基础上,培育和形成古村落旅游特色村。如张家港市恬庄村、金村,太仓市三市村,昆山市歇马桥村,吴中区陆巷村、明月湾村、东村等。二是山水休闲特色村。环太湖、环阳澄湖、环常熟虞山等有山水资源的村庄,以发展"农家乐"为重点,形成集观光、旅游、休闲、度假、美食于一体的特色村庄。如吴中区长沙村、相城区清水村等打造"太湖三白""阳澄湖大闸蟹"等餐饮特色村,常熟市三峰管理区,吴中区旺山村、三山村,高新区树山村等利用优美的山水风光打造乡村休闲旅游特色村。三是传统工艺特色村。挖掘村庄传统工艺或产业特色,形成苗木、席草、水蜜桃、腊肉、核雕等"一村一品"产业特色村。如昆山市金华村打造"金华腊肉"、吴中区舟山村打造"核雕第一村",吴中区天池村打造苗木特色村。四是农旅融合特色村。将村庄建设与田园风光、现代农业园区建设有机结合,通过发展鱼塘垂钓、果蔬采摘、油菜花观赏等形成乡村旅游特色村。如张家港市常兴社区、常熟市蒋巷村、吴江区北联村、相城区迎湖村等。五是农房合作特色村。吴中区上林村、杨湾村等村庄利用农户空置农房,探索组建农房合作社,改善设施配套,引入社会资本,探索发展民舍、居家养老等阳光产业,既盘活了现有闲置资源,增加了农户收入,又焕发了村庄生机和活力。

6. 寻找乡土载体,培育文化特色

各地在村庄建设中,坚持从自身村庄肌理、风貌形态、自然资源等实际出发,坚持因地制宜、分类指导,注重江南水乡的历史文化、建筑风貌和乡土人情,着力引导有乡土特色的农宅、院落、街道、公建和村口环境进行特色塑造,着力对村庄传统产业、文化历史、旅游资源进行特色产业培育,初步形成古村保护、自然生态、老村改造、集中居住和现代社区等各具特色的村庄风貌。尤其是古村保护和自然生态型村庄,各地注重在保持原有江南水乡小桥流水、粉墙黛瓦的村庄肌理及传统建筑风貌的基础上,充分挖掘和保护村庄的历史文化,修复和保护了一大批古建筑、古寺、古井、古树、古宅、古巷等历史文化遗存,同时加大孝文化、道德教育等文化宣传,加大"水资源、水环境、水安全、水文化"的保护,使江南水乡特色更加浓厚、历史文化底蕴更加深厚。

三、存在的问题与展望

苏州美丽乡村建设虽取得了巨大成果,但比起日新月异的城市发展仍显滞后,在基础设施、公共服务、人居环境等方面的差距仍然很大,弥补城乡二元体制形成的历史欠账还要付出巨大的努力。

按照"生态乡村、宜居乡村、活力乡村、美丽乡村"的目标要求,展望苏州的美丽乡村建设,还需在以下六个方面继续努力。

1. 强化规划引领,优化镇村布局

进一步优化镇村空间布局,科学合理确定保留村庄(或重点村、特色村)规模与数量,做到规划高起点,建设高标准,投入高效率。除有保护价值、有历史文化的特色村外,规划保留的重点村农户规模原则上需在80或100户以上。苏州市将根据村庄区位、农户规模、产业发展、风貌特色、设施配套、农民意愿等实际,制定完善"重点村""特色村"的认定标准、申报规程和审定程序,全面开展村庄建设或改造详细规划编制,按照"生活宜居、设施配套、环境优美"的要求,对村庄内住宅建筑、公共服务设施、基础设施等统筹规划,既注重统一风貌和整体协调,又彰显江南水乡特色。

2. 强化资源整合,适度归并村庄

根据新型城镇化与城乡公共服务均等化给村庄建设带来的新情况、新要求,积极探索村庄有效归并途径,促使村庄规模逐步走向适度,以利于对土地等资源有效整合,提高公共服务设施的使用效率和投资效益。充分利用建设用地增减挂钩等政策,在节约集约利用土地和顺应农民意愿的基础上,将"一般村"向"重点村"以及"特色村"周边归并。在"十三五"规划期内,全市力求完成20户以下小规模村庄和高速公路、高速铁路沿线200米以内村庄以及50万伏以上高压线以下20米范围内村庄的搬迁与归并,切实提高美丽村庄建设的投资效率,全面提升全市农村人居生活环境质量。

3. 坚持分类指导,完善公共设施

坚持因村制宜,加大分类指导,在确保农民住房安全、饮水安全、道路通达、生活垃圾有效收集等农民最为迫切、最为需要的设施建设以及注重村庄生态环境和卫生整洁的基础上,按照"一般村""重点村""特色村"的定位,通过兼并整合,做大、做强、做优"特色品牌",坚持村庄建设、基础配套与特色产业的有机结

合,以产业带动经济持续发展和村民持续增收。完善"重点村""特色村"等村庄的商贸超市、便民服务、体育健身、文化活动、卫生医疗、养老服务等公共服务设施网络体系,加大村庄道路、污水处理、电力、通信等基础设施建设,探索建设和改造一批真正的美丽村庄。同时,要做好古村落、民俗特色村落的保护与建设,彰显小桥流水、粉墙黛瓦等江南水乡特色,并结合当地经济社会发展赋予其现代新内涵。

4. 创新农旅融合,促进产业发展

美丽乡村建设必须要以促进农民就业与增收为根本出发点,转变增长方式,创新发展模式,以一产为基础,构建"一二相容、一三相合、二三互促"的三次产业联动体系,促进村庄的可持续发展。首先,充分利用苏州市传统一产的基础,积极引导粮油、林果、水产、"水八仙"等农业产业的发展;其次,要依托苏州市江南水乡农村的优美景观、自然环境、历史文化等资源,大力发展乡村旅游业,把苏州的美丽村庄建设成为高品位、有特色的乡村旅游胜地;最后,要重点探索村庄建设与农业园区建设的有机结合,实现农旅融合,促进产业发展,培育有特色、有品质、有创意的乡村休闲旅游产业品牌,努力培育一批精品线路、富美乡村。

5. 提升农民素质,实现长效管理

美丽乡村建设,需要靠管理制度和靠人的素质,要逐步建立乡村环境卫生管理长效机制,提高全民文化素质。必须加大宣传教育,提高广大村民的思想文化素质,培养良好的卫生生活习惯,培育文明乡风,使美丽乡村建设真正做到"内外兼修"。而提高村民素质,形式多种多样,各地必须及时发现成功的经验和做法,及时总结、积极推广。要让基层党员干部起表率、树榜样,充分发挥"传、帮、带"等示范作用,注重建管并举,提升美丽村庄环境长效管理高效化、专业化和社会化水平。

6. 加大财政支持,强化组织领导

坚持美丽乡村建设普惠式的供给原则,重构农村公共产品供给运行机制,优化供给主体,创新供给方式和筹资渠道,对供给运行进行动态管理,通过相关领域的综合配套改革,构建以农民需求为导向、以政府为主导、多元主体协同互动的普惠式农村公共产品供给机制。充分调动社会各方面的积极性,拓宽美丽乡村建设资金来源渠道,用财政杠杆撬动社会资本投向农村建设,引导和鼓励各类组织参与农村各项事业,形成美丽乡村建设多方参与、共同获益的生动局面。各级党委和政府要切实强化对美丽乡村建设的领导,强化市、区(市)两级美丽乡村建设的工作机构,简化美丽乡村建设中项目立项、规划、用地、建房等审批手续,加强部门的配合和协调,提高村庄建设、改造的工作效率。

案例一 永联村：美丽乡村建设的新样本

一、背景

张家港市永联村，位于张家港市东北角，面积 12 平方公里，拥有 76 个村民小组，户籍人口 11173 人，外来常住人口 5249 人，其中永联村经济合作社社员 10993 人。永联村坚持"以工兴村、以钢强村"的发展道路，大力发展村级经济，成为苏州市唯一销售收入超百亿的行政村，被誉为"华夏第一钢村"。永联村连续四届被评为"全国文明村"，并获得"国家级生态村""全国民主法治示范村""全国休闲农业与乡村旅游示范点""国家 4A 级旅游景区""江苏省社会主义新农村建设示范村"等多项荣誉。村党委两次被中组部授予"全国先进基层党组织"称号。

1984 年，以一台旧轧机起家，永联村开始兴办村办企业，经过 30 多年的发展，现在的江苏永钢集团已成为华东地区现代化程度高、具有较强竞争力的钢铁联合企业。2015 年，在中国民营企业 500 强中，永钢位列第 81 位。目前员工总数近 12000 人。2015 年实现销售收入 258 亿元，利税总额 13 亿元。在村党委的坚持下，永钢集团在改制过程中，保留了 25% 的村集体股份，每年可以为村集体带来几千万元的收入，成为永联村城乡一体化建设和美丽乡村发展的重要资金支撑。

从改善居民生活环境、美化村容村貌入手，永联村投入资金，建设了一批公共服务设施，并投资 20 亿元打造了美丽的江南小镇社区"钢村嘉园"，成为现代化农村建设的典范。为反哺农业，加强美丽乡村建设，永联村还投资成立了苏州永联旅游发展有限公司和江苏永联现代农业发展有限公司，做到了多元化发展。

二、主要做法

永联村的美丽乡村建设，主要坚持了"四个美"。一是不断壮大集体经济，实现"产业发展美"。二是着眼城乡一体发展，实现"群众生活美"。三是加强精神文明建设，实现"心灵素质美"。四是加强村庄生态建设，实现"生活环境美"。

1. 依托优势产业,壮大村级经济

1984年年初,永联村从一套二手的小轧机开始了创业之路。1984年8月20日,轧钢厂加热炉点火,当年就实现产值123万元,第二年达1024万元。在企业快速发展过程中,永联村审时度势,按照"企业上规模、质量上水平、管理上效益"的思路,不断开发新产品,加强技术改造,有效积蓄了市场竞争优势。1996年销售收入首次超过10亿元,1997年超过20亿元。

2002年,永钢上马百万吨炼钢项目,开始了新一轮创业。百万吨炼钢项目最终仅用341天就建成投产,开创了中国冶金建设史上的奇迹,也使公司实现了从单一轧钢到联合型钢铁企业的飞跃,企业整体规模成倍扩张。与此同时,乡镇企业体制改革大潮来临,在全面私有化的大潮中,永钢的当家人吴栋材冷静思考,坚持为永联村保留了永钢集团25%的股份。这次改制既使永钢股权明确,确保了村企分开,使企业的发展更加自由,又使村民集体保有股份,享受来自永钢集团的分红。目前,永联村11000名村民,有20%左右在永钢集团上班,支撑着这座大型钢厂的运转。永联村和永钢集团通过这种创新式的改制,走上了村企双赢的道路。

2009年以来,永钢通过第三次创业进行企业转型升级,目前,企业基本形成了钢铁、重工、物流、建设、金融、旅游等六个板块协调并进的业务结构。2013年,在钢铁行业陷入全行业乃至全面亏损的局面下,永钢依然实现销售收入355亿元,上缴国家税收11.3亿元,利润7.4亿元。2014年,永钢产量800万吨,销售收入358亿元,利税总额18亿元。

2. 加强基础投入,建设新型村庄

20世纪80年代中期,当集体经济积累还不充裕时,永联村就投入资金,先后建起了自来水厂和电厂,使永联村民在张家港市农村率先用上了电和自来水。1993年,永钢集团投资1500万元,修建了一条长10公里、宽25米的贯穿南丰镇的永钢大道。随着集体经济实力的不断壮大,永联村又投入近2亿元资金先后建起了高标准的医院、学校、影剧院、集贸市场、商场等基础设施,永联集镇道路硬化率、空闲地的绿化率也都达到了100%;村民住上了电话、闭路电视、生活煤气等配套设施齐备的别墅、公寓楼。村里还投入1200万元兴建了永联学校。

永联村耗费约20亿元人民币,在参考现有城市居住区的有关设计标准的基础上,建成了集居住、娱乐、教育、饮食等多种功能于一体的现代化社区——钢村嘉园。钢村嘉园占地面积约为1000亩,已建成建筑面积102万平方米,可供5000余户居住,由七个园区构成,包括学校、市场超市、商业区、医院、居民生活区、自来水厂等,基础设施也相当齐全。在设计、建造钢村嘉园的过程中,永

联村特别注意保留江南水乡所具有的村庄特色,通过使用现代化元素,将江南水乡以及永联的历史文化体现得淋漓尽致。

3. 加强文明创建,提高村民素质

永联村以文明创建为载体,促进先进文化深入民心,从 2004 年开始,村党委每年拿出资金,按照每人每年 1000 元标准,设立"文明家庭奖",对村民遵纪守法、环境卫生、计划生育、家庭生活、综合治理等方面的行为进行考核评比。"文明家庭奖"促使村民不管走到哪里,都能成为最好管、最自觉、最文明的人。经过十多年的推进,永联村实现了"乡村变都市,农民变市民"的目标,村民的综合素质得到较大的提升,先后获得了"苏州市示范村""江苏省卫生村""江苏省文明村""江苏省安全文明村"等一系列荣誉称号。2014 年,经村民委员会多次认真讨论并征求社区及村民代表意见,对原"文明家庭奖"实施办法进行修订完善,重新分类考核内容,创新考核方式。

永联村还积极利用党员的影响力号召力,推进农村文明建设,制定《永联村退休党员考核细则》《永联村在职党员百分考核细则》,为老党员提供专项生活补贴,鼓励党员在新农村建设中发挥更大的带头作用。永联村还制定、完善了《永联村村民各类待遇分配实施办法》,建立健全了村民增收的保障机制和长效机制,让村民拥有和市民一样的收入来源、一样的社会保障。

4. 改善人居环境,完善社区服务

为让农民更好地享受社区服务,永联村和永钢集团还完善和强化社区服务功能,投资 1500 万元,将原来的永钢商场改造成"社区服务中心",从一楼到五楼分别有社区服务大厅、村情厂史展览室、图书馆、青少年活动室、网吧、影视厅、健身房、歌舞厅、棋牌室等,为村民提供高档的娱乐、休闲场所和周到的社区服务。同时引导和组织农民建立了舞龙队、舞狮队、扇舞队,开展丰富多彩的文化活动,使村民拥有了和市民一样的文化生活。

永联村依托新型农村社区建设后形成的小城镇形态,充分利用其人口集聚优势,建立了 3 条商业街、9 个大中型超市和 3 个农贸市场,现已聚集了零售、娱乐、餐饮、旅馆、休闲、建材、美容等近 400 家商户。在服务业快速发展的同时,永联村也注重拓宽集体经济发展渠道,建设 188 套公寓房和 183 套门面房作为集体资产对外出租。

三、成效

1. 建设了一个美丽新农村的永联样本

永联村以居住方式城镇化、生产方式产业化、生活方式市民化、就业方式多样化、管理方式规范化、收入方式多元化,实现着农业、农民、农村发展方式的转变,全村98%的村民实现了集中居住,98%的耕地实现了集体流转,98%的劳动力实现了就业,98%的村民享受到了比城市居民更优越的福利保障。

2. 在乡村治理方面提出了有益的思考和尝试

在经济快速发展的同时,永联村积极推进新型农村社区治理的创新实践,进一步理顺"村企""村镇""村社"、政经等利益关系,逐步形成"党建引领、五位一体、区域协同、依法治理"的新型社会治理模式,并连续四届获得"全国文明村"称号,两次被中组部树为"先进基层党组织"。

3. 推出了新的乡村经营业态和农产品品牌

旅游方面,开发了以现代粮食基地和鲜切花基地为主体的现代农业观光游,以苏州江南农耕文化园为主体的农耕文化游,以"品江鲜,到永联"为主题的美食游。2014年,永联景区游客量达到40多万,其中散客23万。农业方面,将原鲜切花基地、特种水产养殖场、现代粮食生产基地、园林公司等整合组建为农业公司和劳务公司,农业公司经营着永联村6000亩农业用地,逐步推出了特色水产、品质大米、花草苗木等一系列产品,树立了永联村品牌农业的形象,增强了发展后劲。

四、经验与启示

1. 美丽乡村建设要有强烈的发展意识,有一个好的带头人

永联村从1970年移民设村,贫穷落后面貌一直持续了8年,上级派出工作组六进六出,永联村面貌依旧。以吴栋材为首的第七任工作组、第五任村党支部成立后,确立了强烈的发展意识,选择了可行的发展项目,不断抢抓机遇创业发展,才走上了持续健康的文明发展之路,才有了今天实力雄厚的永联村。

2. 美丽乡村建设要有明确的发展方向,有一个好的产业

永联村由一台旧轧机起步,坚持以钢铁产业为方向,先后进行了三次创业,使企业逐步壮大。可见,一个好的产业,是乡村发展的动力源泉,是强村富民的必由之路。

3. 美丽乡村建设要有创新的发展目标,有一种好的精神

发展经济,做强产业,其目标是让乡村富裕,让农民富裕。永联村没有忘记共同富裕的社会责任,坚持村级经济的主动权、话语权,以创新发展为目标,为永联村以工哺农,改变乡村面貌,改善生活环境,增加农民收入切实工作,创造了永联人民的共同富裕。

4. 美丽乡村建设的归结点,就是要让农民群众生活富裕

永联村在经济发展的同时,没有忘记农民素质的提高。通过多种途径,永联村不仅保证了农民群众的生活富裕,也保证了农民群众的精神富裕,使经济发展的同时,带来社会文明的发展和综合素质的提升,这也是永联村软实力的体现。这种软实力,才是后续发展的真正动力。

【思考题】

1. 乡村发展过程中的主要产业培育,应如何在保持经济效益为中心的前提下,保护村民的利益,做到共同发展、和谐发展?

2. 经济实力雄厚的农村基层组织,在美丽乡村的建设过程中,应采取什么样的发展思路,才能够既让村民享有城市化的生活方式,又保留乡村的传统文化和环境特色?

案例二 树山村：生态旅游发展的新乡村

一、背景

树山村位于高新区通安镇，全村占地5.2平方公里，分11个自然村，农田1050多亩，山地4700多亩，现有472户农户、1669人。全村山水资源丰富，有"三山四坞五条浜"；名胜古迹颇多，"大石八景"等自古以来便为览胜佳境。有翠冠梨、云泉茶、杨梅等特产，尤以白杨梅为果中珍品。2006年，树山村被评为"全国农业旅游示范点"；2007年被评为"江苏省卫生村""江苏省生态村""江苏省文明村"；2008年被评为"全国农业旅游示范点"，在苏州市纪念改革开放30周年30个美丽乡村评比活动中获得"自然生态之村奖""苏州十大生态旅游乡村"等荣誉称号；2011年被评为"国家级生态村"和"江苏省四星级乡村旅游区""江苏省民主法治示范村""江苏省科普宣传示范基地"。2015年村级经济收入400多万元，农民人均收入超过3.5万元，多年位居全镇前列。

2012年，树山村开展村庄环境整治，按照三星级标准，打造美丽村庄整治的示范村、样板村，彰显树山特色风貌。一方面，整治生活垃圾、生活污水、乱堆乱放，清理河道沟塘，优化景区道路；另一方面，综合运用高新生态技术，协调"科技、生态、景观"三大主题，突出树山村"幽、秀、野"特色景观风貌，全面提升树山村生活、旅游环境。2014年，树山村被列入"城乡一体化改革发展示范村"。在《苏州市实施"百村示范千村整治提升"三年行动计划》指导下，根据"百村示范千村整治提升"要求，树山村在2012年村庄环境整治基础上，全面开展了美丽村庄建设工作。

二、主要做法

1. 规划先行，落实工作举措

一是制订专题规划方案。树山村委托苏州科技学院编制美丽村庄专题规划方案，方案编制过程中，先后多次召开村庄整治规划论证会，对整治方案进行联合会审，广泛征求多方意见，组织召开村民大会并公示规划方案，借鉴"三星级康居乡村"规划要求，结合《大阳山国家森林公园总体规划》和《树山村旅游详规》，坚持生态文明、产业特色、富民强村、提升村庄内涵相结合，对2个美丽村庄示范点（大石坞、唐家坞）制订了专题规划。

二是加强技术指导。高新区根据《苏州市建设美丽村庄的实施意见》的要求,结合树山村发展实际,研究出台了《苏州高新区美丽村庄示范点建设实施意见》和《苏州高新区美丽村庄建设目标责任分解方案》,明确了目标任务和进度安排,通安镇也制订了美丽村庄建设专项实施方案,对照《苏州市美丽村庄建设考评体系评分细则》,列出了7个重点整治项目的清单。

三是加强宣传发动。区、镇、村三级联动,召开各类工作会议,统一思想、创新意识、突出规划、迅速行动。树山村也层层召开动员会和现场会,进行广泛宣传发动,提高认识,区、镇两级建立了简报和月报制度,共编发简报10期。区美丽村庄建设办公室每周不少于两次到现场督查工作进度,对进度缓慢和脱节的现象予以通报。

2. 全面推进,提升环境面貌

按照《苏州市美丽村庄建设考评体系评分细则》的要求,围绕树山村美丽村庄建设的重点项目,树山村全面推进了美丽村庄建设。

一是提升村庄风貌。在2013年村庄环境整治的基础上,对建筑风貌、绿化水平等进行全面升级改造。通过对房屋外墙、围墙、窗楣、屋檐、围栏的整治,既体现了江南水乡粉墙黛瓦的生态特点,又展示了城乡一体化建设新农村的现代化气息。重点对大石坞、唐家坞等周边80户农户进行外立面粉刷改造,因地制宜地做好窗楣门楣,同时对破旧平房与小楼房进行翻建出新,从而使原本比较破旧的村落面貌得到改善,自然村建筑风貌得到了较好的提升。同时,提高村庄绿化水平,补种树木,铺设草坪,对树山路、大石山路沿线,木栈道西入口等地段的绿化工程做进一步的调整提升,共植桂花300余株、樱花40余棵、大叶黄杨56棵、红叶石楠1.2万株、竹子100平方米、铺设草坪9500余平方米。

二是美化环境卫生。首先,树山村扩大了污水管网覆盖面,铺设了唐家坞、大石坞2个自然村的生活污水管网,接管80余户。其次,提升保洁工作力度,对村内生活垃圾做到日产日清,及时收运,加强长效管理,使村庄无暴露垃圾和积存垃圾,保持道路、村庄长期整洁。第三,提升村内河道、池塘的保洁水平,定期打捞沟、塘内的垃圾杂物和漂浮物,保持河、塘、沟渠的干净清洁。第四,明确并公示了村庄道路、河道、绿化养护和垃圾清运等保洁人员的工作职责、工作范围、奖惩等相关制度,设立了保洁人员监督牌,公开监督举报电话。第五,规范"农家乐"经营,组织了美丽村庄"农家乐"业主的专题培训,全部"农家乐"实施了污水接管,逐步加装油烟处理设备。

三是完善配套设施。进一步提升树山田园乡村风貌,拆除梨园破旧工具棚,统一搭建木结构风格的工具棚,增加田园旅游休闲功能。目前已新建木结构工具棚24只。投资310万元,对全村破旧路灯进行全面更换改造。对自然村内道路实施硬化。

3. 利用资源，发展特色产业

一是做精树山特色果品。树山村依托资源优势，发展花果特色产业，促进农业增效、农民增收。① 做优做大树山传统名品云泉茶。树山村把有着1000多年历史的云泉茶注册了商标，正式定名为"树山云泉茶"，2012年，极品"树山云泉茶"每斤售价超过3000元。② 做好树山杨梅推广。突出宣传树山村500多年世代相传的"树山杨梅"品牌，使"树山杨梅"在苏州和周边城市形成特色形象，红杨梅的销售价达到30元/斤，白杨梅高达60元/斤。③ 在"一村多品"上下功夫。2000年从浙江农科院引进了翠冠梨种植，经过细心培育，"树山翠冠梨"成为省内知名佳果，成功通过"国家无公害产品""国家绿色产品"和"GB"质量检测评定，与树山云泉茶、树山杨梅并称为"树山三宝"。目前，"树山三宝"年产值超5000万元，能为每户种植户至少带来10万元的年收入。

二是加强农产品品牌建设。为了进一步优化生态农业布局，提升农产品的产量和品质，树山村加强了农产品品牌建设，在注册商标的基础上，大力调整农业产业结构，扩大"树山三宝"的种植规模，保证市场供应稳定，并建设翠冠梨生态观光果园，建成树山现代农业示范园区，实施茶叶、杨梅、翠冠梨无公害农产品申报，目前产地认证工作已完成。

三是继续提升富民载体建设。树山村加强了农产品交易市场、农产品储存设备等农业基础设施的配套建设，成立农村专业合作社，对农产品实行统一管理和销售，确保农产品优质优价、产销两旺。加大农村股份合作社、劳务合作社建设，通安镇森林防火管理站建成后也移交给树山村管理，作为增加树山村经济收入的富民载体，致富村民。

4. 寻找载体，塑造村庄特色

一是推进旅游配套设施建设。树山村与苏高新集团及通安镇政府共同出资，成立苏州新灏农业旅游发展有限公司，以"村企合作"的新模式，开发树山旅游资源。完成了树山村乡村道路改造和水、电、气等公共基础设施建设，完成了大石山主要景点道路、观光木栈道、树山公园等旅游配套设施建设。先后开发出了两口多元复合型优质温泉井，为树山温泉项目建设奠定了基础。

二是加快村庄特色项目开发。重修千年古刹云泉寺，优化"东南一奇"大石山风景区，与苏高新集团等联合开发欢乐谷拓展乐园、真人CS、四季悦温泉、树山商业街等景点项目，精心筹划赏花、禅修、春宴等系列主题活动，成功培育出"树山梨花节"品牌，每年吸引游客近5万人次。充分整合树山温泉项目优势，加强温泉度假区建设，打造"树山国际健康养生村"示范基地。形成了文化、养生、休闲、购物一条龙服务的旅游产业链条。

三是大力扶持"农家乐"发展。为进一步拓宽村民致富增收渠道，大力扶持引导村民创业增收，树山村出资帮助村民建设"农家乐"菜馆，并请专业人员对菜馆的装修风格、菜品风味进行指导。目前全村正式注册的"农家乐"已有8家,年总营业额超过1000万元。2008年,树山云泉山庄被苏州旅游局等部门评为首批五星级"农家乐"。

树山村建设总投入已达8亿元,成为集人文胜景、生态乡村、休闲度假、健康养生于一体的综合型休闲生态景区,带动了树山茶果销量和三产创收。2015年共接待游客15万人次,增加就业岗位超过1000个,年营业收入达1.3亿元,年上缴地税逾1000万元。

5. 三级联动,强化组织保障

高新区高度重视美丽镇村建设工作,成立了由区管委会主要领导任组长,区管委会分管领导任副组长,相关职能单位主要负责人为成员单位的美丽镇村建设领导小组。通安镇、树山村也相应成立了领导小组和工作班子,区、镇、村三级联动,积极配合,保证了美丽村庄建设的顺利开展。在美丽村庄建设过程中,树山村积极争取各级政策支持和资金补贴,将省级引导资金、市级重点项目建设资金、区级财政补贴等资金有效整合,并合理向美丽村庄建设工作倾斜。同时,积极拓展资金筹措渠道,发动社会力量共同参与整治,引导村民自治,形成了全社会参与的氛围。

三、成效

1. 提升了美丽村庄规划建设的水平

树山村的美丽村庄建设进一步提升、完善了树山村的规划设计,做到高水平超前规划,把旅游理念充分融入村庄整体规划中,深入挖掘树山地区的自然风光和人文景观特色,体现树山文化内涵,提升旅游价值品位。充分考虑村庄入口、内部道路系统、建筑群体、绿化景观、管网设计、旅游标识、停车位等基础设施和配套设施建设标准,设计好旅游路线及人员分散、集聚、居留等,杜绝低水平建设。加大宣传营销力度,突出营销重点,使不同层次的人群在树山都能找到自己的兴趣需求,打造了高新区休闲旅游的独特亮点。

2. 深化了特色乡村产业发展

通过打造树山特色农产品品牌,以农业科技提升农林果品的品质,搭建农产品销售平台,完善了农产品购销市场体系。同时,运营冷链物流,延长农产品销售周期。通过打造树山温泉品牌,加快了温泉度假区的开发建设,经过整合现有的温泉项目,引入新颖丰富的温泉产品,完善相关的配套产业,打造了"温泉小镇"品牌,形成集聚效应,打响了温泉生态旅游品牌。通过建设综合型医疗康复、休闲养老服务社区,发挥树山的生态价值,以特色休闲度假旅游项目带动树山休闲健康养生产业的发展。

3. 提升了基层组织的管理水平

树山村在打造美丽景观的同时,注重管理"内核"质量的提升,进一步提高了美丽村庄建设的组织管理水平。在未来的发展中,树山村还将构建统一的服务管理体系,全面树立树山村生态旅游新形象、新品牌。

四、经验与启示

1. 要有争优创先的思想意识

树山村作为高新区唯一入选"城乡一体化改革发展示范村"的村庄,本着争先创优、敢拔头筹的工作态度,把美丽村庄建设任务放在高新区城乡一体化发展的大局来考量,以只争朝夕的工作态度,更快地推进了各项目的建设。

2. 要有重点建设的实干精神

树山村坚持按照《苏州高新区美丽村庄示范点建设实施意见》和专题会议纪要的要求,在完善规划建设方案的前提下,加快推进重点项目建设,因地制宜,努力争取早出成效。在建设资金管理上,坚持镇财政统筹负责,以改善农村生产生活条件为中心,以生态和亲近自然风格为主旨,避免了大拆大建和重复浪费。

3. 要有产业发展的创新突破

树山村利用树山特有的山水资源和区位优势,加大农村股份合作社、劳务合作社建设的力度,利用职业农民培训等渠道,加强技术指导和服务培训,拓宽村民视野,扶持一批星级"农家乐",从而以优美的自然风光、完善的配套设施、优质的服务,建设集休闲、观光、旅游为一体的综合村庄,达到富民创收的目的。

4. 要有长效管理的途径机制

美丽村庄的管理是一项长期任务,在通过集中整治解决突出问题的同时,要深化改革,创新机制,着眼长远,标本兼治,努力构建长效管理机制,制定实施村民普遍接受和遵守的村规民约,引导农民参与和自主管理村庄环境,使村庄环境管理逐步走上制度化、规范化和长效化轨道,不断巩固建设美丽村庄成果,持续改善村庄环境。

【思考题】

1. 特色农产品在美丽村庄建设发展中应该起到什么样的作用?如何达到农业发展和乡村环境建设的统一和谐?

2. "农家乐"、民宿客栈、农村休闲游等农村经济的新业态,增强了农村的吸引力,提高了农民的收入。如何引导村民形成有序发展的农村休闲新业态,促进美丽村庄建设?

案例三 旺山村：苏州最美丽山村的新典型

一、背景

旺山村位于苏州市吴中区西南8公里处，村域面积7平方公里，其中山地面积5400亩，全村现有9个自然村落，540户农户，本地人口2442人。旺山村群山环抱，空气清新，历史古迹保存良好，拥有得天独厚的生态环境、丰富的自然资源和悠久的历史人文景观，盛产旺山茶叶、银杏、葡萄、枇杷、珍贵林木、花卉等名特优产品，被誉为"苏州最美的山村"。旺山村还是全国文明村、全国生态村、国家5A级旅游景区、全国特色景观旅游名村、全国生态文化村、全国农业旅游示范点、江苏省社会主义新农村建设示范村、苏州市幸福乡村，获得中国人居环境范例奖。

依托吴中区富民工业园等平台，旺山村通过异地发展，投资兴建标准厂房、商业用房、集宿楼等各类载体9.3万平方米，村集体总资产达1.5亿元，净资产1.2亿元。2015年，旺山村加快了转型升级，多元化入股投资项目建设，力推集体经济稳步发展，全年实现集体经济收入4000万元，农民人均纯收入43616元。

二、主要做法

1. 规划先行，着力改善村庄环境

旺山村坚持规划先行，用城乡一体化的理念统领全村发展规划，优化各种村级资源的配置，稳步推进公共基础设施建设。构建柏油路网体系，引入公交线路，方便村民出行；建设生态型停车场、公共厕所；安装景观路灯；因地制宜实施农村房屋外立面改造，美化村落环境，绿化覆盖面积达85%；完善污水处理系统建设，贯通整村污水管网，实现区域零排放，着力推进城乡基础设施建设一体化。

2. 转变方式，着力优化产业布局

从2002年开始，在吴中区的支持和旺山村的努力下，依托吴中经济开发区这个载体平台，旺山村走出了一条异地发展的道路，在距离旺山村5公里以外的旺山工业园、科技城和越溪工业坊，建设标准厂房、集体宿舍楼和三产用房。目前，旺山村拥有标准厂房85000平方米，商用房和集宿楼8000平方米，村集体总资产达到1.5亿元。同时，深入推进现代高效农业项目开发，在原有800亩

无公害茶园的基础上,规划1800亩林地,分步实施丘陵农业项目开发,并结合生物防火隔离带选种优质茶叶及新型果品,既起到防火、生态作用,又带来了经济效益。

3. 树立形象,乡村旅游打造特色

通过出租厂房收入的原始积累,旺山村在遵循规划的前提下,以保护生态环境为原则,利用资源优势,进行了旧村改造,发展生态旅游。以突出农业文化特色,融参与性、亲和性和知识性为一体,着力打造具有江南特色的农村景区。现已形成环秀晓筑养生度假村、钱家坞吃住"农家乐"、九龙传说九龙潭等八大景区。2006年旺山被评为"全国农业旅游示范点",2015年景区接待游客超过150万人次,景区总收入超过3亿元。2013年年初,旺山景区荣膺国家5A级旅游景区。旺山的乡村旅游发展促进了农民增收,提升了经济和社会效益,留住了青山绿水。

4. 完善机制,着力促进农民增收

村里富了,村庄美了,农民的收入也增加了。2005年12月,村里组建旺山物业股份合作社,村民家家投资入股,共同发展房东经济。2007年12月,进行集体经济组织产权制度改革,组建吴中区越溪旺山物业股份合作社,全村540户农民全部参股。总股本金800万元,其中村集体出资200万元,村民出资600万元。2007年12月份成立吴中区越溪旺山资产股份合作社,量化村级集体资产1200万元,村民人均分红600元。目前,旺村村民都纳入了养老保险体系,大病风险保险覆盖率达到100%。村集体每年拿出60万元用于老人补助、困难户补助及学生班车接送等村公共福利事业。

三、成效

1. 异地发展促进经济腾飞

旺山村现有的亿元集体资产,90%不在本村,而是在5公里以外的吴中开发区、越溪工业坊、旺山工业园等工厂区和商业区内,建设的标准厂房、集体宿舍楼和三产用房,累计已达9.5万平方米。旺山村的村域经济(行政村辖区内的经济)主要是村民经济、个体私营经济、百姓经济。这么做,客观上使得村级集体经济与村域民营经济不在同一块土地上互相竞争,扩大了发展空间,使土地资源得到了更加充分而合理的利用。

2. 旅游旺家带来人气飙升

在原有村域内,旺山村利用资源优势,通过旧村改造发展生态旅游。如今,旺山生态园已初步形成钱家坞"农家乐"餐饮住宿区、耕岛农事参与体验区、上山塘农业观光游览区和阿达岭农业观光游览区等四大农业旅游景区,成为全国农业旅游示范点。乡村旅游使旺山村成为苏州区域乡村游的著名产品,带来大量客流、消费流,提升了区域内的人气,增加了村民的工作机会,带来了村民的收入增加。

3. 环境改善带来青山绿水

经过多年的开发建设,旺山村已有了九龙潭、宝华寺、钱家坞、耕岛等多个景点,并规划了生态观光、乡村生活、田园风情、养生文化、健康运动等五个主题区域。浓郁的乡土民俗风情,自然的生态绿色环境,情趣的诗画田园和野趣山丘,带来环境竞争力。目前,已有近70家长三角地区的旅行社与旺山签订了长期合作协议。

4. 股份合作增加农民收入

2005年12月,村里组建旺山物业股份合作社,村民家家投资入股,共同发展房东经济。2007年12月,进行集体经济组织产权制度改革,组建旺山社区股份合作社,通过量化村级集体经营性资产,实行送股到人、配股到户(每股6000元)。两大股份合作社的建立使农民每户每年净增3000多元。

四、经验与启示

1. 新农村建设必须规划优先

"规划就是生产力,规划就是约束力",这一理念在旺山村新农村建设实践中得到了最好的诠释。江苏的美丽村庄建设,从省、市、县到乡、村,都成立了城乡一体化规划领导小组,并由一名得力的领导任组长,把新农村建设规划纳入城乡统筹一体化通盘考虑,对每个乡村的规划都要反复论证,层层把关,一经定板必须不折不扣地实行,从而有效地防止了撤了又建,建了又撤,"只见GDP翻番,不见面貌改变"的老问题。

2. 异地发展是适应旺山村经济发展的好抓手

首先,异地发展促进旺山村又好又快发展。作为一个地处丘陵地区的小山村,如果不走出山村、异地发展,那么它必然会受到地理位置的制约和规划的控制,这是导致农业村"无工不富"、普遍贫穷的重要原因之一。而旺山村正是靠异地发展,才打破了地理位置和资源禀赋的制约,走上了"把自己的土地留下来搞农业,到别人的土地上搞工业,搞好了工业再反哺农业"的科学发展之路。其次,异地发展促进新农村建设可持续发展。目前,在新农村建设中的投入,政府承担不了,集体承受不了,农民不积极参与,社会资本不积极投入。而旺山村恰恰相反,除了前期在道路建设上由政府投入外,农户自己花一两万元钱,将房屋外墙进行"穿衣戴帽"式仿古改造,然后再出租给城里人开"农家乐"饭店,一年的租金就达五六万元。农民家家积极参与,社会资本也踊跃投入。由此可见,在新农村建设的方向和方法上,如果像旺山村这样,把新农村建设作为致富的途径、发展的机遇,那么农民必然会积极参与,社会资本必然会闻风而动,新农村建设才能不断地科学发展、健康发展、可持续发展。

3. 新农村建设一定要有产业支撑

旺山村的异地发展,是工业带动,旺山村的乡村旅游,是生态旺家。依托强大的产业支撑,乡村旅游搞得红红火火。旺山村已建设成为国家5A级风景区,每家每户都有各具特色的"农家乐"。实践证明,无论是新农村建设还是城镇化建设,都必须重视产业培育。村村有产业,人人有事做,腰包里有钱,社会才和谐。农业现代化不走工业化的路子,不搞三业联动,仅靠初级农产品,农民是永远也富不起来的,农业现代化就是一句空话。

4. 新农村建设重在生态保护和环境打造

"环境优先,生态立村",乡村环境整治和美丽村庄建设让旺山村山清水秀,环境优美。旺山村坚持把生态文明放在突出位置,优化资源要素配置,积极推进村庄整治提升,绿化美化村庄环境,不断提升村民的生活品质。利用发展乡村旅游的机遇,营造了整洁、有序、优美的旅游环境和生活环境,打造了旺山生态旅游、休闲度假的特色品牌。

【思考题】

1. 在美丽村庄建设发展过程中,村庄特色产业的培育,应该注意哪些方面的问题?

2. 美丽村庄的生态建设和环境保护,如何与追求以经济增长为主要目标的现有发展模式进行有益的融合,以形成良性互动、携手做大的共赢?

第十五章 循环经济发展助力生态经济和谐共融

概 述

循环经济全称为物质闭环流动性经济,它的特征是将物质、闭路循环以及能量梯次进行使用,在环境方面产生极少污染,甚至是污染零排放。随着经济发展的转型升级,循环经济在理论界被高度关注。循环经济是资源可持续利用经济,其中心关注点是资源效用。传统经济强调货币衡量的资源效用,重心在经济价值,而循环经济的资源效用既需要关注经济价值,还需要强调环境与社会价值,实现综合效用最大化。循环经济是将资源综合整合、清洁生产、可持续性消费以及使用生态设计这几大要素进行融合,实现人与自然和谐统一的新兴经济发展形式。

2013年,习近平总书记在考察格林美武汉分公司时,高度评价绿色回收产业,指出:"变废为宝、循环利用是朝阳产业。垃圾是放错位置的资源,把垃圾资源化,化腐朽为神奇,是一门艺术。"国务院2013年印发的《循环经济发展战略及近期行动计划》指出:"当前我国已进入全面建成小康社会的关键时期,也是发展循环经济的重要机遇期,必须积极创造有利条件,着力解决突出矛盾和问题,加快推进循环经济发展,从源头减少能源资源消耗和废弃物排放,实现资源高效利用和循环利用,改变'先污染后治理'的传统模式,推动产业升级和发展方式转变,促进经济社会持续健康发展。"发展循环经济,必须提升认识高度,进行战略部署。

改革开放以来,经过30余年的发展,苏州形成了强大的工业生产能力,同时,近700万的户籍人口与700余万的外来人口,给苏州的环境和生态带来极大压力,探索循环经济的可行性模式,在苏州全面建成小康社会的道路上具有重要战略意义。苏州太仓东林村的农业循环经济模式、张家港的工业再制造产业基地模式、吴中的静脉产业园模式便是针对循环经济的一、二、三产业进行的深入探索,并形成了一定规模,取得了良好的经济与社会效益。

一、主要做法

1. 明确发展趋势,做好战略决策

循环经济是一种与传统经济发展思路不同的经济发展方式,实现循环经济需要思路发生三种转变,即传统的资源型经济、非生态效益型经济、非环境优化型经济方式转变为循环型经济、生态效益型经济、环境友好型经济方式。发展循环经济需要新的循环理论为支撑,改变以往的投入高、污染高、消耗高以及收益低的发展思维,通过减少物质消耗以及污染排放量来实现经济循环可持续发展。中国农牧业生产中存在过量使用农药、化肥、激素、抗生素等现象,同时伴随高企的癌症发病率,导致消费者对食品安全信心不足,而人们追求健康生活是永恒不变的主题。东林合作农场抓住这一趋势,以具有防癌作用的富硒水稻为突破,连续开发出富硒秸秆饲料生产、湖羊养殖、沼气开发、粪肥还田等循环生产,实现了产品的高品质,打造出受消费者信赖的东林农产品品牌,为东林合作农场的可持续发展打通了循环产业链。张家港国家再制造产业基地,抓住国家工业发展由传统高能耗向低能耗、低污染、环境友好转变的这一趋势,充分利用长三角再制造的广阔资源、销售市场,根据国家的统一规划,对接世界再制造这一朝阳产业,实现张家港工业转型升级发展的战略决策,是全国第一批唯一的县市级国家级再制造产业基地。吴中静脉产业园,是在苏州城乡一体化迅速推进、城市人口迅速增加、城市承载力日益超负荷的形势下,苏州市政府充分调研分析,积极借鉴日本等超大城市的垃圾处理经验,参考国内青岛等城市静脉产业理论的实践经验,努力改变传统垃圾简单填埋等处理方式,将垃圾发电等关键技术发挥到现有技术的极致,将废弃污染的垃圾变为进入千家万户的输出能源的企业。循环经济助力城市生态可持续发展。

2. 加大政策引导扶持,进行配套制度建设

经济模式的实践,离不开政府这一政策推动主体,循环经济亦是如此。循环经济实现资源的合理化、有效化配置,需要建立相关的绿色保障体制,这些体制的建立都应由各级政府支持与引导。东林合作农场、张家港再制造产业园、吴中静脉产业园,符合循环发展趋势,是行业性示范标杆,都有政府大力的导向性支持与发展保障。国务院印发的《循环经济发展战略及近期行动计划》,对循环经济各行业发展给予了政策性指导,苏州各级政府都对该计划进行了深入剖析与解读,加大了对循环经济的支持力度。在东林合作农场,不仅有政府资金的奖励性支持,还有贷款、税收的优惠扶持政策;同时农场还在政府农办的指导下,制定了自己的合作社章程,明确加入合作农场的社员利益共享、风险共担、入退自由并拥有决策权,以制度规范确保农场的不断发展。张家港再制造产业园,是在中央政府对工业再制造提上规划后,张家港市政府积极争取再制造基地试点政策的成果。张家港再制造产业基地建设全速推进,从园区硬件建设,到科研机构与人才引进,再到再制造循环企业的招商,各级政府都提供了巨大的政策与待遇支持。吴中静脉产业园,是苏州市政府根据国家经济发展的绿色循环可持续这一目标,结合苏州城市发展规划,对静脉产业进行全面细致的研究,采用扶持与引入的政策,加强对产业园的建设与发展进行引导的成果。同时,苏州市政府授权苏州市政局,与吴中区政府密切协调,与入驻企业集团签约,并按规定对园内外企业的垃圾处理及污染问题进行清单管理,对企业进行优惠扶持。

3. 循环经济融资多元化,提升资金利用效率

钱从哪里来,是任何项目面临的最直接的也是首要问题。创新发展需要大量资金,如果缺少资金支持,经济的转型升级便无法启动和延续。因此,发展循环经济需要创造良好的软硬件环境,重视循环经济启动与发展的资金和基金,建立有关的多元化融资方式与管理体系。东林合作农场的循环农业发展,是太仓市重点支持的农业项目之一,不仅村集体为合作农场提供了 800 万元初始资金,农场还积极申请国家政策性财政补贴。通过中低田改造、农水项目及农机项目补贴等项目,申报到的补贴在 2000 万元左右。张家港再制造产业园的起步,依靠的是张家港地方政府对工业再制造硬件的扶持资金,后续通过项目争取国家相关科研项目的资金支持。吴中静脉产业园的建设与发展资金主要来源于光大集团等企业的投资,以及企业自身的创收盈利能力,同时政府建立相关基金,给以导向性资金扶持。循环经济的起步,离不开政府硬件建设的资金支持;循环经济企业的可持续发展,也必然要求企业走入市场,增强自身的盈利能力。企业的自我投入与盈利造血能力是企业可持续发展的不竭动力;通过资金全方位开源,实现多渠道来源资金的全面整合,提升资金的利用效率,推动循环经济不断向深入发展。

4. 运用绿色技术,寻求科技支撑

循环经济是发展有关废弃物再生利用的一门经济艺术,离不开相关绿色技术的开发与支撑。循环经济需要建立发展循环生态化园区,其主要目的就在于能够最大化地发挥平台的功能,将不同行业的企业联动起来,减少运营成本,构成资源共享以及副产品交换的产业链模式。在苏州地区,遍布高校与科研机构,东林合作农场、张家港再制造产业园、吴中静脉产业园分别与农科院、清华大学、南京理工大学等众多高校建立了联系,努力做到科研成果的实践转化。在东林合作农场,通过高附加值的富硒农产品—秸秆饲料化—养羊—羊粪堆肥场发酵—沼气发电—肥料还田的循环模式,走尊重科技运用、绿色生态可持续循环发展之路;张家港再制造产业基地是工业发展到一定阶段,在粗放型发展向集约化发展之路上,依托先进科技进行的循环经济再制造领域内的积极探索;吴中静脉产业园是在苏州城市扩大、人口增长膨胀的现实背景下,依托静脉产业理论,解决城市发展普遍存在的垃圾处理难这一现实问题的科学实践,也是循环经济中绿色生态可持续发展的有效尝试。发展循环经济,是解决全面建成小康社会诸多现实问题的重要路径之一。

二、经验与启示

1. 根据区域产业规划与布局,积极发展循环经济

产业规划与布局是一个地区的全局性战略安排,有其自身内在的发展逻辑,是一个系统化的体系架构。只有将循环经济纳入相应的规划中全面统筹协调,才能发挥其在规划布局体系内的价值与意义。在苏州的循环经济发展中,太仓的东林合作农场是在"四个百万亩"政策影响下,确保耕地红线的基础上,科学统筹发展规划布局的重要成果;张家港再制造产业基地是在全国再制造产业循环经济的规划布局中,结合张家港产业化绿色发展理念的结晶;吴中静脉产业园则是服务于苏州全面落实新型城镇化的过程中,传统垃圾填埋处理方式已不能适应城市绿色发展理念,无法继续可持续发展倒逼而成的,苏州唯一的垃圾处理点就在吴中静脉产业园。循环经济是生态经济,是可持续发展经济,也必然受到现实大环境的影响,抛开整体产业布局,脱离政策规划,实现永续发展将困难重重。东林村循环农业、张家港再制造循环产业、吴中静脉产业取得的成绩,首先得益于规划的产业布局为循环经济发展提供了沃土。

2. 深入调研分析,确保经济与社会效益的完美融合

经济效益与社会效益相辅相成,统一于循环经济,这是循环经济的主导理念。通过调研分析,太仓东林村的循环农业之所以成功,是因为农业每年能够提供600多万元的经济利润,同时还解决了秸秆焚烧造成的空气污染、滥用化肥农药造成的土壤与农产品污染等治理管控的难点问题,产生了良好的生态、经济、社会综合效益。张家港的再制造产业,是通过加工回收废旧产品,进行技术改造,使无法再用的零配件重新发挥新件的作用,以实现减量化发展的目标,具有良好的经济效益,年产值以百亿元计;在产品源头减量化生产,大大减少了能源与水的消耗量,降低了二氧化碳排放,保护了环境。吴中静脉产业园,直接将城市生活垃圾变废为宝,将城市产生的生活垃圾、医疗垃圾等进行焚烧发电,每年发电量以亿千瓦时计,进入了电网并网出售。此外,企业还有垃圾处理费的支持性收入。这些都大大提高了园区企业的经济效益与生存能力,同时也解决了城市的垃圾围城等问题。

3. 先行先试，勇于创新

面对风险，敢于尝试，面对挫折，积极创新，只要符合时代发展方向，遵循市场发展规律，获得政策性扶持资格，必能得到较高回报，循环经济也是如此。东林合作农场走的是现代农业发展的循环农业之路，解决的是百姓对市场食品安全的忧虑，对生活品质的关注，对健康的重视。从富硒米到生态饲料，再到生态猪、生态羊，再到沼气、沼渣、沼肥，这种闭环生态农业生产循环模式，再加上延伸出的循环农业旅游，产生了巨大的经济效益和社会效益。张家港再制造产业基地更是紧跟工业经济发展步伐，把握国家经济发展方向，进行产业的提质增效升级，形成年产值数百亿元的循环产业链条，不仅拉动了经济的增长，也利用这一朝阳产业带动经济的发展转型，更有力地解决了当地的部分就业问题。吴中静脉产业园，在苏州是第一次尝试，在江苏也是第一次探索。静脉产业园通过"筑巢引凤"的方式，摆脱了政府包揽一切的投资模式，积极引入社会资本，加大静脉企业的引进，经济和社会效益逐渐显现。现在作为样板典型的吴中静脉产业园将继续探索完善发展模式，逐步打造成全国静脉产业园区化发展的标杆之一。

案例一　东林村合作农场：深入挖掘循环农业潜力

国务院《循环经济发展战略及近期行动计划》指出："在农业领域加快推动资源利用节约化、生产过程清洁化、产业链接循环化、废物处理资源化，形成农林牧渔多业共生的循环型农业生产方式，加快农业机械化，推进农业现代化，改善农村生态环境，提高农业综合效益，促进农业发展方式转变。"2015年中央1号文件强调："做强农业，必须尽快从主要追求产量和依赖资源消耗的粗放经营转到数量质量效益并重、注重提高竞争力、注重农业科技创新、注重可持续的集约发展上来，走产出高效、产品安全、资源节约、环境友好的现代农业发展道路。"这为循环农业的发展提供了政策依据和理论支撑。

改革开放后，苏南农村绝大多数是依靠乡镇工业发展农村集体经济，创造了"苏南模式"。但是这种发展模式带来的负面效果就是农村生态遭受了严重破坏，传统苏南农村景象逐渐消失。把生态文明建设放在突出地位，融入经济建设、政治建设、文化建设、社会建设全过程已成为共识。东林村围绕发展生态循环农业这一主题，坚持生态文明与现代农业协同推进这一主线，探索出了科技支撑的可持续发展之路，实现经济与生态和谐共赢。

一、背景

东林村地处太仓市城厢镇北首，村域面积近7平方公里，共有农户768户，村民3200多人，其中党员人数142名。水陆交通方便，新港公路、苏昆太高速公路、太沙公路、杨林塘公路穿境而过。土地资源丰富，有耕地面积5500亩，区域内另有高速公路集中取土形成的"金仓湖"。

2010年年底，东林村全面完成了村民土地换社保工作，全村现有耕地全部集中到村劳务合作社。2014年农业产值超亿元，2015年已达2亿多元。2014村集体收入2500多万元，其中，1800亩土地流转后，成为连片机耕田，集体农场实行"大承包，小包干"，只有18人管理。2015年，东林村在原有基础上投入7000万元，新建羊肉食品厂、羊粪肥料厂、秸秆饲料厂和农机储置中心等4个项目，为绿色循环经济发展再添新动力。推行循环农业后，村集体仅农业年净收入就达1000余万元，全村人均纯收入近3万元。该村2009年开始连续五年都被评为"太仓市村级经济十强村""苏州市村级经济百强村"，获得了"国家级生态村""江苏省文明村""江苏省民主管理示范村""江苏省卫生村"等多项荣誉称号。

二、主要做法

1. 组建企业促发展

2010年,东林村委会、东林劳务合作社、东林农机专业合作社联合发起组建东林村合作农场专业合作社(以下简称"东林村合作农场"),采取"大承包,小包干"的农村经营新模式,形成了规模化经营、标准化生产和机械化耕作。合作农场1400亩水稻田只有2名分场长,18个人管理,大大降低了劳动力成本。合作农场的工人(本村农民)每年的劳务净收入达3万元左右。2013年,合作农场的经营服务总收入达到530万元,全年发放村民粮食190吨。2014年,为了进一步整体推动经济发展,村民、村集体与私人企业主联合出资创办了苏州金仓湖农业科技股份有限公司,村民占股20%,村集体占股40%,企业主占股40%,通过实行企业化经营模式,着力发展生态、循环、科技农业。东林村还建设了金仓湖保鲜米加工厂,对农场种植的优质、品牌大米进行深加工;筹划建设了现代化的屠宰加工厂,对自己养殖的优质猪、羊等畜产品进行深加工;凭借先进设备,建设4万吨饲料加工厂,为循环农业提供食品源头生产安全保障。

2. 引进科技强支撑

东林村合作农场集成科技创新成果,依靠科技创新驱动经济发展。密切加强与南京农业大学、江苏省农业科学院、市农科所等科教单位的合作,联合申报各类科技项目。近3年来先后有"太仓市农田秸秆循环利用试点""规模稻麦农场低碳循环生产技术集成与示范""苏南平原种养系统物能高效循环技术集成创新与试点"等14个项目获得国家、省、市科技计划立项支持。科研单位在该村建立了多个项目试点,该村还创建了农村科技服务超市便利店,充分利用全省科技超市体系的服务资源,解决农业生产方面的技术问题。东林村敢于运用现代科技,陆续采用温室立体三倍育秧技术、激光农田平整技术、硒用量仅为传统1/20的水稻根部富硒施肥技术、秸秆饲料打包发酵技术等,使生产效率与产出效益大大提升。

3. 循环发展重生态

东林村遵循"优质、生态、安全、高效"的现代农业发展理念,运用农牧结合、生态加工、三产融合的生态循环生产模式,努力提高资源利用率、土地产出率、劳动生产率,既保护了农村生态环境,也促进了生态农业可持续发展。大力实施生态循环农业区域化,在村域范围内,推进"资源—产品—再生资源"的循环农业发展,"秸秆变饲料,粪便成肥料",农牧业生产中的废弃物得到了高效利用。如猪肥稻生态高效循环模式即是畜禽粪便经过发酵,沼液输送稻田代替化肥,沼气进行温室供暖,沼渣与秸秆经发酵做成饲料,既实现了生态循环,也提

第十五章 循环经济发展助力生态经济和谐共融

高了综合效益。为了提高经济与生态效益,从 2014 年开始,东林村办起了羊肉美食节,延长产业链条,在家推销让百姓放心的系列品牌农产品,提升循环农业的盈利能力。

4. 做强产业树品牌

东林村围绕市场需求大力发展养猪、羊业为主的畜牧产业链,充分运用先进的科学技术支撑产业链的各环节,实现了农业一、二、三产融合。该村已形成了猪、羊生态养殖及加工,以及优质富硒大米、林果、肥料等特色产业,"金仓湖"品牌产品销往联华、大润发、欧尚、罗森等大型超市,实行农超对接,减少流通环节,降低了流通成本,实现了产品的最大价值。羊场年出栏育肥羊 3 万头,年销售额达上亿元。富硒大米含硒量平均为 190 微克/千克,是普通大米的 5~7 倍,价格也是普通大米的 4 倍。成立金仓湖农业科技发展有限公司,全面运营"牵羊人"羊肉制品、金仓湖富硒米、金仓湖生态保鲜大米等一系列产品品牌。东林村将农业与旅游业相结合,打造农业特色文化旅游业,已成为上海及周边城市居民休闲度假的自然生态景点。

三、经验与启示

"东林模式"扬弃唯工业经济的发展模式,转向注重运用现代科技手段发展生态循环农业,把农业产业培育与农村社区建设、新农民培养进行统筹规划,有机结合,探索了一条依靠科技实现创新驱动农村经济发展的道路,实现了农村社会—经济—自然复合生态整体效益的科学化、生态化可持续发展。东林村的探索实践是积极有效和成功的,给我们发展循环农业以深刻启示。

1. 农村发展循环经济离不开能人的引领

"人"的因素在发展农村经济和推进农村生态文明建设中起到关键作用。首先,农村要有管理能人。东林村主要负责人苏齐芳书记就是优秀的基层农村管理能人的代表,他的思想和做法给乡村及村民带来了发展和实惠。其次,农村要有经营能人。东林村村干部也是优秀的经营能人,成立合作农场,合股创办企业等经营体制,盘活了集体土地,取得了较好的效益。最后,农村要有专业技术能人。东林村不仅充分发挥本地农技人员、大学生村官的作用,加强农业生产与维护,也积极引进科技人员及专家参与,对农村规划、产业布局进行指导。

2. 三产融合确保农业循环经济的可持续发展

农业是弱质产业,没有产业融合发展就会直接影响经济和生态提质增效目标的实现。农村产业融合要注意跟地方农业特色相结合,重点发展生态循环农业,杜绝重走发展资源消耗型和重污染型产业的弯路,坚持走科技、生态、经济型三产融合的可持续发展之路。东林村遵照农林牧渔游的经济循环发展系统模型,以合作农场为依托,发展高效、集约、生态农业,构建三产融合的农业产业链。东林村充分利用自身现有的资源优势,结合消费者放心的多样化品牌产品,积极发展节庆式乡村农业文化旅游产业,经济、社会、生态效益全面开花。以农业为基础的三产融合的发展思路,既大大减少了资源消耗,减轻了环境负荷,也加速了村级经济的发展,提高了村民人均收入。

3. 思路开放、注重科技是发展循环农业的重要依靠

只有将科技创新驱动发展战略落实到农村,经济效益与生态效益才能实现比翼齐飞,农村的全面小康才能真正实现落地。东林村构建的循环型农业体系,倚重的是开放的思路与科技创新。大力发展节水节肥农业生产技术、测土配方施肥技术,提高水肥土的使用率,控制农药使用等农田面源污染;优化畜禽养殖污染防治体系,综合循环利用畜禽养殖废弃物。比如,为加大科技投入,东林村合作农场率先用土地使用权抵押贷款的方式,向太仓市农村商业银行贷款2800万元,投资800万元用于现代农业园优质水稻基地扩建,450万元用于建设优质林果设施基地,130万元用于沼气工程项目,建设沼液输送管网,755万元用于农田基础建设,包括改造中低产田,建设高标准农田,另投入500多万元新建了泵站,并对原有的河浜进行了综合利用改造,不仅使灌排更加便利,而且可分级种植水生植物,形成生态的氮磷拦截屏障。东林村合作农场已在秸秆资源化利用方面投入了近1000万元,采用国际前沿技术建设青饲厂,不仅解决了周边2万多亩农田的秸秆问题,还解决了农场的4万头羊的饲料问题。

【思考题】

1. 结合案例,阐述东林村合作农场发展循环生态农业的前提条件有哪些。
2. 结合当地实际,谈谈你所在的地区发展生态循环农业的优势有哪些,困难有哪些,如何克服困难。

案例二 张家港国家再制造产业示范基地：打造新型循环工业

再制造是循环经济"再利用"的高级形式，是指将废旧汽车零部件、工程机械、机床等进行专业化修复的批量化生产过程。进入21世纪，中国就做出了"发展循环经济，建设节约型社会"的重大战略决策，其核心是节约资源。再制造技术使得产品在全寿命周期的末端（即报废阶段），可以不再"一扔了之"成为固体垃圾，而是使废旧产品起死回生，既节约资源又降低环境污染。再制造产业作为循环经济"再利用"的高级形式及实现可持续发展的重要技术支撑之一，已成为国家鼓励发展的战略性新兴产业，明确写入了国家"十二五"规划纲要。到2015年，再制造行业总产值约1500亿元。与制造新品相比，再制造可节能60%，节材70%，节约成本50%，几乎不产生固体废物，大气污染物排放量降低80%以上。

一、背景

张家港国家再制造产业示范基地地处张家港经济技术开发区，2010年开始成立筹备组筹建，2011年国家发改委批复进行前期建设，2013年国家发改委批复同意《张家港国家再制造产业示范基地实施方案》，基地主要从事于汽车零部件、电子办公设备等再制造生产。基地规划面积4.3平方公里，规划重点项目37个，公共服务类项目9个，基础设施类项目6个，计划总投资超过100亿元，其中启动区面积1.1平方公里。目前示范基地已入驻20余家企业，规划在3~5年内产业规模达到500亿元。2015年，作为全国首批、华东首家国家再制造产业示范基地，张家港国家再制造产业示范基地产业规模已超过50亿元，初步形成了特色鲜明、技术领先、功能完善的发展态势。

2014年12月，张家港经济技术开发区管委会与清华大学苏州汽车研究院达成战略合作，成立张家港清研首创再制造产业投资有限公司，全面开展示范基地的平台建设工作。2015年，中国物资再生协会再制造分会和张家港清研首创再制造产业研究院共同组织进行《可再制造汽车零部件旧件分类分级标准》论证，2015年11月，国家再制造汽车零部件产品质量监督检验中心获批筹建，一期工程投资2500万元，26台（套）检验检测设备已完成安装调试并投入使用。为保障再制造工作的正常运行，2015年12月，规划占地面积50亩、总投资1.9亿元、示范基地重点打造的公共服务平台项目——综合服务中心开始落地，一期建设占地38亩,投资6500万元。这一系列的举措与实践,使张家港国家再制造产业示范基地成为再制造行业的排头兵,更是汽车相关再制造产业中的急先锋。2016年,张家港国家再制造产业示范基地将从多个展示角度进入由中央电视台和中国科学技术协会联合拍摄的《创新强国》大型纪录片中。

二、主要做法

1. 确立目标,科学规划

按照技术产业化、产业积聚化、积聚规模化、规模园区化的发展模式,张家港根据国家发改委、工信部等部委对国家再制造示范基地的发展指导意见,以汽车零部件再制造为核心,加快重大项目推进,引进国内外行业领军企业项目20余家,形成产业集聚,基地产业规模将逐步达到500亿元,建成具有国际影响力的再制造产业示范基地和完备的"绿色产业链"。基地将"节能减排先锋,循环经济典范"作为自身发展定位,立足于张家港,辐射长三角,面向全国,重点打造汽车零部件再制造,冶金及工程机械再制造,机床、模具及切削工具再制造,电子办公设备再制造,再制造设备生产等五大再制造产品门类。建立逆向物流和旧件回收体系、拆解加工再制造体系、公共服务保障体系等三大再制造示范体系。张家港国家再制造产业示范基地在系列目标的引领下,迈出了坚实的步伐,按照规划有条不紊地不断前进。

2. 做好硬件,筑巢引凤

张家港国家再制造产业示范基地坐落于张家港国家级经济开发区内,根据国家发改委《关于再制造示范基地实施方案编制指南》《关于推进再制造示范产业发展的意见》《2015年循环经济推进计划》等相关政策,全面推进再制造基地前期工作。目前,启动区1.1平方公里内,民宅动迁和主干道建设工作已经基本完成,开工建设5.3万平方米的机械和电子设备再制造厂房、3.1万平方米的公共服务平台和检测中心。基地规划面积适中,建设分阶段有序推进,软硬件条件不断到位,为再制造产业的招商引资准备了良好的环境。

3. 加强合作,实现共赢

张家港国家再制造产业示范基地成立了以中国工程院院士徐滨士领衔的院士工作站和大连理工大学教授张洪潮领衔的再制造"千人计划"专家工作站,并设立产业研究院,逐步建立起国家再制造实验中心——张家港产业化基地。基地内现集聚了富瑞特装、西马克、那智不二越等十多家从事再制造的骨干企业,初步形成了以汽车发动机再制造为主,冶金设备、精密切削工具再制造为辅的产品体系。再制造产业投资有限公司已独立运作,在全国同行业中具有一定的引领性和示范性。目前,智能装备(机器人)、绿色能源和照明(芯片)、智能电网等新兴产业已初具规模。2015年,产业基地加入了中国再制造战略联盟,为基地的进一步发展带来了更大的合作共赢空间。秉承"政府支持、市场运作、互惠互利、共同发展"的原则,2016年,总投资45亿元,产出规模约100亿元人民币的大连机床集团华东基地在张家港签约落户。

4. 争取政策,先行先试

张家港国家再制造产业示范基地建设得到了中国再制造之父、装甲兵工程学院装备再制造技术国防科技重点实验室主任徐滨士院士的全力指导,以徐滨士工作室为平台,积极争取中央政策支持。江苏省发改委、市委市政府领导班子对此都高度重视,加快了基地建设的推进节奏。经过努力,张家港国家再制造产业示范基地正式获批,成为国家首批再制造示范基地之一,是当前江苏省唯一的国家级再制造产业示范基地。基地借力周边发达的制造业和张家港港口的便利,早规划、早建设,在再制造产业载体建设和企业培育、引进等方面走在了全国前列。张家港设立市级新兴产业投资资金,还成立了注册资本4.5亿元的张家港华夏再制造产业投资有限公司,全面负责基地内基础设施、公共服务平台等的建设。国家发改委联合四部门确定了再制造产品推广试点企业名单,基地有10家入选"以旧换再"试点企业名单。张家港国家再制造产业示范基地的建设成果,既离不开政策的支持,也是张家港人敢闯敢干、先行先试的必然结果。

三、经验与启示

1. 科学规划要摆在再制造产业发展的首要位置

张家港国家再制造产业示范基地是张家港在充分分析了我国经济所处的发展阶段,发展工业循环经济的条件已经成熟,以及张家港独特的地理优势而做出的科学决策。张家港作为县级市,能够在众多申报单位中站稳脚跟,首先是充分评估了长三角经济的高速发展带动了机床、模具、汽车等产品的大规模更新换代的时代趋势,具有再制造的原料来源与庞大的市场需求。同时,张家港20多年的发展,也为张家港建设国家级再制造产业基地奠定了经验和基础,加上廉价的长江航运,大大降低了机械产品的运输费用,这些都为张家港国家再制造产业示范基地的建立和发展奠定了良好的基础。

2. "张家港精神"为迎难而上提供了精神支撑

再制造产业作为新兴产业,既能提供巨大的机遇,也带来前所未有的挑战。诞生于张家港快速发展中的重要支撑——"团结拼搏、负重奋进、自加压力、敢于争先"的"张家港精神"始终铭刻在张家港人的心里。"张家港精神"在全市集中精力支持国家再制造产业示范基地的建设中表现得十分突出。张家港市委、市政府高度重视,凝聚人心,敢闯敢干,迎难而上,在人力、财力等方面给予重大支持,使得基地的建设迅速推进,得到了上级政府的高度肯定。张家港在再制造产业发展中占得了先机。

3. 符合产业发展趋势,是再制造产业前进的风帆

再制造产业无疑是当代社会最赚钱的产业之一,据统计,早在2005年,全球的再制造产业的产值就已经超过了1000亿美元。根据社会发展与市场需求,张家港经济技术开发区发展再添转型再制造"绿色引擎"。张家港人不仅认识到再制造是循环经济"再利用"的高级形式,加快发展再制造产业是建设资源节约型、环境友好型社会的客观要求,还看到再制造有利于形成"资源—产品—废旧产品—再制造产品"的循环经济模式,可以充分利用资源,保护生态环境。加快发展再制造产业是培育新的经济增长点的重要方面,仅机床方面,再制造产业孵化基地将结合长三角地区产业现状,围绕汽车零部件、机械加工,引进各类数控机床2000台套,吸引100个以上创业团队,计划年销售额达8亿~10亿元。

4. 契合市场发展需求,为再制造产业提供广阔的发展空间

理论认为,当再制造零部件占维修配件市场的65%时,汽车维修速度将增加8倍。我国汽车、工程机械、机床等社会保有量快速增长,再制造产业发展潜力巨大。2008年我国汽车保有量达4957万辆(不含低速汽车),机床保有量达700多万台,14种主要型号的工程机械保有量达290万台。其中大量装备在达到报废要求后将被淘汰,新增的退役装备还在大量增加。时至今日,据不完全统计,仅苏州地区每天新增汽车达3000辆。如此庞大的社会需求与市场空间,为张家港再制造平添了加速发展的助力剂。发展再制造产业还能使制造企业有能力投入更多精力进行新产品的研发和设计,形成良性循环,对推动我国制造业的产业结构调整、产品更新换代、技术进步和人员素质提高十分有利。张家港正是基于产业发展趋势与市场需求,大胆转型升级园区基地建设,积极成果不断涌现。

【思考题】

1. 根据张家港国家再制造产业示范基地建设发展的情况,谈谈地方政府发展再制造循环工业经济可能存在的障碍有哪些,如何克服。

2. 假如你是地方政府负责人,需要建设再制造产业园区基地,你将如何更好地进行招商引资,实现与目标企业的对接,以建设特色化的工业循环经济示范园?

案例三 吴中静脉产业园：推动静脉产业发展

静脉产业，是指以保障环境安全为前提，以节约资源、保护环境为目的，运用先进的技术，将生产和消费过程中产生的废物转化为可重新利用的资源和产品，实现各类废物的再利用和资源化的产业，包括废物转化为再生资源及将再生资源加工为产品两个过程。日本是最早提出静脉产业的国家，其静脉产业园的发展日趋成熟。日本先后建设的26个静脉产业园在充分保障环境安全的前提下，也有效实现了废物的资源化和经济效益的最大化。

进入21世纪后，苏州城市化进程明显加快，但越来越多的城市生活垃圾与日益恶化的环境问题等伴随而来，解决垃圾围城问题迫在眉睫，但苏州市唯一的生活垃圾填埋场即七子山垃圾填埋场，已无法承受每年近百万吨的新增垃圾带来的环境卫生困扰，政府亟须全新的解决方案。市政府对多个国内垃圾处理的投资商进行全面考察后，最终选择与光大国际合作推进固体废弃物处置方面的首个BOT(Build-operate-transfer，建设-经营-转让)项目，正式拉开了苏州全新垃圾处理方式的序幕。

一、背景

江苏吴中静脉产业园位于苏州市吴中区木渎镇七子山南侧，规划总面积为3平方公里，其中核心区范围约1.36平方公里，缓冲区面积约1.64平方公里。产业园由生产区、研发区、管理服务区和环保宣教基地等4个功能区域组成，包括生产、研发、保障三个体系，主要解决生活垃圾、工业固体废物、市政污泥等城市固体废物的无害化处理和资源再生利用问题，初步形成了完整的静脉产业链。2012年，园区处理生活垃圾已达129万吨，餐厨垃圾12.8万吨，实现工业增加值4792万元，静脉产业对园区工业增加值的贡献率达100%。产业园作为集中处理城市工业和生活垃圾的现代化环保产业园，已有光大环保、洁净环境科技、悦港医疗废物处置等企业入驻，建成投用了垃圾焚烧发电、餐厨垃圾回收处理、医疗废弃物处置、工业危险废弃物处理处置及一般固体废弃物综合利用等12个循环经济项目，实现了垃圾减量化、资源化、无害化处理。2013年10月，吴中静脉产业园通过了省级考核验收，成为江苏省内首家集生产、研发、环境提升、环保宣传为一体的静脉产业园，也是全国第一个集中处理城市工业和生活垃圾的现代化环保产业园。

二、主要做法

1. 根据静脉产业特点,进行科学规划

垃圾处理不是单纯的一事一物,而是系统的综合体系。吴中静脉产业园以城市垃圾处理项目群的思路,对园区进行统一规划。由于各个子项内容具有较强的关联性,通过整合实施,统一规划达到了优于各子项单独实施的规模经济效益与社会效益。吴中静脉产业园以垃圾焚烧发电项目为核心,将各种垃圾的集中处理,炉渣、渗滤液、飞灰等危险废弃物处理的各环节有效整合,形成了一体化的项目群,有效提高了项目推进效率,也实现了对不同项目收益的综合平衡,达到了最优化的整体效果。比如,针对垃圾焚烧梯次供热的技术特点,生活垃圾焚烧产生的剩余热量已向园区周边小区用户供热,形成区内资源与外界资源的一体整合,提高了能源综合利用程度。

2. 运用先进理念,实施园区建设

针对位于垃圾填埋场的静脉产业园中央区面临的诸多环境压力问题,园区经过专家论证,提出了静脉产业园建设的新理念,将这些压力分为"前、后"两部分,即"前压力"是对封场后的垃圾填埋场等环境欠账进行生态修复所需的时间压力,"后压力"是园区日常生产可能造成的持续压力。围绕两大压力,园区提出了"整风""理水""引光""筑绿""聚废"等技术导向理念。升级后的园区将从生产技术上构建以生活垃圾焚烧发电为核心的生态工业链,建立包括生活垃圾资源化利用、工业危废处理与处置、环保设备制造、生态修复等功能在内的生产区和研发区。园区还设立兼顾日常管理、生产调度、市场开拓等功能的区域总部办公区,开展宣传教育、培训、示范的市民体验区及环保教育基地,全面定位园区的功能。

3. 坚持以人为本,注重园区与人居的兼容性

园区积极打造花园式环境并加大环保处理设施投入,严防二次污染对环境造成的破坏,赢得群众对静脉园区建设的信心与支持。从当地居民对环境质量的要求出发,进行生态绿化修复,提高区域内的环境友好和谐性。园区自筹划建设以来,就注重周边居民的民意,区环保局与木渎镇经济开发区管委会联合,定期与吴中静脉产业园区周边住宅小区的居民代表召开座谈会。比如,根据居民代表集中反映的吴中静脉产业园区废气排放及小区周边存在的部分环境问题,区环保局和木渎镇经济开发区管委会都及时掌握环境影响动态,加强环境执法力度并督促企业加大技术和资金投入,消除静脉产业园对区域民生环境的影响,有效推进区域环境综合治理,切实维护群众的环境权益,坚持做好人居的兼容性工作。

4. 加大原料运输管控，做好园区外污染防控工作

吴中静脉产业园承担着处理苏州生活垃圾的压力，每天有大规模的垃圾需要运输，由于传统垃圾运输车存在着缺陷，不少垃圾车在运输过程中存在洒漏问题，致使宝带路隧道口至长江南路垃圾异味浓厚。木渎开发区与苏州市市容市政局监管中心共同研讨，制订了《苏州市区生活运输车专项整治实施方案》《苏州市区垃圾运输车新购车辆及现有车辆改装标准》《苏州市区垃圾运输车考核标准》。2015 年，吴中静脉产业园已完成对 110 辆垃圾运输车的改造，淘汰、更新 166 辆使用满 8 年的垃圾运输车，新增运输车 27 辆，共计 303 辆垃圾运输车完成升级改造。在运输管理上，木渎开发区由每月不定时检查垃圾运输车一次，提高到每周不定时检查一次。现在，园区及周边环境、运输通道都进行了全方位监控，全面纳入园区的垃圾无害化管控之中。

5. 加强环境监管，建设严密的监督体系

静脉产业园里有多家企业，偶尔也会产生异味，影响居民的生活。针对制度实践漏洞，园区实施了更为严格的监督制度和有效的监控手段。所在地镇政府对产业园相关项目进行长期驻厂监管，专人 24 小时联网监督重要的生产数据，所有烟气排放均已实现在线公众公示；政府实时监管。项目还引入第三方对环境各项指标进行检测，确保项目运行中的环境安全，如由省环境监测站对二噁英每年不定期随机检测四次等。吴中区环保局安装启用了污染源环境预警系统即"电子鼻"，整套系统分为实时监控、视频监控、报警管理、分析统计、报表统计、网上报备等多个模块，可实现全方位不间断地对区域内企业的排放口进行监控和数据分析。静脉产业园内各项数据如有异常，工作人员将在第一时间接到预警，并根据不同类别的预警，启动相应的应急程序。设备投入运行以来，信访举报数量明显减少。

6. 统筹兼顾多方利益，实现综合效益最大化

静脉产业项目建设本着优化废物综合利用网络，对废物从产生、收集、输送到转化处理的各个技术环节进行全过程优化，以实现经济、社会、环境效益的最大化为目标，制定"两个兼顾"原则，即时间上兼顾近期和远期，空间上兼顾当地和周边地区，以吴中区为核心，辐射至苏州大市乃至长三角地区。生产区经严格控制，将对周边环境的不利影响降至最低，而园区垃圾发电厂的电力与热水等资源能低价或免费分梯级补贴供给社区居民使用。静脉产业园奠定了生态文化的非物质环境基础，开放的市民体验区及生态公园，包括免费提供设施的市民日常活动广场和儿童游乐广场，都直接面向周边居民，将原来对园区避而远之的市民日常活动自然引入，真正实现公众心理的"亲近感"。

三、经验与启示

1. 静脉产业的发展,需要政府统一布局

静脉产业园是苏州可持续发展的战略支撑点,苏州市将园区建设列为"十二五"重点项目,按照高标准将其打造成全国静脉产业园试点示范基地。园区专门设立静脉产业园专职管理机构,强化园区管理和对外协调沟通,不失时机地抓住国家大力发展环保产业的战略机遇期,做大做强静脉产业,争做行业标准,做成一流静脉产业。比如,苏州市政府选择与光大国际集团进行项目合作,主要考虑的是其中央企业、外资企业、上市公司、实业公司四重身份,具备较强的项目实施能力。苏州市市政公用局代表市政府授权该公司负责项目的投资、建设、运营、维护和移交。由于项目在政府的规划布局中占有重要地位,静脉园区建设得到了持续的政策性支持,使得各项目建设有序推进并按期投入运营。

2. 静脉产业的发展,需要技术型企业作为支撑

技术是企业的生存之本,静脉产业离不开技术的不断提升与创新。以光大环保生活垃圾焚烧发电项目为例,该项目总投资 17 亿元,采用国际先进的机械炉排技术,烟气排放指标全面达到欧盟 2000 标准,设计日处理规模 3550 吨,年焚烧生活垃圾 150 万吨,上网电量 4 亿千瓦时。比如,洁净环境科技是一家集餐厨垃圾和地沟油收集、运输及资源化利用为一体的现代化企业,通过湿热综合处理技术、生物柴油深加工技术,将餐厨垃圾和地沟油转化为生物柴油。2015 年,该公司两期餐厨垃圾综合回收利用能力达到了 350 吨/天,年产再生油酸原料 2000 吨。吴中静脉产业园完善了相关项目的实施和基础设施,实现了产业园内物质、能量的集约利用与阶梯利用,还实现了基础设施和信息的共享,取得了较好的经济、社会和环境效益。园区鼓励静脉企业自主研发和引进、利用高新技术,加快对现有企业的技术改造步伐。俄罗斯莫斯科州的代表团在考察光大静脉产业园的技术后,就产生了希望引进光大技术进行合作投资的意向。

3. 静脉产业的发展,要关注生产经济效益

发展静脉产业不是以营利为唯一目的,但是作为市场运行主体的企业,也不能脱离经济效益。苏州市垃圾焚烧发电项目,是目前国内已经投运的最大的生活垃圾焚烧发电项目之一。截至 2014 年年底,苏州垃圾焚烧发电项目累计已处理生活垃圾 761.91 万吨,上网电量 19.39 亿千瓦时,相当于节约标煤 111.97 万吨,苏州市生活垃圾基本实现"全焚烧,零填埋"。项目依靠最初约定项目基期每吨垃圾处理费为 90 元,并在基期处理费基础上,按照江苏省统计局公布的居民消费品价格指数 CPI(累计变动 3% 的情况下)进行调整。上网电价

标准,一期工程为 0.575 元/千瓦时,二、三期工程为 0.636 元/千瓦时。以 2014 年的 4 亿千瓦时总量算,这些静脉企业自身每年获得了可观的经济收益。生产的经济效益带动研发的持续跟进,跟进的技术又为环境的改善、生产能力的提升提供了技术支撑,两者互为驱动力,为园区企业建立起了正向的发展循环系统,实现了生产经济效益与环境效益的有效整合。

4. 静脉产业的发展,核心是环境保护

环境保护,实现城市的可持续发展,是静脉产业的根本目标。垃圾焚烧发电项目的焚烧炉、烟气净化系统、自动控制、在线检测等关键设备均采用国际知名公司的成熟产品,每立方米二噁英排放小于 0.1 纳克毒性当量。项目一期工程配置的 5 台机器,采用半干法加布袋除尘、活性炭吸附的烟气治理技术,烟气排放执行欧盟 I 号标准,各项生产指标在国内垃圾焚烧发电厂中均处于领先地位。园区内还先后建成了沼气发电、危险废弃物安全处置中心、垃圾渗滤液处置等项目。另外,餐厨垃圾处理等其他固体废弃物处置项目也相继落户园区。这些项目相互配套,形成了一定的集约效应和循环效应,为苏州城市化发展提供了良好的环境空间。

【思考题】

1. 结合吴中静脉产业园不断发展壮大的案例,谈谈你所在区域发展静脉产业存在哪些困难,解决的对策有哪些。

2. 政府在推进静脉产业项目中有着重要的作用,如果你是政府负责人,你认为在静脉产业园的建设中政府层面应注意哪些事项?

第六篇　　依法治市篇

——全面建成小康社会的创新路径

第十六章 地方立法助推科学发展

概 述

一、背景

"法律是治国之重器,良法是善治之前提",全面推进依法治国必须坚持立法先行,提高立法质量,发挥立法的引领和推动作用。地方立法作为我国法律体系的重要组成部分,对实现地方治理法治化、现代化具有不可替代的重要作用。历经逾30年的实践,地方立法在质量明显提升的同时亦累积了较多的立法经验,诸如协调有效的立法机制、严谨周密的立法程序、科学可行的立法技术等。然而,受制于主客观多重因素,地方立法工作呈现出一系列问题与不足,导致地方立法整体质量的降低,地方立法难以完全适应全面建成小康社会与发展社会主义市场经济的现实需求,尤其是在全面深化改革与全面推进依法治国的新形势下甚至呈现"脱节"的潜在危险。基于此,地方立法应当准确把握改革的"新形势",适应经济"新常态"下社会民众的"新期待",不断提高立法质量,增强立法实效。

1993年4月22日,苏州被国务院批准为"较大的市",取得地方立法权,至今已有23周年。20年多年来,市政府始终将政府立法工作摆在重要位置,认真履行宪法和法律赋予的立法职责,坚持立法与改革发展稳定相结合,围绕中心,服务大局,积极推进科学立法和民主立法,不断提高立法质量,取得了显著成效。截止到2013年,共向市人大常委会提请审议地方性法规草案61件,制定政府规章144件(其中废止46件,修改28件,现行有效规章70件),有力地为苏州市建设"三区三城"、率先基本实现现代化提供了制度保障。尤其是近些年,苏州提出了"为民、靠民、惠民"的地方立法理念,并把"让人民群众分享立法成果"作为宗旨,地方立法工作从本地实际需要出发,就经济转型升级、保障和改善民生、创新社会管理、生态文明等方面颁布法规、规章,其中生态文明方面的立法占全部立法总量的28.8%,从制度上保障了人民共享改革开放成果,为地方经济的全面协调发展做出了重要的贡献。

2014年,苏州市人大常委会制定出台了《苏州市生态补偿条例》和《苏州市排水管理条例》,对社会养老服务、农田土壤安全、国家历史文化名城保护和轨道交通管理等进行了立法调研,开展了地方性法规授权性规定落实情况调研和地方性法规全面梳理工作。制定出台的全国首部古村落保护地方性法规入围江苏省第二届"十大法治事件",积极推行立法后评估工作荣获首批法治江苏建设优秀实践案例。2015年,制定《苏州市居家养老服务条例》《苏州市献血条例(修改)》和《苏州市轨道交通管理条例》,并对苏州国家历史文化名城保护、人民代表大会代表议案工作、农业种质资源保护等开展立法调研。

苏州市通过做好自主性立法、先行性立法工作,为全国和全省的立法做了先行、有益的探索。党的十八届四中全会提出,建设中国特色社会主义法治体系,必须坚持立法先行,发挥立法的引领和推动作用。推动地方立法是建设法治苏州的重要前提和基础,市人大及其常委会要深入贯彻党的十八届三中、四中全会精神,充分认识立法工作面临的新形势、新任务,切实推动地方立法工作与时俱进;要深入推进科学立法、民主立法,切实提高地方立法质量;要尊崇宪法、法律权威,切实提高法律、法规实效。

二、主要做法

近年来,苏州市政府立法工作围绕贯彻落实党的十八届三中、四中、五中全会精神,认真落实省政府《关于深入推进依法行政,加快建设法治政府的意见》工作部署,从五个方面加强政府立法工作,推进政府立法精细化,促进科学、民主立法,全力服务苏州经济社会发展。

1. 高度重视,多方面切实加强对政府立法工作的领导

市政府对政府立法工作非常重视,每年都通过全市依法行政会议、政府工作任务安排、依法行政年度工作要点、政府工作报告等,对政府立法工作进行研究、部署和总结。每届政府都编制本届政府立法规划,每年年初下发年度立法计划通知,明确立法任务和要求。从2011年起,苏州市将政府立法工作纳入政府依法行政考核内容,以此规范和完善政府立法工作,提高立法工作质量。

2. 统筹协调,科学编制年度立法计划

一是严格执行编制程序。每年除向各地各部门征集立法建议项目及通过媒体、网站等渠道发布征集公告外,还将"两会"上有关立法方面的建议、提案纳入立法建议项目统筹考虑。同时,明确各地各部门报送项目时,除报送草案文本、论证报告外,还要报送立法成本效益分析报告。在起草计划、编制草案时,还要专门征求市长、各副市长、秘书长、各副秘书长和市政府办各业务处室的意见。二是按照立项分类标准确定立法项目。根据立法需求,区分轻重急缓,分别列入法规、规章和规范性文件计划项目、预备项目、调研项目,实现立法资源的合理配置。三是建立计划调整机制,适时调整补充立法项目。建立了政府立法计划调整机制,通常每半年就对计划进行适时调整和补充。

3. 规范程序,健全政府立法制度,有序开展起草审核工作

一是多渠道有序开展立法草案起草工作。根据立法项目的不同特点,分别采取立法工作者、实际工作者、专家学者单独或者相结合起草的模式开展政府立法草案起草工作。2015年,对涉及多个部门职责的《苏州市公共文化服务办法》等项目,由市政府成立起草班子,相关部门参与起草;对专业性较强的立法项目,采取委托起草的形式。二是严格落实立法工作审核机制。全面规范立法审核程序,注重审核流程标准化建设,政府立法审核中已形成公开征求意见—意见整理汇总—集中修改—召开部门、地区、专家、公众代表座谈会—意见汇总—完善修改—报送集体讨论决定—公开发布—归档这一完整、规范、标准的审核流程,并通过建立立法审核平台,实现全程计算机网络化运行。三是公众有序参与立法过程。所有立法草案都通过中国苏州网、苏州政府法制网公开征求意见;为便于公众更好地理解立法宗旨、参与立法,在公布立法草案的同时,公布起草说明;为提高公众参与的积极性,通过网站等途径对公众意见采纳情况予以说明;通过组织立法听证会、立法大讨论、公众代表座谈会、媒体通气会等形式,直接听取公众意见。四是充分发挥立法咨询作用。立法中注重加强与立法咨询员和专家库成员的互动交流,从立法建议项目的征集到论证、从法规草案的起草到审核、从制定到后评估等各个环节,都邀请专家进行专题研究论证。为便于沟通联系,市政府法制办还借助市政府立法咨询员 QQ、微信群,在群内适时研讨、集思广益,为改进完善政府立法工作提供了极大的帮助。五是顺利完成立法起草审核工作。仅2015年,就完成2个地方性法规议案、2个政府规章、10个规范性文件的审核工作。全程配合市人大制定《苏州市居家养老服务条例》,颁布了《苏州市火车站地区综合管理办法》等7个政府规范性文件。

4. 扎实开展规章与规范性文件立法后评估工作

一是加强政府立法后评估工作的组织部署。2015年年初,根据市政府颁布的2015年规章和市政府规范性文件的后评估计划,按照标准安排经费报财政局及时拨付各实施部门。二是强化政府立法后评估工作的指导协调。及时组织召开后评估工作推进会,组织、指导各部门规范有序开展2015年12个规章、规范性文件的后评估工作。实施机关根据评估计划,及时组建评估小组,制订评估方案,委托第三方开展评估。第三方参与立法后评估的有律师事务所、高校学术机构、行业组织等,评估中广泛听取各方意见,进行专家论证,评估方法多样全面,系统开展评估工作。三是积极组织立法后评估工作经验交流。2015年组织召开立法后评估工作经验交流会，对2014年的《苏州市地下文物保护办法》等10件立法后评估报告草案进行专家论证、点评验收，从西南政法大学、苏州大学等高校邀请的七位专家从报告结构、评估程序、评估方法、报告内容的全面性和科学性、评估结论和建议的合理性、报告用语的规范性等方面，进行了综合点评。

5. 建立专家库和群众意见听取制度

2015年，市人大常委会在立法咨询员队伍的基础上，遴选了35名法律教学、法律工作实务、立法工作实务、古城保护、环境保护、文化研究等方面的专家学者，组建了立法专家顾问库。立法程序民主性是立法质量的重要保证，只有切实体现社会公众意见的立法，才是具有社会基础的立法，也才能保证其得到有效的实施，因此，地方立法应当积极推进民主立法，不断探索创新公民参与立法的有效形式。2015年，苏州在各市（区）建立了16个基层立法联系点，为基层组织和群众拓宽了制度化立法参与渠道，使立法机关可以更全面地了解基层需求，统筹兼顾不同方面的利益诉求。

三、经验与启示

1. 始终坚持围绕中心，服务大局，促进和保障经济社会全面协调可持续发展

紧紧围绕市委、市政府的中心工作，牢牢抓住经济社会发展的突出问题、事关全局的重大问题和人民群众关心的热点难点问题，积极开展政府立法工作。例如，为促进地方经济发展，规范市场秩序，制定了客运出租汽车、建筑市场、合同格式条款、企业信用信息等方面的政府规章；为加强城市建设和管理，制定了轨道交通、扬尘污染防治、金鸡湖保护等方面的政府规章；为促进社会事业全面发展，保护生态环境，制定了住房公积金、无障碍设施、餐厨垃圾等方面的政府规章；为规范行政行为，制定了规章立法后评估、实施行政许可、市级财政国库等方面的政府规章。

2. 始终坚持突出地方特色，注重创制立法，提高政府立法的实效

一方面注重自主性立法，立法项目上体现地方特色。针对某些管理领域法律、法规不完备的情况，坚持从实际出发，积极发挥主动性、创造性，制定实施了一批解决经济发展和社会管理难题的政府规章，在省内乃至全国都产生了良好的反响。例如，为更好地保护吴文化，向市人大提交了古建筑保护条例、昆曲保护条例等法规议案，制定了历史文化名城名镇保护、民族民间传统文化保护、地下文物保护、古村落保护等政府规章，在国家和省对文化建设方面立法相对滞后的情况下，苏州市的文化立法基本形成物质文化遗产与非物质文化遗产、地上文物与地下文物、古城古镇与古村落全方位、立体化保护的立法体系。另一方面注重创制性立法,立法内容体现地方特色。如《苏州市古村落保护办法》中倡导古村落保护走市场化保护理念、鼓励古村落村民以自有的古建筑入股参与经营、古村落村民共享古村落保护成果等制度设计,得到了国内专家、学者和古村落保护工作者的广泛关注与肯定。

3. 始终坚持科学立法、民主立法,积极拓宽公众参与立法的途径

通过组织立法听证会、公众代表座谈会、新闻媒体立法通气会、走进电台电视台专题宣传等形式,直接听取公众意见。所有的地方性法规、政府规章草案及其起草说明都通过中国苏州网站、苏州政府法制网站公开征求意见。从2012年开始,在省内首家探索建立立法征求意见反馈制度,对规章制定过程中公众意见的采纳情况予以说明。同时,注重发挥专家、学者在政府立法中的重要作用。建立地方法咨询员制度,先后聘任5届立法咨询员,对立法项目中的重点、难点、焦点问题,邀请专家进行专题研究论证,专家咨询论证成为政府规章审核中的必经程序。

4. 始终坚持"立、改、废"并举,确保法制统一

坚持立"新法"与改"旧法"并重。一方面,每年在安排立法计划时,根据实际需要适度安排修改、废止项目;另一方面,根据国家、省统一部署,及时做好政府规章的定期清理工作。20多年来,结合贯彻实施行政处罚法、行政许可法、行政强制法,以及适应加入世贸组织、行政审批制度改革、建立统一的社会主义法律体系的需要,先后组织开展六次大规模的规章清理工作,确保了法制统一。

5. 始终坚持主动沟通、密切联系,接受市人大的指导和监督

始终注重加强与市人大有关业务工委、法工委的联系和沟通,主动接受市人大的监督和指导。在立法项目的确定上,市政府法制办每年都与市人大法工委联合组织开展立法项目建议的征集、调研论证等相关工作。在地方性法规草案的起草、审核过程中,主动邀请市人大有关工委提前参与,共同研究,达成共识,提高法规议案质量。

四、展望

政府立法工作是全面贯彻执行国家法律法规和党的方针政策的重要途径,是依法治市、依法行政的基础和前提。要认真履行宪法和法律赋予的立法权,全面推进科学立法、民主立法,进一步加强和改进政府立法工作。在今后的一段时间内,应重点做好以下几个方面:

1. 严格按照法定权限和程序,认真履行立法权

政府的立法工作要紧紧围绕市委、市政府的中心工作,结合改革发展稳定的重大决策,坚持科学立法、依法立法、立法为民。要根据宪法和立法法的规定,严格按照法定权限和法定程序进行立法,遵循并反映经济和社会发展规律。政府规章和规范性文件内容要具体、明确,且具有可操作性,能够切实解决问题;内在逻辑要严密,语言要规范、简洁、准确。

2. 紧密结合苏州实际,把握立法重点

政府立法工作要立足苏州实际,加强重点领域立法,着力解决实际问题。要按照条件成熟、实践需要、突出重点、统筹坚固的原则,科学制订政府立法工作计划,合理安排年度立法项目,增强政府立法工作的前瞻性、指导性和计划性。以提高立法质量为核心,突出地方特色,加强完善经济体制、改善民生和发展社会事业以及政府自身建设等方面的立法。要把转变政府职能、完善市场经济机制作为今后地方立法的主要内容,把正确厘清政府、市场和社会关系作为每一项立法的主要任务,注重充分发挥市场调节、社会自治的作用,凡是公民、法人或者其他组织能够自主决定的、市场竞争机制能够有效调节的、行业组织或者中介机构能够自律管理的,在立法上要坚决地把这些事项从政府职能中转移出去,要坚定不移地推动政府职能向创造良好发展环境、提供优质公共服务、维护社会公平正义转变。在行政管理体制设计上要注重下降管理中心,使基层一线的实际管理者责权相符,降低管理成本。

3. 围绕推进科学民主立法,提高立法质量

要进一步完善公众参与政府立法的制度和机制,不断拓展公众有序参与立法的途径。要建立健全立法过程网上公开运行制度,多途径、多形式鼓励公众参与立法。立法工作者要多下基层调研,放低身段,多听取一线群众的意见,方便公众参与立法,向人大提出法规议案。制定政府规章和规范性文件,除依法需要保密的外,要采取多种形式广泛听取意见,保证人民群众的意见得到充分表达。对群众意见的采纳或者不采纳都要给予说明。进一步完善专家咨询论证制度,充分发挥专家学者在政府立法中的作用。法规、规章草案涉及其他部门职责的,要充分听取相关部门的意见,坚决克服政府立法过程中的部门利益和地方保护倾向。

4. 创新立法工作方式方法,完善立法机制

建立健全开放式、多元化的政府立法起草机制,有针对性地实行立法工作者、实际工作者和专家学者相结合的起草模式。逐步健全完善政府立法的成本效益分析制度,运用经济学的定量分析研究法律问题,推进政府立法工作精细化。继续深入开展政府规章立法后评估工作,将评估的结果作为规章修改或废止的重要依据。严格执行规章和规范性文件公开发布、备案和定期清理等制度,切实维护法制统一和政令畅通。加强政府法制机构在政府立法中的主导和协调作用,重视政府立法人才的培养和使用,全面保障政府立法工作顺利开展。

案例一 《苏州市排水管理条例》：抓源头提升水质量

一、背景

城市排水是指对城市的产业废水、生活污水（以下统称污水）和大气降水（以下简称雨水）的接纳、输送、处理、排放的行为。城市排水设施包括公共排水设施和自建排水设施。公共排水设施是指接纳、输送、处理、排放城市污水和雨水的公共管网、沟渠、泵站和污水处理厂及其附属设施；自建排水设施是指产权人自行投资建设的用于本区域排水的管道、沟渠、泵站和污水处理设施。排水管理是指对已建成的排水系统进行正确运用和维修养护，以充分发挥其工程效益。

当前，某些地区和部门领导干部头脑里的发展观念与科学发展观的要求还有较大差距，依然存在着把"发展是硬道理"简单地理解为"增长是硬道理"，存在着不惜以牺牲资源、环境为代价追求产值的现象，表现在发展中就是只要有利于地方GDP的提高，就可以放低环保要求，出现包庇、纵容企业乱排乱放"三废"等现象。这些行为既有损于科学发展观的践行，也严重损害了当地人民群众正常的生产生活，损害了人民群众的身体健康，成为近期群众投诉的重点。以节约资源、保护环境为目标，加大实施可持续发展战略的力度，大力发展循环经济，在全社会提倡绿色生产方式和文明消费，形成有利于低投入、高产出、少排污、可循环的政策环境和发展机制，成为刻不容缓的施政主题。

苏州自古水网发达，"君到姑苏见，人家尽枕河"，小桥、流水、人家是苏城给世人的典型外在形象，也因此成为许多人梦想中的人居天堂之地。然而近些年来，由于城市发展过快，政府过度追求GDP，企业过分追求利润，居民乱倒生活污水，出现只要发展速度，不要发展质量的现象，导致苏州这个水乡之地臭水横流，"黑、臭、脏"代替了往日的"清、美、净"，有损"东方威尼斯"之称，影响苏州的城市形象。苏州的饮用水源地、有母亲河之誉的太湖，前些年更是暴发了蓝藻事件，虽然蓝藻发生的主要地点在无锡，然而这一震惊全国的饮用水危机还是给了苏州及时的提醒和警示。

党的十八届四中全会《关于全面推进依法治国若干重大问题的决定》指出：法律是治国重器，良法是善治前提。苏州因水而生、因水而兴、因水而美、因水而名，水生态质量直接关系到苏州的未来！省委副书记、苏州市委书记石泰峰要求,一定要把水生态文明建设作为转变发展方式的重要抓手,把水的问题放到苏州发展的全局上来考虑,从战略的高度深刻认识水资源、水环境、水生态、水安全对苏州的重大意义,强化水意识,做好水文章,打响水品牌。

为了加强排水管理,保障排水设施的完好和正常运行,防治水污染和洪涝灾害,改善城市水环境,保障水安全,促进经济和社会发展,保持苏州良好的投资环境,苏州市根据有关法律、法规,结合本市实际,制定了《苏州市排水管理条例》。

二、主要做法

《苏州市排水管理条例》(以下简称"《条例》")于2015年3月22日世界水日正式实施。《条例》共29条,主要包括适用范围、排水及设施的定义、管理体制、规划建设、排放、污水处理、养护维修、法律责任等内容,反映了经济社会发展要求,体现了浓郁的苏州特色。

综合《苏州市城市排水管理条例》和《苏州市排水管理条例》来看,苏州市在排水管理上的做法主要有以下几方面:

1. 建立系统、完善的排水分级管理机制

规定苏州市水行政主管部门是本市城市排水行政主管部门,负责城市排水的监督管理。市排水管理机构受市排水行政主管部门委托,具体负责城市排水的日常管理工作。县级市、区人民政府确定的排水行政主管部门按照各自职责权限,负责本行政区域内城市排水的监督管理,业务上接受市排水行政主管部门指导。规划、建设、环保、市政、房管、城管等有关部门按照各自职责,做好有关城市排水的管理工作。

2. 抓好城市排水规划和建设

规定本市建成区城市排水规划由市排水行政主管部门会同有关的区和部门,根据城市总体规划以及经济和社会发展计划组织编制,经市规划行政部门综合平衡和省排水行政主管部门审查后,报市人民政府批准并组织实施。县级市(含所辖的国家级、省级开发区)城市排水规划由当地排水行政主管部门会同有关部门,根据城市总体规划以及经济和社会发展计划组织编制,经当地规划行政部门综合平衡和苏州市排水行政主管部门审查后,报当地人民政府批准实施。

排水设施的建设计划应当符合城市排水规划。新建、改建、扩建排水设施,必须按照雨水、污水分流的要求建设。原有的排水设施未实行雨水、污水分流的,应当有计划地进行改造,实行雨水、污水分流。在要求实行雨水、污水分流的地区,禁止雨水管道和污水管道混接。建设项目涉及公共排水设施的,建设

单位应当征得排水行政主管部门同意后,按照工程建设管理的有关规定办理审批手续。

城市污水处理厂的建设,应当根据受纳水体功能区要求、水环境容量以及经济和社会发展等因素,合理确定污水处理程度和设施规模。开发区排水设施的建设,应当纳入开发区综合开发计划。住宅小区排水设施的建设,应当纳入住宅配套建设计划,与住宅小区建设项目同时设计、同时施工、同时投入使用。现有的和经规划确定的公共排水设施用地,未经法定程序不得改变用途。排水设施建设应当符合国家和地方规定的技术标准。排水设施建设项目的勘察、设计、施工、监理,应当委托持有相应资质证书的单位承担。在建设工程招标投标范围内的排水设施建设项目,必须按照国家规定实行招标投标。排水设施建设项目竣工后,建设单位应当按照国家规定组织验收;未经验收或者验收不合格的,不得交付使用。建设单位应当建立完整的排水设施建设项目竣工档案,并在竣工验收通过后三个月内分别送交城市建设档案管理机构和排水行政主管部门。因建设需要拆除、改建、移建公共排水设施的,应当事先报经排水行政主管部门审核同意,所需经费由建设单位承担。建设施工影响公共排水设施安全的,建设或者施工单位应当事先征得排水行政主管部门同意并采取保护措施后方可施工。建设单位因施工确需临时封堵公共排水管道的,必须向排水行政主管部门提出申请,制订临时排水方案,经批准后方可实施。施工结束后,应当按照要求予以恢复。

3. 狠抓排水管理

城市污水应当进行集中处理。在城市污水集中处理设施服务区域内,应当将污水排入城市污水集中处理设施进行集中处理。未经许可,不得擅自排放污水。自建排水设施的,应当在与公共排水设施连接处设置符合规定的检测井。单位和个体经营者(以下统称"排水户")排入城市污水集中处理设施的污水水质,应当符合国家和地方规定的污水接纳标准;不符合污水接纳标准的,必须进行预处理。经污水处理厂处理后的排水水质,应当符合国家和地方规定的排放标准。排水户向公共排水设施排放污水的,必须向排水行政主管部门提出排水申请,取得排水许可证后方可排水。

新建、改建、扩建的建设项目需要向公共排水设施排放污水的,应当按照有关规定办理报批手续后,方可进行排水接管工程的设计和施工。排水工程竣工验收合格,经排水行政主管部门同意后方可排水。临时排水中有沉淀物,影响公共排水设施安全运行的,必须经预处理达到接纳标准后方可排放。排水户应当按照排水许可证规定的条件排水。

城市污水集中处理设施实行有偿使用制度。向城市污水集中处理设施排放污水应当缴纳污水处理费。污水处理费的征收、管理和使用按照国家有关规定执行。向城市污水集中处理设施排放污水、缴纳污水处理费的,不再缴纳排污费。排水行政主管部门应当对排入污水集中处理设施的污水进行监测,排水户应当予以配合。有污水预处理设施的排水户,应当将污水处理设施运转情况和排水水质化验资料定期报送排水行政主管部门。

4. 做好排水设施养护维修工作

公共排水设施的养护和维修,按照职责权限,分别由市和县级市、区排水管理机构负责,或者由排水行政主管部门通过招标投标等方式确定的有资质的单位负责。自建排水设施的养护和维修(以与公共排水设施相连接的窨井为界)由产权人负责。住宅小区内共用雨水、污水管道(不含地下车库,单元出户井除外)的维护运营单位由排水行政主管部门、镇人民政府通过招标、委托等方式确定,养护经费在财政预算中列支。这一规定充分体现了公共财政提供公共服务的执政概念。

养护维修责任单位应当按照国家和地方有关技术标准对排水设施进行养护维修,保证排水设施完好和正常运行,并接受排水行政主管部门的监督检查。每年汛期之前,养护维修责任单位应当对排水设施进行全面检查维修,保障设施的安全运行。排水设施缺损或者发生污水冒溢、雨水排泄不畅等情况,养护维修责任单位应当在发现或者接到报告后及时采取有效措施,并组织维修、疏通。排水设施发生事故,养护维修责任单位应当立即组织抢修,采取有效措施,并且及时向排水行政主管部门报告。

对公共排水设施进行抢修或者特殊养护维修作业而出现影响正常排水情况的,养护维修责任单位应当采取临时排水措施。确需排水户暂停排水的,应当提前向沿线排水户告知暂停排水的时间,并尽快恢复正常排水。对生产、生活可能造成严重影响的大范围暂停排水,应当报经市或者县级市、区人民政府批准,并发布通告。

对重要的公共排水设施应当设置安全保护区。安全保护区的范围、识别标志和管理办法,由市人民政府规定。禁止堵塞排水管道;禁止擅自占压、拆卸、移动排水设施及其标志;禁止向排水管道倾倒垃圾、粪便、渣土、施工泥浆、污泥、油污等废弃物;禁止向排水管道倾倒或者排放有毒有害、易燃易爆等危险物品;禁止擅自在安全保护区范围内爆破、打桩,以及修建建筑物、构筑物等损害公共排水设施的行为。

5. 依法追究相关法律责任

违反条例规定,造成排水设施损害或者堵塞的,责任单位和个人应当及时维修、疏通,造成损失的,并承担相应的赔偿责任。因排水管理机构或者其他养护维修责任单位过错造成他人损失的,应当依法承担相应的赔偿责任。

依照有关法律法规和条例规定,被予以行政处罚的单位和个人,不免除其排除危害和赔偿损失的责任。根据具体损害情况,由排水行政主管部门责令改正,采取补救措施,处以金额不等的罚款;情节严重并且拒不改正的,可以并处吊销其排水许可证。

三、成效

《苏州市排水管理条例》反映了经济社会发展要求,体现了浓郁的苏州特色。

一是坚持城乡统筹,确保城乡居民均等享有基本公共服务。《条例》是在《苏州市城市排水管理条例》的基础上制定的,将农村生活污水治理纳入法制规范,在国内立法中尚属首创。《案例》明确了村庄排水设施建设、维护运营要求及其经费保障,有效提升了农村的生活污水治理能力。

二是坚持公正正义,对住宅小区的排水设施统一实施专业养护。《条例》破解了住宅小区设施养护的难题,明确要求所有住宅小区,无论有无物业管理,一律由政府排水主管部门管理,管理费用由居民交纳的污水处理费和财政专项经费予以保障。

三是坚持标准领先,依法提升排水管理水平。《条例》不仅在排水设施的建设和改造方面采取国内领先的标准,而且在住宅阳台雨污分流、排水设施安全养护等方面都做了明确规定。

从《条例》的实施情况来看,成效明显,主要体现在以下几个方面:

1. 净水

据统计,到 2015 年年底,苏州全市城乡共整治黑臭河道 542 条,化学需氧量、溶解氧等重要指标明显好转。苏州城区河道水质从常年劣V类提升至Ⅲ—Ⅳ类,水功能区水质达标率从 2007 年的 15.4% 提高至 2014 年的 65.1%,河道水质感官质量明显改善。不久前,第三方机构对苏、锡、常、镇、宁五市水环境的随机抽样结果显示,在工业发达的苏南五市中,苏州的水环境第一。

2. 活水

水城治水的关键是"活水"——让全城的水活起来,重新恢复自净功能。苏州市水利部门介绍,利用境内拥有的长江太湖水资源、已经建成的闸站工程、有着历史传承的巧妙合理的河网格局三大优势,苏州设计了一整套古城"自流活水"方案,即将通水的七浦塘便是方案中的一环。目前,每天进入苏州城的清水水量为 250 万立方米,其中入古城河道 70 万立方米,城市中心区一天 24 小时持续活水,相当于每天换一次水,实现全城活水后,再通过常态化保洁,守护治水成果。东方水城正在恢复往日水的灵动,呈现出一幅新的水乡美景图!

四、启示

1. 高瞻远瞩,长远规划,搭建管理平台

各级人民政府应当将排水设施建设纳入城市总体规划以及经济和社会发展计划。

2. 多渠道资金筹措保障管理目标

公共排水设施的建设采取政府投资、市场融资等多种方式筹集建设资金。

3. 市场化运作提升管理效率

公共排水设施的管理逐步实行政企分开、厂网分开、管养分开的运作方式和市场化运作机制。规定任何单位和个人都有保护公共排水设施的义务,有权对违反《条例》的行为进行制止和举报。对制止和举报有功者,政府和排水行政主管部门应当给予表彰、奖励。

【思考题】

1. 《苏州市排水管理条例》是在什么背景下出台的?
2. 你认为苏州市在排水管理上采取了哪些做法?你能从中得到哪些启示?

案例二 《苏州市生态补偿条例》：生态补偿助力生态文明建设

一、背景

建立生态环境补偿机制是当今世界发展的潮流，许多国家在这方面积累了成功的做法和经验：美国的生态补偿渗透在各行业单行法里，他们认为，农业是影响生态环保的最重要的因素之一，其农业法案大部分内容都是就生态环保问题对农业的资金补偿规定；日本的《森林法》规定，国家对于被划为保安林的所有者予以适当补偿，同时要求保安林受益团体和个人承担一部分补偿费用；瑞典《森林法》也规定，如果某林地被宣布为自然保护区，那么该林地所有者的经济损失由国家给予充分补偿；原德意志联邦共和国黑森州《森林法》规定，如果林主的森林被宣布为防护林、禁林或游嬉林，或者在土地保养和自然保护区范围内，颁布了其他有利于公众的经营规定或限制性措施，因而对林主无限制地按规定经营其林地产生不利，则林主有权要求赔偿；法国、哥伦比亚、南斯拉夫等国家也有类似的规定。法国政府还对国有和集体林经营所产生的利润免除税费，并对私有林经营提供各种财政优惠政策。

苏州坐落于太湖之滨，拥有太湖四分之三的水域面积，城内河道纵横，被誉为"东方威尼斯"，有着独特的生态环境。从2010年开始，苏州启动生态补偿机制，一年投入15亿多元，在全国率先实行了生态补偿的制度。为进一步推进党的十八大提出的经济建设、政治建设、文化建设、社会建设、生态文明建设"五位一体"总体布局的实施，加快苏州市生态文明建设方针政策法制化的步伐，苏州市人大常委会经过一年审议、几十次座谈，听取多方意见，反复修改，逐渐提炼完善生态补偿条例（草案），最终于2014年4月28日市十五届人大常委会第十三次会议第二次审议全票通过《苏州市生态补偿条例》。5月28日，《苏州市生态补偿条例》经过江苏省第十二届人大常委会第十次会议批准，从2014年10月1日起实施。

东山的杨湾村，距离太湖只有三四百米的距离。村里刚刚从德国引进一套小型的污水处理设备，该设备将农户家的污水进行收集，然后经过处理，排放到一个小游园。它的排放标准，已经达到了国家一级排放标准，可以用来养鱼，而且污水还要经过两次处理，排放到下游的一个生态河塘，用来种植水草，然后才会真正排放到太湖里。

吴中区东山镇杨湾村委会主任黄美峰告诉我们：管网连接不到的地方，比较远的地方，可以把所有污水集中到这个系统中来，现在这套设备的日处理量可以达到100吨。杨湾村最初每年能拿到50万元的补助收入，这笔钱全部用于河道清理、建污水管网等，这套处理设备也正是用这笔资金购买的。

二、主要做法

《苏州市生态补偿条例》内容详尽，共24条，对生态补偿的范围、对象、标准、资金承担方式以及补偿资金的申报、审核、使用、监督等都做出了明确规定。

1. 明确生态补偿的概念和实施原则

生态补偿是指主要通过财政转移支付方式，对因承担生态环境保护责任而使经济发展受到一定限制的区域内的有关组织和个人给予补偿的活动。

生态补偿遵循政府主导、社会参与、权责一致、突出重点、统筹兼顾、逐步推进的原则。

2. 完善多元生态补偿机制

市、县级市（区）人民政府负有逐步完善资金、技术、智力、实物等多元化生态补偿机制的责任，建立区域、流域等生态补偿制度。鼓励社会力量参与生态补偿活动。市、县级市（区）财政部门负责统筹协调本行政区域的生态补偿工作。市、县级市（区）农林、水利（水务）、园林和绿化等部门，负责做好本部门职能范围内的生态补偿工作。发展改革、国土、住房和城乡建设、规划、环保、审计、监察等部门，按照各自职责协助做好生态补偿工作。

3. 明确生态补偿范围和补偿对象

生态补偿范围包括水稻田、生态公益林、重要湿地、集中式饮用水水源保护区、风景名胜区等生态功能区域及市、县级市（区）人民政府确定的其他区域。

承担生态环境保护责任的组织和个人作为补偿对象，可以获得生态补偿。

4. 制定生态补偿标准，明确资金分配

根据生态价值、生态文明建设要求，统筹考虑地区国民生产总值、财政收入、物价指数、农村常住人口数量、农民人均纯收入和生态服务功能等因素，制定生态补偿标准。生态补偿标准一般三年调整一次。

生态补偿范围位于县级市的，生态补偿资金由县级市人民政府承担。生态补偿范围位于市区的，生态补偿资金根据市人民政府确定的比例由市、区人民政府分担；区人民政府扩大生态补偿范围或者提高补偿标准的，由区人民政府承担。国家和省对生态补偿资金承担方式另有规定的，从其规定。条件具备时，市人民政府应当建立全市生态补偿资金统筹制度。

生态补偿资金实行分类、逐年申报制度。生态补偿资金应当用于维护生态

环境、发展生态经济、补偿集体经济组织成员等。

财政部门确定生态补偿资金分配方案后,应当通过政务网站、补偿范围涉及的镇村公示栏公布。财政部门应当建立健全生态补偿信息公开、绩效评估制度,规范会计核算和档案管理,监督生态补偿资金的拨付和使用。审计部门应当定期对生态补偿资金拨付和使用情况进行审计,并将审计结果向社会公开。市、县级市(区)农林、水利(水务)、园林和绿化等有关部门应当对生态补偿范围的生态保护情况进行检查监督,并将涉及生态补偿的情况书面告知同级财政部门。

5. 规定违法责任

《苏州市生态补偿条例》规定,有虚报、冒领等手段骗取生态补偿资金,截留、挪用生态补偿资金,滞留生态补偿资金等行为之一的,由财政等部门依法予以处罚、处分;构成犯罪的,依法追究刑事责任。

财政、农林、水利(水务)、园林和绿化等有关部门及其工作人员在生态补偿工作中玩忽职守、滥用职权、徇私舞弊的,由其所在单位或者上级主管机关对直接负责的主管人员和其他直接责任人员依法给予行政处分;构成犯罪的,依法追究刑事责任。

三、成效

《苏州市生态补偿条例》的颁布实施,对于加强生态保护意识、强化生态保护力度、促进生态环境保护、提升农业产业发展水平、提升生态文明建设水平以及推动生态循环农业快速发展都起到了显著作用。

经过几年的实践,生态补偿政策取得了明显成效,在一定程度上提升了生态保护重点地区镇、村提供基本公共服务、保护生态环境的能力,增强了基层干部、群众的生态保护意识。

苏州生态补偿机制实施的成效,显现在青山绿水蓝天之中。很多地方逐渐完成"退养还湿"、清除湖畔住家船、治理农业生产生活污水向保护水源地排放等工作。如今,坐落在绿水青山之中的杨湾村,旅游业迎来了蓬勃发展。村民杨万芳说,现在每户又多了一项旅游收入,这是以前没有想到的。一年下来,旅游收入能达到8万多元,日子越来越好了。

四、经验与启示

1. 加大财政投入

生态文明建设需要加大财政投入和政策支持力度,确保公共财政投入生态文明建设的总量、增量和比重持续提高。

2. 加强监督管理

从苏州市的经验来看,要加强生态补偿资金的监督和管理,保证生态补偿资金专款专用。要建立体现生态价值和代际补偿的资源有偿使用制度,探索建立区域之间的补偿机制。

3. 建立有利于生态环境建设、保护的长效激励机制

苏州市生态补偿工作中的许多举措对其他地区都有借鉴作用,如:区分不同情况,完善生态补偿机制;因地制宜,调整提高补偿标准,扩充生态湿地补偿范围;重点扶持财力薄弱镇村,发展特色经济,促进农民增收,健全制度,强化监管等。

【思考题】

1. 建立生态补偿机制有何意义?
2. 结合当地实际,谈谈要做好生态补偿工作应从哪些方面入手。

案例三 《苏州市古村落保护条例》：非物质文化遗产构筑美丽苏州

一、背景

近年来，随着经济活动的广泛开展，出现了在古村落内进行开山、采石、开矿等破坏传统格局和历史风貌的活动，占用保护规划确定保留的园林绿地、河湖水系、道路，甚至修建生产或储存爆炸性、易燃性、放射性、毒害性、腐蚀性物品的工厂、仓库等行为。在古建筑上刻划、涂污以及其他危害古建筑的行为也时有发生。一些曾经住过几代人的老房子，有的年久失修，已经坍塌，有的倒了半边，有的正在被拆除，有的已经拆完盖了新楼。而随着外迁农民的增多，村里的祖屋空关的也越来越多，有些原本还保存很好的建筑，主人不愿意再住，已经原地重建了气派的小洋楼。由于后辈们并未认识到祖辈遗留下来的宝贵财富，古村落在年复一年被破坏。雕花的窗棂与屋顶的横梁不见了，老祠堂和石鼓不见了，珍贵的木门被乡民们拆下来当柴火烧了，高高的花岗岩石柱被打断砌成围墙。农村赖以传承的根本，在一次又一次的旧房改造中被遗弃，在不断的迁徙中被遗忘。古村落的历史沿革、风物特产、民风民俗等属于非物质文化遗产，一旦消亡就可能难以恢复再现。2011年9月6日，温家宝在参加中央文史研究馆成立60周年座谈会时批评说，强制拆迁，把农民赶上楼，丢掉的不仅是古村落，连现代农村的风光都没有了。事实正是如此，大量具有历史价值的古村落，几乎都是在还未为人所知的时候就已经被破坏、被拆除。为了继承优秀的历史文化遗产，保护这些无法复制的宝贵财富，2005年6月8日，《苏州市古村落保护办法》颁布实施，2013年苏州市又制定了地方性法规《苏州市古村落保护条例》，2014年1月1日起正式施行。条例强调，对于古村落的保护，要依据科学规划、严格保护原则。条例送审稿先在苏州市政府法制网上公示，并征求社会各界意见。

二、主要做法

1. 明确古村落概念

古村落，是指具备下列条件的农村村民居住和从事各种生产的聚居点：

① 村落形成于1911年以前，传统风貌与格局具有特色，传统街巷及两侧古建筑保存较为完整；

② 文物古迹比较丰富,有 10 处以上 1911 年以前形成的民居、祠堂、寺庙、义庄、会馆、牌坊、桥梁、驳岸、古井、古文化遗址、古墓葬及近现代重要史迹、优秀建筑;

③ 具有传统风貌的河道水系、地貌遗迹、古树名木等;

④ 具有地方特色的民族民间传统文化。

具备上述条件的村落,由市文物、规划、建设行政主管部门组织专家评审后,报市人民政府审定并公布为苏州市控制保护古村落。

2. 强调古村落保护的总体原则和思路

强调对于古村落保护,要采用科学规划、严格保护的原则,确立政府保护为主、其他保护手段为辅的整体保护思路,同时设立市、县(区)两级古村落保护机构,设立古村落保护专项资金。古村落所在地县级市(区)、镇人民政府,应当在古村落公布后一年内组织编制完成保护规划,并纳入城镇总体规划。

3. 设立专项保护资金

保护古村落,资金保证必不可少。古村落的保护资金,采取多渠道方式筹集。市、县级市(区)要设立古村落保护专项资金,其来源是:市和县级市(区)每年财政预算安排的资金;市、县级市(区)每年土地拍卖款的 2%～5%;境内外单位、个人和其他组织的捐赠;古村落旅游收入和古建筑转让、出租的收益以及其他依法筹集的资金。专项资金设立专门账户,专款专用,优先用于古村落的抢救性修复。

4. 明确古村落保护措施

古村落应当整体保护,保持传统格局、历史风貌和空间尺度,不得改变与其相互依存的自然景观和环境。古村落的历史沿革、风物特产、民风民俗等非物质文化遗产应当加以搜集、整理、研究和保护利用。明令禁止在古村落内进行开山、采石、开矿等破坏传统格局和历史风貌的活动;禁止占用保护规划确定保留的园林绿地、河湖水系、道路等;禁止在古村落内修建生产或储存爆炸性、易燃性、放射性、毒害性、腐蚀性物品的工厂、仓库等;禁止在古建筑上刻划、涂污以及其他危害古建筑安全的行为。在保持原有的生产、生活状态前提下,可以适度发展旅游和文化产业,但要防止无序和过度开发。

5. 严惩破坏古村落行为

对于破坏古村落的行为,要严惩。发生破坏行为要及时禁止,并限期恢复原貌或采取补救措施;造成严重后果的,对单位处 50 万元以上 100 万元以下的罚款,对个人处 5 万元以上 10 万元以下的罚款;有违法所得的,没收违法所得;逾期不恢复原状或者不采取其他补救措施的,各级保护部门可以指定有能力的单位代为恢复原状或者采取其他补救措施,所需费用由违法者承担。

三、成效

苏州是国内首批历史文化名城,它包含着各种古镇和古村落。古老的村楼,质朴的幽深小巷,不仅是一幅幅美妙的水墨山水画,更是苏州市宝贵的历史文化财富。这些小村落具有悠久的历史、纯朴的民风和珍贵的民间文化,成为苏州市政府的保护对象。通过立法保护古村落,古村落的保护上升到了法律层面,实际效果明显。如今,苏州市已有十几个村成为控保古村落和历史文化名村。这类村有:陆巷、杨湾、三山岛、明月湾、东村、堂里、甪直、东蔡和西蔡、徐湾、植里、后埠、恬庄、金村、南库、李市村、龙泉嘴村、溪港村等。其中最为有名的是甪直,这里处处是古桥、古街、古河和古建筑,保存得十分完好。陆巷位于苏州市东山镇,村中有明清古建筑30多幢。杨湾在东山半岛上,是东山保存最为完整的古村落,有明善堂和轩辕宫两大宏伟壮观的古建筑。美丽的三山岛具有"小蓬莱"之称,它的自然环境优越,还是三山文化的发祥地,吴越文化深厚。同样位于太湖西山岛上的明月湾古村落,始建于吴越时期,也是吴越文化的发源地,特别是明月湾古码头,景色美如画,具有很高的历史文化价值。幽静的东村复古情怀更加浓郁,故居大堂比比皆是,讲述着一个个动人的民间故事和传说。太湖上的古村落堂里也拥有20多幢明清古建筑,布局严谨有致。位于太湖上叶山岛的徐湾古迹斑斓,古韵十足……

《苏州市古村落保护条例》保护了一批具有特色的整体空间环境和风貌、传统的街巷格局和形态,保护了一批具有文物价值的古文化遗址、古建筑(构筑)物、石刻、近现代优秀建筑等,也保护了一批地下文物埋藏区、河道水系、地貌遗迹、古树名木,还保护了具有地方特色的方言、传统戏曲、传统工艺、传统产业、民风民俗等文化遗产。对古村落的依法保护,还带动了古村落旅游业的蓬勃发展,增加了当地老百姓的收入。

四、启示

1. 编制古村落保护规划是首要

应当根据古村落的历史遗存和现实情况,划定重点保护区和风貌协调区。保护规划应当明确古村落的规模和发展方向,合理布局各区块功能,分区域、分阶段、分类保护,保持古村落的传统风貌和历史文化气息,防止无序和随意性开发。

2. 制定保护原则是关键

苏州市在古村落保护行动中遵循了整体保护、抢救第一、活态传承、合理利用、政府引导、社会参与的保护原则,确保了保护工作得以顺利进行。

3. 保护与开发相结合是重点

古村落的保护虽然迫在眉睫,但光靠行政指令是完全行不通的,必须要让村民意识到古村落是一笔宝贵的财富,与之在多项认识上达成一致,尤其是要在利益上达成一致。这就要求把保护与开发有机结合,通过适当开发提高村民的经济收入,使古村落保护更好地得到村民的支持,保护工作开展得更顺畅。

【思考题】

1. 你认为开展古村落保护的意义在哪里?
2. 结合实际情况,谈谈当地在古村落保护与开发方面的做法。

第十七章　平安苏州建设夯实小康社会的基石

概　述

平安是国家繁荣富强的基本前提,是人民幸福安康的基本要求,是维护社会和谐稳定和国家长治久安的重要手段。早在1983年春天,邓小平同志到江苏省苏州市等地考察后,高瞻远瞩地描绘了对小康社会的美好愿景,其中包括"人们的精神面貌变化了、犯罪行为大大减少"等平安建设的重要内容。在实现中华民族伟大复兴的"中国梦"中,"平安梦"是重要保障。政法综治部门要从全局和战略的高度,进一步加强对平安建设的科学规划,努力建设领域更广、人民群众更满意、实效性更强的平安中国。随着社会经济的不断发展,人民群众的生活得到改善,对平安的需求也越发强烈和迫切。"深化平安建设,建设平安中国",这是群众的热情期盼,也是新时期政法工作的应有之义。中共中央总书记习近平表示,平安是人民幸福安康的基本要求,是改革发展的基本前提。

一、背景

早在2003年,中央政法委就曾开展"平安建设"活动。2005年10月,中办、国办转发了一份开展平安建设的纲领性文件——《中央政法委员会、中央社会治安综合治理委员会关于深入开展平安建设的意见》。此后,平安建设在各地如火如荼地开展起来。十年之后,2013年,全国政法工作会议部署了建设"平安中国"工作,落实十八大"深化平安建设"的要求。"平安中国"正式成为政法工作目标。

江苏是全国社会治安综合治理的发源地,2003年便率先开展平安建设,"平安江苏"已经成为吸引投资和发展江苏的重要品牌,而苏州等地的探索,被视为"平安中国"的范本,苏州创建"平安高地"的经验,也引起广泛注意。改革开放以来,苏州经济社会发展先行一步,取得了令人瞩目的发展成绩。相应的,在进一步探索中遇到的所有问题和困难,苏州也最先遇到。受到土地空间限制、能源和水资源短缺、人口膨胀压力、环境承载力瓶颈等制约,苏州在劳动就业、社会保障、收入分配、教育医疗、安全生产、社会治安等方面的社会矛盾复杂度也相对突出。解决好"化解社会矛盾"这个时代课题,苏州不断探索实践,持续深入推进平安苏州建设,为苏州的社会经济发展提供保障。自1992年以来,苏州市实现了全国社会治安综合治理优秀地市"六连冠",并三次被授予全国综治的最高奖项"长安杯"。在此期间,全国农村社会治安综合治理工作会议、全国社会治安综合治理工作会议、深化平安中国建设工作会议分别于1994年、2006年和2013年在苏州召开,苏州市社会治安综合治理和平安建设工作绩效领先全国,经济社会发展与平安建设形成了良性互动、相互促进。

平安建设是一个长期的、动态的系统工程,随着经济的发展、社会的进步,老百姓对平安建设的要求越来越高。与此同时,苏州要实现建设苏南现代化示范区、率先基本实现现代化等目标,打造苏州经济发展的升级版,更加需要平安稳定的政治环境和社会环境作为前提、基础和保证。为了在更高起点、更高水平上建设平安苏州,2015年10月,根据中央和省委、省政府关于创新社会治理、深化平安建设、推进法治建设的决策部署,苏州市委、市政府出台《关于深入推进平安苏州建设的意见》,要求着力构建全省乃至全国平安建设的示范区,在前三轮平安苏州建设成果的基础上,健全平安苏州法治体系、社会矛盾化解体系、社会治安防控体系、公共安全监管体系、实有人口服务体系、社会治安综合治理基层基础体系、社会协同共建体系、平安苏州文化体系等八大工作体系,开启了平安苏州建设的新征程。

二、主要做法

1. 构建立体化防控体系

随着苏州经济产业转型升级的深化,传统的防控体系已经不能完全满足平安建设的要求,必须整合社会力量,健全联动机制来构建立体化的社会治安防控体系。一是整合社会资源。以"人口基础信息库"建设的有利契机,将计生、民政、人社、教育、司法等政府部门掌握的信息资源,实现实时交换、共享共用。同时加强社会面视频监控资源的整体布局、联网应用,重点单位、要害部位、公共复杂场所、公共交通设施以及住宅小区等区域做到"应建必建,应联必联"。二是整合社会力量。公安发挥牵头、指导和管理的作用,积极引导各类行业协会开展自治自律,参与社会管理,共建共享社会平安。鼓励企业建立由员工组成的"治安义工"队伍,参与义务巡防、治安管理,强化群防群治的实际作用。三是健全联动机制。现代化的防控体系,必须借助信息化手段匹配相应机制来解决突出的社会治安问题。如苏州借助大数据、云技术在公安工作中的深度应用,探索开发出"犯罪预测系统",自动抽取警务案事件信息,综合人口、地理、天气等数据构建计算模型,并结合近期数据变化,提前预测辖区案件的高发区域及发案概率,科学引导警力摆布和针对性防控。

2. 构建多元融合式矛盾解决机制

平安苏州的建设重点在基层,要有效地解决社会治理中源头性、根本性、基础性的问题。一是实施社会稳定风险评估机制。苏州在重大决策、项目、事项实施之前,广泛听取群众意见,并于2013年7月30日通过了《苏州市重大行政决策程序规定》,2014年1月1日起正式施行。该规定以地方立法的方式实现了社会稳定风险评估工作的法制化、规范化、长效化,从源头减少不稳定因素。该规定实施以来,苏州全市完成社会稳定风险评估项目达2900个,开展社会稳定风险评估专家论证会1762次,排查化解矛盾2078件,预防群体性事件204件,帮助群众解决困难1649件。二是健全"大调解"机制,苏州在劳动争议、交通事故、价格争议、医患纠纷、校园纠纷等专业领域成立了调解机构,并促使人民调解、司法调解、行政调解有机地衔接,提升了矛盾纠纷调处的质量。三是畅通民意诉求渠道。近年来,苏州积极抓好群众诉求表达"大格局"建设,全方位搭建和完善各种信息平台,全方位、立体化拓展群众诉求表达渠道。2005年,"中国苏州"门户网站设立"市长信箱""区长信箱""部门信箱"及"公众监督信箱",同时开通"市政府联系群众电话",制定了信访和社会矛盾纠纷调处工作制度。2007年,市人民来访接待中心正式启用,18个市级机关部门进驻,实行联合接访、联合会办、联合督查,为来访群众提供"一站式接待,一条龙办理,一揽子解决"服务,避免群众来回奔波信访。2014年,市人大常委会办公室印发《关于市人大代表联系行政村(社区)的通知》,市、县级市(区)两级人大代表联系行政村(社区)全覆盖,定期联系群众,参与化解信访问题。

3. 打造融入融合的人居环境

经济社会的快速发展,公共服务政策的创新优化,吸引着越来越多的外来人口落户苏州。2014年年末,苏州全市户籍人口653.8万;截至2015年10月,全市户籍人口增至665.5万。使外来人口迅速融入这座城市中,减少社会矛盾,构建幸福平安的人居环境,是打造"平安苏州"的重要防线。一是城乡融合促使城乡一体化发展。通过顶层设计,从源头上破除城乡二元结构,苏州建成以城乡最低生活保障并轨、城乡社会养老保障并轨,以及城乡医疗保险(放心保)并轨为主体的社保制度体系,让城乡人民共享经济与社会发展的成果。二是"小积分"加快新市民的融入。作为全国居住证制度和流动人口"积分落户"试点城市,苏州市从2011年4月1日起,向全市外来流动人口试点发放居住证。《苏州市流动人口积分管理办法》已在2016年年初颁布,包括目前已经实施新市民积分管理工作的吴江区在内,从2017年起,苏州市区将全面开始实施流动人口积分制管理制度。目前,昆山、太仓等地也在加快筹备建设这一制度,公安等部门将根据城市综合承载能力和经济社会发展需要,制定积分入户、入学和入医等配套细则。届时,"新苏州人"可以根据自己的积分享受相应的同城待遇。三是帮教管控让"特殊人"变成"正常人"。苏州通过加强对社区闲散青少年等的法制教育、就业培训、心理辅导、帮扶等全方位服务,实现由防控为主向"服务教育、规范管理"并重转变,注重心灵"矫正"和"医治",多渠道解开他们的心结,更好地从源头预防和减少各类犯罪。

4. 完善多元共治社会治理体系

苏州流动人口多,社会管理服务任务重。面对动辄超过万人的基层村(社区),传统社会管理模式难以担此重任。因此,要打造多元主体共治体系,强本固基。一是加快推进基层网格化建设。过去不少地方基层开展社会管理服务工作面临的最大问题和困惑,就是社区干部"看得见的管不了",部门干部"管得了的看不见"。相城区从2014年起在社会管理服务网格化的基础上,创新推出网格服务全能化的工作理念。以镇为单位建立一级网格,由镇长担任一级网格长;以村(社区)及工业产业园、农业示范园为单位建立14个二级网格,由村(社区)党组织书记担任二级网格长;在村(社区)下面又划分54个三级网格,由村(社区)"两委"班子骨干成员担任三级网格长。并将公安、综治、民政、城管、信访、司法、市场监管、卫计、安监等部门条线网格,全部融入这个网格中,真正实现了群众有所呼,网格长有所应。2015年,苏州在全市推广相城经验,实施网格化服务的全覆盖,动员社会参与,指导基层自治,维护社区平安。二是打造"政社互动"的社会治理新格局。平安建设是一项社会系统工程,需要多部门协调配合,全社会共同参与。构建政社互联、互补、互动的治理网络,促进社会和谐善治,离不开政府公共服务的"左膀右臂"——社会组织。近年来,政府通过出资建立社会组织孵化基地、培育中心、枢纽型组织等支持机制,积极培育社会组织,以"政社互动""三社联动"为引领,发布政府向社会组织转移职能的清单,通过购买服务等方式,推动社会组织参与公共服务和社会管理。三是健全社会治安综合治理基层基础体系。发挥各类自治组织、社会组织、企事业单位等社会力量的协同作用,是深入推进平安苏州建设的工作方向。

三、经验与启示

1. 平安苏州的建设要注重基层社会管理的创新

在深化平安苏州建设过程中,苏州特别注重把问题解决在第一步,防重于治,为此,在应对新时期面对的矛盾和问题时,苏州不断探索新型的社会治理模式,以更好地满足群众需求,化解社会矛盾,减少突发和群体性事件。自2012年以来,全市各级政府积极创新社会建设和社会管理体制机制,探索多元主体参与社区治理的新模式,形成了以"政社互动"为核心的社会治理模式。该模式于2014年被中央认定为可以复制的模式在全国推广。2014年,姑苏区又被江苏省民政厅确定为"全省现代社区治理创新实验区",并积极探索"三社联动"这种模式的实施与推广。

2. 要善于借助互联网技术加强与群众的沟通

2013年10月,苏州市公安局整合了485个政务微博,启动了"公安微博服务厅",成为全国地市公安机关首家"公安微博服务厅"。通过这个服务厅,苏州警方将微博作为互联网时代信息发布、警民沟通、问政于民、问需于民、问计于民的重要渠道。两年间,官方微博"粉丝"数翻了4倍多,粉丝总量超过600万,实现公安微博在全国八大网站的全覆盖,已建成"苏州公安"官方微博和市区分局、派出所、警务室四级602个警务微博;"苏州公安"官方微博跻身新浪网江苏政务微博排名前十,每周均有20余个微博进入新浪全国公安微博百强榜单。通过警务微博及时回应群众诉求,解决群众难题的做法已成为全市基层民警的工作常态。

3. 要注重从"重硬件建设"向"重基础数据支撑"转变

基础数据支撑力增强可以有效地提升公安机关的核心战斗力。苏州市当前数据信息资源采集的覆盖率达95%以上,为有效服务科技信息化应用提供了基础数据支撑。2008年以来,DNA数据量呈几何式增长,从4万增加到90万。2014年,利用DNA技术直接破案4228起,首次超过了利用指纹破案数。2015年,利用DNA直接破案数又有较大幅度的增长。全市公安基础数据已超过50多亿条,并且每天还有近千万条的增加量。

4. 要推动科技信息化深度建设和深度应用

近年来,苏州每年的公安科技经费投入占当年公安固定资产投入的比重都超过60%,一大批科技信息化建设项目相继投入建设,极大提升了公安科技化建设应用水平。随着科技信息化的飞速发展,真正的"大数据"时代已经来临,如何充分整合、高效利用各类数据资源,成为提升公安机关能力的关键环节。现在正加快建成以市局信息主中心、国科应用副中心、吴江容灾备份中心为骨架的"两地三中心"数据存储中心,加快构建云计算平台,加强对海量数据的占用、分析、处理,实现从"凭经验决策"到"凭精确情报决策"。

四、展望与难点

平安苏州的建设重点在基层,难点也在基层,解决好基层的问题,使矛盾从源头上得以控制,平安苏州的防线就能得到有效的巩固。未来发展的重点在以下五个方面:

一要更大力度排查化解矛盾纠纷,建立健全民生问题解决机制。要认真开展社会稳定风险评估,从源头上减少产生矛盾纠纷的因素和隐患,进一步加强人民调解、行政调解、司法调解的衔接配合,深入开展社会矛盾纠纷大排查,把问题化解在源头,消除在萌芽,解决在基层。

二要更大力度处理信访突出问题,高度重视、积极回应群众的合理诉求,坚持和完善领导干部接访、下访、回访、联系点等制度,深入一线倾听群众呼声,把握民生需求,研究解决问题。

三要更大力度优化社会治安环境,依法严厉打击严重暴力性犯罪、"两抢一盗"侵财性犯罪,围绕城中村、城乡接合部等治安重点地区,深入开展排查整治,建立健全人防物防技防结合、打防控结合的动态环境下的防控犯罪机制,同时强化基层基础建设,做精社区警务,筑牢维护社会稳定的第一道防线。

四要更大力度加强和创新社会管理,着力完善公共服务体系、社会保障体系、社区治理体系、社会组织体系、公共安全体系、组织建设体系,强化和创新流动人口和特殊群体服务管理,着力构建网上防控体系,提高处理能力。

五要更大力度消除公共安全隐患,重点整治交通运输、建筑施工、高层建筑、"三合一"生产经营单位(生产、仓储、生活宿舍相通连的生产经营单位)、人员密集场所和危化品场所的安全隐患,保障人民群众的生命财产安全。

案例一 公安系统:"创意警务"打造平安社会

在苏州,凤凰街是著名的美食街,2008年之前,凤凰街上每年发生的拎包案件达到100余起,群众意见较大。为此,属地的双塔派出所设计研制出一款防盗钩,将提包与顾客座椅连起来,有效减少了此类案件的发生。这一"金点子"在"创意警务之窗"上"晒"出来后,迅速被推广应用,不少类似地区的拎包案件下降约90%。用QQ视频核对旅客身份,解决无身份证人员住宿登记问题;开通网上"3D派出所",让市民以虚拟化身远程办理各项业务;发明"气死贼"车库防盗报警装置,让小偷无从下手……这些都是苏州民警的"创意"。

近年来,苏州市公安机关借鉴创意产业模式,以"创意"经营警队,鼓励广大民警开动脑筋想点子解决实际工作难题,形成了"人人都是创意者,个个都来出点子"的良好氛围,探索用"创意警务"维护社会和谐稳定、不断增强群众安全感和满意度的新路子。

一、背景

苏州地处长三角发达地区,经济总量大,人财物流动量大,公安管理任务艰巨。苏州常住人口和流动人口基本持平,并且全省58%的流动人口集中于苏州,流入型犯罪特征特别突出。但苏州的警员仅占现有人口的万分之九点五,接出警量占全省22%,而总警力仅1.2万名,警力配比不到万分之十,低于全国平均水平,警力紧缺的矛盾日益突出。如何解决问题?在警力不可能大幅度增加的情况下,迫切需要用新的理念、思路和方法来有效应对新情况、新挑战。如何在人手不增加的前提下,实现警务工作的"无增长改善",成为摆在苏州警方面前的一道难题。20世纪70年代,欧美国家开始了第四次警务革命,其重要原理之一就是"警察人数的增长与减少犯罪、增加破案率几乎没有关系",警务工作需要"无增长改善"。面对这个现实,苏州市公安局受到创意产业的启发,2009年,苏州警方在全警范围内实施"创意警务"。至2014年推出"创意警务"五年来,苏州公安已实现全市违法犯罪警情"五连降",打处效能"五连升","八类案件"侦破率达85%,在全省公安机关群众工作创新工程综合考评中位列第一。

二、主要做法

1. 打造集合民智的"创意园",挖掘集体智慧

2009年年初,苏州警方在全警范围内实施"创意警务"。为发挥广大干警在"创意警务"建设中的主人翁、主力军作用,苏州市公安局在内网上开通了"创意警务之窗",为民警发布自己的创意提供平台。由2000多名警用逻辑学会会员组成基础创意团队,同时,市县两级创意警务办公室和200多名骨干民警组成特约研究员队伍,每天对民警发布的"点子"进行引导、完善、补充,对好的"金点子"进行评估、推广,还对民警发布的"金点子"进行定期评选,并通过基金会进行定期奖励、滚动奖励。

2. 制定考核办法,保障创意警务顺利运行

刚推出"创意警务"时,警员对此并不"兴奋",只是简单为了绩效而"创意"。为此,苏州市公安局开通"局长信箱"进行疏导,鼓励警员多思考、多提问题,强化警员的创新意识,并通过"创意警务之窗"将老警员的经验传递给新警员,以新警员的积极态度带动老警员"焕发青春",实现互动互利。同时,苏州公安还推出包括"人民满意度、治安掌控度、警营和谐度、资源整合和能力提升度、上级公安认可度"在内的"五度"考核体系,其中"人民满意度"占比达40%,释放出"公安工作好不好,群众说了算"的风向标。对应"五度",苏州公安创意提出"做优机关、做强专业队、做实派出所、做精社区警务"的"四做"警务策略,使警务运行的体制机制朝着更加有利于公安社会管理创新的需求上调整,实现警务运行和考评运用良性互动。2013年,苏州公安又在全国公安系统首创《警务现代化指标体系》,建立6大类23大项50小项的具体指标,勾勒出警务现代化的现实模样。2014年8月,该项目被公安部列为重点课题,专门立项研究。

3. 完善"创意警务"配套措施,激发创意热情

"创意警务"得到越来越多层面的认同,在基层,派出所的民警随身带着笔记本,随时记录工作中遇到的问题,以及迸发出的奇思妙想。为了维护创意热情,苏州市公安局不断完善"创意警务"的配套措施。通过优化引导评估、试点优化、推广应用、跟踪问效工作链,让民警的思维火花及时转化为实战成果;通过定期表彰、动态奖励和叠加激励的综合考评机制,让主动参与"创意警务"成为民警的工作习惯。

4. 以群众满意度为标准,推进警务现代化

前几年,由于公安机关片面追求数字绩效,简单以发破案和打击处理数论英雄,尽管公安工作很出色,但群众仍不满意,甚至出现了"公安很卖力,百姓不买账"的情况。对此,苏州公安按照"百姓满意决定警务论"的要求,推出"五度"绩效考核办法,把群众的安全感和满意度放在首位,作为评判工作的根本标准。同时,重视与人民沟通,并将每月9号定为苏州公安的"民警恳谈日",实现警方职能与公众需求零距离对接,紧紧依靠人民并做到问计于民。在问题处置上,建立了整改反馈机制,让群众的需求件件有回应。"创意警务"与群众反应、工作重点、作风效能紧密关联,大大增强了"创意警务"的针对性和实效性。仅"机动车预录入系统暨临牌发放系统"便将窗口环节的工作时间从300秒缩短到3秒;一招"统一居住证样式"的民警创意,不仅方便了新市民,更为政府一年节省费用1500余万元。

三、成效

1. 提升了工作效能

面对"警力不足、动力不够、能力不强"的问题,苏州公安及时转变思维方式和发展理念,通过内涵式发展来破解"人少事多"等诸多难题,将"创意"的方法嫁接运用到警务工作中。在这种"越界"式思维下提出的"创意警务"概念,为破解工作难题提供了方法和路径。与传统发展模式相比,"创意警务"另辟蹊径,以人的智力和智能投入作为催化剂,创造性地对原有警务要素进行重新组合、科学运用,以消耗最少的资金和物质成本,实现工作效能的提升和质态的改善。简而言之,就是让每个民警都学会用脑子干活,最大限度地发挥自己的主观能动性,挖潜增效,以同样的警力实现不一样的效能。

2. 为基层民警提供了实现人生价值的舞台

"创意警务"是创意和警务的集合,是从个体创意到群体创意的过程,是警务质态的程度化体现,展现了警务前进的方向。"创意警务"给警员提供了更大的空间,也对警员提高需求层次、追求自我实现提供了绝佳的过程引导,人人都可以上这个舞台展示自己,人人都有可能得到同事、上级的肯定和褒奖,这为许多民警创造了实现人生价值的舞台。年过五十的姑苏公安分局观前派出所民警老秦为方便游客在旅馆住宿时进行实名登记,主动钻研起了电脑,提出用网络将旅客资料传输到派出所,由民警远程核对的创意。在治安部门的推广下,这一创意被全市200多个派出所接纳。经实践证明,此举能使全市节约数百名警力。

四、经验与启示

1. 要重视人才队伍建设

警务现代化建设离不开人才的支撑。近些年,苏州公安机关通过建立加强专业人才队伍建设的制度等相关举措激励各级公安机关加大对专业人才建设的支持。通过局长信箱、警营恳谈日、专题座谈会等方式,畅通警营上下沟通渠道,推进警队民主;通过科学安排、科学用警,尽最大努力减少疲劳用警,使广大民警能够及时得到休养生息;通过办好姑苏警苑文化论坛,组织各类文体活动,不断丰富民警业余生活,陶冶情操,舒缓压力,愉悦身心;通过搭建创意平台、奖励创意明星等工作举措,为民警发挥聪明才智、实现自身价值提供舞台。通过各方努力,确保"能培养出人、能留得住人、能用得好人",将苏州警队打造成一支符合现代化要求的"实战化职业警队"。

2. 要加强警队执行力建设

以考核杠杆为基点,不断优化考核办法,客观公正地评定考核结果。激励公安干警做到有作为的有位、不作为的有愧。另外,通过进一步健全督查督办、情况通报和重大责任追究制度,严格落实工作责任,努力营造崇尚实干的工作氛围,提升整个警队的执行力。从2010年开始,陆续出台了《苏州市公安局执法规范标准体系》《讯(询)问犯罪嫌疑人同步录音录像工作规定》等十余个基层急需的执法制度和工作规范。有了统一规范的标准,民警做什么、怎么做、做到哪一步,都得按照规矩来,不因人而异。

3. 要提升新媒体时代警民的沟通能力

在推行警务现代化建设的过程中,也要求传统警务向现代化警务转变,除了在整体硬件上下功夫外,还应提升在新媒体时代警民沟通的能力。注意将"面对面"与"键对键"结合起来,利用微博等新媒体,主动加强警民沟通,积极宣传"正思维"、树立"正形象"、传递"正能量",不断扩大苏州公安的影响力。同时,利用现代化信息手段,加大"网上公安"力度,优化网上办事流程,提升网上办事效率,提高网上办事服务的吸引力,并充分发挥"网上办事体验区"等平台的作用,强化宣传,尽可能引导群众网上办事,提高网上办事的比重。

4. 要重视基础工作的夯实

从政府的政绩观来看,要多做打基础、管长远的事情。"无增长改善"要求警务工作理念和政绩观的切实转变,要从"重打击轻防范、重显绩轻潜绩、重眼前轻长远、谋局部不谋全局"的政绩观中走出来,达到"更高水平的平安"。所谓"更高水平的平安",就是"少发案,多破案"。只有基础工作做好了,防范到位,出警迅速,责任到位,"少发案"才有可能;只有"少发案",警务工作才能避免被动,争取主动,才能为"多破案"提供条件。

【思考题】

1. 苏州市公安局如何推动实施"创意警务"这项工作?
2. 你认为有效地开展"创意警务"活动还有哪些更好的措施与方法?

案例二　元和街道：社区网格化管理实现群众服务零距离

2015年,江苏省社区建设调研评估小组赴相城区进行社区建设调研评估。调研组首先对相城区元和街道古巷社区、玉成二社区、黄桥街道荷馨苑社区以及渭塘镇凤凰泾村进行实地调研,通过听取汇报、下发调查问卷等形式详细了解村(居)民自治情况。省评估组对相城区的城乡和谐社区建设工作给予高度评价,认为相城在城乡和谐社区建设方面有创新、有成绩、有亮点,特别是全面展开的网格化管理,为全省民政工作创新做出了有效探索,很好地把和谐社区建设落到了实处,提升了居民的幸福指数。

一、背景

网格化管理模式,是指政府应用现代信息技术,建立社会管理信息系统,将管辖区域按照一定标准划分为若干单元网格,使这些网格成为政府社会管理的载体,采用"万米单元网格管理法""城市部件管理法""城市事件管理法"等新的社会管理方法,形成全新的社会管理机制。网格化管理使政府的管理服务职能横向到边、纵向到底,形成"党政主导、民众参与、社会协作、系统合作"的基层工作新格局,是社会管理创新迈向成熟的必经阶段。2003年,我国北京市的东城区提出了网格化城市管理的构想,并进行网格化管理试点,取得了巨大的成绩,得到社会各方的肯定。在此基础上,2005年,我国住房和城乡建设部确定了深圳、成都、杭州、武汉、上海、烟台、扬州等10个城市为数字化城市管理的第一批试点城市。基层工作人员负责网格内的监管工作。2007年,苏州市的昆山、张家港、吴江被建设部确定为第三批数字化城市管理试点。

从2007年至今,苏州市一直在试点推广社区网格化管理,现在已经在全市城乡实现网络化管理全覆盖。2012年,苏州市相城区开始探索综合网格化服务管理,通过信息化手段,优化整合各方面资源,积极实行网格化管理、组团式服务,实现管理和服务全覆盖,得到各方的肯定,为社区建设创新做出了示范。

相城区元和街道辖区面积55.75平方公里,户籍人口约7.8万,外来人口近25万,下辖35个社区。街道作为相城区中心区域、各项建设的主战场,立足"四多、一大、一杂、一优"(社区多、小区多、单位多、人口多;面积大;居住人员杂;地理位置优)的特点,2013年开始推进"社情民意在线"信息化平台建设工作和网格化管理工作,并取得显著成效。经过一段时间的运行,相城区网格化管理取得了初步成效,辖区社会企事业单位积极参与社区服务管理,拓展了服务的内涵和外延,切实为居民提供了快捷、便利、优质的服务项目;执法队伍下沉到社区网格,有效监管了社区内的各类违法违规行为,获得了社区居民的一致好评。

二、主要做法

1. 划网格、组团队、建信息,夯实网格化管理服务工作基础

围绕"纵向到底、横向到边,服务居民无缝隙"的网络化管理服务工作目标,按照"地理布局、区域属性、人员相熟、便于管理"的网格划分原则,元和街道以社区为单位,划分一级网格35个,以楼栋、街巷、自然村落为参照,以300户、1200人左右为标准划分二级网格190个,二级网格下以100户、400人为标准划分三级网格753个。同时聘任35个一级网格长、190名二级网格长和753名三级网格长,从事社区网格化管理服务工作。充分发挥网格长"党的政策宣传员、社情民意联络员、矛盾纠纷调解员、民生保障服务员、社区服务监督员、安全卫生维护员、文明新风倡导员和居民信息采集员"八大员作用。在完善社情、片情、户情、企业"四情"档案的基础上,随时更新每个基础网格内的公共服务、社会事务等信息。力求使网格长做到"一活、三清、五必访",即"一活":网格信息活字典;"三清":人员情况清、区域设施清、隐患矛盾清;"五必访":每月困难群众、独居老人、残疾人家庭、失业人员、暂住人员必访。调动网格内物业、党员、志愿者、计生信息员、居民代表等人员的积极性,让他们认领公益性岗位,共同承担网格内管理服务责任。

2. 定制度、明职责、优服务,打造全方位管理服务工作格局

一是街道成立了网格化管理服务工作领导小组。由街道党工委分管副书记担任组长,办事处分管副主任担任副组长,街道有关部门负责人、社区主任为小组成员。该小组主要负责各社区网格化管理服务工作的指导和督查。二是建立了例会制度。选定每月25日为网格长例会日,由社区召开网格长工作例会,明确事务处理流程,即日常事务填写工作流转单,定人定责,及时解决居民实际问题,重点、难点问题通过例会集体商讨解决,社区无法解决的,逐级上报有关部门,社区进行跟踪,及时反馈问题处理情况。确保各类事件不在网格"搁浅",社情民意不在街道社区"滞留"。三是建立考核制度。为了使网格化管理工作落到实处,街道建立了二级考核制度,即街道按年度考核一级网格长、按季度考核二级网格长,社区按月度考核三级网格长。采用"电话、上门回访"和"民情日记量化考核"相结合的方式,从走访情况、居民反映问题处理、跟踪、反馈情况、居民满意度等多方面对网格长进行考核,实行责任倒查制度。

3. 联居民、记冷暖、解民忧,社区管理服务网格化初见成效

"管好家庭事、关心邻里事、做好楼门事、参与社区事、关注社会事"是对每位网格长的工作要求。"身边事不出格、小事不出社区、大事不出街道、矛盾不上交"是社区网格化管理服务的初步成效。"心系居民、情记百姓、为民排忧、贴心服务、全员参与、构建和谐"是社区网格化管理服务的奋斗目标。

在此基础上,元和街道"社情民意在线"社区网格化管理服务工作不断细化工作内容,提高服务水平。一是与社区信息化工作相结合。在建好社区"四情档案"的基础上,依托信息化服务平台,将网格内所有的人、地、事、物、情、组织等都转化为数据库,最终实现"人进户、户进房、房进网格、网格进图",实现管理服务工作信息化、无缝隙、全覆盖。二是推行五色管理服务法。将网格内居民居住性质分为五种颜色,即"绿、蓝、红、黄、白"五色,分别代表"在册户口""常住未在册""租住""未调查到""未入住"五种状态。通过这五种颜色,分轻重缓急程度,及时发现并解决社区管理中存在的问题,有针对性地主动为网格居民提供服务。

三、经验与启示

1. 管理服务必须走综合化道路

在元和街道的网格化管理中,条块结合、共同创建是一大特点。街道按照人口和区域将辖区划分为若干片区,在每个片区成立社区片区综合治理网格化管理工作办公室,办公室人员由当地的公安、交巡警、工商、司法、城管等有关部门负责人及所在片区的社区居委会和小区物业管理公司组成,集中处理社会问题,解决群众困难,提升基层管理服务水平。在此基础上建立区级综合治理工作平台,统一应对社会管理问题,牵头调处社会上的重大矛盾纠纷,应对重大群体性事件,解决重大治安问题。

2. 对网格化管理的工作指标进行量化考核

2014年,元和街道为切实加强网格化人员管理考核,规范网格化管理工作,制定了《城市管理综合执法和网格化管理考核细则(试行)》,确保网格化各项制度的落实。考核内容主要包括社区网格化管理工作开展情况,各级网格成员是否到位,工作制度是否落实,网格信息是否全面、准确、及时等12个方面,每一项都有具体的分值,街道每季度对社区网格日常工作开展成效情况进行评先评优,并记分登记,作为奖惩的依据。街道还对社区网格每季度的考核情况进行通报,对前三名的网格进行奖励,对"不合格"等级的网格,给予两个星期的整改期限,逾期未整改合格的,取消参加下季度考评奖励的资格。

3. 在网格化管理的过程中应发挥民主法治精神

元和街道在实施网格化管理过程中没有单单依靠政府的力量,而是坚持整合资源,发挥社会力量,通过网格信息管理平台及基层社区工作形成政府与社会组织、民众的互动,吸引社会力量参与社会管理,构建政府、社会与公民"三位一体"的社会管理体系。在网格化管理模式下,社会力量在社会管理中的价值和地位得到了充分肯定,社会组织的发展受到鼓励和支持,社会服务志愿者队伍不断扩大,公民的民主法治精神得到有效培育。人们通过网格化管理模式,得到更多参与社会管理的机会,民众的利益诉求渠道得到了拓宽,社会民主法治水平得到了提升。

【思考题】

1. 你认为元和街道在实施社区网格化管理的过程中有哪些具体措施值得借鉴与推广?
2. 如果在当地推行社区网格化管理,你认为存在哪些困难?

案例三　沧浪街道："好管家"全方位铸就社区安全网

不久前,一只破旧的沙发突然横在花新里大院内,加上大院内之前就堆积了不少无主垃圾,不但影响大院整体美观,还严重影响了居民出行。当天下午,大院内的居民来到西美社区反映问题,经过现场勘查,社区工作人员立刻将此事通过"好管家"三期开通的"民意快车"向街道汇报,10分钟后就得到街道城管科答复:"已经联系清服公司,两天内将垃圾清理干净。"

小巷里起火,消防车开不进去,"好管家"三分钟就到现场;家门口丢失的巨款,不到一天就找回来了;偷东西的小偷,还没来得及跑,就被拿下……那么"好管家"究竟是什么?

一、背景

姑苏区沧浪街道(原名南门街道)身处苏州古城区,基础设施相对落后,老新村、老居民小区多,街巷狭窄,居民人口多,社会矛盾纠纷多,公共资源相对稀缺,发展经济、改善民生、维护稳定的任务十分繁重。为了有效解决古城区防盗、防抢、防火、防拥堵、防意外事故发生等问题,进一步加强对街巷环境的综合治理,自2007年开始,沧浪街道先后安装监控探头300个、安排巡更点100处,将所辖13个社区划分为4个管理区域,街道设立"好管家"综合管理服务平台,4个管理区域设立了监控分平台,以二级网格、三级管理,全面推行即时管理、治安联动、部门协同、法治自治机制。沧浪街道"好管家"城市网格化综合管理平台就像一张高效运转的数字化管理网,覆盖了沧浪街道3.25平方公里区域,形成了"源头预防、精细管理、多方参与、综合治理"的新格局,平安建设和社会管理走上了高科技、信息化、智能化之路。

从启动建设到三期规划全部实施投入使用,"好管家"平台经历了从单一功能到智慧式集群管理的发展过程。如果把监控探头比作"眼睛"的话,那么街道就不断地在"好管家"平台这个"头脑"里植入智慧,先后加载了治安防范、消防安全、市容环境、交通安全、食品卫生安全、流动人口服务管理和特殊人群管控等十多项功能,建设了城市管理中心等九大功能模块以及社区居民信息库等五大数据库,整合资源力量,形成平安建设源头治理、综合治理、共同治理和依法治理的良好局面,社会管理科学化水平不断提升。从治安管理、城市管理到社会管理、民生服务,"好管家"平台实现了由"管控"到"善治"的转变。辖区违法犯罪类警情逐年下降。自运行以来,"好管家"收缴乱涂乱贴各类小广告70多万张,拆除违章建筑210多处6000多平方米。如今,沧浪街道"好管家"已成为苏州市社会管理创新实践的一大品牌,"沧浪样板"也在全市范围内推广实施。

二、主要做法

1. 防控布点——创新治安管理模式

2006年,沧浪街道在苏州市率先开展了"古巷新韵、幸福社区"街巷改造活动,地处老城区的道前地区居民生活环境得到了进一步的改善。为了进一步探索开放式老街区长效综合管理模式,街道于2007年在道前地区建立了"好管家"社区综合管理服务平台,安装20个监控探头,对道前地区0.163平方公里、12条街巷进行24小时不间断管理和服务,有效地实行防盗、防抢以及防火、防意外事故发生,进一步加强对街巷环境的综合管理。安装后,道前地区的刑事案件比上年同期下降了75%。

2008~2009年,沧浪街道在"好管家"一期基础上进行了二期、三期的智能化升级,投入了750余万元在13个社区背街小巷安装图像监控探头220个,安排100个巡更点,配备电瓶车68辆、定位手机20部,覆盖了沧浪地区3.25平方公里的监控技防网,街道全面实行了网格化管理。在13个社区设立4个网格监控站,设在社区的警务室,站长由社区民警担任,副站长由城市管理执法中队人员担任,联合公安辅警、市容、协管、保洁、综治、司法等15支队伍人员,每天进行巡视,查隐患,堵漏洞,对治安事件以及街巷市容、卫生保洁、违章等事件进行处置,实现接警后3分钟到达事发现场,做到"面上有人转,线上有人巡,点上有人守"。

2. 对接联动——创新城市管理模式

街道对平台建设进行了总体规划,实现全面升级,通过加载职能,着力打造集指挥中心、信息中心、运转中心等三个中心为一体的社会服务管理综合性大平台,将城市管理的平台纳入"好管家"平台里,主要包括对流动摊贩、违章建筑乱搭乱建的处理。确保问题及时发现,及时处理。

同时,结合古城区背街小巷居多、停车难、停车乱的问题,"好管家道路微循环"与交巡警支队合作,建立了"好管家"道路微循环系统平台,将交警平台也纳入综合管理平台中,以方便及时疏导辖区的道路。通过"好管家"平台解决近300个探头监控辖区的停车问题,一有机动车违停,视频监控就会在第一时间将其锁定,用街道的短信平台给该车主发出提醒短信。对同一车主发送3次提醒短信仍未驶离的,监控平台工作人员就会及时通知交巡警大队执法队员前去执法。这些区域平时也有城管协管员、居民志愿者定时巡查,发现有违章停车问题等情况,会及时沟通处理。特别是一些监控无法覆盖的区域,若车主在现场则当场提醒,若车主不在,则把车牌号报给平台,用短信平台发送提醒短信。

"好管家三警合一"通过创新智能化小区服务管理,实现对家庭安全情况的集中监测,并与"110""120""119"联动,为市民创造一个安全、智慧的生活环境。

3. 服务提升——创新民生服务模式

2012年,沧浪街道进一步探索社会管理创新模式,将该平台从城市管理、综合治理向社会管理、民生服务延伸。回归到对于人的管理,开出一辆以为民办事快速化、透明化为主旨的网上"民意快车",主要用以疏导、化解矛盾,加强党与老百姓之间的沟通,使该街道社会管理的手段再次实现创新。"民意快车"是一辆网络快车。对于居民提出的诉求,"民意快车"全程记录办理流程,并以"三级预警、五色管理"进行督办。每一件民生诉求,"民意快车"在接办时都会按轻重缓急进行三级预警标注,分成3天、5天、10天,规定办结期限,逾期没有办理的,就亮红灯提醒,最后回访居民进行满意度测评,并直接生成"网络民情日记",采用现场"四步工作法",即倾听民意在现场,解决问题在现场,情况反馈在现场,感情沟通在现场,使办事流程人人可见,透明公开。如果有居民诉求社区解决不了的,就可以通过网络,直达街道,再由街道快速分解任务。自2008年以来,沧浪街道投资700多万元开发"数字南门",街道"三科两室一中心"及各社区之间实现了办公联网互通。网上"民意快车"开通后,所有民生诉求的办理过程都采用网络全程记录。居民满意率达98.8%,上访率与信访件数量明显下降。

而"幸福午餐会"更是和居民群众吃在一起,乐在一起。2012年,通过30多场"幸福午餐会",街道先后为社区办实事210多件,解决违章搭建、通路、通电、上学等问题320余个,帮助社区化解各类矛盾纠纷425起,排解矛盾隐患100余个,化解信访积案、难案23件。

三、经验与启示

1. 做好排查摸底基础工作是开展"好管家"社区服务的必备条件

"好管家"平台通过社区民警、协管员和责任社工等上门走访,全面采集网格内实有人口、出租房屋等信息。每位来社区的外来人员,社区都进行上门走访,了解情况,并为他们解决好后顾之忧,先后为他们开展了幼儿入托入学、育龄妇女计生检查、健康教育等温馨项目。

2. 依托数字化技术提升"好管家"服务的科学性

"好管家电子地图"通过打造网上"810"服务圈,将辖区便民、养老、文体、平安、创业等服务信息通过"好管家"平台向居民进行展示,并可以在网上提供服务。同时通过电子地图加强对特殊人群的科学管理。对社区矫正对象、刑释解教人员、吸毒人员等实现五色管理,管理人员可以从地图上直观地知晓该片区特殊人群的状态,有针对性地实施服务管理,加强对危险区域的重点管理。

3. 引导社会力量共同参与社区治理

沧浪街道搭建"好管家"平台以来,社会组织和群众积极参与到基层社会管理中来,实现了管理区域网格化、巡防队伍合成化、为民服务协同化、问题处置快速化、考评监督常态化、奖惩反馈制度化、社会管理科学化。

【思考题】

1. 你认为"好管家"社会管理服务平台建设成功的关键在哪里?
2. 面对新时期的社会治理难题,你认为"好管家"还应该在哪些方面加强建设?

第十八章　基层法治型党组织建设领航法治苏州

概　述

党的领导是中国特色社会主义最本质的特征,是实现社会主义法治最根本的保证。在全面推进法治苏州建设中,苏州市委提出了"着力构建法治政府、法治市场、法治社会'三位一体'法治建设先导区"的目标,并且明确建设法治型党组织为"三位一体"领航。面对新形势、新任务,苏州率先探索建设法治型党组织,这是贯彻党的十八届四中全会精神的重大实践,是落实全面从严治党新要求的紧迫任务,也是引领和保障法治苏州建设的必然要求。建设法治型党组织,其核心任务是依法执政和依规管党,其重要内容是党员干部带头厉行法治。

一、背景

从 2014 年 12 月起,江苏省苏州市委积极推进法治型党组织建设,不仅率全国之先,为新时期全面提升依法执政水平找到了一个好载体,还开启了苏州争当全省乃至全国法治建设排头兵的新征程,为新时期地方党建工作和法治建设相互融合、互为促进提供了新的思想基础。

建设体现中国特色社会主义法治理念和法治精神,以依法执政和依规管党为核心任务,以党员干部带头厉行法治为重要内容,引领和保障法治政府、法治市场、法治社会"三位一体"建设的法治型党组织,努力开创法治建设与苏州经济社会协调发展的新局面,为当好"迈上新台阶、建设新江苏"的排头兵和先行军提供坚强组织保证。

党的十八届四中全会对全面推进依法治国做出了战略部署,习近平总书记在江苏视察时首次将"全面建成小康社会、全面深化改革、全面推进依法治国、全面从严治党"并列提出,为全面推进党的建设新的伟大工程进一步指明了方向。党要领导全面依法治国,在法治轨道上推进国家治理体系和治理能力现代化,必然要求各级党组织首先做到依法执政、依规管党治党。面对新形势、新任务,苏州市率先探索建设法治型党组织,这是贯彻党的十八届四中全会精神的重大实践,是落实全面从严治党新要求的紧迫任务,也是引领和保障法治苏州建设的必然要求。

苏州各地立足自身实际,抓紧制订细化方案,积极探索,创新举措,坚持以点带面、示范先行、分类指导、协同推进,加快推进基层法治型党组织建设,为苏州市的率先探索添动力。

二、主要做法

1. 强调法治型党组织的引领和保障作用

在经济发展新常态下,建设法治苏州,必须要以建设法治型党组织为引领和保障,推进法治政府、法治市场、法治社会"三位一体"建设,真正让法治成为苏州继续保持率先发展核心竞争力的重要标志。在2014年12月27日举行的苏州市委第十一届委员会第八次全体会议上,法治型党组织建设正式写进了《贯彻落实党的十八届四中全会决定和省委意见,全面推进法治苏州建设的实施意见》。坚持"党要管党、依法依规,分类建设、整体推进,立足实际、务求实效"的三条基本原则,提出了经过3至5年实现"五个进一步"目标,即党组织法治意识进一步增强,党组织依法执政依法办事能力进一步提高,党内制度体系进一步完善,基层治理法治化水平进一步提升,党组织引领保障作用进一步增强。苏州是长三角经济体量最大的地级市,全市3.9万个基层党组织如能切实在全面推进依法治国中充分发挥出战斗堡垒作用,并以此为抓手全面增强基层干部法治观念、法治为民意识,提高依法办事能力,必将大力推进苏州基层治理法治化、现代化,为经济社会发展营造更高水平的法治环境。

2. 试点分工注重宏观指导,体现前瞻性

苏州将张家港市、吴中区、市委市级机关工委、市教育局、市公安局、苏州供电公司作为试点单位,通过试点工作,进一步厘清不同层级、不同领域法治型党组织建设的目标任务、方式方法、评价标准、科学机制。明确了11个方面共70个项目的具体分工,使得这项举措与不同领域、不同职责的党政部门对接,既注重了宏观上指导,体现了时代性和前瞻性,又吸收了依法执政、依规管党的创新举措,体现了严谨性和实践性。着力推进基层治理法治化,提升法治型党组织引领水平,加强党组织依法执政和依法办事能力建设。明确建立完善党员领导干部述职述廉述法制度,把遵守法律、依法办事作为考察、提拔干部的重要内容。法治型的社会治理模式、依法执政依法行政制度、经商法治化、党组织引导保障"政社互动"等均是苏州发展过程中独具特色的要求。

3. 党建法治融合,纠正年轻党员的思想偏差

法治型党组织的理念思路,在运用法律、实践法治最为频繁的政法机关,激

起了较为强烈的反响。紧抓法治型党组织建设,作为全面加强和改进党对法治苏州建设领导的一个重要机制,以大力加强政法机关党的建设,督促广大党员依法履职、公正司法、保障宪法和法律正确统一实施。法治融入党建,会极大推动党的各项决定在基层的执行力,从上到下保障队伍建设坚强有力。用法治的理念方式带队伍,也可以改变过去管理党员过程中"表面服气,内心不服气"的现象,还可以监督党员同志有没有依法办事,有没有廉洁公正,有没有发挥先锋模范作用。健全完善各项保障,大力实施"法治建设强基工程",健全党组织领导的充满活力的基层群众自治机制,加强基层党组织带头人队伍建设,规范基层党组织民主决策机制。同时,探索建立党组织服务群众专项经费制度,确保基层党组织有资源、有能力完成基层治理法治化各项任务。

三、经验与启示

1. 引领基层治理法治化,更好地发挥战斗堡垒作用

法治建设,关键在党。近年来,随着法治苏州建设的全面推进,全市人民群众的法治意识明显增强,法治素养不断提高,对进一步实现社会公平正义也有了新的更高期盼。这对提升各级党组织和党员干部以法治思维、法治方式推进改革发展与社会稳定的意识和能力提出了更高要求,也让树立法治权威、实现法治惠民显得尤为迫切。建设法治型党组织,可以促进各级党组织进一步转变领导方式和执政方式,更好地运用法治思维和依法行为来加强党组织的执政能力建设,全面提高依法执政水平。加强法治型党组织建设是引领基层治理法治化的基本路径,要将苏州法治型党组织建设与学习型、服务型、创新型党组织建设紧密地结合起来,将带头学法和自觉守法、带头提供优质法治服务和加强基层法治型党组织建设方面的改革创新作为基层党组织的重要任务。发挥苏州基层党组织在全面推进法治建设中的战斗堡垒作用,提高依法办事能力是根本,建设重心下移、力量下沉的法治工作机制是保障。

2. 转化行为方式,依规管党成为党建时代坐标

建设法治型党组织,要着眼党要管党、从严治党,做到于法有据、有规可依。建设法治型党组织,党组织要依据党内法规制度全面加强自身建设,切实把管党治党各项要求和具体任务落到实处。提升权力的规范运行能力是建设法治型党组织的重要任务。党组织必须对权力有正确的认识,自觉地把权力关在制度的笼子里,防止权力异化、趋利避害,促进权力回归本质,让权力为人民服务,为社会服务,不断提高权力运行的科学化水平。加强法治党组织建设,依规管党是重点。要将法律红线作为领导干部行为处事的准则,将其对法律的敬畏内化为思想意识,指导行为方式,一切行为在法治内进行,而不是法治之外,更不能在法治之上想问题、做决策、办事情。

3. 积极争当法治型党员干部,学法守法成为自觉行为

党组织的战斗堡垒作用和广大党员的先锋模范作用,是全面推进依法治国的主心骨。着力增强党员干部的法治思维,是建设法治型党组织的主要任务之一。建设法治型党组织,是全面从严治党的应有之义,是我们党坚持立党为公、执政为民的合乎逻辑的有力保障。必须坚持党总揽全局、协调各方的领导核心作用。要加强党员干部法治思维和党组织执政能力建设,推行党委法律顾问制度,开展对决策和管理的法律咨询、合法性审查和相关法律事务的处理,建立法治型党组织建设经常抓与抓经常的长效机制,将"一把手抓党建"的要求纳入法治型党组织建设考核体系,在纵深推进法治苏州建设中起引领和保障作用。

四、展望

第一,推进法治型党组织建设中,不断推动基层党组织依法依规治理,提升基层党组织的依法办事能力。根据新的形势任务要求和实际,苏州市对在所有行政村推行的村级"三规范"进行了修订完善,同时试行社区"三规范",全面规范行政村、社区的组织职责、工作运行程序和工作制度,积极探索基层治理法治化的具体路径和实践载体,推动基层组织依规运行、办事流程公开透明、基层干部依法履职。从严落实党内组织生活制度,推行党员分类管理、积分考核以及党员参加组织生活公示制等做法,加强党员党性教育,推进基层党建制度化、规范化。实施基层党组织书记素质提升行动计划,开展基层党组织书记基层治理法治化全员轮训,并利用"四新"讲座、基层党校等资源推行菜单式选学,引导基层党组织书记带头学法尊法、守法用法,增强法治思维。

第二,制定法治型党组织建设的实施方案,对各板块、村(社区)、非公企业和社会组织党组织、机关党组织和党员干部分层分类提出法治型党组织建设的具体要求。将法治型党组织建设工作纳入"三级联述联评联考"内容,与年终考核挂钩。同时,明确40个不同类型的党组织作为试点单位,建立法治型党组织建设的三年工作计划,通过分领域试点、全面实施和总结提高三个阶段推进。此外,如相城区注重培训先行,举办了全区科级干部培训班、相城大讲堂,还将举办全区村(社区)党组织书记基层治理法治化专题培训,把法治型党组织建设的要求传导给各级党员干部,带动全体党员干部学法、懂法、用法,依法治区、依规治党,营造浓厚的法治型党组织建设氛围。

第三,立足于法治型党组织建设要求,以法治化、标准化、民主化为切入点,创新方式方法,着力加强基层党组织依法治理能力建设。着眼于完善基层组织治理网络,结合党政社资源和社会结构特点,构建六大治理模块,形成党建"城规图"。与此同时,建立清单,打造党组织服务标准化体系。以提高基层党组织依法服务水平为重点,梳理形成区域党建服务体系的"四清单、两流程图",使任务更具体、流程更规范、责任更明确,确保服务全程有方可寻、有规可依。姑苏区还不断完善机制,强化群众自治民主化保障。推广"圆桌会议""1+X""开放空间"议事协商等创新形式,吸纳辖区单位、街区商铺、居民和共建单位参与,不断健全形式多样、科学有效的民主协商机制。推行党员服务积分管理、机关服务"大党委"反馈、基层履职机关评价等做法,使基层民主评议机制更加充满活力。

第十八章 基层法治型党组织建设领航法治苏州

案例一 常熟：机制建设助推基层法治型党组织建设

一、背景

党的十八届四中全会对依法治国做出了战略部署。提高依法治理的能力素养是推进依法治国的现实和迫切需要,也是落实全面从严治党的必然选择,对经济社会发展有百利而无一害。苏州市各地纷纷积极响应这一号召,立足苏州法治建设基础,以党建促发展,以发展推党建,实现社会治理和经济社会等的全面协调可持续发展。

2012年,常熟市被中组部确立为东部发达地区基层党组织建设的唯一试点县级市,常熟市在几年间对市内基层党组织建设存在的问题和薄弱环节一一盘查,积极整合资源,全面优化配置,深入基层抓党建责任,抓素质提升,抓人才培养,抓群众路线,抓基础保障,针对村集体经济发展、非公企业党建工作、社区党组织管理手段、流动党员管理等问题对症下药,实现了常熟基层党组织建设的创造力、战斗力以及凝聚力的同步提高。

2014年,苏州市率先提出,要以建设法治型党组织为引领和保障,全面推进法治。常熟市随后专项讨论,制定通过了《关于法治型基层党组织建设的实施意见(试行)》,并且针对乡镇、街道、村、社区等分别制定了法治型党组织建设标准,要求实施正负双向的聘雇考核,明确了法治型党组织的方向和基本实现路径,助推法治苏州建设持续推进。

二、主要做法

近年来,常熟市逐步完善法治型党组织机制体制建设,通过理论、实践、制度、方法等方面的工作创新,对重结果轻过程、重评比轻规划、重创新轻机制等多个问题进行专项整治,目前,已经建立起一套相对成熟的系统管理机制。

1. 强化基层法治型党组织建设的过程监督

常熟市引入现代管理学中"过程控制"的理念来抓基层法治型党组织建设,强调党建工作的过程性与过程监督,改变原有简单粗放或单纯以经验办事的做法,避免因过去工作的过失造成的影响,减少党建工作年度考核机制带来的被动型与落后性。将全年党建工作进行细化,划分为若干道工作程序,并对每一项工序制定严格的标准,通过现代化信息手段对其进行实时监控、科学监督,推进党建工作标准化与规范化,改变传统的结果考核标准,使之转换为"靠制度来落实,靠程序来规范,靠标准来提升"的法治型党组织工作模式。目前,常熟市已经制定并实施关于基层法治型党组织建设的实施意见,为各地建设法治型党组织提供迫切需要的机制体制基础,落实考核制度与责任制度。在考核方面,将基层法治型党组织建设与党建工作考核挂钩,在责任制度方面,将其成效与领导干部提拔任用相关联,大踏步地提升了全市基层法治型党组织的建设水准,更树立了一大批具有模范典型作用的标兵。

2. 构建基层法治型党组织建设的科学化制度体系

确立法治型党组织建设的"纲"与"目",是常熟市基层法治型党组织建设的主体工作。常熟市在制定相关制度时一改以往只重视制度的制定而忽略制度建设衔接与协调的弊端,从制度的顶层设计开始规划,充分考虑相关制度的制定、执行与配合,以"纲"确立党建工作责任主体、工作规范与要求,以"目"明确当前法治型党建的具体目标要求,使之具有连贯性,并操作简单易行,以此助推制度链打造。常熟市先后制定出台了《常熟市各党(工)委落实抓基层党建工作责任实施办法》《中共常熟市委落实抓基层党建工作责任实施办法》《关于落实基层党组织抓基层党建工作责任的指导意见》《关于法治型基层党组织建设的实施意见(试行)》等多个规范性文件,由此,逐步建立起了包含党建工作目标责任制在内的多项党建工作基本制度,建立起了注重制度间协调配合、推进严密、科学有效的一整套党建工作制度体系,促进法治型党组织的整体推进。

3. 提升基层法治型党组织建设的制度机制执行力

为了推动领导干部党建工作述职机制,避免领导干部对相关责任的下移与逃避,常熟市在推进基层法治型党组织建设过程中,积极落实党建工作第一责任人制度,定期举行专项述职,汇报党建工作,并接受他人监督,适当给予领导干部党建工作的压力,提高其责任人的意识,强调制度执行反馈、指导、跟踪机制,实现了党建工作两大转变:一是意识主抓责任人转变,二是具体执行实效化转变,形成了书记带着班子抓、党委领着职能部门抓、组织部门协调其他部门共同抓的党建工作新局面。提高党建工作责任追查力度,改变领导干部党建工作"干好干坏一个样"的错误认识,对应相关行为准则,细化责任追究,强化惩处措施。同时率先开发"党建GPS"平台,将党建工作网络管理平台落到实处,在融合"过程管理"理念的基础上,制定并落实各项任务和工作规划,对出现不规范现象的苗头进行遏制,避免出现亡羊补牢,为时已晚的情况。

三、经验与启示

在新的历史时期,常熟市常抓法治型党组织建设的科学化水平,建立起了一整套科学规范的制度机制,以全局的眼光统筹党建工作理念与实践,营造机制内生动力,将矛盾遏制在源头阶段,在过程中解决问题,从根本上促进了党要管党、从严治党的方针政策。

1. 以制度建设规范党建工作

常熟市创新实践了党委管党责任制,落实管党治党责任,在建立"定标、网控、问责"三位一体的党建工作责任落实机制的基础上,将年度党建工作细化为基层党建的10项工作任务与规范,并建立起相关配套制度。如党建工作年度目标管理责任等六项制度,设计党建工作任务清单,明确基层党组织建设的工作重点与工作方法,建立起基层党建工作督查制、完成情况通报制和存在问题反馈制,以规范化手段强化党员干部直接联系服务群众机制等多个长效工作机制。积极探索党建工作规范化、科学化的内在要求,在多个不同领域和行业提炼形成的基层党建工作法,为党建工作的推进提供了可供参考借鉴的实例。

2. 以组织基础强化基层党建

围绕农村、社区、非公等领域,常熟市将党建工作重心放在了基层党组织,夯实了法治型党组织建设的组织基础。在农村,切实做好换届选举工作,打造执行力强、思想意识高的党员干部队伍,制定并实施《大学生村官日常管理办法》,锻造优秀的大学生村官队伍,深入推进"四有一责"建设,推广"四议两公开"工作法,推进农村工作的民主化、科学化、制度化建设。在"两新"组织,全面推进全市非公企业党组织建设,实现企业党组织的全覆盖,制定《关于选派非公有制企业党建指导员的实施办法》,培养企业专职党建指导员,开展专项整治工作,专门针对企业党组织党员人数不足、活动不正常、作用不发挥等问题开展治理行动,指导企业党组织建设开展工作。在社区,依据"一居一品"特色社区建设推进党建工作,开展"在职党员进社区""在职党员统一服务日""结对共建"等主题活动,为社区居民提供更为便利的服务,推行"民情流水线"和"四百工作制",敦促社区党组织建立健全社情民意的发现机制,为老百姓多办实事。

3. 以作风建设突出党建引领

扎实推进基层党组织建设,作风建设举足轻重。党的十八大以来,常熟紧抓作风建设,常抓反"四风"工作,持续推进反腐倡廉建设,积极落实各项党员教育活动,如党的群众路线教育实践活动、"三严三实"专题教育。在推进法治型党组织建设过程中,针对不同领域推进党组织建设,提升党组织的服务功能,深入推行"三会一课"制度,创新实践法治型党组织建设的形式和内容,提升党组织建设水平,并为企业提供相关"绿色通道"服务,通过多渠道建设强化作风建设。积极推进党建工作创新机制,深入开展创新争优活动、"三解三促""百村、千企、万户"大走访等,建立挂钩责任制度,落实负责点调研机制。多措并举,推进作风效能建设工作,提升法治型党组织建设水平。

【思考题】

1. 在县级市党建工作中,常熟市党建工作中加强制度机制建设的显著影响有哪些?
2. 如何针对党建工作构建一个完善的机制体制保障?

案例二　胜浦街道："五型"党组织建设夯实基层党建基础

一、背景

胜浦街道位于苏州城区的最东端，是苏州工业园区的"东大门"。东临昆山市玉山镇，南面吴中区甪直镇，西接园区工业区三期，北面是综合保税区。1994年撤乡建镇，属吴县。是年，胜浦镇成建制从吴县划归苏州工业园区。现有规划面积17.85平方公里（其中含金光集团3.88平方公里），总人口近10万，其中户籍人口2.9万，外来人口6.9万。

胜浦镇建镇以来经过了20多年的大开发、大建设，已经基本形成了"规划科学、建设精致、环境优美、配套完善"的城市副中心雏形，并先后获得"国家卫生镇""全国环境优美镇""中国民间文化艺术之乡""全国社区教育示范镇"等荣誉称号。

胜浦街道建设发展的20多年，是改革开放、锐意创新的20多年，是经济突飞猛进、社会沧桑巨变的20多年，也是探索党建新路子、积累党建新经验的20多年。胜浦从一个偏僻落后的小乡镇发展到现在的园区东部城市副中心，体现着胜浦街道党工委围绕发展抓党建、抓好党建促发展的执政思路，体现着执政为民、人民共享区域一体化发展成果的执政理念，体现着提高领导水平、创新党建工作机制的探索精神，体现着街道两级党组织和广大党员执政能力建设和先进性建设的成果，体现着党组织带领各方面力量推进跨越式发展的凝聚力和战斗力。尤其是在社区基层党建方面，胜浦街道近年来走出了一条颇具特色的新路子，形成了一套比较完备的基层党建工作体系，为街道经济社会的又好又快发展提供了强大的组织保证。

二、做法与成效

近年来，胜浦街道各社区紧紧围绕街道经济社会发展大局，切实加强党的执政能力建设和先进性建设，通过党支部和党员的思想领先、本领领先、工作领先，不断增强服务党员、服务群众、服务社区的能力，凝聚社区党员、群众，把社会力量整合到党的组织体制之内，把法治型党建与学习型、服务型、创新型相结合，达到党员满意、居民满意、组织满意，初步实现了社区党的建设与其他各项建设工作的和谐发展。

1. 保障基础,形成"三建"组织建设模式

为进一步完善街道各社区的党组织建设,提高社区党员服务效能,胜浦街道从各社区的软硬件着手,注重从三个方面提升,搭建党员服务平台。社区党建阵地建设是党组织开展工作、服务群众的有效平台和载体,是社区党员参加组织活动、履行党员权利和义务的集聚地,为此,胜浦街道大力推进社区基层党组织阵地建设,通过规范标准、完善功能、综合设置、合理布局,在现有阵地基础上拓展和完善功能,充分发挥社区党建阵地以人为本、关注民生、服务居民的作用。各社区还以"三电"(电话、电化教育站、电脑网络)为依托,构建信息化党员服务连心桥,为进一步紧密党员关系奠定了基础。为了推进基层党组织规范运作,激发体制机制活力,调动党员的积极性和创造性,街道积极鼓励各社区加强制度建设,确保党建工作的规范化、制度化、专业化。胜浦街道各社区积极规范党员资料,建立健全党员档案,定期更新相关信息,真正做到了知去向、知现状、知思想。同时,各社区"一站式"等便民窗口也规范了日常工作台账制度,热情接待党员来访、来电,对党员提供服务、开展活动等情况及处理结果进行记录,使党员工作有效开展。

2. 渐进推进,形成"四项"队伍优化机制

社区党员是社区全面发展的核心力量,全面加强社区党员队伍建设,充分发挥党员的先锋模范作用和先进性,这既是社区党建的重要内容,更是和谐社区建设的重要组成部分。为此,胜浦街道各社区积极推进党员干部队伍建设,不断创新思路,强化领导能力,提升组织保障。街道各社区以保持党员队伍的先进性、纯洁性和增强党员队伍的活力为目标,以完善发展党员工作制度为保证,按照"坚持标准、保证质量、改善结构、慎重发展"的十六字方针,正确处理好发展数量与保证质量的关系,保证新党员的质量。配强社区党组织班子是抓好社区党员队伍建设的关键和保证,而最主要的就是要提高社区党组织书记等党务工作者的协调、指挥、决策等综合执政能力。党员教育培训是加强党员队伍建设的中心环节,也是加强党的建设的基础工作。

3. 注重民生,形成"五化"益民服务,释放多元共建"正能量"

胜浦街道各社区努力把握党员群众的需求和特点,把服务作为工作的核心,以"创先争优"活动为契机,探索和开发行之有效的服务项目,形成"五化"服务机制。各社区积极探索党建工作新载体,打造特色阵地,打造优质党建服务品牌,有效整合党员队伍,充分发挥党员力量,构建起一张全覆盖、多层次的区域化党建工作"3+X"组织网络,积极探索党建工作新载体。牢固树立"以人为本"的工作理念,围绕群众所思、所想、所盼,积极创新服务方式。构建志愿服务网络是延伸志愿服务工作、发展志愿服务事业的基础,也是建设和谐社区的重要依托。各社区党组织积极整合各种服务资源，成立爱心服务通道、便民服务通道、志愿服务团队，因需施助，开展服务，小到理发、量血压，大到提供法律服务、就业咨询，都是服务的内容。

三、经验与启示

回顾胜浦街道近几年的社区党建工作，各社区基层党组织始终立足于以创新谋党建，以党建促发展，坚持解放思想、更新观念，开阔工作思路，创新工作理念，基层党建工作取得了一定的成绩。主要经验与启示有以下几个方面：

1. 要建立健全基层组织服务基层党建工作

完善的基层组织机构设置是开展社区党建工作的基础，必须结合基层实际，及时建立、健全、调整社区基层党组织。社区基层党组织建设必须紧紧围绕实现"五个好"的目标要求，保持党同人民群众的血肉联系，要完善基层组织机构设置，健全社区党组织工作网络，丰富党组织活动载体，只有这样，才能体现党组织的核心地位和领导地位，才能凝聚社区力量，服务群众，构建具有各自特点的社区党建多样化新格局，才能为创建服务完善、管理有序、健康文明、环境优美的新社区提供坚强的组织保证。

2. 要把服务的理念引入基层党建工作

在新形势、新环境下，社区基层党建工作不但要强调党员对党组织的责任和义务，还应强调党组织对党员的关怀和服务。必须坚定党员的信念，提高党员的素质，使他们始终保持先进性。同时，随着经济社会的不断变化，党员的需求也是发展变化的，这就要根据服务对象具体要求的变化，不断更新服务内容。党员得到了党组织的关怀，又会主动地去帮助群众，这样就能逐步形成一个上级党组织为下级党组织服务、基层党组织为党员服务、党员为群众服务的工作链条，促进基层党建工作。

3. 要开展丰富多彩的活动促进基层党建工作

一般来说，社区党建工作的主要内容是对群众进行宣传发动，不断提高群众的思想道德水平，通过各种社区活动，带动居民群众自己教育自己、自己管理自己，以自身的力量来改造社区环境，提高自己的生活水平和生活质量。丰富多彩的活动是凝聚社区民心的有效载体，要通过活动发动社区居民参与社区工作，丰富居民群众的文化生活。

4. 要加强流动党员管理提升基层组织建设

做好流动党员工作，是加强基层党组织凝聚力、战斗力的基础，理清社区在职党员、困难党员、流动党员的情况，有利于党员的教育和管理。流动党员的管理教育也是社区党建工作的重中之重，尤其是在胜浦街道的许多开发商小区中,必须探索流动党员的管理制度,加强流动党员的管理,使流动党员有归属感,真正实现社区党员教育和管理没有漏洞和空白点。

5. 要以充足的经费和社区专职党建工作者保障基层党建工作

胜浦街道较早实行了"收支两条线"管理,社区日常支出全部由街道层面统一下发,包括社区党建工作经费,也纳入了年初预算,为社区基层党建工作提供了经费保障。同时,基层党建工作也需要有一批高素质的党建专职工作者来指导,为此,胜浦街道各社区积极参与园区组织的党建工作者培训与考核工作,并利用专家讲座、党校培训等途径,加大对社区党建工作者的培养,不断提高他们的思想、业务素质和工作能力,切实解决社区党建无专职工作者这一实际问题。

【思考题】

1. 胜浦街道的"五型"党建工作对你有何启示?
2. 以街道为引领加强党建工作,需要从哪些方面入手?

案例三　新东社区：基层法治型党组织建设引领社区治理

以法治型党组织建设推动基层治理法治化，苏州各地意识早，行动早。在张家港市大新镇新东社区，基层党组织实践和探索出了"党建引领社区治理"的模式，党组织出面协调各种社会力量，当好"总调度"，提升社区管理事务和服务项目工作的效率，以法治化的治理模式维护基层和谐稳定，促进民生幸福，有效解决了村改居等新型社区治理过程中面临的一系列难题，探索出了一条法治化党建引领社区治理的新路径。

一、背景

近年来，张家港市积极回应群众需求，在全国率先构建基层服务型党组织建设指标体系，探索了一条组织有责、党员有为、社会参与、群众受益的实践路径，形成了基层党建工作与经济社会发展双向推动、党群关系良性互动的生动局面。

从2015年年初开始，大新镇将组织村（社区）按照宪法、党章、村民委员会组织法等相关法律法规，进一步厘清村"两委"[党总支委员会、村（居）委会]一社（经济合作社）工作责权清单，编制村（社区）干部工作手册和公共服务实务手册，通过规范工作流程，深入推进依法治村（社区）。同时，通过村（社区）重大事项听证会、党群代表议事会、民情恳谈会等，定期组织党员对村（社区）村级重大事务、重大决策和依法治村工作进行综合评判，不断推动基层党组织民生服务、民情收集、民权保障工作的升级。

二、主要做法

随着城乡一体化进程的推进，出现了农民向社区集中的现象，涌现出了多个村改居型的新型社区，新东社区就是其中之一。社区内部情况复杂，人员构成多样，群众需求多元。近几年来，新东社区探索实践了基层党组织建设，取得了阶段性的成效，受到了来自社会各界的高度认可。

1. 确立法治型党组织的核心地位，实现一体化工作布局

以法治型党组织为基础，推动社区内的架构重组，有效解决新东社区的组织保障问题。面对社区治理中的一系列问题，如空间重组和要素重组的需求，新东社区首先从社区党组织的设置着手，统筹社区全局发展，形成以社区法治

型党组织为核心引领,社会组织等共同参与的治理格局。在理顺组织关系的基础上确保社区治理的良性发展,针对极易形成的党员组织关系"空转"问题,实施党员一体化管理办法,通过党建活动组织等方式,加强对社区党员的思想政治教育,确保全体党员的思想统一性,强化社区党组织的管理服务功能的同时提高社区党组织的凝聚力、向心力。对社区内的管理架构进行整理,在社区内消除"行政化""半行政化"的社区社会治理问题,明确社区党组织、社区居委会的职责,确立人与岗位、人与事、事与岗位之间的关系,强化社区网格化管理中党组织的作用,打造一体化格局中的党建网格。同时,对法治型党组织队伍的工作职能进行明确,建立了社区内的"党建引领社区服务工作清单""群众自治组织协助政府工作事项清单""群众自治组织履行职责事项清单",规范社区党组织的工作职能与职责义务。

2. 完善党建服务的功能性导向,发挥法治型党组织的带领作用

立足法治型党组织建设,推动党建工作的功能重构,以有效解决社区治理路径模糊的问题。新东社区坚持软件硬件"两手抓,两手都要硬"的原则,结合社区群众各方面的强烈需求,如社区文化建设、社区公共服务设施的打造等,发挥社区党组织的带头作用,实现项目化运行机制,整合社区资源,开拓服务范围,以切实提高社区服务的实效,让老百姓成为真正的受益者。新东社区在整理分析社区群众需求的前提下,建立专项服务菜单,分类设计指导,逐步推进实施,从村改居社区的实际情况出发,分别设立了包含公共服务优化类、社区党员志愿服务类、公益志愿服务类等五类服务的"一站式"民生服务超市,分别建立相应清单,由各党小组负责。按照党建服务需求采集、立项公示、推进实施、绩效评估的"四步工作法",同时建立开发"社区综合管理服务平台"网络系统,强化接受、办理、回访、评估等工作环节,实现服务规范化。

3. 探索法治建设推动社区民主建设,推动社区发展持续化

新东社区近年来积极推动基层复合型民主建设,以法治型党组织建设助推社区治理工作。为减少农民在新型社区的适应性问题,新东社区坚持党组织的工作引领,吸纳社会组织,整合多元化主体,强化社区群众主人翁意识,打造社区民主协商与矛盾调解机制。强化社区民主恳谈会、民主议事协商会等方式的运用,依托多个与群众沟通交流的载体,如"党员老娘舅"等,强化社区党员在民主监督和民主协商中的引导主导作用。为提高社区群众对社区工作的参与度,在大事、要事面前,均采取社区居民投票制度,必须有绝大多数社区居民认可后方能推进该项工作。加强对党员的考评,针对社区内多条线的工作,采取"过程化管理、项目化考核、满意度评价"的方法,建立了由社区群众和相关部门共同构成的双向考聘队伍,以"一委一居一站一办"为主要考核内容,推动社区工作重心的转换。对党员重点实施积分制管理，推动党员积分制管理进一步深化。

三、经验与启示

新东社区在社区社会治理中，突出党建工作对社区治理的重要作用，对党建工作的理念、方法、导向、定位都有着准确的理解，使得新东社区成为张家港基层法治型党组织建设的试点之一。

1. 树立党建引领理念是关键

基层法治型党组织建设必须牢牢树立党建工作对社区管理和建设的引领作用，社区党组织的工作职能就是在社区工作中实现其核心领导作用，对社区各类组织起到支持和保障的作用，促进社区党组织的职能发挥。新东社区党组织通过引导、带动、整合、协调、优化的方式方法，及时解决来自社区群众多元化、多类别的问题与矛盾，在理顺组织关系、管理架构和工作职能的基础上，实现了党组织带领其他各类组织的建设，工作格局清晰明了，社区服务功能明确、流程清晰，资源整合实现了效益最大化。考评机制的建立健全在很大程度上成为社区内有序、高效发展的保障基础。实践证明，强化法治型党组织建设，有助于更好地把握全局、统筹协调，充分发挥组织和资源优势，形成强大的社区凝聚力，推动多赢的社区社会治理局面。

2. 推进科学工作方法是重点

法治型党组织建设、社区社会治理工作的推进，离不开科学化、系统性的社区工作方式方法，正确、科学、有效的工作方法是有效推进社区社会治理与党建工作的重点和保证。社区辖区面积有限，但是能够通过社区社会治理方式、党建工作方法的转变来提升社区工作实效。新东社区通过重新设计梳理组织架构、打造科学的社区服务模式、建立科学系统的考评机制，促进社区治理的转型升级。以党组织的主动作为集聚来自社会各界的力量，形成了团结高效的社区治理组织基础，夯实了社区党组织的核心地位，更提升了社区社会治理的合力。提供"一站式"的多元化社区服务，实时更新社区服务项目与内容，建立可操作性强的民主决策机制，推动了社区民主建设。考评机制的完善有助于形成社区社会治理的顶层设计，助推党组织建设，既实现了党组织的有的放矢，更凸显了党组织的引导功能，助推社区的长效治理。

3. 坚持正确务实导向是基础

务实是有效推进社区建设与管理的前提和基础。有效推动法治型党组织建设，引领社区社会治理，需要一切从实际出发，根据本地实际因地制宜地推进各项工作，要树立群众工作导向，内化一切为了群众的理念。新东社区在工作中，杜绝一切务虚、唯上的工作作风，坚持务实的态度，随时根据社区群众当下的实际需求,调整阵地使用功能。如针对社区群众的时间需要,在节假日及双休日均安排了综合服务值班岗,负责接收各类事项的意见和要求,及时登记在册,以便快速处理。针对一些部门工作效率低下、效果较差的情况,强化监督和考核机制,督促相关部门与组织的服务实效。实践证明,只有强化党组织的功能和导向作用,落实全心全为人民的服务的核心理念,才能有效推进社区社会治理。

【思考题】

1. 社区在建设法治型党组织时,需着重强调哪些方面?
2. 新东社区的社区党建工作有哪些亮点?

后 记

党的十八届五中全会强调如期实现全面建成小康社会的奋斗目标,并进行了精准的部署。苏州是小平同志小康社会建设的最佳试验田,在新的时期涌现出许多新的发展思路和先进典型。如何将苏州在全面建成小康社会中的创新实践与经验总结呈现给前来培训的各地学员?撰写这样一本相关教材的构想在农干院人心中不断萌生。2015 年 4 月,正式确定由农干院自己编写《全面建成小康社会的苏州实践与探索》一书,从书目名称的确定到编写人员的组织再到最后的成文,都经过细细的琢磨与思考,历经一年半的时间,终于要付梓,本书是学院增挂"苏州干部学院"牌子后的第一本自主编写的培训教材,此书的出版,希望能够助推学院的干部教育培训事业更上一个新的台阶。

《全面建成小康社会的苏州实践与探索》全面梳理了改革开放 30 多年来,苏州在全面建成小康社会上取得的主要成绩与经验启示,从经济、社会、文化、城乡发展、生态、法制等六大领域,选取了代表小康社会建设的独具特色的 54 个生动典型的实践案例,深刻、创造性地诠释、丰富了小康社会理论内涵,为其他地区全面建成小康社会提供借鉴和参考,也为学院开展教育培训工作提供了一本较好的读本与教材。

该书在编写过程中,受到了院党委的高度重视,由张伟书记、院长亲自召开编书动员会,确定编写大纲,并时刻关心该书的编写进程。费春元副院长、汤艳红副院长也多次关心该书的编写,并提供宝贵的意见。金伟栋处长承担了大纲修改、联系外审专家、审稿修订等工作。各章节内容的写作分别由学院的骨干教师承担。具体分工情况是:绪论,徐汝华;第一章,何蓓蓓;第二章,孟凡辉;第三章,杨勤;第四章,肖静;第五章,李华;第六章,李华;第七章,徐汝华;第八章,宋艳;第九章吴丹;第十章,周萍;第十一章,朱明轩;第十二章,孟凡辉;第十三章,肖尧;第十四章,陈述;第十五章,朱明轩;第十六章,周萍;第十七章,何蓓蓓;第十八章,宋艳。何蓓蓓、李华同志还承担了校对、修改意见反馈、整理等大量烦琐的工作。

在该书的编写过程中,为了准确把握苏州发展的命脉,特邀请苏州市社科联主席孙艺兵、副主席韦刚,市政府研究室主任卢宁,市委农办副主任陈建荣,市政府法制办副主任黄涧秋等领导为该书的框架搭建与写作进行指导,在此一并对他们表示衷心感谢。

最后,该书的编写涉及苏州发展的方方面面,难免会出现一些疏漏和不足之处,希望读者提出宝贵意见和建议,我们在以后的修订过程中会不断加以补充和修正。

苏州农村干部学院
基层干部培训系列教材编写委员会
2016 年 12 月 8 日